Katy Karrenbauer

Das Leben ist kein Fischfurz …

novum pro

Bibliografische Information
der Deutschen Nationalbibliothek:

Die Deutsche Nationalbibliothek
verzeichnet diese Publikation in der
Deutschen Nationalbibliografie.
Detaillierte bibliografische Daten sind
im Internet über
http://www.d-nb.de abrufbar.

Alle Rechte der Verbreitung,
auch durch Film, Funk und Fernsehen, fotomechanische Wiedergabe, Tonträger, elektronische
Datenträger und auszugsweisen
Nachdruck, sind vorbehalten.

© 2009 novum publishing gmbh

ISBN 978-3-99003-021-9
Lektorat: Mag. Sandra Jusinger
© Innenabbildungen: Katy Karrenbauer;
Bild S. 166 Herr Pantel
© Autorenfoto: Herr Pantel

Gedruckt in der Europäischen Union
auf umweltfreundlichem, chlor- und
säurefrei gebleichtem Papier.

www.novumpro.com

AUSTRIA · GERMANY · SWITZERLAND · HUNGARY

… sagte „Pa", der Held des berühmt-berüchtigten Pro 7 TV-Westerns „Spiel mir das Lied und du bist tot", den ihm der zauberhafte Autor T. K., nicht zu verwechseln mit der gleichnamigen Krankenkasse, in den Mund gelegt hatte. Ich spielte „Ma" und Pas Satz beschrieb mein gesamtes Leben, womit erklärt wäre, warum ich mir diesen Ausspruch als Titel „geliehen" habe. Wenn er Ihnen nicht zusagt, hier noch einige weitere Titel, die mir im Laufe des Schreibens einfielen, von Freunden und Feinden angeraten wurden und die Sie, wenn Sie möchten, ersatzweise selbst einfügen können:

„Aus-Zeit" … (Mein erster Arbeitstitel, aber doch sehr an „Hinter Gittern" angelehnt und weniger an mein Leben.)
„Ich Walter – du Jane!" (Mein zweiter, den ich allerdings nach der Sendung von H. E. Balder und Hella verwarf.)
„In Freiheit" (Bezog sich auf … na was wohl?)
„Fettnapf" (Könnte auch irreführend sein.)
„Ich nehme ein A" (Frei nach der Sesamstraße.)
„Ich kaufe ein A" (Siehe oben.)
„Ver-rückt" (Sowieso!)
„Verrucht" (… aber eigentlich bin ich das nicht.)
„Ich wollte nie ein A … sein" (Anarchist, Angsthase, A-loch?)
„A zu sein bedarf es wenig …" (Wer ein A ist, ist ein König)
„Wer A war, muss auch D aushalten" (Zum Thema, ich sei nur noch ein D-Promi.)
„AAAmen" (Na ja!)
„Streicheleinheiten" (Klang ein bisschen zu sehr wie „Feuchtgebiete" von Charlotte Roche.)
„Mit der Harley durch Kalifornien" (Schlug Herr M. C. vom ersten Verlag vor, dem ich die Geschichten zusandte, der mir aber unmissverständlich klarmachte, dass er mich nicht mehr als AAA-Promi sehe und mir somit keine Chance einräumte, mich zu verlegen.)
„Mein wildes Leben vor und ‚Hinter Gittern' (Ebenfalls ein Vorschlag von Herrn M. C., wobei ich beim Lesen seiner Absage dachte, er solle dieses Buch doch gefälligst selbst schreiben!)
AAAber nicht mit mir!

Im Übrigen werden Sie auf den folgenden Seiten keine Abhandlung oder den Schnelldurchlauf meines Lebens zu lesen bekommen, wie es normalerweise üblich ist. Kein „Wie", „Wann" und „Warum" ich bin und „Wo" ich geboren wurde. Sie werden auch keine Biografie lesen, wenn Sie überhaupt weiterlesen, denn Biografien, so zumindest stellte ich fest, werden fast immer erst im hohen Alter von Menschen geschrieben.
Warum?
Vielleicht, da dann die meisten Menschen, über die man schreibt, schon lange unter der Erde liegen und sich nicht mehr gegen mögliche Vorwürfe, Angriffe oder gar die Wahrheit wehren können. Ausnahmen bestätigen hier natürlich die Regel, und so fand ich z. B. Herrn Bohlens Biografie äußerst unterhaltsam. Er plaudert schon zu Lebzeiten kleine, aber feine „Wahrheiten" über seine vermeintlichen Protagonisten und natürlich über sich selbst aus und ich finde das höchst amüsant. Es spaltet ja eh kaum ein Mensch im deutschen Fernsehen die Gemüter so sehr wie Herr Bohlen. Ich denke, Missgunst und Neid sind hier keine Schlagworte und man sollte sich einfach vor seinem überaus hellen Geist, seinem Können und seiner Gradlinigkeit verbeugen. (Darf ich alles sagen, da ich Herrn Bohlen eh am Popo vorbeigehe und auch keine Gesangskarriere starten werde, weil ich ihn cool finde. Ich mache schließlich schon Musik, seit ich drei Jahre alt war. Dazu kommt, dass ich für DSDS definitiv zu alt bin, auch wenn ich meinen Pass fälschen würde!)
Ich selbst fühle mich dennoch noch zu jung, um Sie, den Leser und die Leserin, mit meinem „wilden" Leben aus den Geburtsjahren zu belästigen oder zu behelligen. (Das Wort „belästigen" fällt in diesem Zusammenhang, weil ich ja jetzt schon die Nörgler hören kann, die da rufen: „Und warum belästigt sie uns dann trotzdem mit ihren blöden Geschichten?")
Die Menschen, die ich für erwähnenswert halte, tauchen in diesem Buch auf! Glauben Sie mir. So viel dazu!
Wussten Sie eigentlich, dass A- und D-Promis im Ungleichverhältnis stehen? Zumindest zur Körbchengröße?
Während scheinbar alle Welt D-Körbchen bei Frauen vorzieht, werden, ebenfalls „scheinbar", denn ich kann eigentlich gar nicht

so recht mitreden, in der aktuellen Fernsehwelt nur AAAs ernst genommen.
Kann man mal drüber nachdenken, muss man aber nicht.
Jedenfalls können Sie, dürfen und sollen Sie dieses Buch auch lesen, wenn Sie auf A-Körbchen stehen oder selbst dieser Dekolletee-Größe angehören. Hier sind wirklich keine Grenzen gesetzt!
Allerdings sollten Sie auch noch wissen: Hier, also am Ende des Buches, können Sie weder ein Auto noch eine Million gewinnen. Sie nehmen auch an keinem Preisausschreiben teil und wahrscheinlich werden Sie auch nicht der 999 999. Leser dieses Buches sein.
Machen Sie sich nichts draus!
Sollte ich Sie dennoch zu Tode langweilen, verschenken Sie das Buch einfach an jemanden, den Sie nicht leiden können.
So wird ein „Schuh" draus, wenn auch nicht der Schuh des Manitou, glauben Sie mir.
Ich mache das auch nicht anders.
Und schnell noch das Wichtigste, nicht am Ende, sondern zu Beginn.

Danke!!!
An Sie, dass Sie sich für mich, meine Geschichten und Gedanken interessieren und dieses Buch lesen! (Oder auch nicht!)
An meine Familie, die die Schmach mit mir teilen muss und schon sehr nervös ist.
An meine Freunde, „im Himmel wie auf Erden!" (Ich weiß, es heißt „so", aber es passt grad nicht.)
Mein ganz besonderer Dank gilt allerdings dem novum Verlag, dass er dieses Buch möglich gemacht hat, dass er an mich glaubt und sich traut, mit mir auf diese sehr spezielle Reise zu gehen.
Und wenn Sie sich die Frage stellen:
WAHRHEIT ODER LÜGE, dann bitte ich Sie, entscheiden Sie selbst.
Das Leben ist kein Wunschkonzert und auch kein Fischfurz! Ich habe mir die Geschichten nicht ausgedacht, dennoch ein bisschen aufgefrischt, aber sie sind mir passiert, wie eben das Leben passiert. Einfach so!

Schnell noch eine wichtige Kurzinformation zum Thema:

Titel, Thesen, Temperamente!

Die Zehn Gebote
(nach Martin Luther)

Das erste Gebot
Ich bin der Herr, dein Gott. Du sollst keine anderen Götter haben neben mir.

Das zweite Gebot
Du sollst den Namen des Herrn, deines Gottes, nicht missbrauchen.

Das dritte Gebot
Du sollst den Feiertag heiligen.

Das vierte Gebot
Du sollst deinen Vater und deine Mutter ehren.

Das fünfte Gebot
Du sollst nicht töten.

Das sechste Gebot
Du sollst nicht ehebrechen.

Das siebte Gebot
Du sollst nicht stehlen.

Das achte Gebot
Du sollst nicht falsch Zeugnis reden wider deinen Nächsten.

Das neunte Gebot
Du sollst nicht begehren deines Nächsten Haus.

Das zehnte Gebot
Du sollst nicht begehren deines Nächsten Weib, Knecht, Magd, Vieh noch alles, was sein ist.

Und ich verspreche, ich werde mich hier, in diesem, meinem Buch, an diese Zehn Gebote halten!

Jetzt geht's los!
Viel Spaß beim Lesen!!!

Herzlichst,
Ihre

„Tschüss!"

„Tschüss!"
„Bekomme ich keinen Kuss?"
„Nein."
„Na dann wünsche ich dir ganz viel Spaß in Kiel!"
„Na ja, so viel Spaß, wie man eben auf einer Beerdigung haben kann."

Ich machte auf dem Absatz kehrt und ging die fünf Stockwerke hinunter, ohne mich umzusehen. Ich wusste, er steht noch da und sieht mir nach, aber komischerweise hatte ich überhaupt kein Gefühl für ihn, für diesen Menschen. Nicht das geringste.
Ich empfand weder Mitleid noch Liebe, ich empfand einfach, schrecklicherweise, überhaupt nichts. Ich war nur unendlich traurig, dass ich mit einem Mann zusammenlebte, der absolut gar nichts verstand, der ignorant und gefühllos war.
Wer um Gottes willen war dieser Typ, mit dem ich zweieinhalb Jahre meines Lebens verbracht hatte?

Mit gesenktem Kopf stieg ich in den grünen Golf, den ich nie hatte leiden können, ließ den Motor an und fuhr Richtung Autobahn.
Der kleine, alte Kassettenrekorder fasste die ebenso alte Kassette und jammerte mir ein „Time to say goodbye" entgegen.
Time to say good bye!
Warum ich dieses Lied gleich dreimal hintereinander aufgenommen hatte, wusste ich nicht mehr so genau. Aber spätestens nach dem dritten Mal und auftretendem Ekel spulte ich tatsächlich die Kassette wieder zurück und Andrea Bocelli begann von vorn.
Als ob ich mir Mut antrinken wollte, endlich zu sagen, was ich empfand, hörte ich wieder und wieder dieses Lied, bis ich auf

einem Parkplatz den Wagen zum Stehen brachte, mittlerweile mit tränenüberströmtem Gesicht. So sehr schämte ich mich für die Worte des Mannes, den ich einst geliebt hatte.

„Viel Spaß in Kiel", dröhnte es in meinem Kopf.

Viel Spaß!

Er wusste, meine alte Schauspiellehrerin war gestorben.

Er wusste, wie schwer mir der Abschied von ihr fallen würde.

Er wusste doch, dass sie ein ganz wichtiger Bestandteil meines Lebens gewesen war, sie, die mich auf die Bretter, die die Welt bedeuten, geschubst hatte und die mich kurz vor Weihnachten sozusagen frühzeitig mit meinem Erbe beschenkt hatte. Mit zwei Figuren aus Holz, von denen sie unbedingt wollte, dass ich sie habe.

„Du liebst doch Holz, ich weiß das genau", hatte sie gesagt, als sie sich mühsam, auf meinen Arm gestützt, in ihr Arbeitszimmer geschleppt hatte.

„Bitte Uta, jetzt fang bloß nicht an, mir mein Erbe aufzuzwingen. Ich will nichts haben. Und außerdem wirst du mindestens hundert. Also lass das bitte."

Sie hatte die beiden Figuren auf den Wohnzimmertisch gestellt.

„Missgunst und Neid", hatte sie zahnlos genuschelt.

„Missgunst und Neid. Hüte dich davor, Katy. Beides wird dir immer wieder begegnen. Sei stark und lass dich nicht mitreißen, auch wenn es manchmal einfacher erscheint. Lass dich von diesen beiden nie zerfressen, nie in die Irre führen!" Ihre Worte drangen so tief in mich ein, wie mich vielleicht nie zuvor Worte berührt hatten. Tränen schossen mir in die Augen, aber ich wusste, sie hasste es, wenn man einfach so „heulte" ohne Nutzen. Es sei denn, man stand auf der Bühne als Penthesilea, die von Ares, dem Gott des Krieges, den Streitwagen forderte, um Achill, den Geliebten, der sie verletzt hatte und der sie nun zum Kampf forderte, zu töten, auszulöschen. Aber sonst?

Sonst hatte es gefälligst keine Tränen zu geben. Tränen bedeuteten Schwäche, und die zeigte man nicht. Nicht als Schauspielerin. Nie!

Missgunst und Neid sahen zwar aus wie zwei Geistliche, aber ihre Gesichter hatten dennoch etwas Bedrohliches. Das Holz war leicht

Missgunst und Neid

und würde mein Gepäck nicht beschweren. Und während wir den Sauerbraten meiner Mutter an diesem ersten Weihnachtstag aßen und mir fast jeder Bissen im Halse stecken blieb, lächelte mir die alte Dame zufrieden zu. Dann zeigte sie auf das Bild über ihrem Sofa.
„Ich möchte, dass du es bekommst, wenn ich mal nicht mehr bin."
Das Bild war eigentlich ehemals ein Bühnenbild für ein Theaterstück gewesen, das sie in hohem Alter noch inszeniert hatte, gemalt als großes Transparent. Aber der Bühnenmaler hatte dieses Bild nochmals in „klein" für sie kopiert, damit es in ihr Wohnzimmer passte, über das alte Sofa, nahe dem Esstisch. Es zeigte einen Tiger, der grade dabei war, einen Wasserbüffel zu reißen. Des Tigers gewaltige Zähne steckten im Hals des Büffels, aber das Komische daran war, dass der Büffel zu lächeln schien.
„Er lächelt, siehst du?"
„Ja, stimmt", sagte ich nachdenklich.
„Er lächelt, weil er den Lauf des Lebens kennt und anerkennt."
Ich war anderer Meinung, denn ich hatte in keiner Dokumenta-

tion, die ich je gesehen hatte, ein Tier wahrgenommen, das gerissen wurde und das im Todeskampf „gelächelt" hatte. Ich wollte widersprechen, wollte auf den Maler verweisen, der hier ein Opfer als williges, dem Tode zustimmendes Objekt darstellte. Ich wollte darauf hinweisen, dass das Stück, das sie inszeniert hatte und das dieses Bild eben als Bühnenbild benutzte, vielleicht diese Aussage hatte, dass ich aber grundsätzlich nicht der Meinung sei, dass „Opfer" sich freiwillig in ihr Schicksal fügen und fast dankbar wirkten, als hätte sich ihr Los erfüllt, nämlich das des Opferdaseins. Aber, als ich ansetzen wollte, ihr meine Theorie zu erklären, hob sie den Kopf und warf ihre mittlerweile komplett ergraute, lange Mähne in den Nacken, als wollte sie sich zum Kampfe gegen mich rüsten, und ich schwieg. Ich schaute sie an und schwieg. Und zum allerersten Mal, seit ich den „Theaterdragoner", wie ich sie oft ohne ihr Wissen zu nennen pflegte, kannte, zum allerersten Male liebte ich diesen Menschen von ganzem Herzen, tief und aufrichtig.

Ich glaubte, ein kleines Lächeln in ihrem Gesicht zu erkennen, und die alte Dame rührte mich so sehr, dass ich schnell den Tisch abräumte und mich in die Küche tummelte, um „eben schnell" den Abwasch zu erledigen, aber eigentlich nur, weil sie meine Tränen nicht sehen sollte, die ich nun nicht mehr zurückhalten konnte.

„Völlig unwichtig", grunzte sie mir aus dem Wohnzimmer entgegen und meinte damit den Abwasch, aber ich ließ mich nicht davon abbringen und fuhr mir sogar noch schnell mit den nassen Abwaschhänden durchs Gesicht, damit mich nichts, keine Spur von Tränen, entlarvte.

„Ich möchte, dass du bei mir im Theater spielst!", rief sie mir zu. „Deinen Soloabend! Ich möchte ihn sehen. Und deinen musikalischen Abend auch. Machst du das? Machst du mir die Freude?"

„Ja!", rief ich aus der Küche.

„Und noch etwas", fügte sie hinzu. „Du wirst niemals Synchronsprecherin, hörst du? Versprich mir das. Niemals!" Mit diesen Worten begrüßte sie mich, als ich wieder ins Wohnzimmer zurückkam.

„Du weißt ja, ich war jahrelang die Stimme von Anna Magnani. Aber durch meine Synchronarbeit wurde ich eine immer schlech-

tere Bühnenschauspielerin. Ich habe dadurch mehr und mehr meine Identität verloren. Mach das nicht, Katy. Niemals synchron! Man ist nicht mehr man selbst. Man opfert sich zugunsten eines Filmcharakters und man verliert sich selbst so verdammt schnell. Man verliert sich selbst. Verstehst du?"
Der Wasserbüffel grinste mich an und ich hielt die Holz-Missgunst- und Neid-Figuren im Arm. Konnte es sein, dass sie wusste, dass sie zu Ende ging? Oder warum packte sie gleich mehrere Themen gleichzeitig auf den Weihnachtstisch, Themen, über die wir noch nie gesprochen hatten? Wusste sie, dass ein baldiger Abschied bevorstand?
Spürt man das?
Vom Parkplatz aus rief ich Peter an.
„Überleg dir, während ich weg bin, was du mit mir möchtest, und ich überlege in der Zeit, in der ich mich in Kiel befinde, was ich mit dir möchte, o. k.?"
„Ja, o. k.!"
„Ich melde mich nicht, bis ich zurück bin, o. k.?"
„Ja, o. k.!"
Ich legte auf und wusste: Time to say good bye!

Als Schauspielerin schlecht gebucht, hatte ich zu diesem Zeitpunkt den Job als Casterin für Komparsen und Kleindarsteller für die Serie „Der Fahnder" bei einer Kölner Produktionsfirma übernommen, nachdem ich bei einer gewissen „Agentur" grade arbeitslos geworden war.

Team S.

Meine Freundin Kerstin und ich hatten grade die gemeinsamen Dreharbeiten beendet. Bei uns beiden lief es arbeitstechnisch nicht allzu gut und so hielten wir uns zwischendurch immer wieder mit Gelegenheitsjobs über Wasser. Als Schauspielerin war man am Theater schon sehr begrenzt, was die Rollenauswahl anging, vor allem, wenn man so aussah wie ich und zudem noch 85 Kilo wog, was ich damals tat, und bei den Sendern war es eben auch nicht besonders leicht, ein Bein in die Tür zu bekommen. So war es mir über viele Jahre vergönnt, neben meinem erlernten Beruf der Schauspielerin immer wieder nebenbei das, was andere hübscherweise als „mein Hobby" bezeichneten, mit anderer Arbeit zu finanzieren. An den kleineren Theatern verdiente man damals zwischen 30 und 50 Mark am Abend und davon Miete, Fahrkosten und Essen zu bestreiten fiel nicht immer leicht. Ich hatte kein Problem damit, nebenbei meine Hände zu gebrauchen und mir meinen Unterhalt zu verdienen. Im Gegenteil. Eigentlich machte es mir Spaß, auf eigenen Beinen zu stehen, wenn nur manchmal die Not nicht so groß und die Jobs nicht so rar gewesen wären, dass man auf dumme Gedanken kam.

Kerstin und ich saßen fröhlich beieinander und wälzten wieder einmal spaßeshalber den Kölner Express und die dort annoncierten Jobangebote, als uns eine Anzeige ins Auge stach.
Wir beide hatten diese schon oft unabhängig voneinander gelesen, uns aber noch nie darüber ausgetauscht, weil es uns eigentlich zu peinlich war. „Nette Telefonstimmen gesucht" stand da, und wir vermuteten, dass es sich wohl nicht um die Akquise für Zeitungsinserate handeln würde.
„Warum rufen wir da eigentlich nicht mal an?", fragte ich und Kerstin erwiderte, dass sie auch schon oft darüber nachgedacht

hatte, es aber eigentlich lächerlich finde und sich das überhaupt nicht vorstellen könne. Wir kicherten, weil wir uns so bescheuert vorkamen, verwarfen aber schnell das Thema und wendeten uns an diesem Tage anderen Frauenproblemchen zu. Als sie gegangen war, sinnierte ich noch ein wenig über diese Idee nach.

„Warum eigentlich nicht?", dachte ich noch so bei mir und hielt auch schon den Hörer des Telefons in der Hand.

„Halloooo?", eine freundliche, sehr hohe, weibliche Stimme am anderen Ende meldete sich.

„Hallo! Mein Name ist Katy Karrenbauer und ich melde mich auf Ihre Annonce im Kölner Express."

„Ah", piepste die Stimme zurück, „wissen Sie denn, um was es sich handelt?"

„Nein, eigentlich nicht. Ich vermute allerdings ...", so ein Quatsch, das Inserat hatte unter der Rubrik Römerbad, Swingerklub und Ähnlichem gestanden und ich ging natürlich davon aus, dass es sich hier um Telefonsex handeln müsste, „also eigentlich vermute ich, es könnte sich vielleicht ... äh ... um Telefonsex handeln!?"

Die Stimme am anderen Ende rutschte mindestens drei Oktaven in den Keller und die Frau brummte zurück: „Ja, dann wissen Sie ja, worum es geht. Wann möchten Sie sich vorstellen? Wir suchen Frauen für Köln und unsere neue Geschäftsstelle in Bonn."

„Äh ... also Bonn kommt eigentlich für mich nicht infrage, ich würde lieber in Köln arbeiten. Ich könnte morgen Nachmittag vorbeikommen."

„Gut. 16.00 Uhr?"

„Ja, gerne."

Sie gab mir eine Bonner Adresse und wir beendeten das Gespräch. Nachdem ich kurz durchgeatmet hatte, rief ich Kerstin an.

„Ich hab's getan."

„Was?"

„Ich hab da angerufen. Handelt sich tatsächlich um Telefonsex. Morgen habe ich einen Termin."

„Echt?"

„Ja. Sag mal, willst du dir nicht auch einen geben lassen und wir fahren da zusammen hin?"

Sie überlegte. Dann sagte sie zu meiner Erleichterung: „O. k. Mach ich. Hab eh nichts Besseres vor." Sie ließ sich also ebenfalls einen Termin bei der Firma S geben und am nächsten Tag tuckerten wir lachend nach Bonn. Wir malten uns aus, wie wir am Telefon sitzen würden, immerhin hatten auch wir schon den einen oder anderen Film gesehen, in dem Frauen strickend und Salzstangen knabbernd in den Hörer stöhnten, während sie so taten, als hätten sie Sex, oder sich gar dabei die Fingernägel lackierten, und wir überlegten uns auch schon geeignete Namen, die wir in den Hörer hauchen würden. Allein für diese Dreiviertelstunde der kichernden Bauchdeckenmassage hatte sich unsere Fahrt schon gelohnt, das war uns beiden klar. In Bonn angekommen suchten wir einen Parkplatz um die Ecke der angegebenen Adresse, da wir nicht direkt vor dem Haus gesehen werden wollten. Schließlich weiß man ja nie, wer einem so alles an einem Sonntag in Bonn begegnet, und so schlüpften wir wie zwei Einbrecher in den Hauseingang, der geöffnet war. Breit grinsend fuhren wir in den vierten Stock und klingelten. Eine sehr nette, junge, adrette, vor allem aber hochschwangere Blondine mit kessem Kurzhaarschnitt öffnete uns die Tür und bat uns hinein.
„Die Büros sind noch nicht ganz fertig", sagte sie, während sie uns zwei Klappstühle in einen leeren Raum stellte und uns jeweils einen Zettel in die Hand drückte.

„Hausordnung" stand darauf.

Sie verließ den Raum, weil sie noch etwas zu erledigen habe, wie sie uns wissen ließ, und erheitert machten wir uns mit den wesentlichen Punkten vertraut, die man bei dieser Art von „Gewerbe" einhalten musste.

1. Während des Gesprächs darf nicht gegessen werden. Chips und andere Esswaren sind verboten.
2. Während des Gesprächs darf nicht getrunken werden. Bitte öffnet keine Flaschen oder Dosen während des Gesprächs.
3. Das Fenster darf nicht geöffnet werden.
4. Es darf bei der Arbeit nicht geraucht werden.
5. Sechs der Telefone sind eingehende Gespräche, aber nur auf eurem „Schlafzimmertelefon" könnt ihr den Kunden bedienen.
6. Nach 20 Minuten müsst ihr das Gespräch beenden.
7. Ihr müsst den Kunden vorher überprüfen, das heißt, ihr ruft ihn unter der von ihm angegebenen Nummer zunächst zurück.
8. Vorlieben eurer Kunden findet ihr in eurer Datenbank. Bitte tragt auch selbst nach dem Gespräch ein, wie lange der Kunde bis zum Abspritzen brauchte und was er bevorzugt. Oral, anal etc.
9. Sex mit Tieren ist verboten, Pädophile werden nicht bedient.
10. Wenn der Kunde einen Dreier wünscht, drückt die rote Taste. Eine Kollegin wird sich dann zuschalten und ihr bedient den Kunden zusammen, nach seinen Wünschen.
11. Unterhöschen werden postlagernd versendet.
12. Wenn ihr an einem Termin nicht könnt, sagt bitte früh genug Bescheid oder sucht selbst einen Ersatz für eure Schicht.
13. Treffen und Verabredungen mit den Kunden sind verboten.
14. Hinterlasst euren Arbeitsplatz sauber und euren Computer anständig.
15. Da wir Anzeigen in einschlägigen Heften geschaltet haben, legt euch diese an den Arbeitsplatz. Manchmal fragt der Kunde nach einem gewissen Mädchen oder hat ein Foto gesehen, das ihm gefällt. Sorgt dafür, dass der Kunde denkt, er spreche mit diesem Mädchen, oder verweist auf eine andere Kollegin, die diese Attribute in ihrer Vita vorweist.

Und so weiter!

Ich habe sicher inzwischen einige Punkte vergessen, aber ich darf sagen, wir waren perplex. Doch kaum hatten wir, einigermaßen irritiert, die besagte Hausordnung gelesen, kam Blondie auch schon zurück und brachte uns in einen kühl wirkenden Büroraum mit einem Schreibtisch plus Computer, sieben Telefonen, zwei Wasserkaraffen und einer dicklichen und etwas hässlichen, nicht mehr ganz jungen Frau, die uns kurz begrüßte und uns, als just das Telefon klingelte, andeutete, leise zu sein. So hockten wir auf zwei weiteren Klappstühlen vor ihr, die Hausordnung auf dem Schoß, und harrten gespannt der Dinge, die da kommen sollten.

„Halloooo …", säuselte sie in den Hörer. „Naaaaaaa? Willst du ein geiles Gespräch mit mir führen?" Uns wurde warm.

Leicht errötet blickten Kerstin und ich uns an, dann zum geschlossenen Fenster hinaus, weiter auf den Schreibtisch und wieder zurück zur Hausordnung. Hier saßen wir also vor einer, die sich gut auskannte und diesen Job keineswegs erst seit gestern machte, so viel stand fest.

Später erfuhren wir, dass sie die „Queen des Telefonsex" war, was so viel heißt wie, bei ihr kamen die Männer meist schon nach sieben Minuten, also in der Zeit eines frisch gezapften Pils. Und genau so lange dauerte es. Sieben Minuten. Unfassbar!

Die Lady gab alles, stöhnte und schwieg in die Muschel, goss Wasser von einer Karaffe in die andere mit den Worten: „Jaaa … so magst du das, mein Schatz", was dem Gegenüber suggerieren sollte, dass sie dem Herrn am anderen Ende des Telefons ins Gesicht urinierte, während sie, was eigentlich verboten war, in den Computer tippte und uns aufmunternd zuzwinkerte, irgendwie nach Lob heischend. Inzwischen waren wir bis zum Haaransatz komplett errötet, klammerten uns an der Hausordnung fest und ich glaube, mir tropfte vor Schreck sogar ein klein wenig Schweiß von der Stirn. Schräg über dem Computer nahm ich eine Kamera wahr, die die Überwachungskamera der Chefin darstellte. Nachdem die Dame vor uns den Hörer aufgelegt hatte, holte uns Blondie nach dieser äußerst eindrucksvollen „Vorstellung" lächelnd ab. Sie hatte Kerstin und mich die ganze Zeit über eben selbige Kamera beobachtet und fragte nun, ob es uns gefallen habe und ob wir uns diese Arbeit vorstellen könnten, was wir beide mit einem viel zu schnellen Kopfnicken bejahten, brachte uns zur Tür, ließ uns wissen, dass sie uns anriefe, wenn eine „Stelle" in Köln frei werden würde, und schob uns sanft mit ihrem Babybauch durch die Tür.

„Weg! Nichts wie weg hier!", wisperte ich meiner Freundin zu und ich glaube, so schnell bin ich noch nie vier Stockwerke hinuntergesaust. Wir warteten nicht mal auf den Aufzug, sondern nahmen gleich die ganze Treppe im vollen Galopp, wie man so schön zu sagen pflegt. Unten angekommen und nachdem wir uns in alle Richtungen versichert hatten, dass uns niemand aus dem Hausflur hatte kommen sehen, rannten wir um die Ecke, sprangen zitternd ins Auto, zündeten uns auf den Schreck hin erst mal ein paar Zigaretten nacheinander an und fuhren eilig nach Köln zurück. Nie! Nie! Niemals, da waren wir uns einig, würden wir in so einem Büro sitzen und Männern vorgaukeln, wir schliefen grade mit ihnen. Niemals. Keine Chance. Dieser Job war einfach nichts für uns.
In Köln angekommen tranken wir noch einen Kaffee und hakten diesen kleinen Bonn-Trip als eindrucksvollen Sonntagnachmittagsausflug ab.

„Riiiiinnnng!" Das Telefon klingelte, kaum dass ich zur Haustür reingekommen war. Es war Frau S, die dringend, schon heute Abend, einen Ersatz für Köln brauchte. Eine „Kollegin" sei krank geworden und es wäre doch ganz gut, wenn ich schon jetzt, so frisch eingewiesen, meinen ersten Versuch starten würde. Ich überlegte nicht lange, sondern sagte, zu meinem eigenen Erstaunen, sofort zu. Mein damaliger Freund fand das: „Superklasse, dass du das machst." Er wusste ja nicht, dass man spätestens nach dem zweiten Tag keine Lust mehr auf Sex haben würde und man sich als Frau vorkommt, als betrüge man den eigenen Freund mit anderen Männern. Auch ich wusste das zu diesem Zeitpunkt nicht und so fuhr ich abends gegen 22 h zu meiner ersten Schicht. Die Hausordnung vor der Nase, ein Heftchen zur Wichsvorlage für Männer neben dem Schreibtisch, mit einer drallen Blondine mit XXXXXL

Brüsten auf dem Cover, die wie Lappen von ihrem Körper hingen, die Fenster geschlossen und kameraüberwacht saß ich nun also vor dem Computer und las die Bedienungsinstruktionen.

Ich war noch nicht auf „Sendung", sozusagen, also noch nicht freigeschaltet, und übte schnell, dazu muss ich sagen, ich hatte bis dato mit Computern wenig am Hut, F4 ist Adressbuch, F5 sind Vorlieben der Kunden, F10 zurück ins Menü etc., da klingelte mit einem Mal mein Schlafzimmertelefon, ganz rechts von mir. Ich starrte es ungläubig an, nahm einen tiefen Zug Restluft des Raumes und hob dann langsam den Hörer ab. Es war meine Chefin, die mich nur schnell fragen wollte, ob ich nun endlich bereit sei, anzufangen. Ich bejahte mit zittriger Stimme, drückte auf die kleine rote Taste vor mir, die jetzt in sattes Grün überging, und schon klingelten mindestens vier Telefone gleichzeitig. Ich hatte mir den Namen „Debbie" ausgesucht, wohl, weil ich ihn mir selbst gut merken konnte und ihn irgendwie sexy fand, und natürlich hatte ich mir meine Optik zurechtgedacht. Da fast alle anderen Ladys blond mit üppiger Oberweite waren, wollte ich etwas Spezielles anbieten. Ich war also der grünäugige, indianische Typ mit gebräunter Haut, langbeinig und drahtig, teilrasiert. All das entsprach ungefähr dem, wie ich gerne ausgesehen hätte, hätte ich mich selbst erschaffen können. Aber das konnte ich ja nun.

„Debbie" kam gut an, und wenn ich auch anfänglich noch etwas schüchtern in den Hörer hauchte, hatte ich schnell das Prinzip durchschaut und mich auf die jeweiligen Wünsche der Kunden eingestellt. F5 half mir dabei, sofort zu erkennen, ob ich einen Stammkunden „bediente", und so manches Mal hatte ich Glück, denn sieben Minuten bis zum Abspritzen bedeutete, acht Kunden in der Stunde abzufertigen, was wiederum 160 Mark die Stunde brachte. Auf diese Summe kam ich aber leider nie, denn ich hatte ein großes Manko.

Waren mir anfangs die „Übung am Kunden und meine eigene Flexibilität" wichtig gewesen, so entstand bei mir schon nach ganz kurzer Zeit ein Interesse an der Psyche meiner Kunden, dieser Einsamen, die, manchmal nur mit weißen Söckchen bekleidet auf harten Stühlen in irgendeinem Hotel auf meinen Rückruf warteten, sich wünschten, ich wäre eine Schreibwarenverkäuferin, die sie verführte, und denen ich mit Mont Blancs bewaffnet, das ist schließlich der Jaguar unter den Schreibgeräten, meine Aufwartung machte, zumindest in ihrer Fantasie.

Nicht selten fragte ich, nachdem die Herren „fertig" waren und ich sie bedient hatte, was sie denn nun machen würden, wie der Tag oder die Nacht weitergehe, ob sie Kinder haben und warum sie überhaupt einsam sind. Damit war ich natürlich komplett geschäftsschädigend. Aber, ich bin nun mal Schauspielerin und der einzige Grund, warum ich mich in der Perfektion des Telefonsexes übte, war, dass ich all das, was ich erlebte, in meinen Beruf einzuflechten gedachte. Schließlich spielt eine Schauspielerin wie ich öfter mal eine Prostituierte und so betrachtete ich diesen Nebenverdienst als Weiterentwicklung und Weiterbildung meines Berufes.

Ich habe in der Zeit beim S-Team wirklich nur äußerst nette Frauen kennengelernt, aber keine von ihnen sah in Wirklichkeit so aus wie in den Annoncenheftchen. Eine sehr dicke Volkswirtin, die ihre Kunden mit „Popoklatschen mit einer Gerte", das Ganze auf einem Plastikstuhl ausgeführt, verwöhnte, und man muss sagen, sie hatte reichlich Kunden, sogar bei angesagten Radiosendern der Stadt, wobei man das ja nie so genau weiß, weil man ja auch nur auf die Informationen angewiesen ist, die einem der Anrufer gibt, erwiderte mir einmal auf meine Frage, warum sie Telefonsex mache, mit folgender, plausibler Antwort, während sie sich Chips und Cola gleichzeitig in den Mund stopfte: „Weißt du, Katy. Da draußen guckt mich keiner mit dem Arsch an. Die meisten Männer finden mich viel zu dick und ich habe schon seit Ewigkeiten keinen Freund mehr. Aber hier, da habe ich Macht. Da kann ich mit den Männern umspringen, wie es mir gefällt. Sie lieben meine Stimme, machen mir Komplimente und stehen total auf mich. Außerdem kann ich mir seitdem einiges leisten, was ich vorher nicht konnte, und ich finanziere damit sogar mein Studium. Und stell dir vor, neulich hat wieder mein Stammkunde vom Radiosender angerufen. Der findet meine Stimme so klasse, dass er mich unbedingt treffen will, weil er mir gern eine eigene Sendung im Radio geben möchte."

Ich glaube zwar nicht, dass sie ihn jemals getroffen hat, denn ich denke, dass sie Angst davor hatte, sich diesem Menschen, wenn es überhaupt als seriöses Angebot gemeint war, in ihrer überdimensionalen Lebensgröße zu zeigen. Aber das, was sie gesagt hatte, ging mir dennoch lange nicht aus dem Kopf. Die Macht über Männer, die sie beschrieb.
Ging es mir eigentlich auch so?
Ich kann nur für mich sagen und das ist ja sicherlich bei jeder Frau, die Telefonsex macht, anders, dass ich einen Teil des Respekts vor Männern verloren hatte. Und obwohl ich meine „Telefonate" als Arbeit verstand, die meine Fantasie zu Höchstformen auflaufen ließ, zumindest in den Gesprächen, die ich führte, hatte ich absolut keine Lust mehr auf Sex. Mein einziger Gedanke war nur noch, dass ich hoffentlich nie jemanden an die Strippe bekam, der meine Stimme erkannte und mir plötzlich ein irritiertes „Katy? Bist du das?" ins Ohr blöken würde.

Ich erwartete grade den Rückruf eines meiner Komparsen-Schützlinge, als mich eine Nummer aus Kiel anbimmelte, wie ich auf dem Display erkannte. Ich nahm den Hörer ab und hörte zunächst – nichts. Nur schweres Atmen. Ich schwieg, wie mein Anrufer. Kein Hallo. Gar nichts. Dann, nach langem Schweigen, sagte die Stimme:

„Es ist so weit! Sie ist fort."
„Nein", mir erstarb fast jeder Ton im Hals.
„Doch", war die Antwort.
Schweigen.
„Wann?"
„Vor drei Tagen. Morgen ist Beerdigung. Kommst du?"
„Ja."
„Schön. Sie hätte sich gefreut."
„Wo?"
„Wir treffen uns vorher in ihrer Stammkneipe."
„Ich werde da sein."

Von unserem Wohn- und Schlafzimmerbereich her hörte ich lautes Lachen. Peter sah scheinbar einen sehr lustigen Film.
Langsam stieg ich schweren Schrittes die steile Treppe hinab, die vom Büro aus nach unten führte. Peter bemerkte sofort, dass es mir scheinbar nicht gut ging, dass etwas passiert sein musste.
„Schatz? Ist irgendwas?"
„Uta ist gestorben", flüsterte ich fast.
„Oh Schatz, das tut mir leid", sagte er und öffnete, auf dem Bett liegend, seine Arme, in die ich mich weinend fallen ließ.
„Morgen ist die Beerdigung."
„Fährst du?"
„Ja."
„Gut!"
Ich entwand mich seiner Umarmung und ging traurig ins Badezimmer. Während ich das Wasser einlaufen ließ, hörte ich, wie Peter den Ton des Fernsehers wieder anstellte. Und als ich schon in der Badewanne saß, da lachte Peter noch lauter als zuvor über die Witze im TV.
Laut und schallend.
Ich weinte … still … vor mich hin.

Das Erbe

Die Familie, enge Freunde von Uta, einige wenige ehemalige Kommilitonen und ich saßen an einem langen Tisch bei Kaffee und Kuchen. Uta hatte immer einen Hehl aus ihrem Alter gemacht und wir konnten uns einfach das Lachen nicht verkneifen, da keiner von uns wusste, wie alt sie nun eigentlich geworden war. Ich behauptete steif und fest, sie sei 89 geworden, einer ihrer Söhne meinte allerdings, sie sei 85. Aber wirklich genau wusste es niemand.

Wie es so üblich ist, spricht man bei so einem Treffen oder später beim „Leichenschmaus" natürlich über den Menschen, der grade gegangen ist. Und so erzählte eine enge Freundin von Uta, mit der sie das kleine Theater in der Hansastraße 48, einem eher alternativen Theater, geführt hatte, in dieser zusammengewürfelten Runde noch einmal die Geschichte meiner Auftritte in der Hansastraße. Uta hatte mich ja vor einiger Zeit gebeten, meinen Soloabend „24 Stunden aus dem Leben einer Frau" von Stefan Zweig in ihrem Theater zu spielen. Ich hatte zugesagt und so stand ich an drei Abenden vor wirklich wenigen Zuschauern auf der kleinen Bühne. Es war eine vertraute Zusammenkunft von Gesichtern, die ich kannte. Die Einzige allerdings, die sich an diesem Abend nicht blicken ließ, war Uta. „Sie sei krank", ließ sie mir ausrichten und löste damit eine riesige Enttäuschung bei mir aus. Ich wollte ihr doch so gern zeigen, was aus mir, ihrem Zögling, geworden war, denn sie hatte mich nach der Schauspielausbildung noch nie auf einer Bühne gesehen und es waren immerhin schon etliche Jahre vergangen, seit sie mich ausgebildet hatte. Ihre Freundin erklärte mir, dass sie glaube, dass Uta mich nicht auf der Bühne sehen wolle oder besser gesagt nicht sehen könne.

„Aber warum hat sie mich dann gebeten, bei ihr aufzutreten?"

„Weil sie dich liebt und immer große Stücke auf dich gehalten hat", war die Antwort. „Aber ich glaube, sie schafft es nicht, deine Kraft auf der Bühne zu sehen. Kraft, die sie selbst nicht mehr hat. Du warst ihr ja immer sehr ähnlich und sie hat in dir auch immer sich selbst gesehen. Aber …", fügte sie tröstend hinzu, „zu deinem musikalischen Abend wird sie sicher kommen! Das verspreche ich dir." Die Enttäuschung blieb.

Einige Monate später war es dann so weit. „Vorhang auf" hieß mein Programm und damit war eine Reise durch bekannte Filmmusiken gemeint. Uta hatte mich vorher sogar noch in Köln angerufen und mich gefragt, ob sie sich etwas wünschen dürfe.
„Kommt drauf an, was es ist!", hatte ich erwidert.
„Ich wünsche mir, dass du, wenn du bei mir auftrittst, ein Chanson für mich singst. Ich würde ein ganz bestimmtes Lied so gern von dir und aus deinem Mund hören."
„Ja gut. Wenn ich es kenne!", brummte ich.
„Ich möchte so gern ‚Für mich soll's rote Rosen regnen' von Hilde Knef von dir hören."
Das war leicht, denn ich hatte dieses Lied eh als Zugabe im Programm und so versprach ich, ihr diesen Wunsch zu erfüllen, wenn sie mir im Gegenzug verspreche, diesmal auch wirklich zu kommen.
Und diesmal kam sie wirklich! Ja, sie war da. Saß in der ersten Reihe, was nicht ungewöhnlich war, denn an diesem Abend gab es sage und schreibe ganze neun Zuschauer. Darum hatte ich alle gebeten, näher an die Bühne zu rücken, und nun saßen wirklich absolut alle in der ersten Reihe. Den Abend wegen der wenigen Zuschauer abzusagen wäre mir natürlich im Leben nicht eingefallen, kannte doch auch ich die alte Theaterregel: „Ein Zuschauer mehr im Publikum als Schauspieler auf der Bühne und der Abend findet statt." Kann und konnte sich natürlich kaum ein Theater leisten, aber in jungen Jahren stand ich sehr wohl das eine oder andere Mal auf der Bühne und spielte für drei Menschen.
Im Nachhinein glaube ich, ich war selten so gut auf der Bühne wie an diesem Abend, und als sich mein Programm zum Ende neigte,

kam endlich mein heiß ersehnter und sehr persönlicher Höhepunkt. Ich stellte mich direkt vor Uta, bat Noel Stevens, meinen langjährigen, treuen und dazu wundervollen Pianisten, der mich auch an diesem Abend begleitete, zu spielen und sang: Für dich soll's rote Rosen regnen. Alle „michs" hatte ich mit „dich" ersetzt und Uta hatte große Mühe, ihre Gefühle zu verbergen. Es dauerte nicht lange, da weinte der alte „Dragoner".
Ja, Uta weinte. Weinte vor Freude und Glück.
Ich habe diese Regung nie vorher und niemals nachher wieder bei ihr gesehen. Nur dieses eine, dieses einzige, für mich unvergessliche Mal. Und ich war dankbar, dass sie mich dadurch so viel Liebe spüren ließ. Ich hatte ihren Traum erfüllt, das wusste ich. Sie war so unendlich stolz.
Stolz auf den Schützling, der ihr so ähnlich war, der ihr so viel bedeutete und den sie es nie hatte wissen lassen.
Nach diesem Abend, den wir noch bei einem Wein in der Kantine verbrachten und an dem sie mich wie eine Tochter an ihren großen, schweren Busen drückte, habe ich sie nicht mehr gesehen. Nie mehr.
Und nun saß ich hier bei Kaffee und Kuchen, in einer Studentenkneipe, in der Straße, in der sie gelebt hatte, und konnte von meinem Platz aus das Fenster sehen, aus dem sie mir beim letzten Mal, als ich sie besucht hatte, an diesem ersten Weihnachtstag, den Schlüssel hinuntergeworfen hatte, weil sie zu schwach gewesen war, die Tür zu öffnen.

„Möchte einer von euch etwas haben, das Uta besaß?", fragte einer ihrer Söhne plötzlich in die Runde. „Alle Bücher gehen an das Theater. Ich denke, so hätte sie es gewollt. Aber möchte jemand von euch noch eine Art Erinnerung?" Alle schwiegen. Gudrun, eine ehemalige Mitstudentin, starrte mich an. Ich blickte auf den Teller, der vor mir stand. Mit dem Kopf ruderte sie in meine Richtung, ich fühlte es genau, aber ich hob den Blick nicht.
„Katy hätte gerne etwas", blökte sie plötzlich laut über den Tisch.

Ich warf ihr einen vernichtenden Blick zu und schon trat sie mir gleichzeitig unterm Tisch gegen das Schienbein.
„Du wolltest doch so gern das Bild. Nun sag doch schon!"
„Was für ein Bild?", fragte Utas Sohn neugierig.
Blöde Ziege! Ich hätte natürlich niemals von selbst darum gebeten, aber nun kam ich aus der Nummer nicht mehr raus. „Hm" stammelte ich, „also, als Uta und ich uns das letzte Mal bei ihr zu Hause trafen, da wollte sie gern, dass ich das Bild mit dem Tiger und dem Wasserbüffel bekomme. Aber, wenn sie das nicht testamentarisch verfügt hat, dann wollte sie ja vielleicht doch nicht, dass ich es bekomme." Meine Stimme schwächelte.
„Du kennst doch meine Mutter!", erwiderte er lächelnd, als ob sie noch am Leben sei. „Da gibt es kein Testament. Uta konnte Testamente nie leiden. Natürlich bekommst du das Bild." Ich lächelte schüchtern und blickte auf meinen Teller. Aber ich war Gudrun unendlich dankbar für ihren Einwurf und den Tritt unter dem Tisch, obwohl ich damit scheinbar die Einzige war, die hier außer dem von Uta viel geliebtem Theater etwas als Andenken an sie bekam, und ich hatte ja auch schon die Holzfiguren, aber ich wusste auch, dass eh niemand, der hier saß, mit dem Bild irgendetwas verband, außer mir. Und so nahm ich dieses Erbe dankend an, schaute noch mal auf die kleine Todesanzeige, die vor mir lag, und lächelte über die Worte, die dort standen: „Den Abgang macht dir keiner nach."

Der Weg des Künstlers

„Schickst du mir den Hund bitte runter?", rief ich Peter zu, der mit dem Telefon in der Hand auf der Terrasse stand. Es war früher Abend und ich hatte geklingelt, damit Peter wusste, dass ich wieder aus Kiel und somit von den Trauerfeierlichkeiten zurück war. Da wir im fünften Stock wohnten und das natürlich ohne Fahrstuhl, war unser Ritual, dass Lino, unser damaliger Hund, sich allein auf den Weg die Treppen herunter zu seinem Abendspaziergang machte, die Leine in seiner Schnauze.
„Mach ich!"
„Treffen wir uns gleich im Litho?", rief ich.
„Ja, ich beende nur eben das Gespräch. Ist wichtig!"
„O. k.!"
Lino und ich machten eine Runde durch den Park und warteten in unserer Stammkneipe bei einem Caffè Latte auf Peter. Während der langen Autofahrt von Kiel nach Hause hatte ich mir überlegt, dass wir vielleicht so etwas wie eine Beziehung auf Probe anstreben sollten. Mehr Freiraum, weniger Fragen. Vor allem aber den Mut wiederzufinden, absolut alles anzusprechen, was uns störte, nicht nur an dem anderen, sondern vor allem im gemeinsamen Umgang. Nicht verletzend, sondern konstruktiv. Vielleicht war ja alles nur ein großes Missverständnis gewesen und vielleicht hatte ich ja auch wirklich extrem überempfindlich auf Peters scheinbares Desinteresse an meinen Gefühlen reagiert.
Utas Tod hatte mich wieder mal daran erinnert, wie kurz das Leben war, aber vor allem, wie schnell es vorbei sein konnte. Außerdem hatte ich mir irgendwann geschworen, niemals in einer Beziehung im Streit auseinander zu gehen. Es gab zu viele wahre Geschichten, in denen Menschen, die sich liebten, einander morgens den Rücken zugewandt hatten, zornig und nicht wissend, dass sie ei-

nander nie mehr wiedersehen würden. Doch nach dem Tod gab es keine Möglichkeit mehr, sich bei dem anderen zu entschuldigen, sich auszusprechen oder Dinge zu klären.

Der, der blieb, musste vielleicht sein Leben lang mit der traurigen Gewissheit leben, dass der andere nicht wusste, wie sehr er eigentlich geliebt wurde. Auch der Satz: „Der Tod ist nur schlimm für die Hinterbliebenen" tröstete da kaum und ich wollte es in meinem Leben nie so weit kommen lassen.

Peter trottete in unsere Lieblingskneipe, gab mir ein flüchtiges Küsschen auf den Mund und bestellte sich ein Bier. Ich freute mich, ihn, der mir so vertraut war, zu sehen, und wollte grade anfangen, von meiner Reise zu erzählen, als er mit einem: „Hör mal, du möchtest jetzt bitte eben Mira anrufen", das Gespräch eröffnete. Mira war eine langjährige Freundin, die seit einiger Zeit für eine Kölner Filmfirma arbeitete und mir zu meinem Job als Casterin für Komparsen und Kleindarsteller in der Firma verholfen hatte. Außerdem hatte sie es möglich gemacht, dass Peter für eine Rolle in der Serie, für die sie selbst tätig war, vorgeschlagen wurde, die er tatsächlich nach seinem gelungenen Casting auch bekam.

„Mira?", fragte ich. „Hm. Was will sie denn?"

„Na ja", begann er zögerlich, „sie behauptet, ich hätte am letzten Drehtag unsrer Staffel etwas mit der Maskenbildnerin gehabt, aber das stimmt nicht. Totaler Quatsch. Na ja, wird sie dir dann schon selbst sagen." Lässig lehnte er sich im Stuhl zurück und steckte sich eine Zigarette an.

Aha???

Ich muss gestehen, ich war leicht verwirrt. Da saß er und eröffnete mir, dass Mira mich um einen Rückruf bat, weil er am letzten Abend der Staffel etwas (tja, was eigentlich genau?) mit der Maskenbildnerin „gehabt hatte"? Ich erinnerte mich noch genau an den Abend. Ich hatte Peter zur Abschiedsparty in die Räumlichkeiten der Produktion gefahren. Es war ein sehr netter Abend, wenn mich auch die neben dem Buffet liegenden Präservative irritierten, die sozusagen zum Essen gereicht wurden. Aber ich hielt dies für einen Produktionsgag, hieß doch diese „Jede Menge Leben". Das passte. Zumindest in meiner Vorstellung. Peter hatte

mir im Laufe des Abends eröffnet, dass er es „heute mal so richtig krachen lassen wolle". Er hatte bis zu diesem Abend wirklich irrsinnig viel gedreht und viel Zeit mit diesen Menschen verbracht, darum fand ich es natürlich völlig in Ordnung, dass mein Freund seinen letzten Abend mit seinen Kollegen und Kolleginnen allein feiern wollte. Da ich selbst zwar einige Leute kannte, mit denen ich auch schon gearbeitet hatte, aber dennoch nicht zur Produktion gehörte, beschloss ich gegen Mitternacht nach Hause zu fahren. Blöderweise hatte ich von jeher ein Problem. Ich konnte einfach nicht einschlafen, wenn der andere nicht zu Hause war. Ein wirklich unsinniges Problem für eine Schauspielerin, sollte man denken, da man ja öfter mal durch eine Produktion bedingt in einem Hotel oder einer Pension schläft. Wenn ich selbst unterwegs war, um irgendwo zu drehen oder Theater zu spielen, fiel mir das ja auch gar nicht schwer. Das Problem tauchte immer nur dann auf, wenn ich zu Hause war. Und so schlug ich mir im Halbschlaf die Nacht um die Ohren, bis ich gegen fünf wieder aufrecht im Bett saß. Peter blieb nie lange auf Partys, er trank kaum Alkohol und war oft auch zu geizig, Geld für ein Taxi auszugeben. Nach kurzer Überlegung rief ich also in der Produktion an, um ihm anzubieten, dass ich ihn abholen würde, falls er das wolle. Der Pförtner, ein freundlicher Mann, den ich ebenfalls von früher kannte, nahm den Hörer ab:
„Karrenbauer!"
„Hallo Frau Karrenbauer", erwiderte er freundlich.
„Hallo! Sie haben aber einen langen Abend", sagte ich. „Ist das Fest noch in vollem Gange, Sie Ärmster?"
„Nein", antwortete er knapp.
„Aha? Sind denn alle schon weg?"
„Ja, alle schon weg!"
„Aha. Auch Herr xxx?", fragte ich verunsichert und meinte damit Peter.
„Ja, der auch", antwortete er geschwind, auch wenn ich glaubte, ein kurzes Zögern in seiner Stimme gehört zu haben, was mich innerlich aufhorchen ließ. Sonst hätte ich sicher nicht weiter nachgehakt.

„Wissen Sie zufällig, wo sie hingefahren sind? Und wer noch mit dabei war?"

„Nein, aber ich glaube, die sind alle in die Stadt. Mit dem Taxi. Schon vor Stunden."

„Vor Stunden schon?"

Aha? Das war irgendwie seltsam. Auch wenn Peter gesagt hatte, dass er es krachen lassen wollte, war er überhaupt nicht der Typ, der nach einer Feier noch in irgendeiner Kneipe einkehrte. Ich? Jederzeit! Aber bei ihm war das eher ungewöhnlich.

„Sind Sie ganz sicher?", fragte ich ein letztes Mal.

„Ganz sicher, Frau Karrenbauer. Niemand mehr da. Tut mir leid, Ihnen nicht weiterhelfen zu können. Gute Nacht."

„Danke und guten Morgen", sagte ich noch, legte langsam und nachdenklich den Hörer auf und machte mir mit einem Mal große Sorgen. Lag er vielleicht irgendwo total betrunken und hatte kein Geld, um nach Hause zu fahren? Er würde doch anrufen, wenn er wo anders übernachten würde und nicht nach Hause käme. War ihm irgendetwas Schreckliches passiert? Natürlich war ich inzwischen hellwach. Sollte ich mich einfach ins Auto setzen und die Strecke abfahren? Oder vielleicht noch in der einen oder anderen Bar nachsehen, ob er dort vielleicht sei? Ich verwarf diesen Gedanken, so schnell wie er mir gekommen war, denn ich finde nichts schrecklicher, als bei meinem Freund das Gefühl zu erwecken, ich würde ihm hinterher spionieren. Das hatte ich nie gemacht und ich wollte es auch nicht so weit kommen lassen, dass er oder jemand, mit dem er vielleicht jetzt noch unterwegs war, denken könnte, ich traue und vertraue ihm nicht.

So kochte ich mir einen Kaffee, entschied, noch zu warten, anstatt irgendwelche unsinnigen Aktionen zu starten, kramte mein Tagebuch heraus und begann, meine „Morgenseiten" zu schreiben. Seit einigen Monaten, genau gesagt seit etwa zweieinhalb Monaten, arbeitete ich mich durch das Buch „Der Weg des Künstlers" und war mir, meinem Leben und meinen eigenen Geheimnissen, Wünschen und Träumen auf der Spur. Nicht jedermanns Sache, war es doch eine Art Seminar, das man über 12 Wochen praktizieren sollte und das mit wöchentlichen Aufgaben versehen war, aber ich stieß durch dieses Buch mehr und mehr auf Gründe, warum mich bestimmte Ängste plagten, und erfuhr sehr viel über meine Gedanken und mein Unterbewusstsein, denn ich hielt mich eng an die Aufgabenstellung und schrieb wirklich jeden Tag und eigentlich immer direkt nach dem Erwachen.

An diesem Morgen schrieb ich also grade über Peter, Gedanken zum Verlust eines Menschen durch Tod oder „nur" Trennung, als ich mit einem Mal den Schlüssel im Schloss der Wohnungstür wahrnahm. Auch Lino wurde unruhig, aber er erkannte Peters Schritt, bellte also nicht und mir fiel ein Stein vom Herzen. Peter schlich sich in die Wohnung und als er mich mit meinem Kaffee auf dem Bett sitzen sah, schoss er mir ein: „Ich will jetzt nicht reden. Ich bin müde!" entgegen – und dabei hatte ich doch nur gelächelt und noch gar nichts gesagt. Ich schaute ihm zu, wie er seine Kleidung, ein wenig wankend, abstreifte, wie er sich aufs Bett neben mich warf und mir schnell den Rücken zudrehte, während er mir kurz ein „Nacht" zunuschelte und scheinbar sofort einschlief.

„Verletzt" war das letzte Wort, das ich grade in mein Tagebuch geschrieben hatte. Verletzt. Ich saß lange da, schaute aus dem Fenster in den längst erwachten Morgen und fühlte in mich hinein. Nein. Ich war nicht verletzt darüber, dass er spät gekommen war. Immerhin waren wir erwachsen und ich hatte kein Problem damit, ihn gewähren und ihm seinen Freiraum zu lassen, vor allem, weil er ihn viel seltener als ich selbst für mich in Anspruch nahm. Aber ich spürte mit einem Mal, dass es mich verletzte, dass er nicht das geringste Wort für mich hatte, keine noch so winzige Erklärung, und weil ich instinktiv etwas fühlte, das mich verletzte, von dem ich nicht wusste, was es war, weil ich es von ihm nicht kannte. Am nächsten Tag war ja auch schon der Anruf gekommen, der mich nach Kiel hatte eilen lassen, und so hatten wir eigentlich nichts geklärt, denn Peter war weiterhin nicht bereit, über den Abend zu sprechen, und ich war sauer und strafte ihn, blöderweise, mit Ignoranz und Liebesentzug.

All das fiel mir ein, während ich jetzt zum Münzfernsprecher ging und Miras Nummer wählte. Mira brachte mich, nach kurzer Begrüßung, auf den Stand der Dinge.
Der Pförtner hatte mich in der Nacht also angelogen, um Peter zu schützen, denn Peter war tatsächlich noch in der Produktion gewesen, als ich anrief. Er tummelte sich mit der Maskenbildnerin im Maskenraum und eigentlich war die „Nummer", die die beiden scheinbar geschoben hatten, nur aufgeflogen, weil einige Kollegen ihre Klamotten in der Maske abgelegt hatten und diese holten, als sie das Fest verließen.
Unter diesen Menschen war unter anderem der Pförtner gewesen, vor allem aber zwei Frauen, die mich kannten, und eine gute Freundin und die Mädels waren nun alle stinksauer auf Peter, unterstellten sie ihm doch schon lange, dass er mich, wie sie es nannten, nur als „billige Eintrittskarte" in die Welt des Fernsehens benutzte.
Aber ich wollte davon natürlich nichts wissen.

Alles in allem hatten die Mädels einen, wie ich finde, relativ fairen Plan geschmiedet. Sie hatten Peter ein paar Tage nach dieser Party-Nacht angerufen und ihm ein Ultimatum gestellt. So hatte er 48 Stunden Zeit, mir selbst die Wahrheit zu sagen. Falls er dies nicht täte, würden sie mich in Kenntnis setzen. Nun war das Ultimatum eben abgelaufen. Tja, dumm gelaufen.

Ich bedankte mich bei Mira für „die Wahrheit", atmete einmal tief durch, während ich den Hörer in die Gabel fallen ließ, ging zurück an den Tisch und setzte mich. Ich schaute Peter an. Schaute nur. Als ob ich in seine Gedanken eindringen und darin lesen wollte. Ich erinnere mich, dass ich fast sanftmütig lächelte, weil ich wusste, dass einem „so etwas" ja immer passieren konnte, vor allem aber, weil es mir schon so oft passiert war. Also als „Gehörnte". Immer und immer wieder.
Die Männermenschen, mit denen ich zusammen war, waren eigentlich immer fremdgegangen, wie es so schön oder unschön heißt. Somit war ich die Dauerbetrogene und an diesem Abend

lächelte ich wohl, weil ich mir selbst wieder die Schuld an allem gab und er mir nur wie ein Opfer vorkam. Ein Opfer, das sich in meine Geschichte einreihte, eine Geschichte, die mich seit Ewigkeiten verfolgte. Was konnte denn der arme Kerl schon dafür, dass mir das ständig passierte?

„Und?", fragte Peter nach einer Ewigkeit und ich bin sicher, er erwartete, dass ich losbrüllen, vom Tisch aufspringen würde, irgendwas von „fremdgehen, anscheißen und verlassen" schreien würde, weinen würde oder vielleicht das Lokal verlassen? Aber von alledem war ich weit entfernt.

„Und was?", fragte ich nur, fast gelassen.

„Hat Mira dir erzählt, was man mir da unterstellt?"

Wie bescheuert sich das anhörte. Was man ihm „da unterstellte"? Der Pförtner hatte ihn gesehen, wie Mira mir versicherte, zwei gute Bekannte und eine Freundin von mir hatten ihn „dabei" gesehen und er redete von „unterstellen"?

„Ja, hat sie", antwortete ich knapp.

Er wurde nervös und ich merkte, dass er mich überhaupt nicht mehr einschätzen konnte.

„Und? Glaubst du der, was die sagt?" Manche Männer, in die Enge getrieben, neigen dazu, Freundinnen der eigenen Freundin nicht mehr als „sie", sondern als „die" zu bezeichnen, und erhoffen sich damit scheinbar, deren Glaubwürdigkeit zu untergraben.

„Ja, ich glaube, was sie sagt!", antwortete ich nach kurzem Überlegen, ohne mich seinem Blick zu entziehen. Irgendein undefinierbarer Laut flutschte durch seine Zähne, während er verächtlich den Kopf zur Seite schwingen ließ, um mir dann blitzschnell, wie ein Stier vor dem Kampf, den Kopf zuzudrehen und mich mit einem stechenden Blick zu fixieren.

Doch auch diesem Blick hielt ich stand. Das machte ihn aggressiv und ich bemerkte, dass ich dieser Wucht seiner Augen noch nie zuvor begegnet war. Und plötzlich ging sein Atem immer schneller. Er, der doch immer fein säuberlich alles klug im Griff hatte, vor allem große Emotionen. Er … wurde aufbrausend. Er, der sonst sogar den Tisch verließ, wenn ich mal eine Geschichte wagte, zu laut und erhitzt zu erzählen, weil ich mich vielleicht grade emotional in irgendein Thema zu sehr hineingesteigert hatte und mich dieses grade fürchterlich in Rage brachte. Er, der mir immer wieder in Restaurants zuzischte, ich solle leise reden, wenn mal die Pferde mit mir durchgingen. Ausgerechnet er wurde jetzt laut. Sehr laut sogar. Meine eigene Ruhe schien ihn aus der Reserve zu locken und zum Kochen zu bringen.

„Warum glaubst du ‚denen'? Da war nichts! Ich schwöre. Warum glaubst du denn Mira und diesen Weibern und nicht mir?! Du kennst mich seit über zweieinhalb Jahren. Das würde ich doch nie tun?", fauchte er mich an.

„Peter", begann ich langsam, „vier Leute haben dir beim Ficken zugesehen, um es mal ganz klar auszudrücken. Vier! Nicht einer, nicht zwei, nein vier. Aber, selbst das tut nichts zur Sache. Fakt ist doch nur eines: Erstens haben wir uns, als wir uns kennenlernten, geschworen, dass wir die Ersten sein werden, die etwas ‚erfahren', wenn es etwas zu ‚erfahren' gibt!"

Natürlich war mir klar, dass das in der Realität niemals funktionieren konnte. Frei nach dem Motto: „Hör mal, also wenn du mich schon betrügst, dann möchte ich das aber gerne vorher wissen." Ja, ich weiß, völlig bescheuert, hatte aber tatsächlich einmal in meinem Leben geklappt. Da hatte mich mein ehemaliger Freund doch tatsächlich aus Griechenland und „bevor" er mit der Frau, mit der er den Abend verbracht hatte, schlief, angerufen und mich davon in Kenntnis gesetzt, dass er es jetzt „tue". Großes Kino! Fand ich jedenfalls damals.

Nein, toll war das keineswegs, ganz im Gegenteil. Es war der reinste Horror. Vor allem, weil ich mir natürlich ab diesem Moment den Beischlaf meines Freundes mit der Fremden in den blühendsten Farben ausmalte, wütend war, verletzt bis ins hinterste Eckchen meines Herzens und zutiefst gedemütigt. Grauenhaft. Dennoch hatte ich damals innerlich meinen Hut vor ihm gezogen, weil er sich an sein Versprechen gehalten und echte Courage gezeigt hatte. Wer tut das heutzutage schon noch? Schön bescheuert, würde man heute sagen. Finde ich auch. Aber, aus der Sicht der frei denkenden Schauspielerin und Hobbypsychologin betrachtet, war doch diese Verabredung eh nur entstanden, um einen Konflikt im anderen zu säen. Man stelle sich vor, man liege selbst grade mit jemandem auf der Pritsche, auf sommerlichem Rasen, stehe in einem Aufzug oder sonst wo, innig verschlungen und schon kurz vorm „Eindringen", und hört sich mit einem Male sagen: „Du, äh, sorry, ich muss grade noch mal zu Hause anrufen und meinen Freund davon in Kenntnis setzen, dass wir beide jetzt miteinander schlafen", weil man es dem anderen fest versprochen hatte??? Macht man doch nicht. Also ich hätte ja schon aus Furcht allein vor diesem Telefonat nie was mit einem anderen Mann angefangen. Und selbst wenn? Wie hätte wohl derjenige reagiert, der grade mal in die Warteschleife gehängt wurde, damit ich meinem Freund noch schnell vorher sagen konnte, dass ich es jetzt mit einem anderen tue???

Wer bekäme da noch einen hoch? Na?

Die Grundidee war also gar nicht so schlecht. Eigentlich fühlte es sich an wie ein kluger Schachzug, nur bei der Ausführung haperte es entsetzlich. (Mein Ex hat diese Frau übrigens im späteren Verlauf geheiratet und hat mit ihr zwei wundervolle Kinder in die Welt gesetzt, mit denen ich heute, so wie mit ihren Eltern, eng befreundet bin.)

„Und zweitens", setzte ich nach, „gibt es für Mira überhaupt keinen Grund, mich mit einer solchen Geschichte zu verletzen, wenn sie nicht stimmt. Ich habe Mira nie etwas getan, also warum sollte sie so einen Mist erzählen, dir ein Ultimatum setzen und mich dann anrufen? Macht keinen Sinn. Jedenfalls nicht für mich. Und darum glaube ich ihr." Seine blauen Augen hatten sich in tiefes Schwarz verfärbt. „So, und jetzt geh mir bitte aus den Augen!", beendete ich das Gespräch.

Peng. Das saß.

Der Grund für die extreme Härte? Ich wollte, dass er abhaut. Was sonst? Dass er meine Tränen nicht sieht, und die stiegen verdammt schnell in mir auf.

„Soll ich den Hund mitnehmen?", fragte er.

„Nein!"

Und so schmiss er wütend ein paar Mark auf den Tisch und ging, während ein Wasserfall aus meinen Augen spritzte und mir der Kellner, der uns beobachtet hatte, wortlos ein Glas Wein vor die triefende Nase stellte. Hätte es keiner mitbekommen, was in dieser Nacht geschehen war, also hätte niemand Peter dabei auch noch auf den nackten Hintern geguckt, vielleicht hätte ich ihm sogar einfach mal eben schnell, sozusagen „wie immer", verziehen und vielleicht hätte ich mich wohl noch mit ihm „darüber ausgetauscht".

Wie gesagt, ich war ja mittlerweile „Meisterin im Betrogenwerden", auch wenn mir diese, meine Meisterschaft, nicht im Geringsten gefiel und ich auch keinesfalls stolz darauf war. Aber, und das erschwerte jegliche Position, hier gab es Mitwisser und diese Mitwisser erwarteten, dass ich mich zu ihrer Frauensolidarität bekannte.

Nach dem zweiten Wein rief ich Corinna an, eine enge Freundin, und bat für mich und Lino um Aufnahme auf ihrer Couch. Und so heulte ich der Ärmsten die ganze Nacht die Ohren voll, bis ich schließlich völlig entkräftet einschlief. Am nächsten Tag, Peter hatte schon zigmal auf Corinnas Anrufbeantworter gesprochen, alles zugegeben und mich wissen lassen, wie unendlich leid es ihm täte, dass er mich liebe und dass er sich eine Chance mit mir wünsche, gab es ein „Abend-Meeting" mit den „Zeugen-Mädels", bei dem ich brühwarm nochmals die Details zu hören bekam. Dazu wurde mir mein zukünftiger Wohnort genannt, denn die Mädels hatten tatsächlich schon eine Bleibe für mich und das sogar umsonst, mein Umzug war bereits organisiert und eine Hundetagesmutter war ebenfalls schon ernannt, falls ich irgendwann mal wieder drehen würde. Ich saß da, hörte zu und war einfach nur baff, während mir geballte Ladung Frauenpower zuflog. Ich jedenfalls hatte so etwas vorher noch nie erlebt. Doch nachdem mein Leben und meine nahe Zukunft nun sozusagen schon „durchgestylt" waren bis ins kleinste Detail und der Abend sich dem Ende neigte, sagte ich: „Tausend Dank für eure Hilfe. Ich hätte nie gedacht, dass das mal jemand für mich machen würde. Ich bin wirklich zutiefst gerührt, dass ihr so klasse seid." Die Mädels lächelten mich an und freuten sich, dass sie für mich die richtigen Entscheidungen getroffen hatten und ich ihnen dies nun scheinbar mit meiner kleinen Dankesrede zollte. „Aber, mal ganz ehrlich", fuhr ich langsam fort, „während ich hier so sitze, denke ich die ganze Zeit, dass ich im Leben sehr selten eine Chance bekommen habe. Und wenn jemand um eine Chance bittet, dann sollte man versuchen, ihm diese nicht zu verwehren."

Vier entsetzte Augenpaare bohrten sich in mich. „Wenn ich darf, schlaf ich heute Nacht noch mal bei dir, Corinna, und morgen gehe ich nach Hause." Unmut machte sich breit und natürlich wusste ich, dass ich sie alle grade unendlich enttäuschte. Aber ich konnte schließlich nur mein eigenes Leben leben und musste meine Entscheidungen so treffen, wie ich selbst es für richtig hielt. Und genau so machte ich es.

Peter saß auf der Terrasse und weinte Rotz und Wasser, als ich hereinkam, der Hund freute sich und begrüßte ihn schwanzwedelnd, während ich zögerlich war, wie ich beginnen, wie ich auf ihn zugehen, was genau ich sagen sollte. Ich hatte natürlich wie immer alles im Vorfeld in Gedanken durchgespielt, obwohl mir klar war, dass in dem Moment, wo man sich dann real begegnete, alles ganz anders verlaufen würde. Peter wusste ja noch nichts von seinem Glück, also, dass ich beschlossen hatte, bei ihm zu bleiben, sondern dachte, ich komme, um ein paar Sachen abzuholen. Er kniete vor mir, nahm meine Hände und schluchzte in meinen Schoß. Und hatte ich bis eben noch beschlossen, die Geschichte einfach zu vergessen und ihm eine Chance zu geben, großmütig und großherzig, so passierte jetzt etwas, womit ich gar nicht gerechnet hatte. Ich strich ihm übers Haar, um ihn zu trösten, aber ich fühlte nichts. Gar nichts. Komplette Leere. Keine Wut, keine Trauer, keine Liebe. Einfach gar nichts. Als ob ich den Menschen, der da weinend vor mir kniete, gar nicht kannte. Und ich hätte wohl für einen Fremden mehr empfunden als für ihn in diesem Moment. Es war wirklich nur ein komplettes, großes, erschreckendes Nichts in mir.

Wir gingen spazieren, dachten, wir könnten beim Gehen reden, klären, vielleicht ein bisschen Abstand gewinnen zu den vergangenen Tagen. Aber ich selbst war schon der Abstand und so trotteten wir wortlos den Weg entlang. Auf einer Bank nebeneinandersitzend legte er sanft seinen Arm um mich. Eisige Kälte kroch mir in den Nacken. So war das also. So fühlte es sich an, das Unerwartete, das Unausweichliche, dieses grausame Gefühl, wenn etwas wirklich zu Ende ist.
Eine Woche später unterschrieb ich den Vertrag für „Hinter Gittern" und packte meine Koffer. Nicht wissend, was mich erwarten würde, nur eines spürend:

Ich fang noch mal ganz von vorne an!

Beim Dreh

Der Start

Ein riesiger Blumenstrauß, eine Flasche Champagner und eine Karte, auf der mit großen Lettern geschrieben stand: „Liebe Frau Karrenbauer. Wir freuen uns sehr auf die Zusammenarbeit!!! Herzlich willkommen in Berlin", zauberten mir ein Lächeln aufs Gesicht. Es war lange her, dass ich einen so großen Strauß Blumen bekommen hatte. Ich konnte mich kaum noch daran erinnern. Außerdem mochte ich eigentlich keine Schnittblumen. Warum schneidet man Stängel in der Mitte durch, um dann vielleicht ein paar Tage lang den „Beschnittenen" beim Verblühen zuzusehen? Schnittblumen machen mich, im Gegensatz zu „Wurzel-Blumen-Geschenken", eher traurig. Darum gab es auch nur bewurzelte Tannenbäume in meinem Leben, die immer Paul hießen und dann mit der jeweiligen Nummer, eben Paul eins, zwei oder drei, versehen wurden und die man heute alle noch in der Eifel besichtigen kann, handgebuddelt und mittlerweile stattlich und groß. Dennoch muss ich natürlich zu meiner Schande gestehen, dass ich in sehr besonderen Momenten mal ein Sträußchen Gänseblümchen pflücke, die mein Herz oder das eines anderen erwärmen sollen, und ich bin immer wieder sehr im Unreinen mit mir, ob man das wirklich machen darf.
Aber zurück!
Die letzten Schnittblumen …?
Vielleicht das letzte Mal zu meinem dreißigsten Geburtstag, als mein Vater sich nicht hatte lumpen lassen und mir mit dreißig Baccaras, die er mir schickte, eine große Freude bereitet hatte?

Ich inspizierte mein Appartement in Charlottenburg, in dem sich alles, was man zum Leben brauchte, befand: Küche, Faxgerät, Fernseher, Bett, packte schnell meine wenigen Habseligkeiten in den Schrank, schnappte mir den Schlüssel und beschloss, meine neue Heimat zu erforschen.

Das Appartementhaus, in dem ich untergebracht war, lag direkt gegenüber einer kleinen Kirche, die von Grün umsäumt war. Hundebesitzer führten dort ihre Lieblinge Gassi und ich überlegte, wann ich Lino wohl aus Köln zu mir holen könnte, denn der Einzige, den ich wirklich in diesem Moment schmerzlich vermisste, war mein Hund.

Ich bog in die Seitenstraße ein und ließ die mediterrane Stimmung dieses Sommerabends auf mich wirken.

Ich war in Berlin.

In der Stadt, in die ich niemals wollte und von der ich gesagt hatte, dass mich keine tausend Pferde hierher bringen würden. Auch wenn es viele meiner alten Freunde schon früh zum Studieren hierher verschlagen hatte, dachte ich, ich könnte in dieser Stadt niemals leben. Warum?

Ich würde immer das Meer vermissen.

Aber das hatte ich ja auch in Köln vermisst, und war dennoch viele Jahre dort geblieben. Aber Berlin? Nein! Zu groß, zu gespalten, mit einer Mauer drum herum und vor allem am „Arsch der Welt".

Berlin war einfach nicht meine Stadt.

Und genau hier war ich nun angekommen. 34 Jahre alt, frisch getrennt, nicht wissend, was mich erwartete, aber mutig genug, um es darauf ankommen zu lassen, mich der Welt zu stellen und sie neugierig in mich einzusaugen. Schließlich und immerhin hatte es sechs Monate gedauert, bis man sich entschlossen hatte, mich mit der Rolle der Christine Walter zu besetzen. Sechs Monate, zwei Castings, 4000 Frauen später und ca. zehn Tage vor Drehbeginn war ich nun also die Auserwählte.

Wie man mir später erzählte, war ich wohl der erste Vorschlag auf dem Tisch des Senders für diese neue Serie gewesen und drei Menschen, Herr Thoma, damaliger Senderchef, Katharina Lenssen und Gerhard Seiler, beide ihres Zeichens Redakteure, mit denen ich schon vorher gearbeitet hatte, setzten auf mich und damit alles auf eine Karte. Wieder und wieder wurde ich von der späteren Produktionsfirma abgelehnt, wieder und wieder schlugen mich die beiden Redakteure vor. Meinetwegen traf man sich sogar in London und nur ihrem Mut und ihrem unbeirrbaren Glauben an mich verdanke ich alles, was mir im späteren Verlauf meiner Geschichte widerfuhr, denn sie setzten den Meilenstein für meine Zeit im „Frauenknast".

Ursprünglich hatte man eine Art Brigitte Nielsen gesucht: schlank, langbeinig, großbrüstig, kurzhaarig, blond. Die Sache mit kurzhaarig und blond wäre ja noch irgendwie zu bewerkstelligen gewesen, aber langbeinig, schlank und Silikon-Valley-mäßig? Wie?
Man schaue mich an und wisse … geht gar nicht!

Natürlich hatte ich nach meiner ersten Anfrage für die Rolle angefangen zu trainieren, denn ich wusste, der Charakter, den ich spielen sollte, würde eine Art „Boss auf Station B" werden, eine Anführerin, eine, die notfalls auch zuschlagen konnte, die sich wehren würde und vor der man Respekt hatte. Beim Blick in den Spiegel allerdings stach mir keines dieser Attribute auf natürliche Weise ins Auge, aber man sieht sich ja selbst eh ganz anders. Wo drahtige Frauen Muskeln haben, hatte ich keine. Weit und breit nichts. Meine Oberarme waren nicht mal stark genug, um einen Handstand mit mir zu überstehen, und brachen unter meinem Gewicht jämmerlich zusammen. Ha, Boss auf der B? Nie im Leben! Dennoch machte ich mich auf die Suche nach einem für mich geeigneten Fitnessstudio und fand auch gleich eines direkt bei mir um die Ecke. „Speck weg" ist ja nicht jedermanns Sache und wer will schon gern von braun gebrannten Kerlchen dabei beobachtet werden, wie man sich durch Sit-Ups die Fettröllchen wegtrainiert? Ich beschloss also, mich in einem Frauen-Fitnessstudio anzumelden. Die Quittung bekam ich sofort. Kleine, kreischende Menschlein, Neugeborene also, deren Mütter sich die Schwangerschaftspfündchen von den Hüften abzuringen versuchten, und ich … mittendrin.

So wurde auch ich ein Cd-Transportable-Junkie, denn ohne den ohrenbetörenden Lärm meiner eigens für den Sport gewählten Musik hätte ich mein Training wohl schon nach allerkürzester Zeit an den Nagel gehängt. Aber so war es zumindest erträglich. Und auch kleine Erfolge machten sich schnell bemerkbar. Meine Oberarme waren zwar auch nach einem Monat immer noch nicht „Boss-mäßig", aber, erstens tat es gut, mal ein bisschen Zeit mit sich selbst zu verbringen und sich etwas Gutes zu tun, zweitens wusste ich ja eh nicht, ob ich die Rolle überhaupt bekommen würde. Also sah ich es als „de Niro'sche Vorbereitungszeit" auf einen Film oder besser gesagt eine Serie, nur mit dem kleinen, aber wesentlichen Unterschied, dass er trainierte, wenn er eine Rolle hatte und sich explizit darauf vorbereitete, während ich mich in Wunschträumen verhedderte und hoffte, vielleicht, falls es ein weiteres Casting geben würde, von meiner Erscheinung her … hm … sportlicher zu wirken. Zumindest das.

Und es gab dieses zweite Casting. Und jetzt und hier gab es sogar einen Vertrag, eine Rolle, ein Appartement und eine Chance. Und die wollte und würde ich nutzen, so gut ich konnte. Meine Testdrehs begannen am Morgen des 4.7.1997 und sie endeten drei Tage später mit der Entschuldigung des Producers und des Head-Writers, die mich vorher beide monatelang, natürlich ohne mein Wissen, abgelehnt hatten. Ich wäre sicher untergegangen, allein schon emotional, wenn diese beiden vielleicht wichtigsten Köpfe in einer Produktion gegen mich gewesen wären, und ich war unendlich dankbar, dass sie nach den Testdrehs überzeugt waren, mit mir eine gute Wahl getroffen zu haben. Und so begannen wir am 7.7.97 mit den „wirklichen" Drehs.

Peter Balke, der Chefautor, liebte diese Figur und gab mir schnell Aufgaben, die ich als Schauspielerin bewältigen durfte. Er sah mir und meinem Spiel genau zu und er forderte mich zu Höchstleistungen, denen ich mich stellen durfte. Es war viel Arbeit, allem voran aber ein Heidenspaß und eine noch größere Herausforderung, mit tollen Kollegen und Kolleginnen, mit einem zauberhaften Team, mit Redakteuren, die uns alle wirklich „wollten", und vor allem als „Baby" von Helmut Thoma, denn so wurde diese

Serie bei uns genannt, mein Herzblut in etwas legen und schenken zu dürfen, das es so im deutschen Fernsehen noch nie gegeben hatte und vielleicht auch nicht mehr geben wird.

Ich war dabei.

Vom ersten Tage bis zum allerletzten. Ich war eine von uns, von ihnen, von denen! Ich war eine davon! Und ich bin stolz darauf.

Stolz

Ich war kaum ein halbes Jahr in Berlin, hatte mich eingelebt, eine Wohnung bezogen, mein Hund lebte inzwischen bei mir und ich arbeitete irgendwie rund um die Uhr, da rief ich eines Abends meine Mutter an. Mir ging das Wort „Stolz" im Kopf herum, und ich wollte gerne wissen, warum dieses Wort, das eigentlich doch etwas Positives zu beschreiben schien, zumindest in meinem Kopf und Herzen immer so negativ belegt ist. Mir ging der Satz: „… dem Stolz des deutschen Volkes …", nicht aus dem Sinn, der ja mit unserer traurigen und unfassbaren Geschichte verbunden war und ist. Mag sein, diese Frage entstand auch nur durch die Figur, der ich nun seit 26 Folgen fast tagtäglich Leben einhauchte und deren „Stolz" ich manchmal für gerechtfertigt hielt, obwohl ich keine Schnittstelle zwischen ihrem und meinem Stolz entdecken konnte. Sie, die Figur, war manchmal stolz, wenn ihr etwas gelungen war, sie sich etwas erkämpft hatte, ich dagegen empfand so etwas wie Scham, wenn ich etwas gut gemacht hatte. Lob konnte ich nicht annehmen, ich, Katy, während meine Figur sich dann „breitmachte", sich in ähnlichen Situationen vor den anderen aufbaute und sich fast frenetisch „feiern ließ". Stolz eben.

„Mama, bist du eigentlich stolz auf mich?", schoss ich nach einer kurzen Begrüßung in den Hörer, kaum dass sie abgenommen hatte.

„Nein, stolz nicht. Aber ich freu mich natürlich für dich."

„Bist du denn nicht stolz, dass ich mich selbst ernähren kann? Dass ich Arbeit habe? Dass ich, obwohl es keiner vermutete, mein Leben irgendwie mache, meistere?"

„Nein, stolz nicht. Aber es ist natürlich toll, dass du das alles ganz allein geschafft hast." Sie sagte eigentlich nichts anderes als das,

Himmel über C. A.

was ich hören wollte, aber sie verweigerte mir irgendwie das klitzekleine Wort: Stolz!
Dabei meinten sie und ich doch eigentlich dasselbe, oder etwa nicht?
Unser Gespräch plätscherte noch ein wenig dahin, aber am Ende des Telefonats hatte ich keine Antwort bekommen und mein Wille, eine dafür zu finden, war immer noch ungetrübt. Ich rief also meinen Vater an, denn wer kann einen besser verstehen als die eigene Familie?
„Papa, bist du stolz auf mich?"
„Stolz? Nein. Aber ist doch klasse, dass du jetzt Geld verdienst und auf eigenen Beinen stehst!"
„Ist stolz zu sein denn Scheiße?"
„Nein, aber irgendwie hat das was Überhebliches. Wenn man gar nicht beteiligt ist an den Dingen, die einem widerfahren, wozu soll man dann stolz darauf sein?"
Zumindest etwas!

Mandy und Katy

Wir schreiben das Jahr 2009. Scotty hat mich nicht upgebeamt und ich kann den Kindern, die ich nicht bekam, nicht erklären, warum ich es toll finde, wenn sie sich mit sich selbst beschäftigen, wenn sie mir, ihrer Mutter, Zeit schenken, wenn sie mich, ihre Mutter, daran teilhaben lassen, was sie Neues „erfunden", „herausgefunden", „entwickelt" haben. Ich kann ihnen meinen Stolz nicht zeigen, ihren Stolz nicht wecken und sie nicht damit motivieren, weil ich eben keinen Kindern das Leben geschenkt habe. Leider!
Aber vielleicht können Sie das für mich tun? Sie, der Leser, die Leserin? Wer weiß?
Vielleicht finden Sie die Antwort, die ich gesucht habe und immer noch suche? Vielleicht ermuntern Sie Ihre Kinder und schenken Ihnen das Gefühl, stolz auf sie zu sein. Vielleicht lassen Sie sie sogar wissen, dass man sich für Stolz nicht schämen muss, sondern dass es toll ist, auf sich selbst stolz sein zu dürfen. Ich jedenfalls habe irgendwann kurz nach diesen Gesprächen für mich beschlos-

sen, mir das Wort „Stolz" zu erlauben. Und nicht nur das Wort, sondern auch vor allem das Gefühl. Gegen alle Unkenrufe.

Ich finde nicht Geiz, ich finde Stolz geil!

Vor ein paar Tagen telefonierte ich mit einem guten Freund aus Los Angeles. Ja, ich weiß, weit weg und „wie ist die denn drauf? Großkotzig erzählt sie uns nun auch noch, sie habe Freunde in L.A.? So'n Kack! Braucht kein Mensch." Mag sein. Geht ja auch nur um das Thema. Mein Freund Mandy sagt also am Telefon zu mir: „Weißt du, was ich nicht verstehe? Hier laufen Menschen rum, die sind schwarz. Dann tragen sie ein T-Shirt, darauf steht: Ich bin stolz, ein Schwarzer zu sein. Kannst du dir vorstellen, was abgeht, wenn einer hier in Amerika rumläuft als Weißer und ein T-Shirt trägt mit der Aufschrift: Ich bin stolz, ein Weißer zu sein? Was soll der Mist? Und warum ist man stolz auf etwas, mit dem man erst mal gar nichts zu tun hat, denn unsere Eltern haben wir uns doch gar nicht ausgesucht. Nicht mal den Geburtsort. Gar nichts davon. Zwei Menschen lieben sich und wir können nur hoffen, dass wir dann aus dieser Liebe entstehen und geliebt werden. Wie kann man denn darauf stolz sein?" Man muss dazu wissen, dass Mandy selbst Deutscher ist, ein Mann aus Karlsruhe, der mit 17 Jahren in die Staaten ging, um dort als Heavy Metal Musiker sein Glück zu versuchen. Sicher denkt man hier bei uns beim Begriff Heavy Metal eher an Marilyn Manson, den Mann mit den zwei unterschiedlichen Kontaktlinsen, der eigentlich nur aussieht wie ein Grufti und auch sonst nicht besonders freundlich rüberkommt. Mandy aber ist anders. Vor allem ist Mandy wirklich ein herzensguter, feinsinniger, intelligenter Mensch, der das Herz auf dem rechten Fleck trägt, die Welt sehr offen und ausgesprochen gesund betrachtet und dazu an Jesus glaubt.

„Kämpfe den guten Kampf" ist das, was er in die Welt trägt. Aber wie kämpft man den guten, den richtigen Kampf für die richtigen Dinge, den Kampf ohne Waffen, dafür mit dem Herzen?

Ich erklärte ihm, dass mich diese Frage ebenfalls seit Langem beschäftige und dass ich in den 80ern und in der Schwulenbewegung

eigentlich irgendwie dasselbe Thema hatte. Es ging zwar nicht um die Hautfarbe, aber es ging um menschliche Freiheit. Immerhin war ich eine der Ersten, die zu diesem Zeitpunkt „rosa Winkel" bastelte (für Nicht-Schwule sei hier kurz erwähnt, dass man sich damit sozusagen zur Homosexualität bekannte bzw. outete), dass ich mit Hunderten vermummten Männern für Gleichheit plädierte, in einem Veranstaltungsort namens „Pumpe", das Bett mit einem schwulen Schauspielkollegen teilte und die Meinung vertrat, dass man sich, wenn man das Geburtsrecht „Menschsein" scheinbar selbst nicht versteht und anerkennt, nicht wundern darf, wenn andere das auch weder verstehen noch akzeptieren. Damit meinte ich, damals 18-jährig, dass die Chance, von der Gesellschaft akzeptiert zu werden, dann größer ist, wenn man „behauptet", dass es ein Geburtsrecht gibt und sich dieses einzig auf den Menschen an sich bezieht, nicht auf seine sexuelle Ausrichtung. Allem voran ist also der Mensch zunächst „Mensch", unabhängig von Hautfarbe, sexueller Neigung oder Ähnlichem. Außerdem gab es bereits damals Zeitungsartikel von Wissenschaftlern, die die Meinung vertraten, dass uns allen die Homosexualität schon in die Wiege gelegt wurde und es doch sowieso nur und letztendlich darum gehen kann, ein Mensch zu sein, der das Herz am rechten Fleck trägt.
Es darf doch niemals darum gehen, wer mit wem schläft. Oder? Welches T-Shirt also? „Ich bin stolz, schwul zu sein?", oder „Ich bin stolz, hetero zu sein?" Weder noch!!! Verstanden?
Natürlich war das extrem schwer, grade für die Menschen, die von der Gesellschaft wie „Aussätzige" behandelt wurden, und ich bin dankbar und froh, dass sich das geändert hat, auch wenn es immer noch nicht so ist, wie es sein sollte. Das hat mich damals schon extrem auf die Palme gebracht und tut es heute noch. Wer also etwas gegen Homosexuelle oder Schwarze haben sollte, kann keineswegs mein Freund sein und wird es sicherlich auch nicht werden.
So weit, so gut.
Leider ist es dennoch so eine Sache mit dem Geburtsrecht, nicht nur, was Hautfarbe und Homosexualität angeht, sondern natürlich auch, was uns Frauen betrifft. Schlimm genug, dass wir uns zwar

schon im Jahr 2009 befinden und dennoch als Frauen immer noch schlechter bezahlt werden als Männer, und das wohlgemerkt in Berufen, die teilweise wenig mit körperlicher Kraft als viel mehr mit Köpfchen, Ideen und Sensibilität zu tun haben. Und das Frauenbild an sich? Bedenklich! Sehr bedenklich!
Ausgelöst durch einen Fernsehabend bei meiner Mutter fing ich an, mich sehr ernsthaft und intensiv mit dem Frauenbild der heutigen Zeit zu beschäftigen. Mir ging es um die Art und Weise, wie Frauen heutzutage vor allem über die gängigen Medien zu Objekten der Begierde degradiert werden. Mein Gatte, ja, auch ich war einmal verheiratet, gehörte damals wirklich noch zu dem Typ Kavalier, der seiner Frau, also mir, die Autotür aufhielt, damit ich bequem in den Wagen einsteigen konnte, mich als Erste (macht man ja heute laut Knigge nicht mehr) durch die Restauranttür gehen ließ und mich dabei sanft mit seiner Hand auf meinem Rücken in den Raum schob, um zu signalisieren, dass ich zu ihm gehöre, der aufstand, wenn ich mich nach dem Essen vom Tisch erhob, um das Örtchen aufzusuchen, und der mich galant seinen Bekannten vorstellte, mir nicht über den Mund fuhr, wenn ich sprach, und das Auto für den Sonntagsausflug reinigte. Ja, so war das mal. Klingt jetzt vielleicht, als sehne ich mich nach dieser Zeit zurück. Nein! Entschieden, nein! Ich finde zwar ein bisschen Kavalierstum wirklich schön und angenehm, brauche es aber nicht unbedingt in übertriebenem Maße und schon gar nicht zum Leben oder zum Überleben. Dennoch gibt es kleine Regeln, die ich wunderbar finde. So kann ich es zum Beispiel überhaupt nicht leiden, wenn ich mit jemandem ausgehe und derjenige schon sein halbes Essen verschlungen hat, während ich immer noch auf meines warte, oder gar in meinem Teller und vor allem in meinem Essen herumstochert, obwohl ich selbst noch nicht mal das probiert habe, was ich bestellte, mit den Worten „… hm, deins ist aber lecker, ich darf doch?" während er den Bissen bereits hinunterschlingt und mir inzwischen der Appetit vergangen ist.
Nein, es braucht mir wirklich niemand die Autotür aufzuhalten oder vom Tisch aufzustehen, wenn ich mich erhebe. Dennoch fehlt es mir insgesamt an Respekt vor Weiblichkeit, vor Frauen an

sich. Ganz besonders fällt mir das auf, wenn ich abends versuche, im deutschen Fernsehen einen Film anzuschauen. Da wird mir dann ganz schnell klar, was und wie Männer eben auch über uns Frauen denken. „Omi lässt dich von hinten rein, ganz geil!"

„Ruf mich an!" „Geile Schlampen zeigen dir, wo's langgeht." Übelst! Und dabei gehöre ich ganz sicher nicht zu den prüdesten Vertretern meiner Spezies. Aber das, was einem dort vor allem auch optisch um die Ohren gehauen und mit welchem Bild „Frau" im deutschen Fernsehen vertreten wird, gehört wirklich in die Tonne getreten. Ich stelle mir immer wieder all die Generationen von Frauen vor, die Kriege überstanden haben, Trümmerfrauen, die Städte wieder aufbauten, Frauen, die gegen Hunger und Not in aller Welt antreten, Kämpferinnen gegen Beschneidung in einigen Ländern, Helferinnen gegen Zwangsprostitution, Zwangsverheiratungsgegnerinnen und und und … und wie diese in den Augen des Zuschauers ab 23.00 Uhr zu „Mutti lässt dich zwischen ihre Titten" und „Geile Studentinnen, jung und fickfreudig" mutieren. Meine Mutter und ich saßen also an diesem besagten Abend bei einem wirklich spannenden Film zusammen vor dem Fernseher. Wie jeden Abend kam natürlich auch an diesem genau diese Art von Werbung und ich fragte mich insgeheim, was wohl in meiner Mutter jetzt grade vorgehe, was sie wohl über diesen, wie ich finde, „Schweinkram, erfunden von Schweinen" denkt? Aber „ganz normal" unterhielten wir uns weiter, „ganz normal" guckte man mal hin, mal weg, ganz normal warteten wir gemeinsam, bis der Film weiterging, während uns auch noch die „versauten Frauen direkt aus deiner Nachbarschaft" tief in ihr Inneres blicken ließen. Alles „ganz normal!" Total absurd!
Wie kann man das normal finden? Wie soll man sich je daran gewöhnen? Könnte die einzige Antwort darauf sein, kein Fernsehen mehr zu gucken? Dazu mache ich ja auch noch selbst Fernsehen, und zwar gern. Sehr schwirig. Gibt es nicht dennoch eine Chance, den Respekt vor der Weiblichkeit wiederzuerlangen? Warum räuspern sich denn Männer nervös, wenn man gemeinsam vorm Fernseher sitzt und „Mutti" uns ihren Popo zuwendet, mit einem

kleinen roten Sternchen über der dunkel schimmernden Öffnung versehen, das dennoch eigentlich der Fantasie alles preisgibt? Was empfinden junge Frauen, die vielleicht noch nie mit einem Mann geschlafen haben, wenn sie diese Bilder sehen? Hilft es wirklich, sich selbst immer wieder zu sagen, dass es doch eigentlich gut ist, dass es so etwas gibt? Und dass es dazu auch Frauen gibt, die sich prostituieren, damit Männer sich mal so richtig austoben können, statt uns dazu zu nötigen, neben dem Fernseher oder gar im eigenen Schlafzimmer zwischen Dreck- und Bügelwäsche mal so richtig die Sau rauszulassen, in Lack und Leder, mit Strapsen behangen zu strippen und wir selbst uns dabei eigentlich nur irgendwie total peinlich und definitiv gar nicht sexy vorkommen? Von einigen meiner Freunde weiß ich, dass sie ab und zu in Table-Dance-Bars oder in den Puff gehen. Das stört mich nicht grundsätzlich. Mal abgesehen davon, dass mir keiner mehr erzählen braucht, dass Aussagen wie: „... du, die Frauen da machen das echt total gern! Also ich kenn da eine ..." wirklich ernst zu nehmen sind. Ja, ich kenn auch eine, und die macht das gern. Sagt sie jedenfalls. Eine Einzige! Aber wir reden hier nicht von einer, wir reden von vielen! Wir reden von Frauen, die dafür bezahlt werden, dass sie Männer in dem Glauben lassen, sie machen das gern! Oder gehen Männer wirklich davon aus, diesen Frauen und Mädchen macht es Spaß, fette Ärsche und labbrige Eier zu „küssen und zu kneten", sich auf schweißtriefende Gesichter zu setzen oder in lippenlose Münder zu pinkeln?

Also, ich weiß nicht. Oder ist es ihnen wirklich einfach nur scheiß egal?

Ich habe mich in den vergangenen Jahren selbst viel in diesem Milieu bewegt, weil ich wissen wollte, was Männer genau daran so reizvoll finden. Ich war in einigen Table-Dance-Bars, in einschlägigen Puffs und Edeletablissements in den unterschiedlichsten Städten und Ländern. Als Frau ist man dort nicht unbedingt beliebt, aber ich war stets in männlicher Begleitung, sodass man mir den Eintritt nicht verwehrte. Dort saß ich dann also bei dem einen oder anderen Drink und habe in diesen Nächten mit vielen sehr unterschiedlichen Frauen gesprochen, die mir aus ihrem Leben erzählten. Einmal habe ich sogar eine junge Frau um einen „Table" gebeten, das heißt, sie hat für mich getanzt, so, wie sie es für Männer tut, in einem kleinen Separee. Das wurde zwar in dieser Bar nicht besonders gern gesehen, aber ich zahlte ja genau wie jeder Typ und so hat sie hat mir den Gefallen getan, um meine Neugier zu stillen, und sie war dabei auch sehr schön anzusehen. Einzig der Moment, als sie meinem Gesicht zu nah kam mit ihren Brüsten, viel zu nah, gefiel mir nicht. Alles Geschmacksache. Aber ich dankte ihr dennoch, dass sie den Mut hatte, mich auf diesen kleinen Ausflug mitzunehmen, in eine mir komplett unbekannte Welt. Dazu muss man sagen, dass die Frauen, die ihr Geld mit Tanzen verdienen, nicht mit Männern aufs Zimmer gehen und auch keinen Sex anbieten. Ausnahmen werden die Regel bestätigen, aber ich möchte hier absolut niemandem zu nahe treten und ich habe kein Mädchen und keine Frau in einer dieser Table-Dance-Bars getroffen, von der ich glauben würde, dass sie mit ihren voyeuristischen Kunden Sex hatte. Wie gesagt, das ist normalerweise ein absolutes Tabu und strengstens verboten.

Unter den Prostituierten, die ich kennenlernte, habe ich allerdings wirklich nur eine einzige in all den Jahren getroffen, die sagte, sie brauche das für sich und sie mache das gern. Alle anderen glaubten an eine bessere Zukunft, taten es, um ihre Kinder zu ernähren oder weil sie sich nichts anderes vorstellen konnten, und manche von ihnen sind tatsächlich nach wie vor der Meinung, es nicht besser verdient zu haben. Darunter gibt es natürlich auch Frauen, die den einen oder anderen Herrn als angeblichen Retter auserkoren haben. So passierte es einem engen Freund von mir. Fast jede Nacht ging er in eine ganz bestimmte, einschlägige Bar und ließ dort ein spezielles Mädchen für sich tanzen, mit dem er schon viele Gespräche an eben dieser Bar geführt hatte, wobei er jedes Mal großzügig Champagner sprudeln ließ, damit dieses Mädchen sich auch bei ihm, also in seiner Nähe, aufhalten durfte. Nach und nach verliebte er sich in sie und ihre offene Art und versprach ihr, sie „da rauszuholen", wohlgemerkt auf ihre Bitte hin. Ich hatte mit diesem lieben Freund damals viele Gespräche über eben dieses Thema geführt und riet ihm dringend davon ab, hier den Retter spielen zu wollen. Aber er ließ sich nicht davon abbringen, kaufte weiterhin Nacht für Nacht Unmengen von Champagner und legte, wenn die Bar bereits geschlossen war, Rosen vor die Tür in dem Glauben, sie wisse schon, von wem diese seien. Auch wenn ich es toll fand, dass er sich so um sie bemühte, wirkte das irgendwie „süß lächerlich". Gerettet hat er sie dann später tatsächlich nicht, weil sie im Nachhinein gar nicht gerettet werden wollte, sondern ihn mächtig abblitzen ließ. Sie war natürlich bereits vergeben und hatte, wie sich herausstellte, gar kein allzu schlechtes Leben. Shit happens. Und jetzt, viele Jahre später, erlag ich selbst vor Kurzem diesem Helferlein-Syndrom. Eine ganz junge, bildhübsche Prostituierte, die mich neulich Abend in Berlin in einem Tag- und Nachtcafé zu später Stunde um ein gemeinsames Foto bat und mit der ich danach lange zusammensaß, bat mich ebenfalls eindringlich, ihr zu helfen, aus der Branche auszusteigen. Weinend lag sie in meinen Armen, erzählte aus ihrem Leben und natürlich hatte ich dieses junge, niedliche Mädchen sofort in mein Herz geschlossen. Sie war 18 Jahre alt, ging seit zwei Jahren auf den Straßenstrich und natürlich habe ich zugestimmt, ihr zu helfen, wenn sie diese Hilfe denn wirklich wolle, wie ich sie wissen ließ. Wir tauschten unsere Telefonnummern und ich gab ihr auch ein bisschen Geld, damit sie die Nacht im Hotel verbringen konnte, da sie Angst vor ihrem Zuhälter hatte und sich nicht nach Hause traute. Als wir am kommenden Tag miteinander telefonierten, sagte sie mir, alles sei gut, sie sei in der Nacht doch nach Hause gegangen und sie habe auch lange über unser Gespräch nachgedacht, aber sie könne ihr Leben einfach nicht ändern. Sie habe sich zu sehr an das viele Geld gewöhnt, das sie verdiene, und könne sich einfach nicht vorstellen, einer normalen Arbeit für einen, wie nannte sie es noch gleich, „Hungerlohn" nachzugehen. Das sei das Problem. Dann bedankte sie sich nochmals und ich habe seitdem nichts mehr von ihr gehört. Ich hatte den ganzen Tag über bis zu diesem Telefonat darüber nachgedacht, was ich ihr empfehlen könnte, sozusagen „Hilfe zur Selbsthilfe", und welcher Job ihr vielleicht Spaß gemacht hätte, und war traurig, dass sie nun diese Entscheidung für sich traf. Aber es half ja alles nichts. Dies war ihr Leben und sie hatte sich erneut dafür entschieden und letztendlich war ich irgendwie ganz froh, denn, wenn ich ehrlich bin, täte ich mich schwer, mich mit einem Zuhälter anzulegen.

Dazu hatte mir ein alter Freund erst vor Kurzem die Geschichte einer Barfrau aus dem Emsland erzählt, die dafür bekannt war, junge Mädels aus dem Milieu retten zu wollen. Man hatte sie einige Monate nach einer solchen Rettungsaktion erhängt auf ihrem Dachboden aufgefunden, wobei der gesamte Freundeskreis, nachdem sie ihnen erzählt hatte, dass sie die Liebe ihres Lebens getroffen habe, eigentlich davon ausging, sie würde ihre Bar nun verkaufen, ins Ausland gehen und ein neues Leben beginnen. Keiner dieser Freunde glaubt bis heute an Selbstmord, man fand auch keinen Abschiedsbrief und der Fall wurde nie wirklich aufgeklärt. Und so bleibt nur die Vermutung, dass hier etwas vielleicht doch nicht mit rechten Dingen zugegangen war. Wer weiß?

Wie gesagt, ich habe nichts gegen Prostitution, wenn sie freiwillig geschieht. Ich habe nichts gegen außergewöhnliche Stellungen, wenn sie freiwillig geschehen. Ich habe nichts gegen tollen, aufregenden Sex, wenn er stattfindet. Ich habe allerdings etwas gegen den großen Murks in unserer Gesellschaft und ich habe etwas gegen das „Wegsehen". Natürlich habe auch ich „Männer sind anders, Frauen auch" gelesen, auch wenn diese Art von Lektüre sich nicht auf meinem Nachttisch befindet. Ich wünsche uns Mädels auch keine Bars, in die wir Frauen gehen, um dann Pimmel vor uns wedeln zu sehen oder schlaffe Hoden, denen wir mit ein paar untergeklemmten Euroscheinen ein hübscheres Aussehen verpassen, ich habe keinerlei Interesse daran, mich abends mit Freundinnen lecker in der Table-Dance-Bar meines Vertrauens zu treffen, um in kahl rasierte „Anusse" oder besser gesagt „Ani" zu gaffen, und ich will auch nicht einem ekligen Callboy Geld dafür in die Hand drücken, damit er es „mir mal so richtig besorgt!". Diese Art von E-Mann-Zipation brauche ich echt nicht. Aber ich wünsche mir eben wieder ein bisschen mehr Respekt vor der Weiblichkeit. Dann klappt's vielleicht auch mit dem Nachbarn.

Nein, mal ganz im Ernst. Ich glaube tatsächlich an die Liebe. An die große und wahre Liebe. Dumm nicht? Was für ein Quatsch. Ist die blöd? Und wo ist ihr Kerl? Tja, eine gute Frage. Wenn die Herren der Schöpfung, wie auch wir Frauen, immer nur von Idealen schwärmen, im Übrigen ja meist an Computern retuschiert und von denen wir dauerüberschwemmt werden, dann bleibt für mich und viele von uns ganz normalen Frauen wohl doch nur der Sprung von der Brücke. Das Leben ist da wirklich nicht gerecht. Oder glauben Sie tatsächlich, jetzt, da unsere Fußballdamenmannschaft so erfolgreich ist, wird es bald „Spielerinnen-Männer" geben, die sich fein herausputzen, während ihre Frauen unten Tore schießen, je jünger desto besser, und wenn diese Spieler-Frauen, und damit meine ich ja nicht die Männermaskottchen, zu Auswärtsspielen fahren, liegen heimlich die „männlichen Mitbringsel" im Hotel, haben sich ein verführerisches Etwas um die Eier gewickelt und ihre Rückenhaare rasiert, damit sie sich nach dem Spiel verwöhnen lassen kann, wobei am nächsten Tag bei der Shoppingtour in der jeweiligen Stadt noch das eine oder andere Sakko für Schatzi abfällt???
Ich für meinen Teil wage das zu bezweifeln.
Nur so nebenbei, ist Ihnen eigentlich auch schon mal aufgefallen, dass teilweise die hässlichsten Spieler die schönsten Frauen an ihrer Seite „ihr Eigen" nennen? Machen Erfolg und Öffentlichkeit also doch sexy und lenken von Pubertätspickeln, Schweinsäuglein und Körpergröße ab?
Sorry, aber da stimmt doch was nicht!

Wo sind sie denn nur geblieben, die echten Kerle, mit denen man Pferde stehlen konnte, die nicht nur bekifft oder angetrunken Sätze wie: „Ich mag dein Haar, deine Augen und deine Haut" von den Lippen perlen ließen und uns damit entzückten? Die uns schätzten, uns an der Hand nahmen und uns ihre Schulter anboten, zum Ausheulen und Anlehnen, zumindest aber für den Moment der Geborgenheit, der für mich persönlich immer nach Nähe und zu Hause roch. Alle schon vergeben??? Ach, ich weiß ja, es gibt sie. Hin und wieder begegne ich sogar einem dieser rar gewordenen

Exemplare und freue mich dann wie eine Schneekönigin. Meine Herren, tauchen Sie doch bitte aus der Versenkung auf. Ich bitte darum!!! Sie müssen nicht unbedingt Fußballer, Rennfahrer oder Rennstallbesitzer sein, denn denen sagt man zumindest nach, dass sie ihren Frauen gegenüber Kavaliere sein sollen. Rufen Sie auch nicht für teures Geld Telefon-Sex-Hotlines an, wenn gegen 23.00 Uhr die „Sexy Gespielin besorgt es dir mal so richtig und erfüllt dir all deine Wünsche" im Fernsehen auftaucht, sondern seien Sie einfach mal so mutig und bitten Ihre Frau oder ihre Freundin um ein „schmutziges Gespräch". Ich schwöre Ihnen, dass manche von uns dem gar nicht so abgeneigt gegenübersteht. Einfach mal versuchen und morgens trotzdem den Kaffee ans Bett bringen!!! Das wär's doch.

Aber, wo war ich stehen geblieben? Ach ja. Noch mal zurück zum Thema Geburtsrecht.
Es gibt viele Probleme. Packen wir sie an und den Stier bei den Hörnern.
Angst, jahrhundertealt. Ja! Immer noch.
Einverstanden. Braucht es also Frauen wie Alice Schwarzer? Ja, absolut! Und sie haben meine vollste Bewunderung! Ohne sie hätte zumindest meine Generation nie angefangen, sich gegen Ungerechtigkeit und Ungleichheit zu wehren und sich zu sich selbst zu bekennen. Und ich bin ihr unendlich dankbar, dass sie sich so unermüdlich für uns Frauen eingesetzt hat und es immer noch tut. Kämpfe, steh auf! Das möchte auch ich mancher Frau zurufen. Lass dich nicht unterbuttern. Aber, tue das, weil du ein Mensch bist und weil wir doch alle bitte schön gelernt haben: „Vor Gott sind alle gleich!" Aber leider höre ich jetzt schon die, die sagen: „Ja, vor Gott sind alle gleich, aber einige sind scheinbar eben ein bisschen gleicher!" Ja, Mist! Das stimmt! Also kämpft dafür, dass ihr das Geburtsrecht zurückerhaltet. Ein Mensch ist ein Mensch ist ein Mensch!

Ob ich denn an Gott glaube??? Diese Frage ist schnell beantwortet. Ich glaube nicht an Gott. Ich glaube an Energie und Formen von

Energie. Dennoch zog es mich schon als Kind und später als Jugendliche immer wieder in die Kirche, weil ich irgendwie die Nähe zu jemandem suchte. Zu Gott? Keine Ahnung. Ich weiß es einfach nicht. Ich glaube an Leben und das Leben an sich. Ich glaube an Menschen, an Liebe, an Glück, an das Wort … auch wenn sich davon so vieles bisher nicht eingelöst hat in meinem Leben und ich eher den leeren Versprechen aufgesessen bin. Scheint irgendwie mein Schicksal zu sein und ich arbeite daran. Aber, selbst wenn ich wieder und wieder scheitere, weil ich „glaube" oder „vertraue", so habe ich auch Menschen durch dieses Leben bis zu ihrem weltlichen Ende begleitet, die wirklich ganz fest an Gott glaubten. An diesen einen, an den ich eben nicht glaube. War ihr Glaube stärker als meiner? Geholfen hat er jedenfalls nicht. Sie starben trotzdem. War ihr Gott gnädig? Nein! War er nicht. Ich habe es zumindest weder so empfunden noch habe ich es gesehen.

Wenn sie mich am Sterbebett fragten: „Warum ist Gott mir nicht gnädig, Katy?", da hatte ich, verdammt noch mal … ich hatte keine Antwort!

Keine Antwort und keinen Trost. Oder hätten Sie einem Sterbenden auf diese Frage geantwortet: „Naja, Gott hat ja auch seinen Sohn gekreuzigt! So what!?" Ich finde es wunderbar, an etwas zu glauben. Ich glaube nach wie vor an das Gute im Menschen und keine noch so schwere Enttäuschung hat mich bisher davon abbringen können. Ich glaube an Engel, die uns schützen. An Geister, die uns begleiten. Wir und alles, was uns umgibt, sind eine Form der Energie, an die ich wirklich zutiefst glaube und auf die ich vertraue.

Bin ich darum Esoterikerin? Nein! Irre? Hoffentlich nicht!

Mein Glaube speist sich irgendwie aus einer Art Zuversicht. Ich denke, dass wir zusammen mehr bewegen als allein. Ich bin zuversichtlich, dass wir, wenn wir „groß" denken, im „Kleinen" viel mehr bewegen können. Ich glaube aber vor allem, weil ich glauben will, nicht weil ich muss. In diesem Punkt bin und bleibe ich eine hoffnungslose Optimistin!

Und das glaube ich nicht nur, das weiß ich!

Natürlich wird diese Zuversicht immer wieder durch Realitäten erschüttert, nicht nur in meinem Leben. Was sagt man einem Kind, das auf einer Kinderkrebsstation im Sterben liegt?
„Gott wird's schon richten?" Oder: „Du, mach dir keine Sorgen. Der Mann mit dem grauen, langen Bart wartet schon oben schon an der Himmelstür auf dich und dann werdet ihr total klasse zusammen spielen?" Ich habe, wie gesagt, viel zu oft keine Antwort, aber hätte sie nur zu gern.

Waren Sie mal dort? Ich meine auf einer Kinderkrebsstation?
Nein?
Aber ich!
Nicht mit Presse, nicht mit Bim Bam Borium. Auch, aber nicht nur!
Wenn mich in der Vergangenheit jemand bat, für Krebsstationen zur Verfügung zu stehen, um aufmerksam zu machen auf diese Krankheit, dann machte ich das. Weil ich der Bitte entsprach. Weil ich helfen und aufmerksam machen möchte. Weil ich es als meine Pflicht empfinde.
Als Mensch, nicht als Walter aus „Hinter Gittern", und schon gar nicht als Promi! Und wenn keine Kameras dabei sind? Was ich dann mache? Na, dann mache ich es trotzdem. Jedes Jahr. Immer wieder!

Ebenso wie viele meiner Kolleginnen und Kollegen. Ihre Energie und ihre freie Zeit setzen viele von ihnen voll und ganz für Menschen ein, die sich selbst nicht helfen können. Weil sie zu schwach, zu klein oder vielleicht einfach zu krank sind. Sie nutzen ihre Öffentlichkeit, um aufmerksam zu machen. Aufmerksam auf Elend und Leid direkt in unserer Nachbarschaft. Unter, neben und zwischen uns. Natürlich gibt es den einen oder anderen, der es mit seiner „Öffentlichkeitsarbeit" vielleicht etwas übertreibt, um einfach mal wieder in irgendeiner Zeitung zu landen und für sich selbst Werbung zu machen. Ich weiß, dass man auch mir das hie und da vorwirft. Dann bekomme ich auch schon mal ein …
„boah, die spielt doch nur zweite Reihe, die hat's ja wohl nötig"

oder „kein AAA-Promi, aber mit dem Elend anderer hausieren gehen. Kann nix- will nix- verkauft sich nicht! Darum macht die das …" zu hören.

Wollen Sie auch wissen, was ich dann denke? Arschlöcher!

Können nichts, wissen nichts, tun selber nichts, erheben sich aber zu Göttern, die entscheiden, was richtig oder falsch ist, was man tun darf oder nicht. Und damit letztendlich auch, ob Sie und ich tun dürfen, was Sie und ich tun möchten, oder eben nicht?

„Die hat doch gut reden", werden Sie jetzt vielleicht denken. „Die ist ja auch ein Promi! Die hat es doch gut. Die jammert doch auf ganz hohem Niveau!"

Promi

Promi? Wie kam ich eigentlich zu dem manchmal doch recht zweifelhaften Vergnügen, ein Promi zu sein? Wissen Sie, um ehrlich zu sein, mich hat überhaupt niemand gefragt, ob ich ein „Promi" werden wollte, und mich hat auch keiner darauf vorbereitet, wie das ist, einer zu sein!
Scheinbar wurde ich aber ein „Promi" und dazu habe ich „nur" durch meine Arbeit beigetragen. Man höre und staune. Nur durch das, was ich liebe und was ich als meinen Beruf gewählt habe, was ich gelernt habe und was mich glücklich macht, wenn ich es verschenken kann und darf. Wenn man mir aber auf der Straße: „Promi, Promi" nachruft, freue ich mich doch nicht und ich bin auch nicht stolz darauf. Meistens empfinde ich es eher als Schimpfwort, denn das Wort hat einen fiesen Klang und irgendwie einen ekligen, faden Beigeschmack. Schon, wenn man es mal einfach nur für sich selbst ausspricht. Promiiiiiiiiiii! Hat auch irgendwie was von „iiihhhhh", fehlt nur das „gitt" dahinter. Wie könnte man also dieses Wort als schön empfinden? Klingt ja nicht mal sexy. Ich schwöre Ihnen, es würde Ihnen sicher auch nicht gefallen, so benannt zu werden. Natürlich ist es etwas völlig anderes, wenn mich die Menschen, die mich erkennen, bei meinem richtigen Namen nennen, so wie ich eben heiße: Katy! Getauft und verbrieft! Katy Nina Karrenbauer. Das freut mich und man wird mich dann auch nicht unhöflich grummeln hören.
„Deren Fresse ist doch bloß Werbefläche", sagte neulich jemand, den ich stehen ließ, weil er mir vorher ein „Ey Promi, zeig dich mal!" zurief. Werbefläche??? Hätte ich am liebsten gerufen. Werbefläche? Es hat mich im Übrigen auch niemand gefragt, ob ich Werbefläche sein möchte! So ein Schwachsinn. Als ob ich dafür jemals in meinen Beruf angetreten wäre! Manchmal denke ich dann:

„Komm, Katy, ist nun mal so. Du kannst einfach nicht jedem Menschen, der dich erkennt, erklären, dass du nicht Walter, sondern einfach nur Katy bist. Dass du immer wieder versuchst, etwas zu bewegen, weil dich so vieles bewegt. Und dass du manchmal einfach nur Angst hast. Angst, als Walter übrig zu bleiben, nicht als Katy. Nicht als Mensch, der du bist, sondern als ein Charakter, den man im Fernsehen sehen konnte." „Am Ende müssen wir doch alle sterben", sagt meine Mutter manchmal. Oma sagte: „Das letzte Hemd hat keine Taschen." In Wahrheit sagten sie: „Wir scheißen alle aus dem gleichen Loch."
So auch ich, und daran ändert kein „Promi-Dasein" irgendetwas.

Ich habe gelernt, und dafür bin ich sehr dankbar, dass ich nicht mehr oder weniger wert bin als Sie, der Leser oder die Leserin, Sie nicht mehr oder weniger wert sind als ich. Das macht die Sache kurzzeitig einfacher. Ich denke nämlich nicht, dass ich toller bin oder alles besser kann als Sie. Aber man gibt Ihnen manchmal das Gefühl, dass ich das denke. Und weil Sie denken, dass ich das denke, verachten Sie mich, beschimpfen Sie mich, loben Sie mich, ehren Sie mich, beneiden Sie mich, je nach Tageslaune. Was Sie aber nicht wissen und vielleicht gar nicht wissen wollen, aber erlauben Sie mir, dass ich es Ihnen trotzdem sage: Manchmal beneide ich Sie!

Sie kennen meine Wunden genauso wenig, wie ich die Ihren kenne.
Und das ist die einzige Wahrheit, die ich als Mensch zulassen kann.
Ich gebe zu, es gibt sicherlich auch andere Beispiele und jeder kann sich selbst ja bekanntlich alles schönreden. Ja, stimmt! Ganz meine Meinung.
Wenn Sie mich also schöner reden, als ich bin, bin ich dann schön?
Nein!?
Sehen Sie!
Ich bin auch nicht besser, toller, größer oder kleiner!

Ich bin und bleibe diejenige, die ich bin und war.
Lustig. Neulich traf ich eine ältere Dame an der Tankstelle, die mich mit einem süßen: „Huch!" anstaunte. Huch?
„Oh sind Sie aber zierlich", sagte sie, „ich dachte, Sie sind mindestens zwei Meter groß."
Ich musste lachen.
Mit dem Wort „zierlich" hat mich tatsächlich bisher noch niemand betitelt – und zwei Meter groß? „Das liegt vielleicht daran, dass meine Kolleginnen meist den Meter sechzig nicht überschritten haben, dagegen wirke ich dann vielleicht doch eher riesig", antwortete ich freundlich. Die Dame lächelte nun ebenfalls, drehte sich noch einmal in der Tür um und rief mir ein: „… und hübscher als im Fernsehen sind Sie auch" zu. Vielen lieben Dank, dachte ich so bei mir und errötete, als der Kassierer mir ebenfalls zustimmend zunickte.

Das also zum Thema Wahrnehmung, die ja oft sehr unterschiedlich ist. Ich hatte einfach das große Glück und die große Freude, in einer Serie stattfinden zu dürfen, die sehr erfolgreich in deutschen Wohnzimmern zu sehen war. Jeden Montag zur selben Zeit. Ich wurde von einer Nation adoptiert, die diese Serie mochte. Ich wurde aber ebenso arbeitslos wie viele andere Menschen in diesem Lande, als diese Serie eingestellt wurde. Nur wurde ich zusätzlich mit Namen betitelt, von denen ich dachte, ich hätte damit eigentlich nichts zu tun. Ein kleiner Auszug gefällig?

„Walter", wie jeder feststellen kann, ein Männername, „Scheißfotze" (weil ich in Serienfolgen dem jeweiligen Serien-Liebling anderer Fans zu nahe rückte), „Sender-Gesicht", was meine Arbeitslage manchmal nicht verbesserte, sondern eher erschwerte, obwohl ich nun seit 28 Jahren Schauspielerin bin und mein Leben nicht „Hinter Gittern" begann, sondern 1962, einfach nur als irgendein Mädchen aus dem Ruhrgebiet, „schlechte Schauspielerin", weil ich eben nicht einen Kinofilm nach dem anderen drehte, „Soapie", weil wir wöchentlich liefen, „fette Sau" oder gelegentlich „geile Sau", je nachdem, was genau in den Folgen grade zu sehen

war, „Alter"… auch mit „Alder" gleichzusetzen oder „Killer", was weder mir noch meiner Figur entsprach.
Die Liste fortzusetzen ist kein Problem, bereitet aber keinen Spaß.

Ach, es nervt mich ja selbst, dieses „Dauerbeschweren". Und ich will auch nicht undankbar erscheinen und tue es dennoch, obwohl ich gar nicht undankbar bin und es sich auch nicht so anfühlt, was meinen Status als Schauspielerin angeht. Immerhin freue und freute ich mich wirklich darüber, dass Menschen auf der Straße oder wo auch immer mir freundlich entgegentraten und sich bei mir für meine Arbeit bedankten, vor allem dafür, dass sie sich auch durch mich und meine Person im deutschen Fernsehen gut unterhalten fühlten. So empfand ich es damals auch am Theater, in sehr viel kleinerem Rahmen natürlich. Wie oft nahm ich den einen oder anderen jüngeren oder älteren Fan mit in die Kantine des jeweiligen Spielortes, führte intensive Gespräche, machte Fotos für Mama, Onkel x und Tante y und war mir, und darauf bestehe ich, überhaupt nicht zu fein, mich auch in etwas unüblichen Posen abbilden zu lassen. Zum Beispiel als blasphemische Nonne mit gelüftetem Rock und Strumpfband unter Selbigem, als ich mit dem Musical „Nonnsens" auf den Bühnen Deutschlands unterwegs war. Und was für eine Albtraum-Vorstellung, als ich hinter dem Vorhang stand und grade zu meinem Auftritt erscheinen wollte, als ich sieben Nonnen in der ersten Reihe wahrnahm, die dort saßen, um die Vorstellung zu sehen. Mir verschlug es fast die Sprache und ich wäre am liebsten gar nicht auf die Bühne gegangen, sondern direkt im Orkus verschwunden. Aber danach saß ich mit all diesen Nonnen zusammen, wurde für den nächsten Tag zu Kaffee und Kuchen ins Kloster eingeladen und hatte eine wunderbare Zeit mit den Damen, die ja bekanntlich mit Gott verheiratet sind und mir keines meiner Worte übel genommen hatten, ganz im Gegenteil, die mir sagten, sie hätten sich königlich amüsiert. Auch wurde ich es nie müde, all die vielen Fragen zu meiner Arbeit zu beantworten, Schülern für ihre Schülerzeitungen Interviews zu geben oder mich manchmal nach Kräfte zehrenden Vorstellungen, wie zum

tat, weil sie alle so zauberhaft waren. Aber ich ging in meiner freien Zeit nicht mehr gern in die Stadt, ich fuhr nicht mehr mit Bus und Bahn, da ich dort nicht „entkommen" konnte, ich führte keine angeregten und anregenden Gespräche mehr in Kneipen bei Kaffee oder Wein und ich lernte niemanden mehr kennen, der mich nicht „schon gut kannte". Ich ging nicht mehr tanzen und auch nicht mehr schwimmen, nachdem mich halbwüchsige Jungs einmal in einem Berliner Schwimmbad nach meinen 1000 Metern mitten im Wasser nach 'ner Autogrammkarte gefragt hatten und ein paar Tage später, es war ein Sonntag und ich war mit einer Kollegin auf ihre Bitte mit ihr nach Bad Sarrow gefahren, einem Ort der Entspannung auf dem Lande im ehemaligen Osten, Jugendliche nicht davor zurückschreckten, das Hamam, also ein türkisches Dampfbad, zu stürmen, um mich nackt und von Kopf bis Fuß mit Ton bestrichen um ein gemeinsames Foto zu bitten. Und ich erinnere mich, wie mir mehr als einmal der Restaurantbesitzer, der die sogenannten Fans nicht von meinem Tisch hatte vertreiben können, klipp und klargemacht hatte, dass „das eben der Preis" sei.
„Das!!!"
Aha. Ach das!!! Jetzt verstehe ich.
Das bedeutet, dass ich kein Eigenleben mehr habe, kein Recht auf Intimität, nur weil ich ein Promi bin?
Besonders hübsch war auch neulich die Situation, als eine junge Frau mit ihren Kindern und dem Rest der Familie im Schlepptau an unseren Tisch kam, während eine Freundin und ich dort ein Eis aßen. Sie zeigte feist immer wieder mit dem Finger auf mich und blökte laut: „Ey du, du bist doch …" Ich konnte es mir nicht verkneifen und sagte freundlich, obwohl es mich eigentlich nervte: „Zwei Dinge hätte ich dazu zu sagen. Nummer eins: Man zeigt nicht mit dem nackten Finger auf angezogene Leute. Das habe ich schon in der Schule gelernt."
„Und zweitens?" Breitbeinig stand sie da und stemmte ihre Hände in die Hüften.
„Ja, ich bin's!"
„Kommt, Kinder." Sie packte die Kids grob am Arm und zog sie vom Tisch weg.

„Boah, ist das eine dumme Fotze", fauchte sie mehr als laut, als sie mit dem Trüppchen davonzog. Ich war sprachlos und das bin ich wirklich selten. Ich verstand eigentlich gar nicht so recht, was passiert war. Ich war nur entsetzt, dass sie so was vor den Kindern sagte, denn die waren vielleicht grade mal fünf oder sechs Jahre alt. Aber damit nicht genug.

Vor ein paar Tagen fuhr ich mit einer Freundin und Kollegin zu einem klassischen Konzert nach Potsdam. Mit der S-Bahn. Oben auf dem Bahnsteig angekommen, suchten wir uns ein Plätzchen und verfielen sofort in ein angeregtes Gespräch. Mitten in einem Satz tippt mir ein Jugendlicher aufs Bein und hält mir sofort seine Hand mitten vors Gesicht. „Hey, einmal Hände schütteln." Ich gucke ihn an und sage freundlich: „Ich möchte heute keine Hände schütteln", und lächle ihn dabei, um Verständnis bittend, an.

„Ey, nur einmal!"

„Entschuldige, aber ich bin im Gespräch und möchte keine Hände schütteln." Ich drehe mich wieder meiner Freundin zu und er geht zu seinen Freunden. Ich atme tief durch und will grade weitererzählen, da schlendert der eine der kleinen Jungs-Meute langsam wieder in meine Richtung. „Du, die ist prominent. Lass uns die abstechen, dann kommen wir in die Zeitung!", ruft er seinen Kumpels zu. Erst denke ich, ich habe mich verhört, aber in den Augen meiner Freundin sehe ich, wie alarmiert sie ist.

„Los kommt, wir stechen die ab!", fordert er wieder und wieder seine Kumpels auf, die sich mittlerweile zu ihm gesellt haben, wenige Meter von uns entfernt. Ehrlich gesagt ist mir mein Herz inzwischen komplett in die Hose gerutscht, denn gegen drei Typen, die alle mindestens einen Kopf größer sind als ich und vor allem absolut gewaltbereit, habe ich so was von überhaupt keine Chance. Nicht die geringste. Ich halte zitternd mein Handy in der Hand und habe schon die Notrufnummer eingegeben, als sich die Truppe langsam doch wieder Richtung Ausgang bewegt. Mir fliegen Bilder durch den Kopf, ich denke an S-Bahn-Schubser und sehe mich auch schon von Messerstichen übersät blutend auf dem Bahnsteig liegen, während der Zug mich überrollt. Alles Fantasie???

In Potsdam angekommen zittere ich immer noch und die Situation wird mir noch lange im Gedächtnis bleiben. S-Bahnen meide ich seitdem wieder wie die Pest.

Aber natürlich, wie überall im Leben gab und gibt es auch wirklich viele spaßige Momente, das will ich gar nicht bestreiten.
Vor allem in der Zeit des Fernsehens, da Spieleshows absolut angesagt waren und wir „Promis" dorthin eingeladen wurden, oft nicht nur, um Zuschauer heranzuziehen, sondern wohl hauptsächlich, damit man sich an unseren Ängsten und Nöten im Kampf für eine Charity-Veranstaltung ergötzen konnte.

Fort Boyard

Spieleshows und anderer Schwachsinn

Erfreut las ich die Anfrage. „Wir würden uns freuen, wenn Frau Karrenbauer …" Dazu eine Videoausspielung, in der neben Vogelspinnen und Skorpionen Anja Kruse kreischend auf einem Seil zu balancieren versuchte. Immerhin. Anja Kruse gehört zur Crème de la crème der deutschen Schauspielerinnen. Unsereins, sogenannter Wochensopi, ist in den Augen der Menschheit ja nur zweite Garde, also auch zweite Staffel.
Was soll's. Ich freue mich jedenfalls auch, ließ die Termine mit meinen Drehterminen abstimmen und sagte dem „Freizeitspaß für Erwachsene" zu.
Fort Boyard, eine Festung auf einer Insel im Atlantik, war das heiß ersehnte Ziel, auf der die Show gedreht werden sollte. Schon das Video machte Lust, aber auch irgendwie Angst und so ließ ich höflich bei der Produktionsfirma anfragen, ob man tatsächlich alle Spiele mitmachen müsse? Die Produktion verneinte dies, denn immerhin waren ja pro Team fünf Teilnehmer am Start, was so viel bedeutete wie, dass jeder für ca. drei Prüfungen zur Verfügung stehen musste. Das überzeugte mich und da ich mich nach einem Abenteuer sehnte, sagte ich zu.

Ein paar Wochen später war es dann so weit. Endlich Abfahrt. Wir flogen nach Frankreich und fuhren dann weiter mit dem Auto an die Küste in ein sehr nettes Hotel, in dem alle Teilnehmer „gebrieft" wurden, wie der kommende Tag, also unser großer Spiele-Tag, ablaufen würde. Unser Team bestand zunächst aus zwei Frauen und drei Männern, was sich aber später noch ändern sollte, doch dazu komme ich noch. Müde von der Reise fielen wir alle sehr früh ins Bett, denn am Morgen wurde, ebenfalls früh, gestartet. Und so wurden wir am Folgetag vom Fahrservice ans Meer gebracht, wo

wir in einer Art Schuppen eingewiesen wurden. Jeder der Mitspieler bekam einen Zettel mit den möglichen Prüfungen, die uns erwarteten. Spinnen, Schlangen, Skorpione, Tauchen am Außenfort, Bungee-Springen, Katapult und etliche andere Dinge waren dort angezeigt. Vogelspinnen fielen für mich definitiv aus, das war mal klar. Keinesfalls könnte ich die Viecher, die ich ja schon im eigenen Haus weder vernichten noch lebend fangen konnte, um sie in die Freiheit zu setzen, anfassen, am besten nicht mal ansehen. Brrr. Mich grauste. Obwohl ich dennoch die Übung, wir bekamen Plastikspinnen und Skorpione, um an diesen die Griffe, die eine Verletzungsgefahr der zauberhaften Tierchen ausschlossen, mitmachte. Einer der Kollegen bestand während unseres Trainings darauf, seinen Hund mit aufs Fort nehmen zu dürfen, was allerdings verboten war. Der Disput, den er und seine Frau mit der Produktion um den Hund führten, zog später noch Irritationen nach sich, aber dazu komme ich ebenfalls noch. Auf jeden Fall und alle Fälle schienen wir alsbald gut genug vorbereitet, um unsere Reise anzutreten. Draußen regnete es in Strömen, aber wir schlüpften gut gelaunt in Schwimmwesten und Regenjacken. Es war schon ein wenig Zeit vergangen, sodass man genug Gelegenheit hatte, den tosenden Wellen zuzusehen, die das Meer aufschäumten, als das Boot, genauer gesagt, ein Sodiac, also ein motorisiertes Schlauchboot, uns am Steg aufnahm. Wir klärten unter uns, wer vorne und wer hinten stehen sollte. Dazu muss man sagen, dass die Schlagkraft des Sodiac vorne härter ist als hinten, da das Boot vorne sozusagen „über die Wellen reitet". Des Weiteren sei hier erwähnt, dass man im Stehen fährt und sich innen seitlich an einem Seil festhält.
Wer unsere illustre Gesellschaft gesehen hätte, wäre wohl aus dem Lachen und Staunen nicht mehr herausgekommen. Besonders über den kleinen Seesack, der zu unseren Füßen lag und sich ab und zu wie von Geisterhand bewegte. Darin befand sich der Hund, der als Schmuggelware mit auf Reisen ging und der bei der See, die uns erwartete, einfach nur das Glück hatte, nicht über Bord zu fliegen, denn ein „Hund über Bord Manöver" hätten wir wohl nicht überstanden. Eine gute halbe Stunde lang „hüpften wir so hart auf den Wellen dahin", das Fort liegt ziemlich weit vom Land

entfernt, die Hände waren inzwischen von Blutblasen übersät, denn das Seil war nass wie wir und es kostete ziemlich viel Kraft, sich überhaupt an Selbigem festzuhalten, um nicht andauernd auf den spiegelglatten Holzplanken auszurutschen, als es dem vor mir stehenden Kollegen, er spielte einen Arzt in einer Münchner Serie, die Beine wegriss, er einen lauten Schrei von sich gab und den Arm in die Luft warf. Dies war das vorher mit dem Kapitän ausgemachte Zeichen dafür, den Motor sofort zu stoppen.
Wer schon einmal bei ca. drei Meter hohen Wellen auf offener See in einer Nussschale unterwegs war, weiß, was jetzt passierte. Das Boot stoppte und wir waren der Willkür des Sturmes ausgesetzt. Ja, Sturm. Es hatte nämlich morgens eine Sturmwarnung gegeben, die die Produktion aus drehtechnischen Gründen wohl nicht so ganz ernst genommen hatte. So flogen wir im Sodiac hin und her, der Kollege wurde mühsam und unter Schmerzensflüchen in den hinteren Teil des Bootes befördert, die Brecher schlugen über uns hinweg und endlich nahmen wir wieder Fahrt auf, ritten, reichlich entnervt und irgendwie auch geschockt, vor allem aber klitschnass und schweigend der Festung entgegen. Taucher ruderten auf den Wellen wie Spielzeugfiguren und hatten überhaupt keine Chance, unsere Ankunft mit ihren Kameras zu filmen, was ja eigentlich Sinn und Zweck unserer mörderischen Fahrt gewesen war. Wir versuchten, neben dem Kutter, der wohl das bessere Reiseobjekt gewesen wäre und auf dem später sinnvollerweise das nächste Spielteam abgeholt wurde, anzulegen. Große Autoreifen, sogenannte „Fender", schwappten gefährlich neben uns auf und nieder und es wollte einfach nicht gelingen, das Sodiac seitlich am Kutter zu befestigen. Der verletzte Kollege hatte die Schnauze voll, wer konnte es ihm verdenken, und versuchte, sich an diesem rettenden Kutter festzuhalten. Ein verhängnisvoller Fehler, den er fast mit dem Leben bezahlt hätte, denn er rutschte bei dem Versuch, sich an Selbigem festzuhalten, ab und geriet, ohne zu gucken, mit dem Kopf zwischen die Planke unseres Bootes und einen der Autoreifen, der mit rasender Wucht auf ihn hinabzusausen drohte, und nur ein beherzter, geistesgegenwärtiger Griff meinerseits und das Zurückreißen seines malträtierten Körpers in die Mitte des

Sodiac haben wohl Schlimmeres verhindert, wie mir eine Kollegin kurz darauf erzählte, die den Vorgang beobachtet hatte, während sie selbst versuchte, nicht ins äußerst kühle Nass zu fallen und zu ertrinken. Da es keine Chance gab, anders von Bord zu kommen, ließ man per Kran eine Art Fischfangnetz zu uns herab, an das wir uns klammern mussten, um aufs sichere Land gehievt zu werden. Ich muss wohl nicht extra erwähnen, dass das Halten am Seil zu diesem Zeitpunkt wirklich schmerzhaft für unsere geschundenen Hände war. Außerdem dauerte es Stunden, wie mir schien, bis wir alle wieder Land unter den Füßen hatten. Oben angekommen versorgten wir zunächst unseren Kollegen, für den die Ankunft bedeutete, seine Reise war … nicht zu Ende. Trotz kühlendem Eis und unserer liebevollen Versorgung seiner Wunden schwoll das Knie überdimensional an und der Ärmste musste fast direkt die Rückreise antreten. Da wegen des Sturmes aber kein Helikopter auf der Festung landen konnte, verfrachtete man ihn wieder ins Sodiac zurück und brachte ihn an Land. Ich persönlich habe nichts mehr von ihm gehört, aber sein Knie war wohl extrem geprellt, wie man uns später berichtete, da er auf den Metallring gefallen war, der als Seilbefestigung im Bug des Schlauchbootes angebracht war. Seinen Platz im Team nahm nun freundlicherweise die Frau des Kollegen mit dem Hund ein, die spontan und äußerst mutig diese Aufgabe übernahm.

Total erschöpft begannen nun unsere Spiele. Als Erstes mussten wir fünf an einem Seil ein riesiges Stahltor hochziehen und darunter hindurchhuschen. Na ja, huschen war so eine Sache und das mit dem Ziehen gelang nur unter äußerster Mühe und Wehgeschrei. Im Grunde unseres Herzens verfluchten wir das Seil samt Spielleiter, der uns fröhlich aufzumuntern versuchte. Aber wir nahmen diese Hürde, wenn auch nicht wirklich mit Bravour, und der erste Schlüssel, es ging darum, fünf davon zu bekommen, nur dann konnte man am Ende Geld für einen guten Zweck sammeln und darum ging es ja, war uns sicher. Das nächste Spiel, es machte einer der Kollegen, brachte uns wieder einen Schlüssel ein. Dann war ich an der Reihe. An Handschellen, wie einfallsreich (oder hatte man etwa die Serie gesehen, deren Namen ich jetzt nicht nenne?), musste ich eine Art Rohrparcours, an den ich gefesselt wurde, überwinden. Alles ging ja nach Zeit. Draußen lief eine Sanduhr, ich in dem verdunkelten Raum, angefeuert von meinen Kollegen, die die besagte Uhr nicht aus den Augen ließen, denn, wenn ich es nicht innerhalb der Zeit schaffte, den Parcours zu überwinden, gäbe es keinen Schlüssel und meine Hände würden zur Strafe in ein steinzeitliches Holzgerät gebunden, womit ich ein Problem für das allerletzte Spiel dargestellt hätte, aber so weit kam es nicht, denn ich überwand den Parcours, holte somit den dritten Schlüssel und wurde von meinen Kollegen frenetisch gefeiert. Auf zur nächsten Prüfung! Die Vogelspinnen. Die Frau des Kollegen, die für den Ausgefallenen spielte, hatte vorher noch über ihren Mann gesagt, wie tierlieb er sei, und so durfte er dieses Spiel für uns wagen.

Und das ging so!

Unter einigen der Vogelspinnen war ein Zettelchen angebracht, aber nicht jedes dieser Zettelchen enthielt einen Treffer, das eine oder andere war eine Niete, wie beim Lotto eben. Unsere Aufgabe war es nun, von außen unseren Kollegen, der in eine Art Spinnwebenkäfig kriechen musste, zu den Spinnen zu dirigieren, die an einer Art Glasscheibe hingen und die einen Zettel unter ihrem Bauch trugen. Diesen musste der Spieler dann mit dem speziell dafür vorgesehenen Spinnengriff, den wir ja alle geübt hatten, äh, alle außer er, da er ja zu diesem Zeitpunkt mit der Überführung seines Hundes beschäftigt war, zu entfernen versuchen, um ein Los mit einem Treffer zu ergattern. Gesagt, getan. Der Kollege kroch mutig, ich hätte das im Leben nicht gekonnt, in den Spinnenkäfig und unter Johlen und angeekeltem Grölen manövrierten wir ihn zur ersten Spinne. Er zögerte kurz, als er vor der von uns gewählten Spinne angekommen war, packte diese dann am Bein, das genau sollte man eben nicht tun, und nachdem er sich des Zettelchens habhaft gemacht hatte, schleuderte er die Spinne unter Igitt-Rufen in die hinterste Ecke. Dummerweise hielt er dabei immer noch das Bein der Spinne in seiner Hand. Die Sanduhr lief unter unseren bleich gewordenen Gesichtern, aber schon näherte er sich der nächsten Spinne, der er auf ähnliche Weise das Los entlockte. In der Zwischenzeit erklang über das Walkie-Talkie des Spielleiters entsetztes Geschrei, man solle „den irren Spinnenmörder sofort aus dem Käfig holen und das Spiel abbrechen", aber der Kollege war schon unterwegs zu seinem nächsten Opfer. Nur mit einer List, nämlich mit der durchaus gelogenen Aussage, die Sanduhr sei abgelaufen und das Spiel beendet und verloren, konnten wir den Übereifrigen zum Abbruch bewegen und ihn endlich aus dem Käfig locken. Der Spinnentrainer war inzwischen zu uns geeilt, leichenblass und völlig am Ende. So was habe er noch nicht erlebt, fauchte er uns allesamt an. Wir übrigens auch nicht. Eigentlich wollte er sich weigern, noch mal jemanden in den Spinnenkäfig zu lassen, aber, nachdem er sich beruhigt und wir ihn überzeugt hatten, dass das keinesfalls wieder vorkommen würde, schickten wir eine Kollegin in den Kasten. Sie hatte schon mit Spinnen gedreht und diese wunderbare Kollegin holte unter beeindruckender Sanftheit und Ruhe für uns den nächsten Schlüssel.

Und, „the show must go on", flitzten wir auch schon zum nächsten Spiel.

Die Frau des Kollegen musste durch ein Zimmer laufen, dort aus einem Fenster heraus an der Außenfassade langklettern, das alles in schwindelerregender Höhe, um von dort zu einem weiteren Schlüssel zu kraxeln. Wer ihr Gesicht gesehen hätte, hätte wohl ähnlich reagiert wie wir. Todesmutig, natürlich angeseilt, aber immerhin, huschte sie flugs durchs Zimmer auf das Fenster zu, aus dem sie fast sprang, time is cash, time ist money, draußen raste immerhin die Sanduhr, und hangelte sich einige Meter Richtung Schlüssel, als sie mit einem Male irgendetwas zu rufen schien. Sie ruckelte an dem Seil, das Gesicht verzerrte sich, sie schwang sich wieder und wieder in Richtung Schlüssel, der vielleicht noch vier bis fünf Meter von ihr entfernt im Gemäuer klemmte, und drückte sich zwischendurch gefährlich mit den Füßen von der Wand ab, unter ihr die tosende Brandung. Wir waren uns einig. Sie weinte, sie schrie vor Verzweiflung. „Holt sie da raus, nein, holt sie rein! Holt sie endlich rein!", riefen wir fast alle gleichzeitig und durcheinander. „Sie weint, sie hat keine Kraft mehr!" Die Sanduhr lief gnadenlos, aber sie hätte wohl für uns den vierten Schlüssel ergattert, hätte sie nicht oben mit dem Seil, an dem sie gesichert war, am Fort festgehangen, wie wir später erfuhren, als man sie wieder sicher zu uns zurückgebracht hatte. Und das, was wir fälschlicherweise als Weinen interpretiert hatten, war ihr verzweifelter Versuch uns zuzurufen, dass sie eben festhänge. Tja, so kann man sich irren. Und so landete die Ärmste mit den Händen in dem Holzding, so einer Art Pranger, und stellte ab sofort eher eine Belastung als eine Hilfe für die Gruppe dar, was sie sich im Übrigen nicht anmerken ließ, und sie spielte in unserem Team aufopfernd weiter und erkämpfte sich damit unsere tiefste Bewunderung.

Während nun alle zu einem neuen Spiel geleitet wurden, sagte man mir, ich müsse mich jetzt, abseits der Truppe, auf mein zweites Spiel vorbereiten. Aha? Wohin des Weges? Hinauf? Oh Gott! Ich hatte ja, bevor ich überhaupt bei dieser Show zugesagt hatte, mehrfach betont, dass ich Höhenangst habe, und so hatte man sich für mich ein ganz besonderes Spiel ausgedacht.

Skeptisch dreinblickend verfolgte ich die Spur eines Assistenten, der mich die Treppen hinauf zu meiner nächsten Aufgabe brachte. Dort stand ein grauhaariger, gut aussehender Typ mit einem Seil. Einem besonders langen Seil. „Bitte kein Seil!!!", würgte ich fast tonlos heraus. Schon auf das Wort reagierte ich mittlerweile allergisch, aber angesichts der Tatsache, dass hier mit einem Seil auch noch ein Spiel vorbereitet wurde, und zwar für mich, musste ich mich nun fast übergeben.

Es dauerte eine Ewigkeit, bis der Grauhaarige das Seil von der einen zur anderen Seite des Forts gespannt hatte und das Ganze noch einmal zurück. Ich hatte Zeit zum Denken. Ja, ich guckte und dachte. Über mein Leben und die Welt, während mein Herz tiefer und tiefer in meine Hose rutschte, mein anfänglich hysterisches Lachen verklang und ich Schluckbeschwerden und Atemnot bekam.

„Fertisch", dröhnte es an mein Ohr, der Typ war Franzose und Kletterspezialist und ich mittlerweile zwei Meter zurückgewichen von der Brüstung, auf die ich gleich klettern sollte, um mich auf dem unteren Seil, an dem oberen festhaltend, über den Schlund des Forts zu bewegen und den vierten Schlüssel für mein Team

zu holen. Wenn ich bis dahin zumindest noch couragiert ausgesehen hatte, schwanden mir bei diesem Satz komplett die Sinne und meine Beine begannen so sehr zu zittern, dass ich nicht mehr Herrin Selbiger war. Ich fühlte mich wie ein Slime oder Slimy, jedenfalls wie dieses grüne Zeug, das man aus Kindertagen kennt und das einfach nur an irgendetwas kleben zu bleiben versucht. Selbst jetzt beim Schreiben überkommt mich noch das mulmige Gefühl, mit dem ich dann irgendwann tatsächlich, wer hätte das gedacht, ich jedenfalls nicht, nur angestachelt vom Teamgeist, einen Fuß nach dem anderen auf das untere, schwabbelnde und wabernde Seil setzte. Die absichtlich nicht vorhandene Straffung erhöhte die Komplikation, den Abgrund zu überbrücken, und erfreute somit die Produktion mit spektakulären Bildern. Wie ich schon zu Beginn der Geschichte erzählt hatte, hatte ich Frau Kruse ja bereits dieses Spiel erleben sehen.
Und so begann ich, kaum auf den Seilen, zu singen. Mir selbst Mut zuzusingen, um ehrlich zu sein. Nur nicht nach unten gucken. „Always look at the bright siiiide of life … tatam tatam tatam tatam." Damit schob ich mich, Fuß um Fuß, Richtung andere Seite. Unglaublich, und ich befürchte zwar, die Sanduhr war längst abgelaufen, aber scheinbar meinen Mut bewundernd und wohl um mich nicht zu demoralisieren, ließ man mir für dieses Spiel unendlich viel Zeit.
Auf der gegenüberliegenden Seite angekommen griff ich mit einer Hand beherzt nach dem über mir an einem SEILLLL hängenden Schlüssel und machte mich, irgendwie erleichtert, auf den Rückweg, natürlich nicht, ohne das Objekt der Begierde vorher in meinen BH gesteckt zu haben, denn meine Kräfte waren schon lange dahin und einarmig hätte ich nie zurück zu meinem Team robben können, das mich anfeuerte, als ob es um mein Leben, und auch das ihre, ging. Zentimeter um Zentimeter eierte ich mit schlotternden Beinen heim, zurück ans rettende Ufer sozusagen, als meine Kollegin schrill „Kaaatyyyyyyyyyy … der Schlüssel!" quietschte. Ich schaute zwischen meine Brüste und da hing er, den Bart, ja, so nennt man das, noch am Busen hängend, doch den Rest schon im Fallen begriffen. Wie in Zeitlupe, ich konnte keinesfalls das

Seil loslassen, das mich und mein Leben verband, löste sich auch noch dieser und fiel, hatte ich eigentlich schon erwähnt, dass unter mir drei Tiger frei herumliefen, die mir Angst machen sollten und nun, mit ausgefahrenen Krallen, fauchend dem Schlüssel nachjagten, Selbigen zum Opfer. Ich kannte das Gefühl vorher nicht, das ich jetzt zum ersten Mal in meinem Leben spürte. Rien ne va plus! Nichts geht mehr! Aus und vorbei!

In mir brach eine Welt zusammen. Meine Welt. Weit, etwa 18 Meter unter mir, wurden die Tiger mit Stöcken und unter gefährlichem Fauchen in ihre Käfige gescheucht. Meine Kollegen riefen alle durcheinander, aufgebracht, denn sie begriffen, was nun mit mir passierte.

Hatte ich bis dahin noch geglaubt, irgendwelche Kräfte mobilisieren zu können, um das Spiel zu gewinnen, war jetzt und in dieser Sekunde des Herausfallens des Schlüssels jegliches Leben aus meinem Körper gewichen. So muss sich ein Raumfahrer fühlen in Schwerelosigkeit. Wie ein Blitz durchschoss mich: „Aufgeben! Du musst aufgeben!", und dann: „Das ist keine Schande. Keine Schande aufzugeben. Du kannst nicht mehr gewinnen", und ich hörte mich wie aus der Ferne sagen: „Holt mich bitte runter. Ich kann nicht mehr!"

Aber genau das wurde zum Problem. Während die Kollegen den Spielleiter anbettelten, mich endlich und sofort aus meiner misslichen Lage zu befreien, hatte niemand damit gerechnet, dass eine Karrenbauer aufgeben würde, ja, vielleicht dieses Spiel nicht beenden könnte. Es gab einfach keinen Rettungsplan. Durch den Spielleiter, der nun auch immer verzweifelter wurde, ließ mir die Regie ausrichten, man habe alles im Griff, man hole mich jetzt! Wie, wusste zu diesem Zeitpunkt leider keiner. Und während sie Pläne schmiedeten, verabschiedete ich mich vom Leben und von meiner Mutter, summte vor mich hin und fand, dass ich selbst schuld sei, dass ich hier, mitten im Atlantik, mein Leben beenden würde, da man so einen Schwachsinn wie Spieleshows in meinem Alter eben nicht machen sollte.

„Wir holen dich von unten", rief mir der Spielleiter zu, und ich rief zurück: „Heute noch?" Ich wollte wenigstens meinen Humor

nicht verlieren, bevor ich das Zeitliche segnete. „Setz dich aufs untere Seil", rief mir der Spielleiter zu. Häääää??? Das bedeutete, ich müsste das obere Seil loslassen, was mir und meinem Lebenserhaltungstrieb ganz und gar nicht passte. Schließlich bin ich keine Seiltänzerin. Aber die Not wurde immer größer, denn das Zittern meiner Beine verstärkte sich mit jedem Bruchteil einer Sekunde und schon ließ ich Zentimeter um Zentimeter das obere Seil aus meinen Händen gleiten und mich an dem Faden, der mich als kleine Sicherheit mit dem oberen Seil verband, langsam nach unten sinken. Dort saß ich nun und harrte der Dinge, die da kommen würden. „Keine Angst Katy, wir holen dich von unten." „Von unten? Ich habe keinen Jeany gesehen", rief ich zurück. Ein Jeany ist so eine Art fahrbarer Kran, den man bei Dreharbeiten benutzt, aber wo genau sollte der jetzt herkommen? Der Grauhaarige rannte auf die andere Seite des Forts und wuselte dort an den Strippen herum, alle waren um mein Wohlergehen besorgt und ich saß mittlerweile seelenruhig da und genoss meine letzten Minuten.
„Lass dich langsam vom Seil", forderte mich der Spielleiter auf, nach nicht enden wollenden Minuten. War der irre? Jedes Kind weiß doch, dass man erst mal an dem Seil zieht, damit derjenige, der zu retten ist, sich in Sicherheit wiegen kann, weil er den Gegenzug spürt. Ich spürte nichts. Kein Zug. Kein Gegenzug. Keine Spannung von oben. Nichts.
Ich atmete tief durch, schwor, dass, wenn ich das hier lebend überstehen würde, ich mich nie wieder auf solchen Unsinn einlassen wollte, was ich übrigens trotzdem ein Jahr später tat, aber das ist eine andere Geschichte, und glitt langsam von dem Seil, das dieweil schon eine tiefe Kerbe in meinem Hinterteil hinterlassen hatte. Nach 20 Zentimetern oder einem halben Meter, keine Ahnung, man hat in dieser Höhe bibbernd und schlotternd vor Angst wirklich nicht mehr den Durchblick, spürte ich endlich sanft den Gegendruck in meinem Tragesitz und wurde hinuntergelassen. Ich glaube sogar, ich fühlte die Erdanziehungskraft und würde den Boden küssen, wenn ich ihn dann endlich wieder unter den Füßen spüren würde. Doch kaum unten angekommen rief mir der Spielleiter zu, ich solle schnell zu ihnen kommen, das nächste

Spiel würde schon warten. Auf klapprigen Stelzen, geschockt, aber für die Kameras gut gelaunt hechelte ich zu meinem Team, von dem ich mit großem Hallo begrüßt wurde. Und schon wurde der Kollege mit dem Katapult in die Höhe geflitscht, parallel sah ich bereits ein anderes Team sich auf Holzplatten zu dritt über Drähte robben und irgendwo tauchte jemand nach einem versunkenen, verwunschenen Schlüssel.

Ich fasse mich kurz. In der sogenannten Arena fischten wir dann die Goldtaler aus einem vergitterten Käfig, während parallel zu unserem Eingangstor, das langsam hinabfuhr und aus dem wir ja wieder hinaus mussten, die Käfigtüren der Tiger hinauffuhren. Spektakulär.

Ein paar Tausender haben wir so gesammelt für einen guten Zweck, wir, die glorreichen fünf, und standen am Ende als Nörgler und Spielverderber da, weil wir uns beschwert hatten, dass unsere Hände wehtaten, unser Mitspieler ausgefallen und die Sicherheitsvorkehrungen doch nicht so ganz ausgereift zu sein schienen. Allerdings, wie so oft, kann ich im Nachhinein nur sagen, ich hatte mächtig viel Spaß.

Wie später nochmals, als mich Heinz Hönig bat, an seiner Charity-Veranstaltung für seinen Verein „Heinz, der Stier" teilzunehmen. Da es auch hier wieder um Kinder ging, denen geholfen werden konnte, war das für mich überhaupt keine Frage und natürlich sagte ich sofort zu.

Derby

Ich war geladen zum großen Derby von Hamburg und damit verbunden zu einer weiteren Charity-Veranstaltung und ich hatte zugesagt. Eines war jedoch sehr schnell klar. Ich besaß weder den passenden Hut für diesen Anlass noch hatte ich die entsprechende Garderobe für ungefähr zwölf verschiedene Pressetermine, die allesamt ihren krönenden Abschluss in einem Dreh in München finden sollten, mit anschließender Party auf den Filmfestspielen.

Machen wir uns nichts vor. Ich gehöre nun mal nicht zu den Schauspielerinnen, die von großen Designern ausgestattet werden, um über den roten Teppich zu flanieren in allerneuester Couture. Ich gehöre zu denen, die sich schön brav selbst ihr Kleidchen für den großen Anlass kaufen sowie Schuhe und Accessoires, und auch das Handtäschchen passend zu den Schuhen und der Haarfarbe bekomme ich weder geliehen noch zur Ansicht nach Hause gebracht. Das ist nicht weiter schlimm, auch wenn es natürlich einiges an Zeit sparen würde, Geld vor allem, und natürlich eventuell den Effekt nicht verfehlen würde, dass man vielleicht doch in einem der Glanzhefte erscheint und man auf die freundliche Frage der Pressemitarbeiter: „Ah ... und welches Kleid tragen Sie heute? Also ich meine ... von welchem Designer???" nicht herumstammeln und auf den Fußboden blicken müsste, weil man bei H&M noch schnell das „kleine Schwarze" relativ billig und unspektakulär geschossen hat, sozusagen im Vorbeiflug, dazu ein paar Schuhe trägt, vielleicht sogar die aus dem eigenen Kleiderschrank, die man schon hundert Mal irgendwo anders getragen hat, und eine Stola, die bestenfalls nach Urlaub auf Sri Lanka riecht, nicht aber nach dem großen Event. Abgesehen davon kann man ein ausgefallenes Kleid in unserem Metier meist dann ja doch nur ein einziges

Mal tragen, weil man sonst in der Rubrik „geht gar nicht" landet, und so würde ein „geliehenes oder bereitgestelltes Kleid für eine Nacht" wirklich sinnvoll sein. Wie dem auch sei … das Dauerdrama des weiblichen „was ziehe ich bloß an?" erübrigt sich nur dann, wenn alle Modefarben grade mal wieder aus der Mode gekommen sind und endlich „Schwarz" wieder die Lieblingsfarbe der Designer ist.

Ich weiß, Schwarz ist keine Farbe … es ist ein Gefühl!

Meine Agentur hatte sich mehr als redlich darum bemüht, mir wieder einmal ein „gemachtes Bett" zu übergeben … will sagen … alles war bis ins Kleinste und perfekt organisiert. Ich reiste donnerstags an, hatte eine kurze Einführung und bereitete mich innerlich auf den ersten großen und wichtigen Pressetermin am Freitagmorgen vor. Meine Kleidungswahl hatte ich für diesen Anlass zu Hause schon auf klares Weiß gelegt, allerdings nicht zu klassisch, aber da ich in Berlin ziemlich in Eile geraten war und ich mit dem Taxi den viel weiteren und längeren Weg zum Hauptbahnhof zurücklegen musste und nicht, wie ich gedacht hatte, vom geliebten Bahnhof Zoo aus Richtung Hamburg reiste, hatte ich doch tatsächlich die passende weiße Hose für mein Outfit vergessen. Gut, dass ich erfinderisch bin und außerdem ja am Nachmittag einen Termin bei einer Designerin hatte, die mich für die gesamte Derby-Hamburg-Zeit kurzfristig doch noch ausstatten wollte.
Und ebenso gut, dass ich mich eigentlich auf gar nichts verlasse, außer auf mich selbst.
Ich erstickte den Vorboten des Mini-Desasters, wie es sich jetzt noch anfühlte, gleich im Keime, nahm eben eine blaue Jeans, die ich für das Trabrennen, das ich selbst mitfahren würde, mitgenommen hatte, legte Schminke und ein Lächeln aufs Gesicht und eilte los. Der Termin war nach einer Präsentation schnell vorbei, ich schnappte mir noch einen süßen, kleinen Happen und schon sprang ich ins Taxi, denn am Nachmittag sollte die Hutmacherin ins Hotel kommen und dafür brauchte ich schließlich ein passendes Kleid.

Bei der Designerin angekommen, verschlug es mir die Sprache und den Atem. Sie hatte mich in einen Raum, in dem sie ihre Sommerkollektion freundlicherweise für mich aufgebaut hatte, gebracht, zeigte auf die Teile in den Größen 34, 36 und 38 und sah Gott sei Dank die Schweißperlen nicht, die sich unter meinem T-Shirt ihre Bahn fast wellenartig in meinen BH suchten. Ob sie mich allein lassen könne, damit ich in Ruhe die Sachen probieren könne, fragte sie und ich nickte tonlos.
Ich sage nur Tunika. Tunikä? Tunikus? Ken? Was?
Egal. Mist. Mist. Mist!!!
Langsam drehte ich mich im Raum, sehr langsam ... und dennoch wurde mir schwindelig. Ich sage nur: Bademoden!
Sollte ich etwa im Bikini mit Strohhut aufs Derby und mit flatternder Tunika Pferde verscheuchen? Oder in einer durchsichtigen in Größe 38, hinten aufgeschnitten und mit Sicherheitsnadeln bespickt? Ich unterdrückte meinen Aufschrei und starrte die Wand an. Ich überlegte. Fieberhaft!
Das war ja nicht die Kollektion, die ich mir im Internet angesehen hatte. Diese hier hatte nicht mal annähernd etwas mit dem Mix aus Abendrobe, Derbydress und Reitgarnitur zu tun, den ich mir dort schon im Geiste zusammengestellt hatte. Und selbst wenn ich eine Tunika in einer passenden Farbe fände, die Größe würde dennoch mein Problem bleiben und das zu lösen in den zwei mir verbleibenden Stunden schien mir unmöglich.
Die Designerin klopfte an die Tür und ich flötete ein „gleeeiiich" in ihre Richtung. Mit den Worten: „Haben Sie nichts gefunden?" schob sie dennoch ihr Gesicht langsam durch die Tür. „Nein ... ähm ... ich ... äh ... hatte Ihnen meine Agentur nicht gesagt, dass ich ... äh ... etwas kräftiger bin? Ich bräuchte schon ... ähem ... eine 40!" Wie peinlich. Eine fette 40! Ich wäre am liebsten gestorben. Da hätte sie was, sagte sie, sprang in den Raum und griff nach einem Kleid. Nach einem! Rot. Eng. Kurz. Ich wusste schon bei der Übernahme des Bügels, auf dem es wie ein Tropfen hing, dass ich darin wie eine Wurst aussehen würde, und ich glaube, in ihrem Blick gesehen zu haben, dass sie genau dasselbe dachte. Ich ersparte uns beiden den Anblick und verabschiedete mich

sehr herzlich von ihr, nicht ohne noch schnell einen Blick auf ihre wunderschöne Winterkollektion geworfen zu haben, Roben, bestickt und opulent, absolut geeignet für meine Termine und einen großen Auftritt, aber in Modelgrößen und leider auch gar nicht zu haben.

Die Sonne lachte mir frech ins Gesicht und ich schob mich wankend die Straße entlang, vorbei an ein paar Geschäften, in deren Auslagen ich versuchte, beim Vorbeigehen meine Outfits zu erdenken und entdecken. Pustekuchen. Die Zeit eilte so wie ich und so sprang ich in einen Laden, den ich von früheren Hamburgbesuchen kannte, griff einen rosafarbenen Traum aus Satin in meiner Größe mit tiiiefem Ausschnitt und eilte zurück ins Hotel.
Gut, dass ich, obwohl ich ja eigentlich nichts brauchte, ein paar Sachen aus der Heimat in meinen Koffer geworfen hatte. Das „kleine Schwarze", das „kleine Braune" und das „neue kleine Rosafarbene" sollten mir nun als Grundausstattung dienen, auf denen ich meiner Fantasie ab sofort freien Lauf ließ, und ich spielte auf dieser Klaviatur der Not mit Bravour, wie sich später herausstellte, denn ich drehte und wendete diese Kleidchen, trug sie mal richtig, mal falsch herum, veränderte den Ausschnitt mit ein paar Nadelstichen und ich behaupte, niemandem fiel auf, dass ich jedes Kleid mindestens dreimal trug und dabei immer irgendwie anders aussah. Die Hutmacherin klingelte und ich hatte noch nie so große Schachteln gesehen. Zwei davon waren für mich gedacht und leichten Fußes schwebte sie mit ihren Hüten an mir vorbei in den Raum.
„Welches Kleid werden Sie tragen?", fragte sie höflich, während sie die Schachteln öffnete und ihre wundervollen Arbeiten vom schützenden Seidenpapier befreite. Gute Frage, nächste Frage. Da ich nicht mal die winzigste Idee einer Idee hatte, murmelte ich so etwas wie „das kleine Schwarze, ein Neckholder… vielleicht?"
„Das passt", säuselte sie, ganz verliebt in den großen Strohhut, eine Art Sombrero mit weißer Krempe, eigentlich schwarz, dazu mit feinen Streifen in Rot und Weiß um die Kopfform, den sie mir entgegenhielt. Ich schlüpfte galant in mein H & M-Kleidchen,

oder wo hatte ich es noch geschossen, zack zack in die schwarzen Pumps und bot einen gar nicht allzu schlechten Anblick dar. Mit leuchtenden Augen reichte sie mir ihr „Kunstwerk an Hut", unter dem mein ganzer Kopf komplett verschwand, wie mir schien, und ich hatte das Gefühl, nur noch meine Nase und meine Lippen würden unter dem riesigen Etwas hervorlugen. „Wundervoll", rief sie entzückt und auch mir gefiel der Anblick, den das Spiegelbild mir zuwarf.

„Toll", platzte es aus mir heraus und wir waren uns sofort einig, dass dies mein Hut für den kommenden Derbytag sein würde. Während sie nun das Papier wieder in die Schachtel zurückdrapierte, enthuschte ihr folgender folgenschwerer Satz: „Ach, ich hatte so einen wunderschönen Hut für Sie gefertigt. Eigens für Sie." Ich guckte sie mit großen Augen an.

„Für mich?" Ich konnte es gar nicht glauben. Sie hatte einen Hut eigens und nur für mich entworfen? Einen Hut für mich. Wie wundervoll.

„Für mich?", fragte ich nochmals.

„Ja", erwiderte sie, nun allerdings eher kleinlaut.

„Und wo ist er?", fragte ich hocherfreut. Keine Antwort.

„Äh … wo ist der Hut, den Sie für mich gemacht haben?" Keine Antwort.

„Der Hut? Wo? Der Hut ist wo?" Ich sprach mit ihr fast wie mit einem Kleinkind.

„Der ist abhandengekommen." Irgendwie wirkte sie verschämt.

„Abhandengekommen?" Ich verstand wirklich nur Bahnhof. Also, noch mal ganz langsam und zum Mitschreiben. Sie hatte also einen Hut extra für mich angefertigt und der war jetzt irgendwie abhandengekommen? Wie hatte das passieren können? Hatte man ihn ihr etwa gestohlen? Mein innerer Sherlock Holmes begab sich auf die Spur. Sie stöhnte. Was um Himmels willen war dieser armen Frau nur passiert? Und meinem Hut? Ich wollte grade nochmals nachhaken, da sagte sie nun, ein wenig weinerlich und mit zittriger Stimme:

„Ich hatte einen Hut für Sie gefertigt." … ja, weiter! … „Aber den hat sich jemand anderes genommen."

„Meinen Huuuuut?", brüllte ich fast durch den Raum und haute mir danach vor Schreck schmerzhaft mit der Hand auf die Lippen.
„Ja. Ich hatte alle Hüte bei der Anprobe gestern dabei und eine Dame hat sich sofort den Hut genommen und ihn nicht mehr hergegeben."
„Meinen Hut???", ich war entsetzt. Vor Wut schoss mir Röte ins Gesicht.
„Wer?", meine Stimme klang jetzt bedrohlich.
„Wer war das?"
„Frau C. B.", kam es kleinlaut von ihren Lippen.
„C. B.?"
„Ja, C. B. Ich konnte nichts, rein gar nichts tun. Dabei war er so schön. Ich hatte ihn extra für Sie entworfen."
Dann quälte sie mich mit Einzelheiten.
„Es war ein Cowboyhut, an den Rändern ausgefranst und er hatte so eine große Pfauenfeder vorn und …" Ihre Arme flogen durch die Luft an ihrem Gesicht vorbei und vor meinem geistigen Auge

Derby

sah ich meinen künstlerisch wertvollen und ausgefransten Cowboyhut auf C. B. s Kopf. Dieses Miststück hatte mir doch tatsächlich meinen Hut geklaut!

Ich tat so, als sei das zwar schade, aber nun ja nicht mehr zu ändern, schob die Hutmacherin samt Schachteln aus der Tür, zündete mir eine Zigarette an und kochte innerlich vor Wut.

Als ich mich wieder einigermaßen beruhigt hatte, schlüpfte ich in das rosa Kleidchen, denn ich musste ins Casino zum ersten Pressetermin. Der nächste „Fischfurz" wartete also schon auf mich. Dort angekommen posierten nämlich schon alle an den Spieltischen und irgendwie hielt es niemand für nötig, mir ein klein wenig Platz zu machen, um ebenfalls mit auf den Bildern zu landen. Aber da hatten sie die Rechnung ohne meinen heiß geliebten Presse- und Promo-Mann Marcel gemacht, der mich stets auf diese Events begleitet. Sanft schob er die posierende Damenwelt auseinander und drückte mich in deren Mitte, lächelte dabei wie immer höflich und auch ich lächelte, obwohl mir eigentlich danach gar nicht zumute war. Aber es ging ja nicht um mich, es ging um Kinder in Not, und da beiße ich auch gern die Zähnchen fest zusammen.

Danach ging es ab zum Roulette-Tisch. Aber auch dort war eigentlich kein Platz mehr frei und die Kamerablitze erhellten schon lange den Raum. Auch hier wurde mir schnell ein Stuhl gereicht, oder sollte ich besser sagen, unter den Popo geschoben, und so quetschte ich mich notgedrungen zwischen die Ladys, die, in voller Länge über den Tisch gebeugt, ihre Oberweiten ablichten ließen, sodass man meinen Kopf auf den Bildern eh nicht hätte sehen können, allenfalls als erweiterte Brustwarze der einen oder anderen vollbusigen Schönheit. Als endlich mal der Blick freigegeben war, griff ich nach einem Jeton, denn hier ging es ja wohlgemerkt um Roulette, und hörte einen Fotografen: „Ja, Katy! Gib alles!" rufen. Ich hatte mich ein klein wenig zu weit über den Tisch gebeugt und auch mir hatte man nun tiefer als gewöhnlich in den Ausschnitt sehen können. So ließ ich mich zu ein paar wenigen Bildern in dieser, mir eher ungewohnten Stellung hinreißen, bis mir alles so auf die Nerven ging, dass ich den Tisch verließ. Nebenan spielten die ganz harten Hamburger Jungs, also Kiezgrößen, Poker. Und wie sollte es auch anders sein? Man bat mich höflich an den Tisch und ich war, um ehrlich zu sein, dankbar, denn es schien eine sehr spannende Runde zu sein. Man spielte ab 25 000 aufwärts, also nichts für mich, aber die beiden Herren links und rechts neben mir ernannten mich kurzerhand zu ihrer persönlichen Glücksbringerin, was mir fast ein wenig Schamesröte ins Gesicht steigen ließ. Tatsächlich brachte ich aber mal dem einen, dann dem anderen erheblichen Geldsegen, na ja, ich denke, sie spielten auch einfach gut. Auf jeden Fall wurde es nun ein geselliger und sehr netter Abend, bei dem sich die Herren am Pokertisch nach kurzer Zeit, einer nach dem anderen, als Walter-Fans outeten. Die Welt ist wirklich sehr klein!

Der folgende Derby-Tag ist schnell erzählt. C. B. hatte sich scheinbar auch noch, da ich zum Fahrtraining nicht erschienen war, meinen Sturzhelm „geliehen" und ich darf sagen, dass ich ziemlich genervt war. Nachdem das Rennen, bei dem ich nur, nach Fehlstart und etlichen weiteren Desastern, den vierten Platz ergatterte und damit natürlich keinen Preis und auch kein Foto mit Multimillionär XY ungelöst bekam, gelaufen war, huschte ich zurück ins Hotel, um mich in das „kleine Schwarze" mit Strohhut zu werfen. Schließlich erwartete man mich bereits zum nächsten Fototermin, es gab also kein Entkommen. So, relativ adrett gekleidet, fehlte mir nur noch ein knallroter Lippenstift, um ein wenig an das Cannes der 60er-Jahre zu erinnern, den ich selbst natürlich nicht bei mir führte, da ich finde, dass „rote Lippen" gleich „gelbe Zähne" heißt. Zumindest bei mir. Die Stylistin hatte einen eigenen Raum, den ich rasch enterte, um mir einen Lippenstift zu borgen. Aber als ich nach dem einzigen feuerroten griff, riss sie ihn mir fast aus der Hand mit den Worten: „Den trägt aber schon Dolly XX! So geht das nicht."

Stimmt. So ging das nicht. Keinesfalls. Im Gegenteil. Es reichte. Und zwar komplett. So schnell ich konnte, flog ich mit der Farbe über meinen Mund und zischte ihr ein: „Besten Dank für die Hilfe" zu. Beim Herausgehen fiel mein Blick auf die vielen Hutschachteln, die auf dem Bett standen, und auf einer entdeckte ich in großen Buchstaben den Namen C. B. Ha! Erwischt! Ich konnte es mir einfach nicht verkneifen. Ich lief hin, riss den Deckel hoch und sah … einen orangefarbenen Cowboyhut mit ausgefransten Enden und einer quer liegenden Pfauenfeder. Aha! Ein breites Lächeln huschte über mein Gesicht, denn eines war klar: Zu diesem Hut hätte ich wirklich gar nichts Passendes anzuziehen gehabt.

Sie können sich sicherlich inzwischen vorstellen, dass ich immer öfter dachte, mein Leben sei ein einziger Fettnapf.

Jedes Mal, wenn ich etwas sozusagen „anfasste", entwickelte es sich im Laufe der Zeit zu einer mittelschweren Katastrophe, oft aber, erfreulicherweise, dennoch mit gutem Ausgang. So wunderte es mich auch nicht, dass ich, als ich eines Abends wieder einmal erschöpft vom Dreh nach Hause gekommen war und die Gedanken in meinem Kopf kreisten, plötzlich und völlig aus dem Nichts heraus das Gefühl hatte, nicht mehr schlucken zu können, gleich zu ersticken und auf der Stelle zu sterben.

Panik ...

… Attacken braucht kein Mensch.
Ich gehöre wirklich nicht zu der Sorte Menschen, die über alles und jedes in Angstzustände verfallen und Situationen so hoch kochen, dass daraus unwillkürlich Panik entstehen muss. Die Attacken kamen auch nicht schleichend wie eine dich einschleimende und zusabbernde Grippe daher, der man noch irgendwie mit Ratiopharm entgegenzutreten oder Paroli zu bieten vermag oder mit heißen Wadenwickel den Garaus macht.
Diese Attacken kamen spontan – erwischten mich eiskalt von hinten … in völliges Jetzt getaucht.
Ich hatte mich schon lange von alkoholischen Getränken verabschiedet, da sie tatsächlich meine Denkfähigkeit lähmten, und saß bei Wasser ohne Kohlensäure (die Sorte rühre ich im Übrigen seitdem nicht mehr an), Zigaretten und Kerzenschein nach einem anstrengenden Drehtag gemütlich in meiner Wohnung in der KFS und widmete mich meinem Tagebuch, so, wie ich es oft zu tun pflegte. Ich schaute nachdenklich in die Kerze, nahm einen kräftigen Schluck aus der Flasche und hatte so Gedanken wie: „Warum versuche ich eigentlich nie, das lodernde Feuer mit Wasser zu löschen? Warum gieße ich immer Öl ins Feuer? Mache damit Situationen zu unüberbrückbar scheinenden Hindernissen? Warum sage ich nicht mehr, was ich denke? Oder meine ich vielleicht nicht mehr, was ich sage?"
Schluck!
Schluck?
„Oder will ich nicht mehr alles schlucken? Kann ich überhaupt noch alles schlucken?" Schluck!!!
Ich wollte diese, meine Gedanken aufschreiben, aber mit einem Male konnte ich einfach nicht mehr schlucken! Schluck! Ich zit-

terte, bekam keine Luft. Nicht mal mein Speichel wollte den verdammten kleinen Zipfel im hinteren Bereich meines Rachens mehr passieren. Schluck! Mist! Schluck! Ich fing an, mir selbst Befehle zu geben. Versuchte damit, den Schluckreiz auszulösen, der allerdings unauslösbar zu sein schien. Schluuuuck!!!
Keine Chance. Ich japste schon nach Luft, während ich zum Telefon griff. Ein Freund! Ein Himmelreich für einen Freund!
Ich dachte an Schmitt, mit dem ich zu dieser Zeit viel zu tun hatte. Er hatte meine Homepage gebaut und auch sonst verstanden wir uns gut. Schließlich und immerhin war es mitten in der Nacht, da konnte man ja nicht einfach irgendwen anrufen. Schluck!
Mir schoss durch den Kopf, dass er just an diesem Tage auf einer Hochzeitsfeier eingeladen und ganz sicher nicht zu erreichen sein würde. Schluuuuck!
Meine liebe Freundin Ingrid, sie war zu diesem Zeitpunkt in Augsburg, war mein zweiter Gedanke und der beste, den ich hatte, wie sich später herausstellte. Ich wählte zitternd ihre Nummer. Sie war zwar verschlafen, aber sofort dran.
„Hallo, ich bin's."
Aber schon verließen mich die Kräfte: „Bitte sag ‚Schluck'!", flehte ich in den Hörer.
„Katy?"
„Bitte sag ‚Schluck'!"
„Was ist mit dir? Irgendwas passiert?"
„Ich weiß nicht, ich hab tierische Angst. Kannst du bitte einfach nur ‚Schluck' sagen? Bitte!"
Endlich sagte sie es! Ingrid sagte es! „Schluck!" Und schon floss der Speichel meine Speiseröhre hinab. Ja, unglaublich. Finde ich heute auch. Aber damals schien mein Leben davon abzuhängen. Während sie versuchte, mir aus der Ferne zu helfen, Augsburg ist ja nicht mal eben um die Ecke, forderte ich sie wieder und wieder auf, mir beim Schlucken behilflich zu sein. Unfähig, mich zu entspannen, was die Panik nur verschlimmerte, versuchte ich, ihren Anweisungen folgend, mich auf den Boden zu legen. Keine Chance. Ich liebäugelte mit meinem Gürtel, den ich um die Heizung drehen und mit dem ich mich an Selbiger befestigen wollte, da ich

in der Zwischenzeit bereits Stimmen hörte, die mich zum Balkon riefen und mich zu so etwas wie „Spring" aufforderten. Dazu muss ich sagen, dass ich keinesfalls gewillt war, vom Balkon im dritten Stock zu springen, und auch nicht zu den potenziell suizidgefährdeten Menschen gehöre. Aber das, was da passierte, ohne dass ich Zugriff auf mich selbst hatte, war schon extrem beängstigend. Sie redete mir zu, mit Engelszungen, und brachte mich tatsächlich dazu, zu beten. „Vater unser, der du bist im Himmel, dein Reich komme, dein Wille geschehe …", aber weiter kam ich nicht. Dein Wille geschehe! Was, wenn der Vater im Himmel wollte, dass ich springe? Waren das nicht vielleicht sogar seine Worte in meinem Kopf? Der komplette Wahnsinn. Es dauerte eine gute Stunde, bis ich einen Mantel über meinen Schlafanzug gezogen, das Nötigste in die Taschen gesteckt (Geld, Zigaretten), das Handy nach wie vor am Ohr und mich die Treppen runtergeschleppt hatte auf die Straße. Sie empfahl mir dringend, den Italiener um die Ecke aufzusuchen, unter Menschen zu gehen, die ich kannte und die mich kannten, aber mein einziger Gedanke war: „Hoffentlich kackt der verdammte Akku nicht ab", … während ich tatsächlich die Tür zum Italiener öffnete und mich direkt an der Tür aufs Bänkchen hockte. Ich verabschiedete mich für einen Moment von meiner Schluck-Freundin am Telefon, die sicher dankbar für eine kurze Ruhepause von Schluckbefehlen war. Ich muss ein ziemlich elendes Bild abgegeben haben, denn der Kellner, der mich gut kannte, fragte mich entsetzt, ob es mir nicht gut gehe. Ich erwiderte, schlecht geschlafen zu haben, bestellte eine Apfelschorle (ich fürchtete mich vor Mineralwasser ohne Kohlensäure) und verwickelte ihn in ein Gespräch. „Nur nicht allein sein", dachte ich. Der Kellner, der eigentlich schon Feierabend hatte, setzte sich zu mir und meiner Schorle und erzählte mir aufgeregt, er habe grade Beate Uhse Aktien gekauft, „… die sind jetzt grade total angesagt, also mein Tipp, wenn du also auch welche …", aber ich hörte nur mit einem Ohr zu, während ich versuchte, nicht komplett hier und jetzt den Verstand zu verlieren, als ich mit einem Male sein: „Du Katy, gleich geht der letzte Bus, da muss ich aber dann wirklich …" wahrnahm, was bedeutete, ich würde innerhalb kürzes-

ter Zeit in meinem Schlafanzug auf der Straße sitzen. Zurück in die Wohnung konnte ich keinesfalls. Und während er die Lichter löschte und mich sanft rauskehrte, hielt ich das Handy fest in der Hand und die Wiederwahltaste schon auf Anschlag.
Ich fuhr mit dem Taxi ins „Schwarze Café", DAS Tag- und Nachtcafé in Berlin, bestellte Kaffee und Wasser mit Kohlensäure, und dort verbrachte ich die Nacht mit dem Beschreiben kleiner Zettelchen, die der dortige Kellner mir freundlicherweise haufenweise zur Verfügung stellte, rief gegen 6 h morgens, ebenfalls von dort aus, den Produktionsfahrer an, der mich zum Dreh abholen sollte, und gab diesem meinem neuen Abholungsort durch, den er ohne zu zögern in seine Fahrt aufnahm. Kurze Zeit später saß ich auch schon in der Maske und tat so, als sei überhaupt nichts gewesen. Ich arbeitete den Tag über, wie man es von mir gewohnt war, lieh mir eine Jogginghose aus der Produktion und fuhr nach Drehschluss in mein neues Nachtauffanglager, das „Schwarze Café".
Wäre ich in der vorangegangenen Nacht jemandem begegnet, den ich gekannt hätte, ich wäre wohl mit verhuschtem Blick in einer Psychiatrie gelandet und so schnell nicht wieder entlassen worden. Man hätte mir sicher bescheinigt, dass ich nun mal Ruhe brauche, vielleicht hätte man mich auf Haldol gesetzt (ich habe die Wirkung Jahre zuvor in einer Diakonie, in der ich arbeitete, an einem jungen Mädchen, das wirklich suizidgefährdet war, gesehen) und hätte sicher nicht mehr allzu viel von der Außenwelt mitbekommen. Wer weiß.
So ging es auf jeden Fall und alle Fälle geschlagene drei Tage, bis mich an besagtem Morgen gegen halb vier ein „… wir schließen gleich wegen der Putzkolonne!" mitten aus dem panischen Stumpfsinn riss. Schlagartig war ich hellwach, bekam alles außer Luft, zahlte in Windeseile, bestellte ein Taxi und kaum darin erklärte ich dem Fahrer schnell meinen Rettungsplan für den Notfall. „Bitte, bringen Sie mich sofort ins nächste Krankenhaus", würgte ich heraus, während ich das Fenster aufriss. „Wenn ich gleich keine Luft mehr bekommen sollte, sagen Sie den Ärzten im Krankenhaus bitte, dass ich schreckliche Angst habe, nicht schlucken kann und keine Luft mehr bekomme." „Das kenne ich, das hab

ich manchmal auch", erwiderte er lakonisch und ich verfluchte die Berliner Taxifahrer allesamt in ihrer verdammten Redseligkeit. Kaum angekommen rannte ich ins Krankenhaus, vielleicht ging es hier um Sekunden, aber ganz sicher um mein Leben, als mir der Stationsarzt gemütlich entgegentrottete und mich der Pförtner mit zischendem „Bleiben Sie stehen: Sie können doch nicht einfach …" einzufangen versuchte. Tränen schossen aus meinen Augen. „Ich habe Angst, ich bekomme keine Luft. Bitte helfen Sie mir!", rief ich dem Arzt schon von Weitem entgegen. Ein „Immer mit der Ruhe" beruhigte mich keinesfalls und in meiner großen Not klammerte ich mich an seinen Arm. Erkannte er meine Not wirklich nicht? Langsam, nein, unendlich langsam öffnete er mir ein Zimmer im Gang, ich warf mich weinend auf die Pritsche, dachte an Rettung und dass mir nun endlich jemand hilft!
Was ich denn habe, fragte er, und ich erklärte ihm in Windeseile meine Situation. Er machte ein EKG, ein EEG, er prüfte meinen Puls, er ging mir mit seiner extrem legeren Art mächtig auf den nicht vorhandenen Sack! Wollte er nun mein Leben retten oder nicht? War er ein „ich möchte Arzt werden, aber bin es noch nicht?", der hier lediglich die Nachtschicht übernommen, aber ansonsten keine Ahnung hatte? Das Vertrauen verließ mich jede Sekunde mehr, er, der nichts finden konnte, ich, die ich vor Panik nur noch schluchzte und ansonsten fast keinen Ton mehr rausbrachte. Was ich denn wolle, fragte er. Idiot. „Leben", jammerte ich verzweifelt. „Leben. Bitte! Ich möchte leben! Ich möchte ein Bett, hierbleiben, ausruhen, die Nacht überleben … irgendwie." „Sie haben aber nichts, ich kann Sie nicht hierbehalten." Ach? Hallo??? „Vielleicht habe ich eine Lungenentzündung", schoss es aus mir heraus. Ich hatte mal eine bekommen, in Karlsruhe am Theater, weil ich pitschnass eine Vorstellung gespielt hatte und wir mitten im Winter einmal ums Theater rennen mussten während der Vorstellung, um von der Seitenbühne „Überrrrraassssschung!"-s-mäßig wieder aufzutreten. Na ja, da hatte ich mir jedenfalls eine Lungenentzündung eingefangen und habe es irgendwie gar nicht mitbekommen. Aber man spielt ja am Theater eh so lange, bis man tot ist, oder besser gesagt, solange man noch nicht tot ist und den

Kopf nicht unter dem Arm trägt. Manche spielen allerdings auch tot, obwohl sie noch leben, aber das gehört jetzt nicht hierher.

„Ich könnte Sie ja mal röntgen, aber Sie haben nichts, glauben Sie mir!" Warum sollte ich ihm glauben? Ich kannte den Typen doch überhaupt nicht.

Und er, was machte er? Schob mich einfach zur Tür Richtung Pförtner. Der wiederum hob die Arme à la „da kann ich auch nichts machen" und bestellte mir ein Taxi. Heulend stand ich da draußen in der Kälte, das Taxi kam, aber anstatt einzusteigen, rief ich dem Fahrer zu: „Bitte warten Sie auf mich", und lief wütend zurück. „So können Sie mich nicht gehen lassen!", schnauzte ich den Arzt an, der nun den Ernst der Lage zu erkennen schien, zumindest den Ernst, dass ich auf der Stelle das ganze Krankenhaus zusammenbrüllen würde, wenn er mir nicht sofort zeigte, dass er zumindest gewillt war, mir irgendwie zu helfen! Das saß!

Eifrig, ja, tatsächlich konnte dieser Mann sich sehr wohl schneller bewegen als eine Schnecke in den Bergen, bat er mich in den Röntgenraum und machte Fotos von meiner Lunge. Angespannt warteten wir ... beide. Ich, weil ich natürlich jetzt ganz klar wusste, ich habe Lungenkrebs und werde sterben, er, weil er mich endlich einfach nur loswerden wollte.

„Nichts! Gar nichts! Sehen Sie? Gar nichts! Das habe ich auch so vermutet!", brummelte er gelangweilt und ich starrte entsetzt auf die Bilder. Nichts. Tja, auch ich fand nichts, aber eigentlich wusste ich ja auch gar nicht so recht, wonach genau ich suchte. Wenn man mal solche Aufnahmen von sich gesehen hat, weiß man, dass da zwischen hellen und dunklen Tönen im Grauschwarz alles Mögliche sein könnte, man aber wohl eh nicht imstande wäre, es zu erkennen, selbst wenn man es wollte. Genau! Ich suchte nach einem Schatten, einem überdimensionalen Schatten, äh ... oder doch eher nach einem Loch? Vielleicht, ähm, oder?

Diesmal blieb er gnadenlos. Kein Bett und keine Zeit für Hypochonder! Er drückte mir zwei Valiumtabletten in die Hand, die ich nicht wollte, wünschte mir eine gute Nacht, die ich ganz sicher nicht haben würde, und geleitete mich zum Taxi. Den Fahrer bestach ich mit Geld und zerknirscht knabberte ich auf den beiden

Valiumtabletten herum, beschloss, so lange mit dem Taxi um den Häuserblock zu fahren, bis die Dinger wirken würden, also, wenn der Taxifahrer das mitmachte, was er geduldig tat, und malte mir aus, wie man mich angezogen, aber abgelebt morgens in meinem Bett finden würde, in das ich jetzt gleich gehen würde. Viele Runden und einige Geldscheine später ereilte mich das Schicksal der Erst-Valium-Nehmerin. Ich wurde müde und mir war so ziemlich alles schnurz-piep-egal. Ich trottete die Treppen hinauf in meine Wohnung, die ich nun nach Tagen zum ersten Male wieder betrat, legte mich lächelnd und komplett angezogen ins Bett und ließ den lieben Gott einen guten Mann sein. Was er war. Ich erwachte tatsächlich, zwar ein wenig erschöpft, aber immerhin lebendig und fuhr zum Dreh.

„Bloß nicht aufhören zu funktionieren", war die Devise. „Nur nicht arbeitsunfähig werden. Nicht aufgeben." Und so drehte ich, wie man es von mir gewohnt war, während ich mehr und mehr spürte, wie meine Kräfte mich verließen.

Es war gegen Mittag, als ich mich ins Büro des Produktionsleiters Holger schleppte. Ich weinte vor Müdigkeit und vielleicht auch vor Selbstmitleid, sackte vor ihm auf dem Stuhl zusammen und konnte einfach nicht mehr sagen als: „Ich habe solche Angst! Holger. Solche Angst!"

Wie schön, dass es Menschen gibt, die sofort reagieren. Holger packte mich ohne lange Diskussionen in sein Auto und fuhr mich, noch unter dem Zuruf meiner Kollegin Judith: „Katy, wenn du was brauchst, ruf mich an", direkt von einem Krankenhaus zum nächsten, gefühlte Stunden, bis endlich eines bereit war, mich aufzunehmen. Ein junger Arzt, dem ich heute noch unendlich dankbar bin, begrüßte mich, musterte mich kurz und ohne dass ich viel sagen musste, meinte er: „Ich weiß, was Sie haben." Ich sackte, beinahe erlöst, in mich zusammen vor Dankbarkeit und guckte ihn mit großen, verweinten Bernhardineraugen an. „Sie haben Panikattacken." Was? Panikattacken? Ich? Er sprach langsam und beruhigend auf mich ein. „Ja, Panikattacken! Leider sind diese noch nicht sehr lange als Krankheit anerkannt. Ich nehme Sie selbstverständlich auf, Sie können gern heute Nacht hierbleiben oder auch länger." Oh, danke danke danke! Jemand, der mich retten wollte, war da. In meiner Nähe! Jemand, der verstand. Mich und meine Not verstand. Hatte Gott mir einen Engel gesandt? Oder einen zweiten? „Aber sagen Sie mir, was möchten Sie denn eigentlich für sich? Ich nehme Sie auf. Keine Frage. Aber, was möchten Sie? Möchten Sie wirklich hierbleiben? Haben Sie denn wirklich niemanden, zu dem Sie gehen könnten? Wäre das nicht viel schöner?" Nein. Ich hatte niemanden. Niemanden, zu dem ich gehen konnte. Spontan sowieso nicht. Ich war der einsamste Mensch auf diesem beschissenen Planeten. Oder war da doch jemand? Vielleicht. Ja? Ja doch! Mir fiel Judith ein, die Kollegin, die mir ihre Hilfe angeboten und der ich auch schon geholfen hatte, für die ich auch schon in der Not da gewesen war. Aber durfte ich ihre Worte ernst nehmen? War es nicht nur eine Floskel gewesen, die sie mir zugerufen hatte? Durfte man die spontane Hilfe eines Menschen annehmen und … viel wichtiger noch, durfte, ja konnte ich sie annehmen? Ich fragte den Arzt, ob ich eine Gefahr oder so was darstellen würde, was er verneinte. So rief ich Judith an und tatsächlich bot sie mir sofort ihre Couch zum Schlafen, ein Glas Wein in Ruhe, einen Tee zum Frühstück und ihr Herz zum Aufwärmen an. Ich überlegte kurz, ob ich ihr liebevolles Angebot annehmen dürfe, entschied dann, dass das absolut in Ordnung sei, denn hier gab es definitiv etwas fürs Leben zu lernen, und sagte dankend zu. Ich wusste zwar, Holger hätte es viel lieber gesehen, wenn ich ein paar Nächte im Krankenhaus geblieben wäre, denn er sorgte sich wirklich um mich. Dazu hätte er sich für die kommende Arbeitswoche und den Drehplan bestimmt sicherer gefühlt, denn nur wenn ich wieder vollkommen hergestellt war, würde er mich zum Drehen einsetzen können, das war klar. Dennoch war meine Entscheidung, zu meiner Kollegin zu fahren, absolut richtig. Eine Woche verbrachte ich bei ihr auf dem Sofa, redete, weinte, lachte, bis tatsächlich die Wende in meinem Leben eintrat. Ein Arzt, den mir der junge Doc aus dem Krankenhaus empfohlen hatte, stellte eine Überfunktion meiner Schilddrüse fest und zwei heiße Knoten, die sich links und rechts meiner Luftröhre befanden, die bei enormem Stress anschwollen und mir somit die Luft abschnürten.

Und nach fast einem halben Jahr, einigen Professoren an renommierten Kliniken, die mich keinesfalls medikamentieren wollten und somit meine Qual verlängerten mit der „verzichten Sie auf Jod Therapie", denn die Panik blieb über dieses halbe Jahr und zehrte an meinen Kräften, fand ich endlich in Köln einen wunderbaren Arzt, der mir die nötigen Schilddrüsenpräparate verschrieb und mir mein Lachen und meine Lebensqualität zurückschenkte. Heute für mich nach wie vor kaum vorstellbar, wie verantwortungslos einige Ärzte in dieser Zeit mit mir umgegangen sind. Ich hatte Glück. Großes Glück. Ich hatte eine Freundin, die ohne zu zögern half, einen Arzt, der sich auskannte, eine Kollegin, die zur Freundin geworden ist und der ich bis heute nicht gesagt habe, wie bewusst mir ist, dass sie mir das Leben irgendwie gerettet hat, was ich hiermit tun möchte, und ich hatte Panikattacken, die nicht wie bei vielen anderen Menschen dazu gereichen, nicht mehr aus dem Haus zu gehen, sondern glücklicherweise eine Form, in der ich das Alleinsein scheute.

Ansonsten weiß ich wirklich nicht, wo ich heute wäre und ob ich überhaupt noch leben würde. Ohne, dass jemand meine Geschichte kannte, schrieb mir eine junge Frau einige Zeit später über meine Homepage, dass sie an Panikattacken leide. Ich machte die Tür auf … meine eigene nämlich, und nachdem wir einige Monate korrespondiert hatten, in denen sie nicht in der Lage gewesen war, das Haus zu verlassen, schrieb sie mir eines Tages, dass sie endlich, nach all unseren Briefen, den Mut gefasst hätte, sich selbst wieder zu „trauen" und nun sogar wieder selbst Auto fahren könne, was sie eben lange aus Angst nicht konnte.

Für manche Menschen mag das nicht viel bedeuten, aber für uns war es, als hätten wir neu zu leben angefangen. Nach dieser Zeit habe ich noch besser hingesehen, ob und wenn es jemandem schlecht ging, und ich habe begriffen, wie wenig es manchmal braucht, um glücklich zu sein. Ein Freund, eine Freundin, jemand, der einen versteht und der sich die Mühe macht, einfach nur mitzufühlen, hinzuhören, einen Wimpernschlag lang da zu sein.

Und manchmal ist es eben eine kleine Tablette nur … aber bitte nie mehr Valium, von Idioten verschrieben, denen ich nie mehr

begegnen möchte, denn ein Bett in der Nacht meines ersten Hilferufes und das „Mich-ernst-Nehmen in meiner Angst" hätte vielleicht gereicht, mir den Mut zu geben, mich schnellstens um mich selbst zu kümmern. Ein Psychologe wird hier an dieser Stelle wohl anmerken, dass ich wirklich und einfach nur unter schnöder Einsamkeit litt. Mag sein.
Umso wichtiger, nicht nur vor seiner eigenen Haustür zu kehren, sondern auf die zu achten und denen zu helfen, die das vielleicht nicht immer alleine schaffen!!!

Von da an war es zwar immer noch ein weiter Weg hinaus aus der „Hölle", wie ich diese Zeit gern im Nachhinein beschreibe, aber ich beschloss, alles dafür zu tun, nie mehr in eine solche Situation zu geraten, die alles gefährdet hatte, was mir im Leben wichtig war. Auch würde ich in Zukunft immer mindestens zwei Meinungen einholen, auch – und selbst – wenn die Sachlage zunächst klar erschien.

Und schon raste die nächste Katastrophe auf mich zu.
Mein vierzigster Geburtstag. In Siebenmeilenstiefeln und unausweichlich.
Hatte ich mit achtzehn noch gedacht, ich würde keine fünfundzwanzig werden und kurz vorm fünfundzwanzigsten Geburtstag beim „lieben Herrgöttchen" um eine kleine Verlängerung gebeten, so wäre mir doch nie in den Sinn gekommen, dass ich mit vierzig immer noch auf diesem Planeten weilen würde.
Vierzig ist ja eben nicht mehr Pfirsich, ist eher „zig" wie zickig, hart und grausam. Dachte ich jedenfalls. Nach außen blieb ich allerdings cool. Was sollte schon groß passieren, außer, dass ich eine weitere null mein Eigen nennen konnte? Ich durfte in meinem Beruf arbeiten, konnte mich ernähren, hatte sogar das große Glück, dass ich Freude daran hatte, auf großen Fuß lebte ich auch nicht, was meine Ersparnisse ansteigen ließ, damit ich mir, falls mal irgendwas schieflaufen sollte, was die Serie angehen würde, also vielleicht die Quoten nicht mehr stimmen sollten, erst mal keine größeren Sorgen machen musste. Und nach 15 Jahren

Kneipenarbeit, Putzen für die Arbeiterwohlfahrt, Krankenpflege, Telefonsex und etlichen anderen Jobs, die „von der Hand in den Mund leben" bedeuteten, fand ich das Gefühl dieser Sicherheit „für einen Moment" großartig, vor allem, weil es mich entspannte. Ich musste endlich nicht mehr jeden Cent oder Pfennig umdrehen, mir ging es gut und ich konnte Freunde und in Not geratene Menschen unterstützen, die Hilfe brauchten, was mir sehr wichtig war.

Wie immer, wenn der Silvesterabend auf mich zukam, tat ich so, als sei nichts Besonderes und dies eben auch nur ein Tag wie jeder andere.

Dazu aber später mehr. Hier sei lediglich erwähnt, dass ich diesmal zum vielleicht einzigen Mal, seit ich ein erwachsener Mensch geworden war, meine Eltern in die Frage des „wie feiere ich denn bloß diesen Tag?" mit einbezog. Beide rieten mir dazu, diesmal ein großes Fest zu geben, frei nach dem Motto: „Kind, du wirst doch nur einmal im Leben vierzig."

Echt?

So kann's gehen

Schließlich und immerhin, vor allem dank der liebevoll gemeinten Anmerkung meiner Eltern, war also auch mir nun endlich klar, dass selbst ich diesen Tag nur ein einziges Mal in meinem Leben erleben würde. Meinen vierzigsten Geburtstag. Ich hatte wirklich schon einige Male versucht, eine „anständige Party" auf die Beine zu stellen, aber es war mir bisher nicht gelungen. Nicht ganz verwunderlich bei meinem Geburtsdatum. 31. 12. Schon als Kind war dies das dauerleidige Thema, denn an Silvester ging es um ja viel mehr, als meinen Geburtstag zu feiern. Das neue Jahr brach immerhin an.
Die besser gestellten Familien reisten um diese Jahreszeit in den Urlaub, was auch einige meiner engsten Freunde betraf. Ab meinem achten Lebensjahr verreiste auch ich in der Weihnachtszeit und zum Jahreswechsel, aber das ist eine andere Geschichte. Hier sei nur kurz erwähnt, dass meine Eltern sich früh trennten und mein Vater mich und meine ältere Schwester immer an Weihnachten mit zum Wintersport nahm. Somit verbrachte ich meinen Geburtstag von acht bis dreizehn tagsüber auf der „Piste", abends bei Fondue. Und, soweit ich mich erinnern kann, ging es nach dem Neujahrsspringen ab ins Bett. Wie ich finde, nicht ganz kindgerecht, obwohl es einen wirklich schlechter hätte treffen können, aber … zurück zum Ursprung meiner Geschichte und deren Verlauf. Wie man leicht erkennen kann, war ich nicht besonders glücklich über mein Geburtsdatum. Ich mache meiner Mutter natürlich keinen Vorwurf. Sie hat mich in ihrem Bauch durch den harten Winter geschleppt (ich wog wohl um die acht Pfund) und dafür bin ich ihr heute noch dankbar. Außerdem hatte sie ja auch durch meine Geburt auf einen dieser wunderbaren Tage des Jahres verzichtet und, anstatt das neue Jahr gebührend

zu begrüßen und ein leckeres Gläschen Sekt mit meinem Vater, Freunden und/oder Verwandten zu trinken, mich das Licht der Welt erblicken lassen.

In späteren Jahren, ab meinem vierzehnten Lebensjahr, fing ich an, meinen Geburtstag abzulehnen, einfach nicht mehr stattfinden zu lassen. Auch behauptete ich mittlerweile steif und fest, es mache mir überhaupt nichts aus, keine Geschenke zu bekommen oder, besser gesagt, diese schon vorab unterm Weihnachtsbaum zu finden, oft in Form von Skianzügen oder Skistiefeln, denn man wuchs ja Jahr für Jahr aus allem heraus und an eine Torte zum Ausblasen aller Kerzen, damit man sich etwas wünschen konnte, kann ich mich auch nicht so recht erinnern. Die brauchte doch auch niemand wirklich. Ich weiß bis heute nicht, ob sich die Wünsche derer, die Kerzen ausblasen durften, später wohl erfüllt haben. Ich weiß nur, es gab definitiv keine Torte für mich. Vielleicht hatte meine Mutter das irgendwann einmal probiert, aber ganz sicher bin ich zu diesem Zeitpunkt aufrührerisch, wie ich war, gegen den „Geburtstagsmist" vorgegangen und habe mich komplett verweigert. So fuhr ich zum Beispiel an meinem siebzehnten Geburtstag mit meinem Fahrrad mutterseelenallein über die Holtenauer Hochbrücke in Kiel, an meinem achtzehnten spielte ich Gitarre vor dem Hinterhof der damaligen Öki-Disco in Kiel und dort für Menschen, die kein Zuhause hatten, den neunzehnten verbrachte ich, glaube ich, schlafend … und die Geschichten werden, je länger ich darüber nachdenke, auch nicht besser bis … zu meinem achtundzwanzigsten!!!

Ich wohnte damals in einer gemischten WG mit Christiane und Klaus und wir beide, also Christiane und ich, arbeiteten auch in derselben Kneipe, um unseren Unterhalt zu verdienen. Silvester war ich immer zum Dienst eingeteilt. Oder besser gesagt, ich teilte mich selbst ein. Auch den Abend davor. Schließlich gab es für mich nichts zu feiern, nicht rein und auch nicht raus, und die anderen arbeiteten an diesen Abenden eh nur ungern.

24.00 Uhr. Ich hatte das Tablett voller Kölsch-Gläser und wollte grade damit raus aus der Theke und rein in die feiernde Menschenmenge (es war eine Rundumtheke, die drei, vier Treppen tie-

fer als der Rest des Ladens lag), als ich Christiane erblickte. Mitten in der Nacht. Meine Freundin Christiane. Eine Torte voller Kerzen in den Händen, die lichterloh brannten.
Dazu sang sie „Happy Birthday!!!" ... Selbst gebacken!!! Selbst gesungen!!! Alles für mich. Ich brach in Tränen aus. Vor Scham. Vor Freude. Vor Überwältigung. Und wohl auch ein klein bisschen aus Selbstmitleid. Der Sekt drohte von meinem Tablett zu kippen. Drauf geschissen! Ich hatte Geburtstag. Zum ersten Mal bewusst, und vielleicht zum letzten Mal. Einmal Kerzen auspusten! Mensch, Christiane! Was für ein Geschenk! Möge ein wunderschönes Lächeln ewig und zauberhaft an deinen Lippen kleben für die Freude, die du mir gemacht hast. Möge das Glück dich umarmen. Dauerhaft und konsequent! Hab Dank!!!

Zurück zum vierzigsten.

Ich fragte mich, ob, wenn ich wirklich mal eine große Fete feiern würde, all meine Freunde aus nah und fern tatsächlich den Weg zu mir antreten würden, so kurz vor Jahreswechsel, denn dass ich hineinfeiern würde, wenn überhaupt, war so klar wie Kloßbrühe. Aber warum sollte ich es eigentlich nicht einfach drauf ankommen lassen? Einmal und dann vielleicht nie wieder? Was hatte ich schon groß zu verlieren? Ich konnte zu diesem Zeitpunkt nicht ahnen, dass dieser vierzigste Geburtstag mein Leben mehr verändern würde, als mir lieb war, mehr, als ich mir zu erträumen jemals gewagt hätte, und dass der Ursprung all dessen, was mich heute immer noch begleitet, an diesem Geburtstag seine Wurzeln haben würde. Wie denn auch? Ich war so unerfahren im Geburtstagfeiern, wie ich es sein würde, wenn ich hier über Fallschirmspringen berichten würde.

Zunächst versuchte ich, mir darüber klar zu werden, was genau ich wollte, wie die Feier auszusehen hätte und wer da sein sollte.
Alle, schoss es mir durch den Kopf. Absolut alle, die mir und meinem Leben eng verbunden waren und gewesen waren. Familie, nahe Freunde, alte Kollegen, Musiker, mit denen ich gearbeitet

hatte, meine Agentur. Alle! All die Menschen, die mich auf dem Weg hierher begleitet hatten, sozusagen durch dick und dünn, und diese Liste war lang. Und man wurde ja schließlich, wie schon erwähnt, auch nur einmal im Leben vierzig. Ich wollte es krachen lassen. Richtig krachen, mit allem Drum und Dran. Und so mietete ich das halbe Savoy in Köln, will sagen, Zimmer für Verwandte und Bekannte, dazu einen alten Jazzklub unter der Deutzer Brücke, die am Rhein gelegen war, lud alle meine Freunde kurzfristig ein und siehe da, zwar kaum erhofft, aber alle, absolut alle sagten zu! Ich freute mich riesig!
Dann war er da, der Tag der Tage. Meine Mutter und meine kleine Schwester waren die Einzigen, die leider kurzfristig aus Krankheitsgründen absagen mussten. Alle anderen reisten an. Ich war total aufgeregt, während ich den Saal und die Bühne schmückte. Noel, mein ehemaliger Pianist, brachte seine riesige Hammondorgel auf die Bühne, Köllges, der Jazzer, stiftete sein Schlagzeug, Gitarren brachten Rolf Stahlhofen, Till und die Band mit und ich war sicher, meine Familie und meine Freunde hatten eine gelungene Bühnenüberraschung für mich vorbereitet. Meine Freunde würden vielleicht Filme gedreht haben, sicher gab es Fotoalben aus den guten, alten Zeiten und der Abend würde mich sicher für jeden meiner nicht gefeierten Geburtstage meines Lebens voll und ganz entschädigen.
Malte, unser damaliger Chefautor, war an meiner Seite und ich fragte ihn, wie wohl dieser Geburtstag werden würde. „Na, wie alle!", antwortete er. „Stundenlang begrüßt du Menschen, und während du die einen noch begrüßt, gehen die anderen schon wieder und du bist den Rest des Abends mit Verabschieden beschäftigt. So ist es zumindest sonst immer!", und dabei lächelte er wissend.
Und genau so war es. Aber ich war guter Dinge, freute mich über jedes Gesicht, über jeden Freund, der zu mir gefunden hatte, und vielleicht wussten sie nicht einmal, wie viel es mir bedeutete und wie wichtig es mir war, dass sie alle gekommen waren, um mit mir diesen für mich unendlich großen Tag zu begehen. Um kurz vor elf kam meine damalige, mich betreuende Agentin. Sie hatte vor-

her angerufen und mich gefragt, ob sie noch jemanden mitbringen dürfe. „Freund oder Feind?", hatte ich lachend am Telefon gefragt und hinterhergeworfen: „Wenn es ein Freund von dir ist, klar, bring ihn mit!"

Und nachdem ich sie jetzt begrüßt hatte, stand er vor mir. Jetzt. Der einzige Mensch meiner handverlesenen Party, den ich nicht kannte. Er lächelte. Ich lächelte. „Und wer bist du?", fragte ich neugierig. „Friedmann."

„Willkommen und hereinspaziert", begrüßte ich ihn, „fühl dich wie zu Hause!"

Die beiden gingen an mir vorbei und suchten sich einen Platz nahe dem Buffet, und ich kann sagen, dass von dem Moment an, an dem ich diesem Menschen in die Augen gesehen hatte, eine Magie auf mich wirkte, die ich nicht kannte. Ich fühlte mich körperlich so angezogen, dass ich das Gefühl nicht loswurde, an einer Art Gummiband zu hängen, das mich ihm immer wieder entgegenflutschen ließ. Ich begegnete ihm einfach andauernd, egal wen ich begrüßte, wo ich stand und bei wem ich mich grade zum Small Talk einfand. Er schien irgendwie überall gleichzeitig zu sein, oder zumindest überall da, wo ich war.

Sein Lächeln ließ mich tiefer atmen. Er war der Mann, mit dem mich meine Agentin schon seit über einem Jahr bekannt machen wollte. Sie meinte, wir beiden Indianer, wie sie uns nannte, müssten uns unbedingt kennenlernen, aber irgendwie rauschten wir immer aneinander vorbei. Selbst als ich der auf Promotion-Tour für mein Soloalbum „Trau Dich" war und in Hamburg im Interconti schlief und er genau in demselben Hotel wohnte und sogar genau im Zimmer über mir schlief, begegneten wir uns nicht.

Kurz vor zwölf bekam ich mich nun aus irgendeinem blödsinnigen Grund mit meinem Vater in die Wolle und weil ich so wütend war, lief ich hinaus, stellte mich unter die Brücke und ließ einen mörderischen Schrei aus meiner Kehle und über den Rhein fliegen, weil ich mir einfach Luft machen musste. Danach drehte ich mich erleichtert um und wollte grade wieder zurück in den Klub, als ich ihn sah, etwa zehn Meter entfernt, seine Augen auf mich gerichtet. Natürlich war mir mein Wutausbruch total peinlich, aber er lächelte mich an und sprach folgende Worte in den Telefonhörer: „Ich bin so glücklich." Er lachte laut. „Ich spreche mit dir, mein liebster Freund, und vor mir steht mein Mädchen, meine Indianerin."

Damit beendete er das Gespräch und führte mich sanft, mit der Hand auf meinem Rücken, zurück in den Saal. „Alle warten auf dich. In einer Minute ist es zwölf!" Mein Herz bebte und in meinem Kopf drehte sich die ganze Welt, als ich den Saal betrat und alle für mich sangen.

Was für ein unglaublich wunderschöner Moment.

Ich betrat die Bühne, um mich bei meinen Freunden zu bedanken. Dafür zu bedanken, dass sie alle angereist waren, aus nah und fern. Und während ich so redete, erwartete ich irgendwie, dass spätestens jetzt jemand auf die Bühne springen müsste, um mir das Mikro aus der Hand zu reißen, eine Performance zum Besten zu geben, eine Ansprache, vielleicht ein Gedicht? Aber nichts passierte. Alle Augenpaare waren auf mich gerichtet. Und alle warteten darauf, dass ich etwas machte, ich sie unterhielt. Damit hatte ich überhaupt nicht gerechnet und somit hatte ich natürlich auch nichts vorbereitet. Also bat ich kurzerhand Noel, meinen Pianisten, seinen Schwager und Till, den Bassisten, auf die Bühne und wir jammten: „Ain't no sunshine" von Bill Withers, mehr schlecht als recht, also ich zumindest, denn ich hatte den Text komplett vergessen. Aber schon rettete mein lieber Freund Rolf Stahlhofen den Abend, denn er sang für mich und meine Gäste und mir ging das Herz auf. Damit war das Eis gebrochen und nun sprang sogar er auf die Bühne, er, Friedmann, und eine Welle voll Wärme drohte mich wegzuspülen. Er sang. Er sang für mich. Liebe auf den ersten Blick? Hatte ich sie grade erlebt?

Silvester und das neue Jahr

Die Party war ein voller Erfolg, alle hatten sich königlich amüsiert und zu guter Letzt endete der harte Kern ziemlich angeschickert im Hotel Savoy beim Kater-Frühstück. Friedmann war leider viel zu früh gegangen, wie ich fand, aber ich hatte ihn einfach nicht überreden können, noch zu bleiben. So trug ich ihn in meinem Herzen durch die Nacht und in den Morgen hinein. Nachmittags holte ich dann noch meine vielen liebevoll verpackten Geschenke im Klub ab, die ich morgens dort zurückgelassen hatte, und zum Abend hin war ich mit meiner damals besten Freundin Ella und ihrem Freund verabredet, um zusammen mit beiden ins neue Jahr zu feiern. Am frühen Abend erklärten sie mir allerdings, sie wollten auf die Severins-Brücke, um von dort das herrliche Feuerwerk zu sehen. Ich mochte nie an Silvesterabenden auf Brücken feiern, da man vor den Böllern und Raketen, die oft einfach gedankenlos in die Menschenmenge geworfen oder geschossen wurden, nie oder kaum flüchten konnte und so beschloss ich eben ohne die beiden ins neue Jahr zu gehen. Allein, wie so oft. Es machte mir nicht allzu viel aus, denn ich hatte ja grade einen wunderschönen Abend erlebt und zehrte immer noch davon. Außerdem wäre ich doch nur wieder das dritte Rad am Wagen gewesen und wie so oft hätte ich allein gestanden und in den verzauberten, funkensprühenden Himmel geschaut, während sich die Pärchen neben mir in den Armen gelegen hätten, um sich gegenseitig ins neue Jahr zu knutschen. Nein, auch dieses Jahr würde ich mir diesen traurigen Moment ersparen.
Gegen zehn Uhr abends überkam mich zu Hause der totale Putzwahn, denn ich hatte beschlossen, nicht mit „alten Gerüchen" ins neue Jahr zu starten. Ansonsten nahm ich mir ja nie etwas vor, das ich im neuen Jahr verbessern wollte, und keine „guten Vor-

sätze" hatten mich je in den Jahreswechsel begleitet. So wusch ich also Wäsche, schrubbte die Holzböden und kurz vor zwölf zog ich Zwiebel-Look-mäßig ein paar dicke Wollpullover übereinander, legte „Mensch" von Grönemeyer in den CD-Player, schaltete auf Repeat, setzte mich auf meine kleine, eiskalte, schneebestäubte Dachterrasse, schaute in den Himmel, Handy in der Hand, und tippte schnell einen Neujahrsgruß hinein, den ich, wie jedes Jahr, an ein paar Auserwählte per Rundmail schickte, während ich aus der Ferne ein „Happy New Year" vernahm und über mir die bunten Raketen zu glitzerndem Sternenregen zersprangen.

Zu gern hätte ich Friedmann geschrieben und ihm ein „gutes neues Jahr" gewünscht, denn er war nun mal der Erste, der mir in den Sinn kam, aber ich hatte natürlich keine Handynummer. So musste eben ein Gedanke reichen, den ich Punkt zwölf in seine Richtung sandte und von dem ich hoffte, dass er ihn spüren würde.

Das neue Jahr war schon etliche Stunden alt, aber mein Geist malte Friedmanns Gesicht wieder und wieder in mein Herz. Also beschloss ich, meine Agentin um seine Telefonnummer zu bitten. Zwei Tage und einige SMS später bekam ich sie tatsächlich. Immerhin. Ich schrieb ihm eine Nachricht, wünschte ihm ein wunderbares, neues Jahr und ließ ihn wissen, dass ich sehr gern alsbald einen Kaffee mit ihm trinken würde. Ich hatte meine SMS kaum abgeschickt, da klingelte mein Telefon.

„Ich wünsche dir auch alles erdenklich Gute und ich möchte dich auch ganz schnell wiedersehen."

„Schön. Wo bist du grade?", fragte ich.

„Ich stehe mit meinen Jungs vorm Haus, muss aber morgen eh nach Köln. Wollen wir uns so gegen 18.00 Uhr zum Kaffee treffen?"

„Ja, fein!"

Wir verabredeten, wo wir uns treffen wollten, dann hängten wir ein und ich dachte darüber nach, dass ich gar nicht nach seinen „Jungs" gefragt hatte. Ich rief meine Agentin an und bat sie, mir zu sagen, ob Friedmann verheiratet oder in einer Beziehung stecke. Sie erzählte mir, dass er zwar mit der Mutter seines zweiten Sohnes in der Eifel in seinem Haus lebe, aber die beiden schon seit Monaten getrennt waren und sich auch räumlich trennen wollten. Daher fand ich es nicht ehrrührig, ihn zu treffen. Ansonsten hätte ich die Verabredung sicher abgesagt, denn ich hatte überhaupt keine Lust auf eine weitere Geschichte mit einem verheirateten Mann und dem Eindringen in eine bestehende Beziehung, bei der ich sicher sowieso den Kürzeren ziehen würde, bei meinem Glück.

Ab halb fünf lief ich auf Hochtouren, machte mich hübsch, lief singend durch die Wohnung und freute mich riesig, den Mann wiederzusehen, der mir mein Herz auf zauberhafte Weise gestohlen hatte. Kurz vor sechs, und eigentlich grade, als ich aus dem Haus gehen wollte, klingelte das Telefon. Er! Er habe sich beim Fußballspielen mit den Kids den Fuß verstaucht und wollte nun gern das Treffen verlegen. Außerdem habe er seinen Köln-Termin verschoben, müsse also jetzt gar nicht mehr in die Stadt. „Ich würde jetzt hierbleiben und den Abend genießen. Es sei denn, du sagst jetzt: Komm. Dann springe ich ins Auto und komme zu dir!", ließ er mich wissen. „Komm", schoss es aus meinem Mund, bevor ich darüber nachgedacht hatte. Eigentlich war das ganz und gar nicht meine Art, aber nun war es raus. Gesagt!
„O. k., bin in 'ner guten Stunde da!"
Lächelnd drückte ich auf die Austaste meines Handys. Er kam wirklich? Meinetwegen? Er kam? Über die Dächer der Stadt schaute ich in den regnerischen Abend. Dann frischte ich schnell mein Make-up auf und wartete. Und wartete. Halb acht. Das Telefon klingelte.
„Mich hat jemand von der Straße abgedrängt. Ich bin mit 180 Sachen in die Mittelleitplanke gefahren, grade, als ich dich anrufen wollte.
Der A6 ist Totalschaden. Ich warte jetzt auf den Mann von der Versicherung!"
„Ist dir was passiert?" Mein Herz raste.
„Nein, alles o. k."
„Soll ich dich abholen?"
„Nein, meine Jungs holen mich ab. Aber lieben Dank fürs Angebot! Ich melde mich!"

„O. k. Viel Glück!"
Tränen schossen aus meinen Augen. Vor mir lief ein ganzer Film ab. Ich stellte mir vor, wie ich der großen Liebe begegnet war und dieser Mensch dann bei der ersten Verabredung tödlich verunglückte, grade, als er mich anrufen wollte, und ich viel später erst davon erfahren würde, weil ja vielleicht niemand wusste, dass wir verabredet waren. Was für ein schrecklich schlechter Filmstoff. Ich wischte mir die tränenfeuchte Schminke aus dem Gesicht und beschloss, mich ins Bett zu verkriechen. Decke über den Kopf.
Halb neun!
„Kannst du mich bitte doch abholen? Meine Jungs sind mit dem Auto liegengeblieben. Kein Sprit mehr. Wäre toll!"
„Wo bist du?"
„Bei McDonald's an der Autobahn."
„Bin in 15 Minuten da."
Ich sprang in meine Jeans, fürs Schminken blieb jetzt keine Zeit, und so rannte ich durch den strömenden Regen zu meinem Auto und fuhr klitschnass auf die Autobahn. Meine Gedanken rasten wie Pfeile durch mein Hirn. Unter dem Vordach von McDonald's sah ich eine dunkle Gestalt stehen. War er das? Ich war mir nicht sicher. Langsam fuhr ich vor, da machte er auch schon die Beifahrertür auf, gab mir einen Kuss und lächelte. Das Schicksal hatte uns zusammengeführt, dessen war ich mir sicher, und er dachte in dem Moment genau dasselbe, wie ich später erfuhr.

Wir hatten wenig geredet, da er einige Telefonate geführt hatte, als ich den Wagen in der Nähe meiner Wohnung parkte. Wir gingen in das Lokal, in dem wir verabredet gewesen waren, und bestellten Brandy. Hier musste jetzt ein harter Drink her. Der Schock saß ihm mächtig in den Knochen, das spürte ich, aber erst nach dem dritten Drink sackte er deutlich in sich zusammen und wurde sich darüber bewusst, wie viel Glück er gehabt hatte. Ich selbst war einfach nur dankbar, dass dieser Mensch lebte und mir jetzt hier in dieser Kneipe gegenübersaß. Ich küsste seine Hände und nahm dann zärtlich sein Gesicht in meine, um ihm lange in die Augen zu sehen. Dann nahm ich ihn in die Arme und spürte, wie er in meine sank. Mr. Rock 'n' Roll ließ sich fallen, sagte noch, dass er jahrelang keine Frau mehr in der Öffentlichkeit im Arm gehalten hatte, aber jetzt hielt er mich, als wolle er mich nie mehr gehen lassen. Wir redeten und tranken auf den Schreck die ganze Nacht und hörten auch nicht auf, uns aus unseren Leben zu erzählen, als wir schon bei mir auf dem Boden lagen und der Morgen hereinbrach. Nein, wir schliefen nicht miteinander, wir schliefen friedlich und selig nebeneinander ein.

Die größte Traglufthalle der Welt

Zwei Tage später hatte ich einen Termin im hohen Norden, und da Friedmann ebenfalls nach Hamburg musste, um dort ein paar Dinge zu regeln, beschlossen wir, zusammen zu fahren. Ich freute mich sehr auf den gemeinsamen Trip, bedeutete er doch, dass wir ein paar Stunden gemeinsam im Auto verbringen würden. Der alte Taunus, das Ersatzauto eines Freundes von ihm, rutschte auf dem plötzlich hereinbrechenden Blitz-Eis fast aus der Spur und er bat mich weiterzufahren, als wir Köln kaum hinter uns gelassen hatten. Der Unfall, ein paar Tage zuvor, machte ihm noch mächtig zu schaffen und inzwischen wusste ich ja auch, dass er vor einigen Jahren bereits einen schweren Unfall gehabt hatte, als er mit dem Auto unter einen LKW gerutscht war und fast sein halbes Gesicht verloren hatte. Es hatte damals Monate gedauert, bis das Ohr, das ihm dabei abgerissen worden war, wieder anwuchs und nicht mehr vom Kopf abfaulte, wie er mir erzählte. So fuhr ich uns im Schritttempo schlitternd nach Hamburg, während er mir von seinem großen Traum erzählte.

Der größten Traglufthalle der Welt, der alten „Wetten dass …"-Halle, die auf dem Hangar in Mainz gestanden hatte und die er und zwei Freunde angekauft hatten, um sie nach Hamburg zu bringen. Ein Gelände gab es dort schon, Finanziers sowie Sponsoren ebenfalls und das Fundament war auch fast fertig. Eigentlich war alles klar. Nur gab es einige Probleme zwischen ihm und seinen Mitstreitern wegen irgendwelcher Zusagen, die scheinbar nicht eingehalten worden waren, und darum musste er nun dringend erneut ins Gespräch gehen. Eines wurde jedenfalls deutlich, er war der Initiator dieses Projektes, er war der Visionär und er hatte scheinbar weltweit die besten Kontakte, diese Halle, die einst für mehrere Millionen Mark entwickelt worden war und die aus zwei unterschiedlich großen Kuppelbauten, einer etwa 6000 und einer 1200 Menschen fassenden Halle, bestand, mit Konzerten zu füllen.

In Hamburg gab es keinen Konzert- und Veranstaltungsort in dieser Größenordnung und so machte es Sinn, Hamburg damit zu befruchten. Auch die Lage war hervorragend gewählt. Das Gelände befand sich direkt an einem Elbarm, war bei der Bundesbahn, der es gehörte, angemietet worden und aus jedem Zug, der in Hamburg einfuhr, würde man den etwa 30 Meter hohen Kuppelbau direkt sehen können.
Dazu gab es Platz für ca. 3500 Parkplätze und das alles nahe St. Pauli, direkt an der alten Speicherstadt. Was für ein Projekt!
Den Abend verbrachten wir gemeinsam in Hamburg, dann mietete er auf St. Pauli ein Zimmer für die Nacht, entschloss sich aber irgendwann, noch ein paar Leute zu treffen, während ich müde ins Hotelzimmer fiel. Angezogen legte ich mich aufs Bett und genauso wachte ich auch am kommenden Morgen auf. Angezogen und allein.
Ich frühstückte, zahlte das Zimmer und fuhr zum Bahnhof, als mich sein Anruf erreichte.
„Frühstücken wir?"
„Nein!"
„Ich dachte, du hast noch Zeit!"
„Nein, ich fahre jetzt zum Termin und danach zu meiner Mutter. Außerdem habe ich dir gesagt, ich verbringe nur noch Zeit mit Menschen, die mich ‚meinen'. Wenn du es also nicht mal für nötig hältst, mir kurz eine SMS zu schreiben, dass du nicht mehr kommst, habe ich irgendwie das Gefühl, du meinst mich nicht. Also, schönes Leben noch!"

Ich war fest entschlossen, keinen Menschen mehr in mein Leben zu lassen, der mich schlecht behandelte. Was ich genau damit meinte? Ich hatte einfach keine Lust mehr, meine Zeit mit Warten zu verbringen, Warten auf Menschen, die dann doch nicht kamen, ich hatte keine Lust mehr, finanziell ausgenommen zu werden, was

ich in der Vergangenheit zu oft erlebt hatte, und ich hatte überhaupt keine Lust mehr auf unkonkrete Beziehungen.
Schlimm genug, dass ich nun schon wieder das gemeinsame Zimmer, die Getränke des Abends und auch den Sprit nach Hamburg gezahlt hatte. Auch darauf hatte ich in Zukunft keine Lust mehr.

Ich fuhr also nach Kiel, fest entschlossen, mich keinesfalls von meiner neuen Lebenseinstellung abbringen zu lassen. Immerhin war ich grade frisch geschieden von meinem Gatten, mit dem ich zwar schon jahrelang nicht mehr zusammenlebte, aber man weiß ja nie, ob man sich nicht doch noch mal zusammenrauft, und darum hatten wir den letzten Schritt bisher nicht vollzogen. Das Beste an der Geschichte allerdings war, dass mein Mann mich „spontan" auf Unterhaltszahlung verklagt hatte, und das, obwohl wir im Vorfeld alles genauestens geregelt hatten, was Ansprüche an den anderen anging. Dazu hatte er ja eh schon alles Wertvolle, das sich in unserem Besitz befunden hatte, bekommen. Den Oldtimer, das Klavier, teure Töpfe und Pfannen, Gläser und was weiß ich. Ich weigerte mich einfach, mich um Besteck oder ein Schwachsinns-Messer-Set zu streiten, nachdem mir schon die Liebe abhandengekommen war und so hatte ich ihm zugesichert, er könne alles mitnehmen, was er haben wolle und was er auch tat.
Später habe ich ihm dann allerdings tatsächlich eine geringe Abfindung zahlen müssen und das hat mich sehr sauer, aber vor allem enttäuscht zurückgelassen. Darum wollte ich wirklich nie mehr für einen Menschen und dessen Lebensstil aufkommen, der mich nur als Melkkuh sah! Nie mehr!

Friedmann ließ nicht locker und rief einige Male an, was mich dann doch freute, und ich muss gestehen, ich fühlte mich auch ein klein wenig gebauchpinselt. Er entschuldigte sich für sein Verhalten und sagte mir, dass er es ernst mit mir meine. So ließ ich mich also erweichen, fuhr zurück nach Hamburg und kam seiner Bitte nach, mir eine Präsentation seiner beiden „Partner" anzusehen. Diese Präsentation war für mich als Architektentochter sehr erfrischend, plausibel und gelungen, was ich Friedmann auch berichtete. Ich besichtigte das Gelände, auf dem grade eine Warft gebaut wurde, denn die Bauauflagen der Stadt Hamburg sahen vor, dass das Gelände 2,70 m höher gelegt werden müsse, da die Elbe alle zehn Jahre zweimal über die Ufer gehe und dann das gesamte Gelände, also mehr als 5000 qm, unter Wasser stehen würde. Direkt am Fischmarkt nahmen Friedmann und ich ein wunderschönes Appartement, wir kochten, erhitzten uns in Gesprächen und hatten eine großartige Zeit. Mehr und mehr begriff ich, wie wichtig dieses Projekt für ihn war, für diesen Mann, mit dem ich die Abende durch Hamburg schwirrte, der mir die Welt aus einem neuen, mir unbekannten Blickwinkel zeigte, der mich herzhaft zum Lachen brachte, der dieselbe Musik mochte wie ich, der es ebenfalls liebte zu tanzen und zu singen und der mir innerhalb kürzester Zeit so vertraut war, als würden wir uns aus einem anderen Leben kennen, wenn es denn ein Leben vor dem Tode geben würde. Er, der bei den Indianern in Amerika gelebt hatte und später dann als Sänger in L. A., er, der für alle Menschen ein gutes Wort hatte, er, der mit Intelligenz gesegnet war, er, der mir sagte, wie sehr er mich liebte, er, den es in die Klubs trieb, wenn ich ins Bett ging am frühen Morgen, oder, neben dem ich, wenn er doch mal blieb, angezogen einschlief, während er sich nackt in die Laken kuschelte, und mit dem ich morgens lachend erwachte. Er war ... mein Mann.

Wie erfülle ich einen Traum?

Es verging nur kurze Zeit, ich war grade wieder in Berlin gelandet, da riefen mich seine Partner an. Sie bräuchten 20 000 Euro, damit das Projekt „Traglufthalle" auf sicheren Beinen stand. Viel Geld, wie ich fand, aber mir schoss nur ein einziger Gedanke durch den Kopf! Ich hatte die Möglichkeit, Friedmanns Traum zu erfüllen. So stimmte ich zu, denn ich hatte, da ich immer sparsam lebte, ziemlich viel Geld auf meinem Konto, mit dem ich plante, später einen Film zu produzieren und in naher Zukunft eine kleine Wohnung zu kaufen, nur wusste ich noch nicht genau, wo. Auch dem eine Woche später folgenden Anruf mit der Bitte um weitere 50 000 Euro – dann aber „stehe das Projekt ganz sicher" – willigte ich zu. Ich war komplett benebelt von meiner Liebe und dem Gedanken, am Traum meiner großen Liebe beteiligt zu sein. Wie sehr hatte ich mir in all den Jahren gewünscht, irgendjemand würde sich für meine Träume interessieren, und wie schön fand ich nun den Gedanken daran, an einer, wenn auch seiner, Traumerfüllung teilhaben zu dürfen.

So und nur so kann ich mir erklären, warum ich mich auf diese Sache einließ. Zu meiner Verteidigung muss ich sagen, dass ich mir selbstredend ein Schriftstück hatte unterzeichnen lassen, das mir den Rückerhalt meines Geldes innerhalb von 14 Tagen zusicherte. Aber, wie Sie sich sicher denken können, waren 14 Tage später weder 70 000 Euro zurück auf meinem Konto noch bemühte sich irgendjemand, mit mir darüber ins Gespräch zu gehen. Stattdessen war Friedmann, der von dieser ganzen Transaktion nichts gewusst hatte, stinksauer auf mich, da er sich eigentlich von seinen Partnern trennen wollte. Nun aber, da ich das Geld bereits gezahlt hatte, musste er sich wohl oder übel dafür entscheiden, weiterhin mit den beiden zusammenzuarbeiten.

Ich selbst, blauäugig bis zum Abwinken, sah die Schwere meines Tuns zu diesem Zeitpunkt leider gar nicht, denn ich kannte die Innenverhältnisse ja kaum. Die Finanzierungen standen scheinbar jedenfalls nicht so, wie man es mir erzählt hatte, und dennoch mussten einige Dinge in die Wege geleitet werden, damit es weiterging. Kostspielige „Dinge".

Es begann mit Unterschriften für den Firmenwagen, also das Leasingfahrzeug. Friedmann brauchte „natürlich" ein fettes, protziges Auto, mit dem er wichtige Leute kutschieren konnte, aber natürlich auch für die Kinder und die Familie. Nach einem riesigen Streit, er machte mir die Hölle heiß, unterschrieb ich den Leasingvertrag für die Firma, selbstschuldnerisch. Es folgten Darlehen von der Brauerei, mit der die Firma zusammenarbeiten wollte. Zunächst in Höhe von 150 000 Euro, später ging es um weitere 180 000 Euro. Auch diese Bürgschaft in sechsstelliger Höhe übernahm ich selbstschuldnerisch, denn die Brauerei verlangte nun mal eben nur meine Unterschrift. Die Unterschriften der anderen Gesellschafter waren nicht gewünscht. Weiter ging es mit dem Aufbauer. Auf einer Gesellschafterversammlung, in der mich alle beknieten und fast anflehten, die Bürgschaft, die er mir vorlegte, zu unterschreiben, verweigerte ich dies komplett. Aber der Aufbauer machte dies zur Auflage, das Objekt überhaupt weiterzubauen, und so ließ ich mich auch hier erweichen und nach langem Bitten und Betteln der Mitgesellschafter unterschrieb ich auch hier. Selbstschuldnerisch! Insgesamt für über 750 000 Euro. Ich war des Wahnsinns fette Beute, wehrte mich zwar jedes Mal mit Händen und Füßen gegen jede einzelne Unterschrift, aber letztendlich landete diese dennoch wieder und wieder unter den unterschiedlichsten Bürgschaften. Jedes Mal folgte ein heftiger Streit mit Friedmann, jedes Mal gab ich nach. Und mein Glaube an das Gute im Menschen, vor allem aber die Zusage aller Gesellschafter, dass ich, falls irgendetwas schieflaufen würde, also im Falle eines unwahrscheinlichen Falles, all das natürlich nicht selbst und schon gar nicht allein tragen müsste, machten all meine Unterschriften noch „irgendwie" sinnig!

Dann rief auch noch meine Freundin Ella an. Sie hatte mit den ominösen „Herzkreisen", die damals in aller Munde waren und die nach einer Art Schneeballprinzip funktionierten, viel Geld „gewonnen" und sie und ihr Freund suchten nun irgendeine Idee, in die sie ihr gewonnenes Geld investieren konnten. So traf ich mich also mit den beiden in Köln, erzählte nochmals von dem Hamburger Projekt und fragte sie, ob sie Interesse hätte, vielleicht mit in das Projekt einzusteigen oder vielleicht Aktien erwerben wolle. Ich würde in der Firma nachfragen, falls das für sie infrage käme. Dann machten wir einen gemeinsamen Termin mit Friedmann, der den Anteilverkauf an die beiden befürwortete. Beide bekamen daraufhin, weil interessiert, einen Vorvertrag, den sie etwa drei Wochen lang Zeit hatten, zu überprüfen. Danach stimmten sie zu und unterzeichneten. Sie investieren insgesamt 90 000 Euro mit einer Verzinsung von sechs Prozent und erhielten dafür fünf Prozent der Hamburger Firma.
Ich glaubte an Friedmanns Traum, wie wir alle an diesen Traum glaubten!
Und ich freute mich natürlich riesig, als die ersten Buchungen für die Halle hereinflatterten. Innerhalb kürzester Zeit waren beide Hallen zu 76 Prozent vorgebucht und wir hatten noch nicht einmal eröffnet. Ich drehte zu diesem Zeitpunkt weiter in Berlin, ich zahlte alle anfallenden Rechnungen und ich fühlte, dass ich einmal in meinem Leben etwas, selbst wenn ich es aus Liebe tat, total richtig machte!
6000 Wagenladungen schredderten das Haus, das wir in der Speicherstadt gekauft hatten unter der Köhlbrandbrücke, die Warft war endlich da, der Aufbauer setzte die Traglufthalle auf das Gelände und Friedmann und ich stellten uns nachts vor, wie die VIPs bei den Konzerten per Valley-Parking vor der Halle vorfuhren, ganz nach dem amerikanischen Prinzip.

Dann ... 21. März 2003.

Wir befanden uns genau eine Woche vor der Einweihung der beiden Hallen. In dieser Nacht des 21. tobte Sturm Oralie mit

187 Stundenkilometern über Hamburg, fuhr in die LKW-Schleuse ein und riss ein etwa 30 Meter großes Loch in die Außenhaut der großen Traglufthalle. Die gerufene Feuerwehr konnte nachts nicht abbauen, der Sturm war zu gewaltig und die Halle mit ihren über 30 Metern zu hoch.

Der Anruf riss mich aus dem Schlaf. Den halben Tag drehte ich, fast benommen, in Berlin, dann „flog" ich mit dem Auto nach Hamburg. Die Bildzeitung hatte sich angekündigt. Fotos wurden gemacht. Telefonate über Telefonate ... mein Ohr dröhnte. „Wir sind doch versichert??? Um Himmels willen, wir sind doch gegen einen Sturmschaden versichert???" Ich wurde fast irre bei dem Gedanken, bekam aber schnell Entwarnung. Alles in Ordnung. Die Versicherung übernehme den Schaden, hieß es bei einem persönlichen Gespräch mit dem Versicherungsmakler am Telefon und mir fiel ein Stein vom Herzen, auch wenn mir der Anblick der zerstörten Halle gleichzeitig die Tränen in die Augen trieb. Shit happens, niemand verletzt oder anderweitig zu Schaden gekommen!!! Wird schon werden!

Natürlich hatte ich überhaupt keine Ahnung, was bei einem Schaden in dieser Dimension zu tun war, aber wozu hatten wir denn einen Geschäftsführer? Und so fuhr ich am Folgetag und nach etlichen, langen Gesprächen wieder zurück zum Dreh und redete mir ein, dass alles gut werden würde. Wieder ging das Telefon fast rund um die Uhr und nach langem Hin und Her, vor allem aber der Zusage der Versicherung, 30 000 Euro für den Schaden zu übernehmen, schaltete ich empört einen Gutachter von der Deka ein. Dieser Gutachter erklärte mir nun in einem langen Gespräch, dass er den Auftrag zur Erstellung eines Gutachtens gegen einen Vorschuss annehmen, allerdings keinen Cent für mich und meine eigene Tasche herausholen würde. Für mich und meine eigene Tasche???

Ich erklärte ihm, dass ich ihn lediglich darum bitten würde, ein Gutachten für den Wiederaufbau der Hallen zu erstellen und keinesfalls eines, um eine Versicherung zu bescheißen. Ich sei nur verwirrt, was das Angebot der Versicherung angehe, und wüsste nur zu gerne, auf welche Summe sich der reelle Schaden belaufe. Wir einigten uns also auf einen Vorschuss und Herr X legte los. 14 Tage später lag uns ein akkurates Gutachten in Höhe von 479 000 Euro plus MwSt. für den entstandenen Schaden vor. Allerdings hatte der Vorbesitzer inzwischen einen Arrestbefehl gegen unseren Geschäftsführer bewirkt. Das heißt, Versicherungsgelder wurden nicht ausgezahlt, und vorsichtshalber ließ sich unser GF zum krönenden Abschluss auch noch in die psychiatrische Klinik in Hamburg einweisen. Ich weiß, das alles klingt wie ein schlechtes Drehbuch und ich gebe Ihnen recht. Ich selbst empfinde es genauso! Vor allem würde niemand diesen Mist verfilmen, weil „total unglaubwürdig!" Ja! Ich stimme zu. Dummerweise ist dies aber mein Leben, es ist mir so passiert und ich befinde mich selbst mitten in dieser Geschichte, die noch nicht zu Ende ist.

Ich arbeitete und arbeitete also, um Büros, Bauherren, Mitarbeiter und Mieten zu zahlen. Ich schaffe das irgendwie, dachte ich. Aber dann stellte sich heraus, dass die Geländekaution von den früheren Partnern nie hinterlegt worden war. 30 000 Euro. Ein fristloser Kündigungsgrund!

Nachts rief ich einen Freund aus Köln an und bat ihn, mir 30 000 Euro auf die Schnelle zu borgen. Er verneint diese, meine Bitte und wies mich darauf hin, dass man Geld und Freundschaft strikt trennen müsse. Ich wusste, er hatte recht, und war ihm auch nicht böse. In derselben Nacht telefonierte ich noch lange mit dem Bauherrn des Geländes und am Morgen mit meinem Banker. Dieser überwies auf meine Anweisung per Blitz 30 000 Euro an die Deutsche Bahn AG und alles schien in Ordnung. Mein Leben war komplett aus den Fugen, nur die Liebe blieb.
Parallel zu all dem Chaos in Hamburg sah ich mir mit Friedmann einen Klub an, den er eröffnen wollte. Friedmann war immer von der schnellen Sorte, hatte viele Ideen und ich glaube, wenn er nicht irgendwas bewegte, langweilte er sich zu Tode. Wir beschlossen also, Klub-Partner zu werden, und so gründete ich für uns zwei Firmen, eine für den Klub, eine für die Vermarktung der Traglufthallen. Ich gründete! Wir vereinbarten eine 50-prozentige

Partnerschaft an allem. Ich vergaß, dass ich zunächst alles zahlte. Aber, wird schon laufen, bekomme ja auch alles zurück, dachte ich. Und dachte ... und dachte ... und dachte.
Der Rest der Geschichte liest sich schlechter als ein Drei-Groschen-Roman. Friedmann sah sich irgendwie als Angestellter der Firma, für den ich zu zahlen hatte. Ich war verwirrt, stritt ... gab klein bei, zahlte. Die Versicherung allerdings zahlte vier Jahre lang nicht. Unsere erste Firma ging in die Insolvenz. Die Bauerei forderte 330 000 Euro. Von mir! Selbstschuldnerisch. Plus Zinsen. Anwälte aus Frankfurt nahmen zwar Geld, stellten aber später, obwohl dies meine erste Frage bei unserem Treffen in Frankfurt gewesen war, fest, dass sie selbst besagte Versicherung vertraten und grade in einen Mandatskonflikt gerieten. Friedmann und ich trafen uns mit dem Vertreter der Deutschen Bundesbahn AG und verhandelten dort einen neuen Vertrag für das Gelände. Und Herr „Dr. Winterfeld" bot einen an. Unbefristet! Was das bedeutete? Das bedeutete, dass aus einem Vertrag, der vorher bis August 2008 gegangen war, nun ein Vertrag würde, der innerhalb von drei Monaten kündbar sein würde, wenn man es mal ganz realistisch betrachtete. Herr Dr. Winterfeld erklärte mir und Friedmann im Restaurant eines Hamburger Nobelhotels also, dass die Bundesbahn das Gelände wohl irgendwann an Hafen City verkaufen werde, aber der Bebauungsplan der Stadt Hamburg bzw. der Hafen City AG, also der größten europäischen Baustelle, vorsehe, dass auf diesem, unserem Gelände im Jahre 2011 eine Evakuierungsstraße gebaut werden solle. „Keine Sorge, Frau Karrenbauer. Bis dahin geht noch viel Wasser die Elbe runter", sagte der alte Herr im Originalzitat an diesem Tag, lächelte mir dabei freundlich zu und mir blieb nichts anderes übrig, als ihm zu glauben, zu unterzeichnen und zu hoffen, dass dieser Mensch wusste, was er sagte. So unterschrieb ich also einen unbefristeten Mietvertrag für unser Gelände, am 14. Oktober 2003. Keine drei Wochen später bekamen wir die fristlose Kündigung des Geländes! Ich schrieb ein Bittgesuch an den Bürgermeister der Stadt, sich dieser Sache anzunehmen, und bekam daraufhin die Antwort seines Pressesprechers, dass man sich leider in diese Angelegenheit nicht ein-

mischen könne. Keine Hilfe in Sicht! Ich lief beim Liegenschaftsamt ein. Ein Gremium von mehr als zehn Leuten erklärte mir bei diesem Termin, dass die Planung von Hafen City genau durch unser Gelände gehe. Das weiß ich ja, aber doch erst 2011!!! Ich stritt, ich weinte, ich zitierte Herrn Dr. Winterfeld. Aber alle sahen in mir scheinbar nur eine verdammt gute Schauspielerin, die hier alle Register zog, um ihren dämlichen, unwissenden Arsch zu retten, und so guckte ich eigentlich nur auf mich belächelnde, achselzuckende Gesichter.

Meine Verzweiflung wurde immer größer. Unaufhaltsam. Niemand war sich im Klaren darüber, dass ich in der Zwischenzeit fast alles zahlte, was mit der Firma und den Mitarbeitern zu tun hatte. Reisen, Hotels, Unterhalt für Kinder, Hausmiete, Gehälter, Büro, Geländemieten, Telefon, ich zahlte … fast alles. Dazu glich ich die Konten aus, wenn sie überfällig waren. Ich drehte, weinte, zahlte – und ich hatte keine Ahnung, wie ich jemals diesem Teufelskreis wieder entrinnen sollte.

Parallel forderten Ella und ihr Freund, also die beiden „Herzkreisunternehmer", ihr Geld zurück. Ich erklärte ihnen, dass die Firma zurzeit kein Geld habe, da es ja den Sturmschaden gegeben hatte, der bisher von der Versicherung immer noch nicht beglichen worden war. Ella, meine damals beste Freundin, kündigte mir daraufhin die Freundschaft und erpresste mich mit der Öffentlichkeit. Meine damalige Anwältin riet mir, selbstschuldnerisch für das Geld, mit dem die beiden Aktien gekauft hatten, zu unterschreiben, was ich tat, weil ich schon lange nicht mehr wusste, was ich überhaupt tat, und nur noch betete, dass wenigstens meine Anwältin auf dem Plan war. Außerdem sollte der Zahlungsmodus erst in einem Jahr geltend gemacht werden können und wir dachten ja immer noch, wir würden die Traglufthalle in Hamburg wieder aufbauen. Auch hier standen mir alle Gesellschafter natürlich wieder mit ihrem „Wort" zur Seite, dass ich das alles natürlich nicht allein zu tragen hätte, sollte etwas schieflaufen. Aber wir bauten nicht auf, das Jahr verging und ich fing an, auch an Ella und ihren Freund zu zahlen. Dazwischen immer wieder leise Hoffnungsschimmer, die mich am Leben hielten.

Mallorca will kaufen. Ich lasse Übersetzungen anfertigen, Transportpläne werden erstellt, Friedmann und ich besichtigen ein Gelände nahe Inka, das uns ein Berater empfiehlt und das für uns geeignet sei. Das Projekt scheitert.
Dubai will kaufen. Wir reisen also hin, legen neue Transportpläne vor, Kostenvoranschläge, treffen den „Berater vor Ort". Das Projekt scheitert.

In der Zwischenzeit wurde ich mehrfach aufgefordert, das Gelände, Lohseplatz 2–4, zu räumen, und flehte die Finanzbehörde an, mir ein Flurstück zu vermieten, um dort die Traglufthalle zu lagern. Für eine weitere, fünfstellige Summe ließ ich das Objekt dorthin transportieren und übernahm die Miete.
Parallel setzten wir in Hamburg einen Prokuristen ein. Eigentlich, um Sponsoren zu akquirieren und die Firma neu zu konstituieren. Zu viert, also mit zwei neuen Partnern, wollten wir es nochmals versuchen, die größte Traglufthalle der Welt auf sicheren Boden zu stellen. Einer dieser Partner sollte unser neuer Prokurist werden, der auch nur aus diesem Grund die Prokura erhalten hatte. Von unserem Kölner Anwalt wurden Verträge entworfen, die lediglich kleiner Veränderungen bedurften, um uns vier Partner zufriedenzustellen. Dennoch beauftragte unser Prokurist ohne unsere Zustimmung einen Hamburger Anwalt und ließ einen neuen Vertragsentwurf fertigen, was wir ihm mehrfach untersagten; denn die entsprechenden Entwürfe gab es ja bereits. Dennoch flatterten nach und nach zunächst Rechnungen, dann Mahnungen dieses Hamburger Anwaltes in gewaltiger Höhe ein, die ich ablehnte zu zahlen, da weder ich noch die Firma diesen Anwalt in Anspruch genommen hatte. Da allerdings unser Prokurist dies getan hatte, schien das leider rechtens zu sein.
Parallel zog unser Prokurist für die Halle ein Gelände in Erwägung, direkt neben dem König der Löwen. Angeblich „optionierte" er eben dieses Gelände mit eigenem Bootsanleger. Nur der Mietpreis war angeblich noch zu verhandeln. Als wir aber irgendwie nicht zu Potte kamen und uns die Zeit einfach nur davonzulaufen drohte, schaltete ich mich persönlich ein und sprach mit dem Amt, das

für dieses Gelände zuständig war. Dort erfuhr ich: Optioniert sei es keinesfalls und auch der Name des Prokuristen war niemandem vor Ort geläufig. Ah! Im Übrigen sei das Gelände aber eh nicht vermietbar!

Der Prokurist – ein Lump! Wenn man bis hierher dachte, die Geschichte sei hanebüchen, dann kann die weitere Erzählung nur noch fassungslos machen.

Endlich! Herrenberg, ein junger Unternehmer, will kaufen. Und kauft!

Das Gelände bei Frankfurt ist bereits angemietet, mit dem Architekten habe ich gesprochen, wir, also ich unterzeichnete bei unserem Kölner Rechtsanwalt den Kaufvertrag.

Das Ende vom Lied? Oder soll ich sagen, von diesem Lied?

2007 stand ich als Geschädigte in Wetzlar vor Gericht. Zeugin in Sachen Wechselbetrug und Scheckbetrug in eigener Sache. Der Junge hatte alle geneppt. Mich, einen großen Rennstall, bei dem er die Werbung auf die Autos drucken lassen wollte, und viele andere Menschen, die seinen blauen Augen vertraut hatten. Der junge Unternehmer wurde von diesem Gericht zu dreieinhalb Jahren Gefängnis verurteilt, ging aber in Berufung. Ende offen.

Aber zurück zur Vorgeschichte. Unser Kölner Anwalt ließ zwei Säumnisurteile des Hamburger Anwaltes gegen unsere Firma ergehen und ich bzw. die Firma, deren Geschäftsführerin ich war, wurde in Abwesenheit zur Zahlung von über 44 000 Euro verurteilt, wohlgemerkt für zwei Vertragsentwürfe! Damit nicht genug. Die ja inzwischen in Hamburg bei der Finanzbehörde gelagerte Traglufthalle, die unser Jungunternehmer nicht auf sein Gelände in Herrenberg transportiert hatte, war scheinbar im Dezember 2006 zwangsgepfändet worden und besagter Hamburger Anwalt, der mit einem Gerichtsvollzieher diese Zwangspfändung einleitete, bekam 5400 Euro Stahlschrottwert für das Millionenobjekt, das, zugegeben, ramponiert war, aber dennoch zu diesem Zeitpunkt wiederherstellbar!!! Mitte 2007 erfuhr ich also, dass das Objekt nicht mehr am Lagerungsort liege, vom Käufer keine Lagerungs-

kosten gezahlt wurden und … man leider „gar nichts gegen die Zwangsräumung tun konnte". Dazu bekam ich die Aufforderung der Finanzbehörde der Stadt Hamburg, die ausstehenden Lagerungskosten sowie die Reströmung des Geländes, also weitere 20 000 Euro, zu zahlen. Mittlerweile wurde ich vom Gericht auf Zahlung dieser Summe nebst Zinsen verklagt, Gerichtskosten trage ich, das Schreiben, die Kosten für den gegnerischen Anwalt zu zahlen, liegt ebenfalls vor.
Ich war im Arsch, wie man nur im Arsch sein kann!!!
In diesen Monaten wurden alle meine Gehälter gepfändet, aber eigentlich erst so richtig, seit die Nation erkannt hatte, dass „Hinter Gittern" nicht fortgesetzt würde.
Ich verlor alles und stand danach mit über 750 000 Euro in der Kreide bei Menschen und Firmen, mit denen ich persönlich nie Deals gemacht und die ich teilweise in meinem ganzen Leben noch niemals gesehen hatte. Das Objekt war geschreddert, aber mein Anwalt nahm keine Anrufe mehr von mir entgegen. Wochenlang!
Ich musste Geld verdienen und wusste nicht, wie!
Ich bat Firmen um die Einhaltung persönlicher Absprachen mit mir, die per Handschlag getroffen worden waren, aber ich stieß nur noch auf taube Ohren. Ich war verzweifelt, aber der Mann, den ich liebte, wollte mit mir zusammenziehen, weil er, genau jetzt, nach Berlin kommen würde. Mit Kind und Kegel. Ich mietete eine Wohnung, die ich für uns monatelang in Eigenarbeit umbaute und die wir beide liebten, aber er kam nie. Nach eineinhalb Jahren gab ich die Wohnung auf, musste alles verkaufen, was ich besaß, und in eine bescheidene Zwei-Zimmer-Wohnung in Berlin ziehen. Ich veräußerte jegliches Inventar, das ich je besessen hatte, weil ich nicht wusste, wovon ich die Rechtsanwälte etc. bezahlen sollte. Ich kämpfte für mein Recht, jeden Tag aufs Neue, aber ich hatte den Glauben an Recht und Gerechtigkeit längst verloren.
Ich suchte nach Schuldigen und blieb letzten Endes immer wieder bei mir selbst kleben. Selbst-verschuldet! Selbstschuldnerisch!
Ich überlegte, aus dem Fenster zu springen, aber ich wohne einfach nicht hoch genug. Allenfalls würde ich mir beim Sprung sämtliche Knochen brechen, wahrscheinlich wäre ich gelähmt, aber

ganz sicher würde mein Kopf nach wie vor gut funktionieren und ich hätte bis ans Ende meiner Tage Zeit, mich über meine Fehler zu grämen und mir jeden nur erdenklichen Vorwurf zu machen, der mir so einfallen würde. Also verwarf ich den Gedanken. Was für ein Wahnsinn!

Ich habe geliebt! Das ist das, was ich sagen kann. Aufrichtig und gerade. Jeden Tag aufs Neue. Ich dachte, dass mir nichts passieren kann, wenn nur die Liebe mich begleitet auf meinem Weg. Ich war so weit von mir entfernt, wie ich es hoffentlich niemals mehr sein werde, denn ich habe nicht nur unendlich viel Geld verloren, sondern mich selbst, mein eigenes Leben, aufs Spiel gesetzt. Ich war der Einsatz und hätte mich dabei fast verloren. Dazu war ich blind vor Liebe und vier Jahre einem Mann treu, mit dem ich nie geschlafen habe, der mich vielleicht nie gewollt hat. Diese Schmach steckt mir in Hirn und Herz und ist unauslöschlich mit meinem Leben verbunden. Nur weiß ich nicht, wie man davonläuft vor dem eigenen Spiegelbild! Ich habe leider keine Ahnung, weil ich davor nie davonlaufen musste! Dann wache ich manchmal auf, wie aus einem tiefen, schlechten Traum, und befinde mich mitten in meinem Leben.
Dennoch! Ich verzeihe mir! Ich verzeihe mir diesen Irrsinn, den ich zugelassen habe, den ich mitlebte und dessen Wunden ich noch lange tragen werde, bevor sie vernarben und verblassen werden. Ich lebe weiter, weil ich, wenn ich schon alles verloren habe, wenigstens die Erkenntnis gewinnen möchte, dass das, was ich tat, zu irgendetwas gut war. Seitdem ist mir auch wieder klar, dass es weitaus Schlimmeres gibt, als Geld zu verlieren, nämlich die Dinge, die man niemals mit Geld bezahlen kann und die wichtiger sind als alles andere.

Das Leben selbst!

Erinnerung an Axel

Sich von einem Menschen zu verabschieden, dessen Zeit hier auf Erden abgelaufen ist, ist immer schlimm ... sagen die anderen.
Wer das nicht kennt, der weiß vielleicht nicht einmal, wovon ich spreche. Wer die Gedanken daran nicht erträgt, der blättere jetzt auf der Stelle weiter, zu einem anderen Kapitel, oder schlage das Buch einfach zu.
Die anderen verzeihen mir die Worte, die, so unverfälscht wie möglich, aus meiner Erinnerung fallen.

Ich bin sauer.
Sauer auf Axel, sauer auf diese Scheißkrankheit Krebs, sauer auf Ärzte, sauer auf die Medizin an sich, sauer auf Gott, aber am meisten bin ich sauer auf mich selbst.
Mittlerweile weiß doch jeder, dass ein Mensch um die vierzig zur Darmspiegelung gehen sollte, prüde oder nicht. Sie haben es doch alle vorgemacht!
Verona, Susann und wie sie alle heißen. Und alle leben noch! Sie haben sich hingelegt, sind betäubt worden, haben es über sich ergehen lassen und sind mit einem „Gar-nicht-so-schlimm-Lächeln" sogar angeblich direkt danach fotografiert, dann sogar in Zeitungen abgedruckt worden. Und? Wäre das schlimm gewesen?
Hätte das der Männlichkeit einen Abbruch getan? Na?
Ich weiß genau, was du jetzt sagst: „Aber Katy, daran hab ich doch überhaupt nicht gedacht."
Eben! Du hast einfach nicht dran gedacht. Darüber bin ich sauer.
Fünf Jahre hattest du diesen verdammten Mist schon. Fünf Jahre! Und nichts gemerkt, gar nichts. Abgesehen davon, dass du manchmal nicht so gut auf die Toilette konntest nach deftigem Essen. Und gegessen hast du nun wirklich gern, das können alle, die mit

dir zu tun hatten, bestätigen. Bei deinen knapp über 70 Kilo ja kaum zu glauben, was du alles verdrückt hast. Das war immer megafein. Stundenlang konnte man mit dir sitzen, erzählen, trinken und essen … essen … essen. Eigentlich gab es kaum etwas, das dein Gaumen ablehnte.
Bis zu diesem Tag nach Weihnachten im letzten Jahr.
Warum ich das alles erzähle? Hier und jetzt? Weil ich das von den Amerikanern gelernt habe! Man ist nur dann tot, wenn man nicht mehr über dich spricht. Also lasse ich dich auch nicht in Vergessenheit geraten. Wäre es nicht schön, wenn viele Leute sich an dich erinnern würden, auch ohne dich gekannt zu haben? Das würde dir sicher gefallen. Viele haben dich ja für einen sehr oberflächlichen Menschen gehalten. Dazu hast du natürlich selbst eine Menge beigetragen.
„Mein Porsche, mein Loft, meine Arbeit, meine Frauen …", ja ja.
„Femmes … je vous aime" von Julien Clerc brachte ich mit zu der Trauerfeier und diese Feier war für dich, mein Freund.
Dein Vater hielt eine wunderschöne Rede und, obwohl du sie vielleicht nicht gehört hast, was ich nicht glaube, so weiß ich doch, dass ihr eure letzte, gemeinsame Zeit mit vielen Gesprächen verbracht hattet, die euch beiden gut getan hatten.
Deine Freunde waren da. Ich hoffe, du wusstest auch, als du noch unter ihnen warst, dass sie deine Freunde waren. Es wäre schade, wenn es nicht so wäre, aber jetzt zumindest weißt du es ja.
In dein Inneres hast du nicht so oft blicken lassen, selbst die Engsten an deiner Seite nicht. Dabei wolltest du eigentlich nur eines … um deiner selbst willen geliebt werden. Und viele von uns haben das getan, auch wenn du glaubtest, wir wollten nur in deinem Porsche mitfahren.
Schön, … dich mal wieder lachen zu hören!
Als du mich Anfang Januar abends anriefst mit den Worten: „Ich habe deine Buddha-Bändchen mitgebracht, aber du musst sie dir selbst abholen", da dachte ich, du hast dir vielleicht im Urlaub das Bein gebrochen. Und danach schoss mir: „Ein Hai hat ihn gebissen" durch den Kopf. Was für ein Schwachsinn.

Ich fragte, was los sei, obwohl ich es noch im selben Moment bereute, weil ich es gar nicht wissen wollte, weil ich kaum atmen konnte, weil ich wusste, wenn jetzt etwas Schlimmes … weil ich Angst hatte vor dem: „Ich habe Darmkrebs", was du dann sagtest und was ich um alles in der Welt nicht hören wollte!
Nicht!
Aus „wo bist du … was ist geschehen"-Gestammel und völliger Hilflosigkeit, aber in der Gewissheit, dass du ja noch jung bist und es viele Möglichkeiten in der Medizin gibt, in der Charitee die besten Ärzte, um dich Freunde … ach, was weiß ich … „ich bin übermorgen da!"
Ich wollte mir selbst ein Bild machen und du wolltest da schon nicht mehr, dass man sich von dir ein Bild machte. Recht hattest du. Aber es tat dir und mir trotzdem gut, einander in die Augen zu sehen, auch wenn das Leid, das dich ereilt hatte, kaum auszuhalten war und mir fast selbst körperliche Schmerzen zufügte.
Du trankst Bier, das beruhigte mich. Warum eigentlich? Ich verweigerte den Gedanken, dass man dem Sterbenden die letzte Bitte erfüllt. Bier wird es ja wohl nicht gewesen sein.
Du hattest große Angst, vor allem vor der bevorstehenden Operation. Du wolltest direkt vorher niemanden mehr sehen, sagtest du. Aber Papa sei dann bei dir. Und so redeten wir und lachten, derweil eine Folge „Braut wider Willen" im Fernsehen lief, die du gedreht hattest, und du mir noch mal die Szene und die Auflösung erklärtest. Ach Axel. Wärst du doch genauso akribisch mit dir selbst umgegangen. Na ja, ich hab gut reden. War auch noch nicht bei der Darmspiegelung und jetzt habe ich noch mehr Angst davor. So ist das.

Nach der Phase des Aufgebens, man hatte dir grade gesagt, du habest noch sechs bis acht Wochen zu leben ohne Chemotherapie, und das vernichtende Wort hieß „inoperabel", kam die Phase des „Lebenwollens". Wahrscheinlich waren alle um dich herum dankbar, dass du den Kampf aufnahmst. Aber niemand hätte dir einen Vorwurf gemacht, wenn es nicht so gewesen wäre. Wir sahen dich ja schon im Porsche am Baum oder in der Seine.

Paris. Da bist du noch mal hin. Die Stadt der Liebe und auch deiner Liebe. In Italien warst du noch. Und Skilaufen.
Es ging dir dort in den Bergen sogar so gut, dass ich mir den äußerst makaberen Scherz nicht verkneifen konnte, dich zu fragen, ob du den Plastiksack für den Kot, du hattest ja seit Thailand und der Blitz-OP dort einen künstlichen Darmausgang, auf den Rücken gebunden hättest beim Skilaufen? Wir lachten und wir ließen uns nicht abhalten, das auch weiterhin immer wieder zu tun. Nicht mehr so oft, aber immerhin.
Wir sahen dich auf- und verblühen.
Wir sahen dir beim Sterben zu und konnten dir nicht helfen. Wir waren sauer auf dich, wenn du aus Kliniken abhautest, aus dem Bett der Intensivstation flüchtetest trotz Lungenentzündung und der Worte der Ärzte: „Der schafft das nicht mal unten bis zur Tür."

Aber du schafftest es, wieder und wieder. Durch Türen, durch Wände … bis in unsere Herzen hinein, die für dich geöffnet waren, Tag und Nacht.
Du hast in letzter Zeit einige Male unsere Verabredungen abgesagt, dich manchmal gar nicht gemeldet. Und ich hatte ein schlechtes Gewissen, weil ich mich nicht intensiv um dich kümmerte. Aber ich wusste ja immer, deine allerengsten Freunde sind bei dir. Trotzdem!
Als ich die SMS erhielt „Katy – ich glaube, es geht mit Axel zu Ende. Kannst du kommen?", da kam ich, da war ich da. Wie die anderen. Und ich verließ dich nur noch, um zur Arbeit zu gehen. Ich hielt deine Hand und streichelte deinen Kopf, deine zarten Ärmchen und die viel zu dünn gewordene Haut deines Gesichtes. Wie die anderen auch. Wir nahmen Abschied, jeder auf seine Weise, jeder anders und doch irgendwie gleich.
Vereint in Traurigkeit und in der Hoffnung, du mögest nicht leiden.
Ich weiß nicht, was die anderen dachten, aber für mich war es wichtig, dich vor Blicken zu schützen, von denen du nicht gewollt hättest, dass sie dich so erreichen. Ich habe auf dich eingeredet,

wie auf einen Elefanten, nein … so wie ich es immer mit dir gemacht habe. Ich habe dir gesagt, dass du diesen Kampf leider nicht gewinnen kannst und dass es nicht schlimm ist, aufzugeben. Dass man eben nicht jeden Kampf gewinnen kann. Ich habe die Schwester angeschnauzt, weil sie dir Angst machte, als schwarze Flüssigkeit aus deiner Nase lief. Ich wollte nicht, dass du Angst hast. Ich habe sie verbessert, als sie dich Block statt Bock nannte, weil ich spürte, du bist da und hörst das alles. Irgendwo da drin.
Dein Vater sagte, du wirst vielleicht nichts mehr wahrnehmen, die Dosis der Medikamente sei zu hoch. Ich weiß es nicht und werde es nie erfahren. Oder vielleicht doch, wenn meine Zeit gekommen sein wird und wir uns wiedersehen. Schlaf gut, mein Freund. Wir vermissen dich sehr. Ich bin dir ganz besonders dankbar für tolle Teamfilme, die du von und für die Menschen hinter der Kamera machtest und die du dadurch wissen ließest, dass du ihre Arbeit schätzt, die du ins Bild rücktest und denen du damit ein unvergessliches Vergnügen bereitet hast. Ich danke dir für tolle Szenen, die du mit mir drehtest, für Ausdauer und Geduld, für Wahrnehmung und Sorgfalt und dafür, dass du es ausgehalten und zugelassen hast, dass ich sowie dein bester Freund und dein Vater deine letzten Atemzüge begleiten durften, als du sanft gegangen bist in eine ferne Welt, die ich nicht kenne, und dass ich deine Seele streicheln durfte, bis es kühl um uns vier wurde, weil du schon auf der Reise warst.

Danke!

Der Tod eines Freundes relativiert so vieles.
Vor allem aber erinnert er daran, dass man das Leben jeden Tag so leben sollte, als wäre es der letzte. Ich lebte zwar schon, so dachte ich, nach diesem Prinzip, aber ich intensivierte mein „täglich' Leben" nach dem Tode Axels umso mehr. Ich versprach, mich mehr um mich zu kümmern, den Kopf nicht hängen zu lassen, selbst wenn mir manchmal danach zumute sein würde, sorgsam mit meinen Freunden umzugehen und wachsam dem Leben gegenüber zu sein.
Und dieser Grundsatz veränderte für einige Zeit mein Leben radikal!

Ein Jahr ohne

Heute habe ich genau ein Jahr hinter mir. Ein Jahr lang kein Alkohol. Mit genau sieben Tagen Abweichung, und wenn ich sage sieben, dann meine ich sieben.

12. November letzten Jahres. Wer kennt nicht den Witz „Geht ein Schauspieler an einer Kneipe vorbei?" Ha ha.

Ich bin in meinem bisherigen Leben tatsächlich Menschen begegnet, auf die dieser Satz zutrifft, allerdings möchte ich hier an dieser Stelle bezweifeln, dass das alles Schauspieler waren. Ich selbst habe im zarten Alter von dreizehn Jahren heimlich mein erstes Bier getrunken, ab und zu Cola Rum, später dann Batida/Orange oder Southern Comfort. Immerhin waren das damals die In-Getränke, ähnlich wie heute, wenn sich die Kids mit Red Bull/Wodka oder Batida/Cola mal eben die Dröhnung verpassen und glauben, der Abend würde dann mindestens doppelt so lustig verlaufen, die Musik in der Disco am Wochenende würde besonders gut „turnen", was meist zur Folge hat, dass der Abend eher beschissen endet, nämlich komatös und mit grünem Gesicht über der Kloschüssel oder im totalen Delirium mit Gedächtnisverlust.

Ja ja, der Alkohol. Gesellschaftlich anerkannt und dennoch für viele der Beginn einer nicht mehr enden wollenden, vor allem aber nicht immer guten Leidenschaft.

Man möge mich hier nicht falsch verstehen. Ich mag Alkohol. Ab einer bestimmten Menge täuscht er die Sinne, lässt lustige Gedanken ins Hirn rauschen, verdreht einem die Zunge im Mund und die Sätze im Hirn, veranlasst einen zu Gefühlsregungen, derer man sich im nüchternen Zustand nicht fähig zu sein glaubt, und macht aus jeder schlechten Party ein gelungenes und heiteres Fest. Na ja. Abgesehen von dem Brett am Morgen, das irgendjemand einem heimlich in der Nacht auf die Stirn getackert hat, der morgendlich schlechten Laune, den Erinnerungslücken und dem manchmal aufkeimenden schlechten Gewissen, nicht nur sein Geld, sondern vielleicht sogar seine Unschuld in der Nacht verloren zu haben. Aber spätestens gegen Mittag, wenn der dröhnende Schmerz aus dem Kopf gewichen und sich draußen schon die Dunkelheit ankündigt, denn man weiß ja, nach dem Tage folgt ziemlich sicher der Abend, folgt ebenso tatsächlich wie dieser die Überlegung, wo man sich, und vor allem mit wem, auf einen Drink treffen könnte, und das Spielchen geht von vorne los.

12. November.

Ich befand mich bei einem Freund auf dem Lande und natürlich gab es zum Abendessen leckeren Rotwein, und nicht nur einen. Eigentlich wollte ich dort über Nacht bleiben, also achtete ich nicht so sehr auf meinen Alkoholkonsum. Nachdem der eigentlich nette Abend sich in ein Desaster verwandelte, der in einem fürchterlichen Streit endete, beschloss mein mittlerweile ausgeschaltetes Hirn, sich mit mir im Schlepptau auf die Reise nach Köln zu begeben. Kaum gedacht, saß ich schon lallend und schimpfend hinter dem Steuer und rauschte, im wahrsten Sinne des Wortes, über die Landstraßen hin zur Autobahn.

Zu behaupten, ich hätte alles im Griff gehabt, ist mehr als glatt gelogen. Ich orientierte mich eher am Straßengraben als an der Straßenmarkierung und um ehrlich zu sein, habe ich im Nachhinein nicht die leiseste Ahnung, wie ich die 48 Kilometer hinter mich brachte.

Ich erinnere mich nur noch, dass ich in Schlangenlinien dreispurig fuhr, obwohl die Strecke nur zwei Spuren besitzt. Und ich muss auch erwähnen, dass ich seit vielen Jahren nicht mehr hinterm Steuer gesessen hatte, wenn ich getrunken habe, denn mir war immer klar, dass, wenn etwas passieren würde und ich damit vielleicht ein anderes Menschenleben in Gefahr gebracht hätte, ich meines Lebens nicht mehr froh werden würde. Also hielt ich mich stets an meinen eigenen Spruch

„Wer Geld hat, um zu trinken, der kann sich auch ein Taxi leisten."

Nur eben nicht in dieser Nacht.

Eigentlich war ich mir jede Sekunde gewahr, dass ich hier absoluten Mist baute, Lichter flogen wie Ufos an mir vorbei, aber ich hielt einfach nicht an. Stattdessen bestellte ich im Universum (ich habe das Buch in jungen Jahren verschlungen) einen Parkplatz vor meiner Haustür, und siehe da, das Universum erhörte mich.

Nachdem ich wie ein Stein geschlafen hatte und mit Mundgeruch, der mich sogleich wieder trunken werden ließ, erwachte, wurde ich mir dieses totalen Unsinns bewusst, den ich da veranstaltet hatte. „Ist ja noch mal gut gegangen", flötete mir mein gepeinigtes Hirn zu, aber mir war ebenso klar, dass es keine Entschuldigung für dieses Verhalten gab und ich einfach nur mächtig viel Glück gehabt und alle meine Schutzengel in der Nacht aus der Reserve gelockt hatte.
Wie schon erwähnt, war ich nie ein Kostverächter gewesen, was Alkohol anging, und meist konnte ich nach einer durchzechten Nacht fast ohne Spuren am nächsten Tag nahtlos weitermachen. Dummerweise hatte ich fast nie einen dicken Kopf und eigentlich war mir auch nicht schlecht.
Aber an diesem Tag war alles anders. Ich bedankte mich erst mal, ich glaube, bei Gott, dass er mich heil nach Hause gebracht hatte, danach begann ich mein Tagwerk bis in den Abend.
Wie so oft hatte ich keine Gelegenheit gehabt, fürs Wochenende in Köln einzukaufen, und so ging ich an diesem Abend in das Restaurant meines Vertrauens, um dort zu essen.
Ich saß kaum, da stand auch schon eine Weinschorle auf meinem Tisch. „Nein danke, heute kein Alkohol", hörte ich mich sagen. Ein erstauntes Gesicht schaute mich an. „War die Nacht lang und hart?", lächelte mir der Kellner verschmitzt zu und ich nickte, irgendwie beschämt. „Wasser bitte." „Ah." Allwissend schob er mit der Schorle von dannen und brachte mir meinen gewünschten Trunk. Aus purer Langeweile wechselte ich ab und zu zu Apfelschorle, was mir immer wieder wissende Blicke einbrachte, aber ich blieb eisern. Natürlich hätte ich auch ein Gläschen trinken können, aber was genau brachte das?

Zu Hause angekommen überlegte ich, wann der letzte Tag gewesen war, an dem ich nicht zumindest ein „Schörlchen" getrunken hatte, und ich musste mir eingestehen, dass das schon einige Zeit her war.

Am nächsten Abend wiederholte ich mein Ritual des Essengehens, und siehe da, kaum saß ich am Tisch, stand dort mein „Schörlchen".

„Nein danke", erhob ich meine Stimme, fast schon ein wenig grob.

Schließlich konnte man mich, selbst wenn ich seit Jahren Stammkundin war, zumindest mal fragen, was ich gerne trinken wollte. Ich selbst habe jahrelang in der Gastronomie gearbeitet und weiß natürlich, dass es in Kneipen und Bars für den Gast nichts Schöneres gibt, als wenn eigentlich schon beim Erscheinen der Nase in der Tür der Lieblingsdrink auf der Theke landet. Manch ein Barmann macht es sich zur heimlichen Aufgabe, wenn ein Gast einmal einen sehr speziellen Drink auf der Durchreise zu sich genommen hat, auch nach Jahren noch die genauen Ingredienzien zu wissen, um damit eben bei jenem Gast zu punkten.

Ich blieb stur und ging auch an diesem Abend gut „gewässert" nach Hause. Ich beschloss, die Gunst der Stunde zu nutzen und direkt noch eine kleine Diät anzuhängen, bei der man ja meist keinen Alkohol trinken darf, außer bei Montignac, und begann just am nächsten Tag mit der Kohlsuppendiät. Dazu sportelte ich und fühlte mich irre wohl. Auch die Schlaflosigkeit, vor der ich mich „untrunken" am meisten fürchtete, verließ mich langsam und ich fühlte, ich kann auch sehr gut ohne Alkohol. Nach etwa einer Woche, wer hätte gedacht, dass ich es so lange schaffe, den Kellner zu ärgern, hatte ich ein paar Pfund abgelegt und viele neue Gedanken im Kopf. Vor allem fiel mir abends immer ein: „Du darfst ja, wenn du möchtest." Aber irgendwie mochte ich nicht.

Bei Treffen, Abendessen und sogenannten „Meetings" blieb ich von da an bei Wasser und Kaffee, und nicht selten heimste ich mir seltsame Blicke ein, wenn ich die Einladung des Wirtes auf „einen Feierabenddrink" ausschlug. So ging es bis Silvester, was immerhin fast sieben Wochen ausmachte. An diesem Tag, so hatte ich beschlossen, würde ich auf das neue Jahr anstoßen, was ich auch tat.

Im Gegensatz zu früher wählte ich Brandy, doch bereits nach dem dritten in ca. zwei Stunden sah ich schon keinen Sinn mehr darin und hätte mir die anderen beiden wirklich sparen können.

Und so begann ich das Jahr mit fünf Brandy und ohne gute Vorsätze.

Aber das mit dem Trinken war irgendwie durch. Viele Monate gingen ins Land, ich wurde belächelt, weil ich die „allertollsten Weine" ausschlug, Champagner nicht verköstigte und oft, während alles um mich herum lallend und kichernd in den gegebenen Runden versickerte, an meinem Wasser nuckelte und mich dennoch wohlfühlte. Was auch immer in dieser Nacht damals passiert ist, es hat mir die Sinnlosigkeit des Trinkens so sehr aufgezeigt, dass man mich nur noch selten betrunken „erwischen" wird. Wenn, das scheint mir, wird es einer dieser Abende sein wie die folgenden sechs in dieser Zeit. Ich habe mich an jedem dieser Abende bewusst entschlossen, ein Glas zu trinken, manchmal auch zwei. Und mir ist in diesem Jahr klar geworden, dass nicht ich die Dumme bin, wenn ich nicht zu alkoholischen Getränken greife, dass ich dennoch nach wie vor sage, was ich denke, und das Gott sei Dank manchmal vorsichtiger und klarer als an all den Abenden der „geistigen Umnachtung". Eine gute Phase lang dachten die anderen, mit denen ich abends ausging, ich sei nur arrogant, ein paar von ihnen habe ich scheinbar manchmal die Lust am Trinken oder sogar den „ach so lustigen" Abend verdorben und irgendwie hat sich sogar manch einer dadurch bedroht gefühlt. Ständig musste ich mir so Sätze wie: „Ach, wenn du andauernd darüber redest, dass du nicht trinkst, dann tust du es sicher. Warum sonst würdest du das andauernd erwähnen? Also, wenn ich nicht trinke, muss ich nicht dauernd darüber quatschen" anhören. Aber genau das war ja eben der Unterschied. Sie tranken ja nicht nicht. Schon komisch, aber die härtere Schule, die ich durchmachen musste, war nicht, nicht zu trinken, sondern in der Gesellschaft nach wie vor anerkannt zu werden. Manch einer dachte sogar, ich wäre jetzt trockene Alkoholikerin, was ich definitiv nicht bin. Obwohl ich

die Krankheit des Alkoholismus und die Gefährdung jetzt wirklich besser verstehe. Auch habe ich einen noch tieferen Einblick bekommen, warum ich selbst immer wieder zum Glas griff, auch wenn es manchmal nur „das eine" am Abend war.
Alles in allem erhoffe ich mir zwei Dinge in dieser Sache.
Erstens, dass ich nie wieder auf die absolut gefährliche und dumme Idee komme, mich angetrunken hinter ein Steuer zu setzen, und zweitens, dass ich weiterhin mein Leben nicht danach ausrichte, was andere von mir denken. Mir hat diese Zeit nämlich unendlich gut getan und ich kann diese Erfahrung nur jedem wärmstens empfehlen. Und wer jetzt sagt „das könnte ich nie", dem sei gesagt: Genau das habe ich auch gedacht.
Vorher!

Aber, wie heißt es doch so schön: „Kein Alkohol ist auch keine Lösung!"
Natürlich war ich stolz, dass ich das geschafft hatte, aber Schauspieler, die ihr Innenleben nach außen kehren, vielleicht sogar jeden Tag, greifen nun mal gern zu einem Gläschen – oder auch zwei. (Auch hier bestätigen Ausnahmen die Regel und ich möchte wirklich keinem Kollegen zu nahe treten oder unseren Berufsstand zum potentiellen „Säuferberuf" degradieren!) Wichtig ist ja auch nur, dass man es sein lassen kann, wenn man es möchte, egal ob Schauspieler oder nicht. Und ich hatte jedenfalls mir bewiesen, dass es geht, und freute mich über diese Erkenntnis.

Der Sommer rückte näher und ich arbeitete wie eine Verrückte. Spontan buchte ich übers Wochenende einen Flug auf eine bekannte Insel, weil ich vermutete, dass dies die einzige freie Zeit in diesem Jahr sein würde, dazu war ich einfach ziemlich überarbeitet und außerdem hatte ich solche verdammte Sehnsucht nach Wasser, Meer und dem freien Blick bis zum Horizont.

Ballermann im Paradies

Endlich im Solarium. Nein, nicht unter ... im! Solarium heißt die Raucherzone auf dem Flugplatz von Palma de Mallorca.
Ich habe endlich mal drei Tage am Stück frei und mich kurzfristig ... äh ... zu einem Kurztrip entschlossen.
Ja, ich weiß!
„Du fährst jetzt in Urlaaaaub? Du hattest doch letzten Sommer über viereinhalb Monate drehfrei."
(Ja! Von der Serie, deren Namen ich hier jetzt nicht nenne.)
Viereinhalb! Ja, aber das war eben letztes Jahr.
Und diese freie Zeit hatte ich damit verbracht, anderweitig zu arbeiten, mir Arbeit zu suchen (ich gestehe, ich bin ein Workaholic) und mir Sorgen zu machen. Über mich, die Zukunft, mein Leben, die Liebe, warum ich keine Kinder habe, warum die Zeit mit dem Älterwerden so verdammt viel schneller vergeht – warum Nicole Richie so schrecklich dürr geworden ist, über den JoJo-Effekt von Mariah Carey und warum eigentlich alles mit der großen Liebe nicht so recht funktionierte. So halt.
„Du machst das genau richtig", bestätigte mir eine andere Freundin.
„Du brauchst dringend mal ein paar Tage für dich!"
Für mich?
Ich verbringe andauernd mal Tage (die Nächte übrigens auch) „für mich", „mit mir" und „um mich herum". Das genau ist ja mein Problem! Ich!
Ich lande also in Palma und habe ... keinen Führerschein dabei – oder verloren? Keine Ahnung. Jedenfalls ist das Ding nicht da, wo es hingehört. Katastrophe.
Ich kann nun wirklich nicht in den Bus steigen und als lebende „Autogrammstunde" über Mallorca rollen. No way. Außerdem

will ich das nicht. Mist. Ich gehe also zur Autovermietung Lasso, dem günstigsten Anbieter auf der Insel. Fehlanzeige. Kein Führerschein … kein Auto. Basta. Aber der nette Herr von Lasso gibt mir dennoch einen Tipp: „Gehen Sie zur Polizei. Sagen Sie dort, dass Sie Ihren Führerschein verloren haben und nicht wissen, wo er ist. Wenn die Ihnen eine Verlustbescheinigung ausstellen, dann bekommen Sie vielleicht irgendwo ein Auto. Wir haben aber keine mehr."

Nachdem ich es endlich, nach Fahrstuhlsuche und Findung, was gar nicht so einfach ist auf dem PMI, in den zweiten Stock zum Abflug geschafft habe, frage ich mich weiter durch bis zum vierten Stock und lande bei der „policia". Ich erkläre der freundlichen Dame mein Anliegen, sie schaut mich mitleidig an und macht sich sofort an die Arbeit. Schlussendlich legt sie mir drei Schriftstücke zum Unterzeichnen vor. Während ich meinen Namen auf das erste setze, stelle ich fest, dass ich das, was ich hier grade fröhlich unterzeichne, weder gelesen habe noch lesen kann. Nach einem tiefen „Kann-ich-dir-wohl-trauen–Blick" in ihre Augen beschließe ich, jetzt hier keinen großen Aufriss zu machen.

Die Insel wartet auf mich und diese Dame ist schließlich Vertreterin der Polizei. Also wem könnte man schließlich besser trauen? Es ist heiß draußen, vom Gepäckwagen verliere ich mal eben an einem Gulli meinen Koffer vom Kuli, aber ich haste weiter, um bei der Firma Hertz anzufragen, ob sie mir freundlicherweise ein Auto, auf das weiße Zettelchen in der Hand, mit dem ich unschuldig wedle, geben würden. Würden sie nicht. Ah ja.

Nachdem ich mich durch fast alle Anbieter geschlängelt habe, frage ich mich, warum ich eigentlich nicht bei SIXT anrufe. Schließlich und immerhin bin ich Besitzerin der Gold-SIXT-Karte, glaube ich jedenfalls. Ich rufe also in Deutschland an und siehe da … man kann leider nichts, aber auch rein gar nichts für mich tun.

„Wenn Sie den Führerschein hätten, dann …", ja, meine Liebe, dann würde ich Sie sicher nicht anrufen und um Hilfe bitten. So was Blödes!

Nach ca. zwei Stunden, etlichen weiteren Telefonaten und Mundfusselig-Gebettel lande ich wieder bei meinem „Lasso-Mann".

Er zwinkert mir zu … deutet mir an, zu warten, drückt mir verschwörerisch ein Päckchen in die Hand … lässt mich den Vertrag für einen Seat unterschreiben, der übrigens gar nicht mal so teuer ist, und flüstert mir durch das Loch im Plexiglas: „Aber bitte vollgetankt zurück!" zu, nimmt meine Kreditkarte, bucht den Betrag ab und reicht mir diese mit den Worten: „Bitte dran denken, vollgetankt zurück" … äh … zurück. Dann wünscht er mir schnell noch eine gute Fahrt und wenn irgendetwas sei, sein Name stehe unten auf dem Vertrag. Eduardo! Du Sonne unter Mallorcas Mond. Du hast mir den Arsch gerettet. Tausend Dank!
Im Auto angekommen reiße ich die Fenster auf, werfe den Koffer auf den Rücksitz, den Kofferraum konnte ich nicht öffnen, und verlasse endlich den Flughafen. Urlaub – ich komme.
Während der Koffer hinter mir hin und her fliegt und Geräusche macht wie ein schlecht beladener Lkw, genieße ich meine kleine Reise, verfahre mich natürlich erst mal, um dann Richtung Manacor und weiter meinem Ziel, der Cala Ratjada, entgegenzuschippern.
Wo „Dieter" ist, da will ich sein!
Nein, mal ehrlich. Hatte ich auf dem Flug noch in der „Bild" gelesen. Und so stelle ich mir vor, ich liege am Strand, lächle einen netten, jungen Mann an, der mir gefällt, und höre mich sagen: „Hallo. Mein Name ist Katy Karrenbauer und ich bin Promi. Warum sprichst du mich nicht an?" So hatte die „Bild" jedenfalls Dieter zitiert. Na ja, was geht's mich an?
Auf dem Weg an die Son Moll erträume ich mir also den herrlichen Strand und nach einer guten Stunde Fahrt komme ich an. Ich fahre vor dem Hotel vor, dem Hotel, wo wir das letzte Mal zusammen gewesen sind. Ja, aber „wir" ist eben anders als „ich".
Tatsächlich bekomme ich dennoch ein Zimmer mit Meerblick.
„Fahren Sie in den zweiten Stock", brummt der Portier mir zu, während er mir den Schlüssel zuschiebt. Der Fahrstuhl hat seine Tücken und landet nicht punktgenau, darum bekomme ich noch das Wispern hinter mir mit: „Is dat nich … dat is doch die …", aber mit dem Zuklatschen der Tür habe ich es auch schon wieder vergessen.

Nach ein paar Kurven finde ich das Zimmer, das Zimmermädchen wirbelt noch darin herum, aber das macht ja nichts. Ich will eh nur schnell aus den Sachen springen, ab in den Bikini und runter ans Meer. Vom Balkon aus kann ich es sehen, „il mare", und … einen Fetzen Strand, den Matten, Luftmatratzen, Leiber, Sonnenliegen und Sonnenschirme nicht zu verdecken vermögen. Ölsardinen? Schlimmer!
Und so bleibe ich eine Weile auf dem Balkon stehen und lausche dem lauthalsen Krakeelen der Arschbombenverursacher im Pool.

Nachdem das Zimmermädchen mich endlich allein gelassen hat, schlüpfe ich in den Bikini. Der Blick in den Spiegel treibt mir eisige Schauer über den Rücken und Tränen in die Augen. Über neun Monate darben, kein Alkohol, Kohlsuppendiät (bis auf die letzten zwei Wochen natürlich … aber Urlaub war ja auch nicht mehr geplant) und dann … das???
Ich wohne nicht hoch genug, um mir auf der Stelle das Leben zu nehmen, aber zumindest Schluchzen sei mir vergönnt und so werfe ich mich aufs Bett, das kurz mal eben mit mir quer durchs Zimmer rutscht, und weiß … das Leben war zu Ende. Ich kann nicht mal mehr schwimmen gehen.
Alles aus und vorbei!

Nach ein paar Minuten habe ich mich wieder im Griff in meiner typischen „du schaffst das, Karrenbauer, wird schon"-Manier, stülpe mir ein T-Shirt über den Kopf, krieche in meine viel zu große Adidas-Sporthose, ein Geschenk, das ich nicht hatte ausschlagen können, und bekomme just in diesem Moment eine SMS: „Reist du allein?"
Wie könnte man mit dieser Speckwampe behaupten, allein zu reisen? Nein, ich reise im Kokon, in einer Art Fatsuit, wie ihn Alexandra Neldel in „Verliebt in Berlin" trägt!
Ja, ich reise … allein!
Nachdem ich, an den Äpfeln vorbeiziehend, im Supermarkt nach einer Tüte Frust-Kekse gegriffen habe, setze ich mich ins Auto und suche nach der „kleinen, verschwiegenen Bucht, in der wir einst so

glücklich waren!" Weißt du noch? Da, wo eigentlich nur Spanier hingehen.

Spanien und Italien mochte ich ja immer schon gern als Reiseziel, da ich mich dort immer „figürlich" ganz wohlfühlte. Auch wenn es dort natürlich bildschöne Frauen mit Wahnsinnskörpern gibt, gibt es eben auch die anderen, die Pummeligen, die mit hoch erhobenem Haupte ihre Rundungen stolz am Strand ausführen. Ich werde mein Selbstwertgefühl zurückerobern! Jawohl.

Ich fahre den schmalen Weg entlang und … sollte mir verdammt schnell und am besten schon hier einen Parkplatz suchen. Bis zum Strand ist es zwar noch ein ganzes Stück, aber Autos pflastern diesen Weg bereits. So setze ich flugs mein Fahrzeug fast in eine Bodenrille, aus der ich wohl nie mehr rausgekommen wäre, hätte mir nicht ein Baum den Weg versperrt.

Irgendwie bin ich ja gekommen, um Abschied zu nehmen von unserer glücklichen Zeit an dem einsamen Strand. Aber doch nicht so!

Ich humple sozusagen über mal mehr, mal weniger verbrannte Körper bis hin zur allerhintersten Ecke der Bucht, um mich neben oder besser gesagt zwischen eine Luftmatratze und einen Wasserbob zu quetschen, den zwei Typen lauthals am Strand „Gipse ma den Schraubenzieher?" reparieren, einstellen oder was auch immer.

Geschafft!

Ich pelle schnell die Sachen vom Leib, auch das Bikinioberteil – scheißt der Hund drauf – und werfe mich ins erfrischende Nass. Vor mir so eine Art Bodybuilder mit Glatze und Kescher, der schleimige Dinge aus dem Wasser fischt. Feuerquallen. Nein nein nein!!!

Ich werde jetzt schwimmen und träumen, relaxen und meditieren, brumme ich leise in mich hinein, während ich gegen eine gelblichgrüne Spülmittelflasche stoße. Weiter … weiter … weiter! Karrenbauer! Wer wird denn hier kleinlich werden? Man kann schließlich nicht alles haben! Und so brutzelt mir die Sonne auf die Haut im salzigen Ozean, mir fällt das Buch „Salz auf unserer Haut ein", ein Erotikthriller, damals verfilmt mit Greta Scacci, während

Plastiktüten sich wie Schwimmflossen an meine Füße hängen und mich Mr. Superbob fast überfährt. Später kommt dann noch die Polizei und verbietet den Typen das Landen in der Badebucht. Na super. Erholung pur!

Ich frage mich inzwischen, wie ich halbwegs unerkannt aus dem Wasser kommen soll, mit fast nichts bekleidet außer ein paar Rettungsringen und einem schlecht sitzenden Bikinihöschen. Gut, dass es hier keine Paparazzi gibt, aber davon blieb ich bisher Gott sei Dank ja wirklich verschont. So wichtig bin ich nun doch nicht ... Knips! Irgendjemand steht da mit einer Kamera ... der ganze Strand guckt in meine Richtung. Mein Gesicht rötet sich schon vor Wut, ich lasse mich noch mal ins Wasser gleiten und sehe dabei, dass hinter mir Jungs todesmutig von einem Felsen springen. Ach so.

Aber mal ehrlich. Bucht der Spanier? Inzwischen ist ja selbst mir nicht entgangen, dass sich hier Brandenburg und Dortmund zum Stelldichein verabredet haben. Ich suche einen günstigen Moment, um den Wogen à la Anita Eckberg in „la dolce vita" zu entsteigen, lande weich auf meinem Handtuch, zünde mir eine Zigarette an und wähne mich schon in Sicherheit, als mich ein „hasse ma Feuer" aus meiner Versenkung reißt.

„Oh, sach ma ... biste?"
„Ja."
„Biste nich ...?"
„Ja."
„Oh, wir hatten nämlich schon die ganze Zeit gerätselt. Biste wirklich?"
„Ja."
„Echt?"
„Jaa!"
„Sie isses!", brüllt er über den ganzen Strand hinweg.

Ich werfe mein Gesicht bäuchlings auf meine Tasche, die mir ja eh als Kopfstütze dienen soll, und will eigentlich nur noch heulen.
„Soll ich dir wat zu trinken vom Kiosk mitbringen?" Ich gucke ihn verdattert an.

„Oder wat anderet? Brauchste 'nen Ascher?"
'Nen Ascher am Strand? Was ist denn das für eine Frage?
„Nein danke. Ich habe noch 'ne leere Schachtel, darin sammle ich später meine Kippen."
„Bierchen?"
„Ich trinke keinen Alkohol!"
„Kaffee?"
„Jaaaaaa! Bitte!"

Ich habe das Gefühl, der ganze Strand samt Steinchen guckt mich inzwischen an, aber der Typ und seine Begleitung sind wirklich nett und lassen mich ab jetzt in Ruhe. Zwischendurch versorgt er mich zauberhafterweise mit Kaffee, mal zahle ich, mal er. Dafür passe ich, wenn die beiden baden, auf ihre Sachen auf.
Ich empfehle ihnen, abends zum Leuchtturm hochzugehen, weil es da so schön romantisch ist, der Blick so herrlich, die Sonnenuntergänge so traumhaft … und eigentlich nur, weil wir dort so eine schöne Zeit hatten.
Leider deute ich bei unserem Abschied in die falsche Richtung und so irren die beiden stundenlang herum auf der Suche nach Selbigem, wie ich am nächsten Morgen erfahre. Ich selbst verirre mich ebenfalls, weil ich den Leuchtturm wirklich auf der anderen Seite der Bucht wähne, finde aber schließlich den Weg, der eigentlich „direkt" an der kleinen Bucht liegt. Während ich also die Serpentinen mit dem Wagen erklimme, verbeißt sich ein stechender, nach Müll stinkender Geruch in meiner Nase, der mich, auch auf der Höhe angekommen, nicht verlässt. Schnell laufe ich alle Stellen ab, wo wir gewesen sind, ich dich gefilmt habe, du mich, wir uns … und nichts wie weg!

Den Sonnenuntergang kann ich leider nicht abwarten, das schafft mein Geruchssinn keinesfalls. Sorry … aber Grüße von da. Ich schicke dir einen Kuss übers Meer und sicher in die falsche Richtung. Wo liegt eigentlich Deutschland von hieraus gesehen? In Erdkunde war ich schon immer eine Niete und bin es leider noch.

Ballermann im Paradies ...

Ich beschließe, nie mehr zu essen, und besiegle dieses Versprechen mit dem großen Krokantbecher auf der Promenade, den Blick starr aufs Meer gerichtet. In dem Restaurant, in dem ich gerne sitzen möchte, sind leider die schönsten, oder besser gesagt, alle Tische reserviert – aber ich lasse mich vormerken und habe so etwa in zwei Stunden wohl Aussicht auf Erfolg. Ins Noah's will ich nicht, denn von dort hast du mir das letzte Mal Grüße geschickt und geschrieben: „Nimm doch den letzten Flieger. Ich wünsche es mir so." Da hatte ich Nachtdreh.
Keine Ahnung, ob inzwischen zwei Stunden vergangen sind, aber es ist bereits dunkel und der Kellner aus dem Nachbarlokal bittet mich in die gute Stube, will heißen, das Lokal ist überdacht.
Ich bin zwar immer noch tierisch satt vom Eis und den zwei Latte Macchiato, aber das hält mich nicht davon ab, hier am schönsten Tisch meiner mallorcinischen Welt Tomate Mozzarella und als Hauptgericht Nudeln mit Knoblauch zu bestellen. Eigentlich mag ich keine Tomaten mehr, seit ich weiß, dass du keine magst, und

... 20 Minuten später

Knoblauch verwirrt meinen Magen, seit er deinen verwirrt. Nun gut.
Ich sitze den ganzen Abend über an derselben Stelle und schaue auf die Weite des Meeres, das man kaum sieht, denn „die Nacht ist so schwarz wie die Füße der Kinder, komm doch zurück, oh pretty Belinda" ... übrigens das erste Lied, das ich auswendig singen konnte. Ich lasse den Gedanken freien Lauf und die Nudeln stehen, höre Alexandra, frage mich auch „was ist das Ziel?" und werde irgendwann, die meisten Gäste sind schon gegangen und die Kellner essen bereits ihr After-Work-Dinner, von einer großen Welle überspült, muss herzhaft lachen, während ich versuche, I-Pod, Zigaretten und meine Tasche aus der Flut zu retten, die nach allem greift und versucht, irgendetwas mit hinaus ins Meer zu reißen, vielleicht mich? ... und denke nass: „Ja. Das ist das Leben!"
Die Nacht verbringe ich mit Panikattacken, Magendrehen und RTL 2 und wache am Morgen völlig gerädert auf. Ich werfe le-

diglich meine Hormontablette, nicht gegen das Altern, sondern wegen der Unterfunktion der Schilddrüse, ein und juice plus, von einem Freund empfohlen, das schöne Haut, Haare und Fingernägel machen soll und bei etlichen Krankheiten wohl Linderung verschafft. Einsamkeit ist dort leider nicht angezeigt und so mache ich mich auf in die Bucht.
Leider bin ich wieder etwas spät dran, aber mein Kaffee wartet schon im Sand und meine Dortmunder haben mir freundlicherweise ein Plätzchen neben sich reserviert. Schnell aus den Klamotten und rein ins Vergnügen. Keine Tüten diesmal, dafür rohes Fleisch in Rosa, also ich empfehle ja Buttermilch gegen Sonnenbrand, aber wer nicht hören will, soll eben fühlen und ab und zu fliegt ein Ball bedrohlich nah an meinem Kopf vorbei, aber wen stört das schon … „la vie est belle".
Den Tag über plintsche und plantsche ich bis in den frühen Abend hinein. Tatsächlich kann ich nämlich auch ein Ich ohne Wir genießen. Na ja, zumindest ein bisschen. In der SMS an dich gestehe ich: „Das Wasser ist schön, aber Schwimmen ohne dich macht nur halb so viel Spaß."
Das stimmt. Leider!
Meine Kaffeefreunde machen sich früh auf nach „Arenal" zum Feiern und „mal Gucken". Ich lasse den Strand ein wenig menschenleerer werden und beschließe, mir gleich für den Folgetag ein gutes Buch zu kaufen. Den Abend verbringe ich wieder im „Restaurant meines Vertrauens" mit Blick aufs tiefe Schwarz und diesmal ohne Welle, aber an meinem Tisch, den ich zeitig verlasse.

Vorletzter Tag. Ich wiederhole mich, obwohl ich das hasse, indem ich wieder meinen bevorzugten Strand aufsuche. Ob mir nichts Besseres einfällt? Nein! Definitiv nein!

Ich will meine Ruhe und die habe ich mir nun gewissermaßen hier „erlegen". Ich stelle scheinbar kein Ereignis mehr dar und darf sein. Was will ich mehr? Mit meinen zwei frisch erstandenen Büchern und einem acht Euro Bikini in Türkis, den ich mir auch noch geleistet habe und der tatsächlich ein paar Kilos wegschummelt, oder ist einfach nur zu wenig Stoff dran?, lasse ich mich an meinem Stammplatz nieder und beginne zu lesen. Auf einmal spüre ich auf der Haut nicht nur die Sonne, sondern etwas eher Befremdliches. Ich blicke von den Buchseiten hoch und entdecke ein paar junge Leute, die in meine Richtung und ... äh ... auf meinen Busen glotzen. Sofort lege ich mir das Buch aufs Gesicht und tue so, als sei ich nicht vorhanden. Nach etwa zwanzig Minuten habe ich das Gefühl, meine Stirn habe nun endgültig die Farbe des Buchcovers angenommen, und mit Buchdeckelblaugesicht husche ich ins Wasser und eigentlich verbringe ich dort den Rest des Tages. Als sich der Strand leert, kann auch ich endlich meinen weich gewässerten Körper Richtung Tomate Mozzarella schwingen. Diesmal ist es sogar noch hell und ich kann das Meer von meinem Lieblingsplatz aus überblicken. Herrlich.

„Erkannt", ... ruft mir eine Dame über alle Tische entgegen, als habe sie grade beim Bingo gewonnen. Ich lächle höflich, aber irgendwie auch angespannt. Meist folgt nach dem mutigen Einsatz eines Ersten die „haste mal ein Autogramm ... kann ich ein Foto ... schreibst du mir auf den Arm ... was machst duuuuu denn hier?"-Litanei. Und kaum gedacht wälzt sich ein junges Mädchen mit einer Kamera bewaffnet in meine Richtung. Manch einer hätte vielleicht seine wahre Freude daran gehabt, doch was mache ich? Reiße die vor mir liegende Zeitung vor mein Gesicht, so nah, dass ich beim besten Willen keine Silbe lesen hätte können, selbst wenn ich wollte, um sofort klarzustellen, dass ich definitiv nicht gewillt bin, Konversation zu betreiben oder ein Foto mit jemandem mir gänzlich Unbekannten zu machen ... und höre erleichtert, wie die Schritte sich von meinem Tisch entfernen. „Blöde Zicke oder dumme Kuh", wird sie denken. Mir grad egal.

Ich frage mich, was die Leute nur an mir finden und wie das eigentlich früher gewesen ist. Aber irgendwie kann ich mich kaum daran erinnern, denn ich drehe die Serie, deren Namen ich jetzt hier nicht nenne, ja nun fast schon zehn Jahre. Oh Gott. Zehn Jahre!? Mittlerweile erkennen mich die Fans schon an meiner Stimme und das, selbst wenn ich nur leise hüstle.
Beängstigend!

Am Abend packe ich noch schnell meine Klamotten und am kommenden Morgen treibt es mich ein letztes Mal zum Wasser. Der Flieger geht erst spät, aber jetzt, am Morgen, steht das Handy schon nicht mehr still. Auszeit?
Von wegen. Die meisten, die anrufen, werden denken: „Ja, die ist schlau. Die geht erst gar nicht ans Handy, um einfach mal ihre Ruhe zu haben." Pustekuchen.
Die Wahrheit ist, ich kann mein Handy nicht abhören, denn ich habe vergessen, die Auslandsabfrage für meine neue Mailbox einzurichten. So ist das!
Aber, die drei Tage wird man ja wohl auf mich verzichten können und immerhin liegt ja auch noch das ganze Wochenende dazwischen.

Das Meer liegt ruhig vor mir, als sie kommen!
Die Zerstörer aller Poesie, die Zertrümmerer jeglicher Romantik, die …

A: „Boah, sind die blöd hier! Warum haben die denn nicht den Felsen hier weggehauen und mehr Sand aufgeschüttet."

… ich fasse es nicht … Fraktion!

B: „Ja scheiße. Eh, der Bernd, der fickt auch alles, was auf den Tisch kommt."
A: „Stimmt!"
A: „Is schon komisch … so nüchtern … wa?"
B: „Ja, total komisch."
A: „Voll scheiße, der Strand hier."
B: „Ja, voll scheiße!"
A: „Find ich auch total blöd, hier zu stehen."
B: „Ja, voll blöd."

Finde ich übrigens auch. Voll Scheiße und voll blöd! Der Typ steht nämlich jetzt inzwischen breitbeinig genau über meinem Gesicht und ich kann seine Schamhaare zählen, was ich definitiv nicht will.

Haut ab! Stellt euch gefälligst woanders hin und hört auf, mir den allerletzten Tag zu versauen, will ich grade brüllen, da beugt er sich bedrohlich über mich und schickt sich an, sein Gesicht immer näher in die Richtung meines Gesichts zu schieben.

A: „Ey. Hasse ma die Uhr?"

Der meint mich.
Ich werde den Teufel tun und für dich auf mein Handy gucken, denke ich, taste nach meinem T-Shirt und ziehe es mir über den Kopf. Das Problem ist, wenn man einen der Sinne ausschaltet, ist ein anderer dadurch verfeinert. Das nutzt der Gegner für sich und foltert mich weiter …

A: „Ey Silvia. Wat is denn mit dem Typ von gestern? Triffse den?"
S: „Ja. Später. Aber erst um acht. Dann is da in dem Laden ‚hour'."
Sie meint wohl Happy Hour, aber vielleicht ist sie ja gar nicht happy.
A: „Ach nee. Echt? Da weiß ich doch, watte wills."
S: „Wieso?"

A nach kurzem Schweigen: „Hasse schon gepackt? Da hab ich echt Respekt vor, da zieh ich den Hut, wennste dat schon gemacht hass."
S: „Schon alles im Koffer. Sind ja nur Sommersachen – drei T-Shirts, drei Hosen, vier Paar Schuhe."

Aha?

S: „Wenn ich Ski fahre, hab ich immer dickere Sachen dabei."
Bitte nicht!!! Nein. Bitte jetzt nicht vom Winter …
S: „Wenn Winter is, dann is der Koffer auch dicker … dann …"

Ich halte das nicht aus. Ich will ins Wasser jumpen und meine Ohren ausspülen, am besten nie mehr hören, aber ich wage nicht,

mich zu bewegen. Ich bete und flehe, dass die mich nicht erkennen. Ich bleibe geduckt. Dann plötzlich spüre ich rieselnden Sand auf meiner Hand. A hat sein Handtuch direkt neben meines gelegt. Hilfe! Ist denn hier niemand, der mir hilft? Vielleicht ist das ansteckend. Hilfeeeeee!
Warum hilft mir denn keiner??? Rumms!
Ich versuche noch, meine Wasserflasche in seine Richtung zu kippen, aber vorbei. Er liegt! Und für den anderen und Silvia ist wohl auch noch Platz. Mist!
Zu meiner anderen Seite wird grade ein Sonnenschirm aufgeklappt. Ich spüre das, weil mir mit einem Mal kalt wird und sich alles vorm T-Shirt-nicht-mehr-Durchblick verdunkelt. Jetzt reicht's. Nicht nur mein Innenohr ist zerfetzt, nun wird mir auch noch das Tageslicht genommen. Ich springe ruckartig auf. Ich gehe ins Wasser und komme vielleicht nie mehr zurück. Womit habe ich das verdient?
Bitte nicht missverstehen. Ich liebe das Ruhrgebiet. Immerhin bin ich selbst ein „Duisburger Mädchen" …, aber alles hat Grenzen. Und meine wurden soeben komplett überschritten.
Nach etwa einer halben Stunde, das frische Wasser entschädigt mich für alles und macht mich wieder sanft, wage ich den fatalen, verhängnisvollen Schritt aus der Sicherheit des mich umspülenden Elements. Eine Horde Jugendlicher hinter mir, die schon seit geraumer Zeit auf ihren Luftmatratzen bedenklich in meiner Nähe herumdümpelt, begleitet nun jeden meiner Schritte aus dem Wasser mit „Walter! Walter! Frauenknast! Das ist ja geil. Ey Walter – die Walter. Hey … Waaaaaaalllllteeeeer!" Zum „Sand-aus-dem-Handtuch-schütteln" bleibt keine Zeit. Ich falle, liege, atme schwer. Nicht mal eine Decke hilft jetzt noch, kein Vollkörperkondom. Nichts!
Ein Königreich für eine Idee! Eine Ideeeeee!!!
„Angriff ist die beste Verteidigung", schießt es mir durch den Kopf.
Und während drei von ihnen sich zu ihren Sachen gesellen nebst Luftmatratzen und sich dort am romantischsten Felsen, aber somit direkt neben mir, eine Zigarette anzünden und mich mit ihren Bli-

cken durchbohren, tue ich dasselbe. Ich zünde mir eine Zigarette an, nicht ohne vorher mein Bikinioberteil sowie mein gesamtes Kampfdress angelegt zu haben, und lasse sie dabei keine Sekunde mehr aus den Augen. Die Jungs sind grade mal so alt wie mein jüngster Neffe. Mir fallen Sprüche wie „dürft ihr eigentlich schon rauchen?" ein, aber damit werde ich hier sicher keine Punktlandung machen und auch keinen Blumentopf gewinnen. Die sind bestimmt grade genau 18 geworden. Also baue ich mich einfach vor ihnen auf. Ja. Wie eine Wand. Und ich starre sie an. Alle drei! Gleichzeitig! Peinlich berührt versuchen sie jetzt, an mir vorbeizusehen, um vielleicht wieder einen Blick auf mich zu erhaschen, wenn ich womöglich wegsehe? Mache ich aber nicht.
Rauchend stehe ich vor ihnen, sie erröten langsam, ich ... hey... ich gucke nur.
Mein Blick bohrt sich tiefer und tiefer in die ihren.
Sie kichern, denn etwas anderes fällt ihnen jetzt nicht mehr ein.
Ich nehme meine Sachen, wohlgemerkt ohne sie aus den Augen zu verlieren, und gehe direkt auf sie zu. Verunsichert trampeln sie von einem Bein aufs andere. „Angestarrt werden fühlt sich blöd an, nicht wahr? Finde ich auch!" Mit diesem Satz drehe ich mich auf dem nicht vorhandenen Absatz um und verlasse den Strand mit erhobenem Kopf und leider viel zu früh für den Flughafen. Egal. Eduardo ... ich komme ... vollgetankt.
Er fragt per SMS, ob er mich oder uns abholen lassen solle. Ich erwidere: „Angemessen wäre nur eine Jacht. Aber lass ... ich gehe, wie ich gekommen bin." Das stimmt natürlich nur halb und er weiß ja nicht, wie es hier die Tage über für mich gewesen ist.
Auf dem Flughafen angekommen greift ein Familienvater nach meinem Arm, zerrt mich zur Seite und blökt seinen Kindern zu: „Sieh da, der Walter. Guckt mal, Kinder." Ja, guckt alle her, Frau Karrenbauer fliegt nach Berlin zurück. Wie interessant. Und warum bin ich „der" und nicht „die"? Na ja, ich bleibe entspannt, während ich meinen Arm aus seinem Klammer-Würgegriff drehe, und stelle fest: „Der kann jetzt auch nichts mehr versauen." Kurz vorm Abflug muss ich doch noch auf die Toilette. Und, wie sollte

es auch anders sein? Kein Papier. Wer hätte das gedacht? Nun denn, auch bei Mädchen geht der letzte Tropfen in die Hose. Ach, könnte ich doch nur auf alle Wunden pinkeln und sie damit heilen. Aber wie „macht" man sich selbst aufs Herz? Beim Waschbecken ist ebenfalls kein Papier. Ich zögere nicht lange und trockne meine Hände mit einer Babywindel, die noch vorrätig ist.
Ja, das ist ziemlich asi. Finde ich auch, ist mir aber jetzt echt egal.

Ganz in Gedanken steige ich in den Flieger, lande neben drei heulenden Kiddies, schaue in die BZ und erinnere mich an den Abflugmorgen, Samstag halb sechs, als in Tegel ein Koffer gesprengt wurde und wir alle fürchterlich erschraken. Und insgeheim wünsche ich, du wärst jetzt hier und würdest mir, in guter alter Nina Ruge-Manier, ins Ohr flüstern: „Alles wird gut!

Wieder zu Hause angekommen, sortierte ich zunächst das Chaos in meinem Leben, so gut ich das allein bewältigen konnte, vor allem neben den Dreharbeiten. Was mich aber vor allem bewegte, war, dass unsere Serie „Hinter Gittern" sozusagen voll auf der Kippe stand.

Fast zehn Jahre hatte ich mit vollster Energie, Liebe und Hingabe für und in einem Produkt arbeiten und stattfinden dürfen, das mich nun, beim ersten Lesen der neuen Staffelbücher, nicht mehr überzeugte. Diese aufkeimenden Zweifel, so möchte ich sie gerne vorsichtig nennen, fraßen sich tiefer und tiefer in mich hinein, bis ich einen befreundeten Producer um ein Treffen bat, bei dem ich seinen Rat einholen wollte. Er gewährte mir seine Zeit und ich stellte ihm alle Fragen, die mir im Kopf herumspukten. Vor allem aber beantwortet man ja meist die eigenen Fragen, während man sie ausspricht, fast im gleichen Atemzug selbst.
Ich war erstaunt, wie klar sich in mir schon mein Antwortpaket gebildet hatte, und erinnere noch mich gut an das, was er mir mit auf den Weg gab. „Katy", begann er vorsichtig, „wenn du es dir leisten kannst, dann ist es wohl wirklich an der Zeit, die Serie zu verlassen."

Leisten konnte ich es mir überhaupt nicht, ganz im Gegenteil. Finanziell jedenfalls nicht. Es glich einer mittelschweren Katastrophe, nein, es glich meinem persönlichen Weltuntergang, jetzt oder in sehr absehbarer Zeit arbeitslos zu werden. Dennoch ging mir eines nicht aus dem Kopf. Ich wollte morgens in den Spiegel sehen können! So war ich in meinem Leben schon vor etlichen Jahren angetreten und genau das wollte ich und erwartete ich von mir! Jeden Morgen guten Gewissens in den Spiegel sehen zu können.

Ich liebte meinen Beruf, ich liebte diese Serie, ich liebte auch die Figur, die ich spielte. Aber ich hasste „Volksverarschung"! Ich hasste es, dem Zuschauer gegenüber so zu tun, als stünde ich hinter einem Produkt, das mich in Wahrheit jetzt zum ersten Mal zweifeln ließ. Ich traf mich also mit meinem Produzenten, der mich in diesem Gespräch um eine Einschätzung bat, wie der Zuschauer diese neue Staffel annehmen würde, und ich redete Klartext: „Ich würde mir die Serie nicht mehr ansehen", sagte ich schroff und ich meinte es genau so.

Los und Lassen

Wir befanden uns im April 2006.
Alle deutschen Serien mussten den Quoten-Sinkflug miterleben, die einen mehr, die anderen weniger. Dennoch war eines besonders klar geworden. Der Zuschauer verzieh Fehler nicht mehr so leicht. Außerdem wollte er unterhalten werden, Kurzweil stand auf dem Programm und Sendungen wie DSDS, Bauer sucht Frau, Dschungelcamp und etliche mehr bewiesen, dass die Zuschauer zwar gerne einschalteten, aber eben nur dann, wenn sie sich gut unterhalten fühlten oder sich mit dem Produkt identifizieren konnten. Genau hier aber schien nun das Problem zu liegen. Wir, die wir als eine der wenigen Serien Deutschlands wirklich fast 52 Wochen im Jahr gesendet wurden, hatten die letzte große Sommer-Zwangspause mit Ach und Krach überlebt. Früher hatte es im Sommer bei uns kaum merkbaren Quotenabfall gegeben und unsere Fans waren wirklich auch in der Hitze der Sommermonate drangeblieben. Aber, nachdem sie im Sommer 2005 vier Monate nichts von uns gehörte hatten, wechselten sie verständlicherweise zu Serien wie „Lost" und anderen Formaten. Der Wiederaufbau der über neun Jahre treuen Zuschauergemeinde gestaltete sich sehr schwer, wie man merklich spüren konnte. Trotz großer Mühe erreichten wir unsere Höchstform einfach nicht mehr. Dazu kamen Umstrukturierungen, die ebenfalls von den Zuschauern negativ bewertet wurden, wie zum Beispiel das Ersetzen einiger Hauptdarsteller. Anhand der vielen Zuschauerbriefe, die ich erhielt, konnte ich sehen, was genau sie vermissten. Ihre Helden, mit denen sie durch dick oder dünn gingen, oder eben die Figuren, die ihren Unmut erweckten. Sie verlangten nach Geschichten der Figuren, die sie nun seit neun Jahren begleitet hatten, mit denen sie litten, lebten, mit denen sie zitterten und für die sie sogar beteten, wenn diese

sich mal nicht auf der Sonnenseite des Lebens befanden. Ich konnte das nur zu gut verstehen, obwohl ich bis dato selbst überhaupt keine Serienguckerin war.

Um in diesem Leben grade zu bleiben und vor allem meiner eigenen Devise treu: „Ich möchte jeden Morgen gerne zur Arbeit gehen und diese nicht als Job sehen!" kündigte ich also meinen Vertrag, bevor ich in die neue Staffel ging, eben zum Ende dieser besagten Staffel. Natürlich stellte ich in Aussicht, dass ich, wie viele andere Kollegen das vorher schon gemacht hatten, gerne auch mal als Gast erscheinen würde, denn ein Serientod kam eigentlich für meine Figur, für mein „Walterchen", nicht infrage. Viel zu lange hatte ich den Zuschauern das Gefühl gegeben, dass sich irgendwann alles zum Guten wenden würde, und somit musste sich für Walter das Blatt einfach drehen. Sie musste aus dieser Geschichte als freier Mensch entlassen werden, irgendwie. So bat ich dringlich um eine Ausstiegsgeschichte, die dann in der darauf folgenden Staffel gedreht werden sollte. Leider kam es nicht mehr dazu. Stattdessen gingen die Quoten weiter und weiter bergab, als wir dann endlich wieder auf Sendung waren, und das Ende vom Lied kennen die treuen Fans nur zu gut. Versendet in der Montagnacht, 1.05 Uhr. Aber welcher Arbeitnehmer kann oder will schon seine Lieblingsserie mitten in der Nacht gucken?

No Chance! Unser Untergang war damit unaufhaltsam und beschlossen. Und auch wenn sich die Hoffnung immer noch breitmachte, irgendwie müsse doch noch ein Wunder geschehen, geschah es einfach nicht. So bekamen wir, nach vielen Gesprächen im Vorfeld, nach etlichen Rettungsversuchen von allen Seiten und nach verzweifelten und langen Diskussionen also am 21. November 2006 ein Schreiben, dass wir am 23. November unseren letzten Drehtag antreten würden. Ja, ich hatte gekündigt. Ja, ich wäre gegangen. Aber doch nicht so!

Ich war nicht verbittert und bin es heute auch nicht. Ich bin dankbar, dass ich eine tolle Zeit hatte, mit tollen Kollegen und einem tollen Team, das in dieser langen Zeit zu meiner Familie geworden war, und dass ich vom Sender diese wundervolle und riesige Chance bekommen hatte. Ein letztes Mal holte ich beim Außendreh all die Fans, die mitten in der Nacht mit Blümchen und Transparenten vor unsrer „Serien-Knast-Schleuse" standen, auf den Innenhof, sie durften den letzten Szenen beiwohnen und diese hautnah miterleben. Mit Tränen in den Augen standen sie da. Sie konnten, genauso wenig wie wir, zu diesem Zeitpunkt erfassen, dass es vorbei war. Dass der Abriss bevorstand. Alles zurück auf Anfang!

Am Freitagabend nach Drehschluss feierten wir dann ein letztes Mal auf „Flur Station B", dem Ort, an dem wir Liebe und Leid, Hass und Vergeltung verhandelt, an dem wir unseren Geschichten und Charakteren Leben eingehaucht hatten, an dem wir Blut und Wasser gelassen und uns manche Beule und den einen oder anderen blauen Fleck eingehandelt hatten, eine allerletzte Zusammenkunft mit den Menschen, die für diese Serie gearbeitet hatten, manche vom ersten Tage an, so wie ich. Noch einmal lebten die liebevoll gedrehten Teamfilme auf, die Axel Bock uns hinterlassen hatte, noch einmal lachten und weinten wir gemeinsam … bis wir gegen ein Uhr nachts der Putzkolonne die „Station" überließen, die Sachen aus unseren Spinden holten und uns schworen, uns nicht umzudrehen, denn das bedeutete, man kam zurück. Doch unsere Zeit war abgelaufen und es würde definitiv kein Zurück geben!
„Hinter Gittern" war Geschichte und die Realität hatte uns wieder!

Mein befreundeter Producer hatte mir ja im Vorfeld mein Problem allzu deutlich erklärt. Mit dem „Walter-Stempel" auf der Nase würde es schwer werden, mich neu im deutschen Fernsehen zu etablieren. Und ich bekam diesen Stempel nur allzu deutlich zu spüren.
Bei nahezu jeder Rollenanfrage bei meiner Agentur scheiterte meine Besetzung daran, dass man mich mit den Worten „zu speziell" abschmetterte. Hätte ich nicht all mein Hab und Gut durch meine Liebe und den damit verbundenen Fehlkauf der größten Traglufthalle der Welt in den Sand gesetzt, hätte ich mich für einen kurzen oder sogar langen Moment zurücklehnen oder mich auf eige-

ne Projekte besinnen können. Finanziell zumindest hätte ich eine Verschnaufpause gut ausgehalten. Aber auch die letzte Gage wurde ja gepfändet und so blieb ich nach fast zehn Jahren Durcharbeiten mit leeren Händen und nichts in den Taschen, erfolgreich und bekannt zwar, aber davon kann man sich kein Butterbrot kaufen, im Regen stehen.

Mein Haus- und Hof-Sender zeigte zunächst kein Interesse an einer Zusammenarbeit mit mir und, wie schon gesagt, die anderen Sender vorerst auch nicht. So blieb mir nichts anderes übrig, als mir schnellstens zu überlegen, wie ich aus diesem Schlamassel mit halbwegs heiler Haut herauskommen würde, mit dem sogenannten „blauen Auge".

Da stand ich also nun. 44 Jahre alt, kinderlos, arbeitslos.

So begann auch für mich der Gang nach Canossa.
Zunächst zum Arbeitsamt, bei dem ich mich nie, auch nicht in den Zwischenzeiten, wenn ich nicht drehte, um Geld bemüht hatte. Aber als alleinstehende, kinderlose Frau war mir gleich klar, dass es viele Abzüge geben würde. Und so kam es auch. Meine Mieten konnte ich davon jedenfalls nicht mehr bestreiten und so nahm ich mir kurzerhand ein Herz, kündigte meine geliebte Wohnung in Köln und suchte einen Nachmieter. Genauso verfuhr ich mit der Berliner Wohnung und fand dort ebenfalls alsbald Nachmieter, denen ich auch einen Teil des Inventars überließ, wofür sie im Gegenzug meine Bücher und einige Kisten bei sich aufbewahrten. Die Wohnungen, die ich liebevoll und mühsam ausgebaut hatte, musste ich „zurückbauen" für teures Geld, wobei die Kaution, zumindest was die Kölner Wohnung betraf, fast komplett draufging. Die schönen Tische und Stühle, die ich in all den Jahren gesammelt und liebevoll restauriert hatte, oft in Eigenarbeit, verkaufte ich. Spiegel, Sofa, Lampen ... alles, was ich zu Geld machen konnte, verließ dank Hilfe einer Freundin schon ein paar Tage später meine Wohnung und wechselte den Eigentümer, während ich mich schnellstens nach einer kleinen Bleibe umsah, die ich mir vom Arbeitslosengeld leisten konnte. So landete ich also in

der besagten kleinen Zwei-Zimmer-Wohnung mit Tisch, Bett und einer IKEA-Anbauwand, denn nichts brauchte ich dringender als Stauraum.

Dennoch musste ich sehr schnell und zu meinem Entsetzen feststellen, dass ich, da ich ja fast zehn Jahre einen doppelten Haushalt geführt hatte, nicht mal das Nötigste in meiner neuen Wohnung unterbringen konnte. Aber, was genau ist schon das Nötigste? Das letzte Hemd hat bekanntlich keine Taschen, wie Oma ja schon immer sagte, und so reduzierte ich mich mehr und mehr auf das Wesentliche.

Mittlerweile befanden wir uns im Jahr 2007 und ich beschloss, das Jahr unter dem Oberbegriff „Loslassen" zu begehen. Wie extrem ich dieses Loslassen noch zu spüren bekommen würde, wusste ich zu diesem Zeitpunkt jedoch noch nicht. Nur eines war klar. Ich würde nicht aufgeben. Für kein Geld und keine Macht der Welt! Ich würde weder den Glauben an Gerechtigkeit, mein Vertrauen in das Gute noch meine Liebe zum Leben aufgeben. Niemals!

Mit Axels Tod war eine Zeit des Sterbens eingeläutet und ich kann nicht mehr genau sagen, wie viel Zeit ich in Krankenhäusern, an Krankenbetten und in Hospizen verbrachte. Der Tod Axels, vor allem aber, dass ich dabei gewesen war, als er seinen letzten Atemzug tat, machte mich extrem stark für alle weiteren Freunde, die ich von nun an zu Grabe trug. Ich brachte das Leben mit in die Häuser der Kranken und Sterbenden und ich weiß, genau dafür liebten sie mich.

Mein Haus- und Hof-Sender buchte mich für den vierten Teil von „Crazy Race" und ich war sehr dankbar, dass man mir Arbeit gab. So flog ich also zu den Dreharbeiten nach Kapstadt, nicht, ohne mich von meiner Freundin Renate in Kiel zu verabschieden, deren Brustkrebs sich mittlerweile auch in der Wirbelsäule breitgemacht hatte, denn wir beide wussten nicht, wie lange sie noch leben würde und ob wir uns je wiedersehen würden.

Kaum von den wunderbaren Dreharbeiten in Südafrika zurück, hatte ich dann leider noch eine ganz andere, schwere Entscheidung zu treffen, die mein ganzes Herz inklusive meiner Seele voll in Anspruch nahm.

Moses

Der kleine Mann war am Tag meines Einzuges in die neue Berliner Wohnung, also am 29. 2., als einer von zehn Welpen auf diese Welt gekommen. Der Hausmeister, ein zauberhafter, manchmal ein bisschen kauziger, aber sehr liebenswerter Mensch half mir grade freundlicherweise bei dem Anschluss meiner Waschmaschine und teilte mir währenddessen aufgeregt mit, dass er sich beeilen müsse, da seine Dalmatinerhündin immer noch mitten in den Wehen liege. Ich bedankte mich für seine Hilfe und schickte ihn schnell zurück in seine Wohnung. Der Wasseranschluss konnte schließlich warten, die Hundebabys vielleicht nicht. Auf dem Weg zur Tür lud er mich ein, die Tage mal „Babys gucken" zu kommen, aber ich wehrte schnell ab, denn ich wusste nur zu gut, dass, wenn ich die Kleinen sehen würde, ich bestimmt auch einen haben wollte, und das ging grade gar nicht. Genau sieben Tage später, ich brachte grade den Müll auf den Innenhof, traf ich „zufällig" den Hausmeister.

Er lud mich auf eine Tasse Kaffee zu sich in die Wohnung ein und da ich tatsächlich noch ein paar Fragen hatte, kam ich dieser Einladung dankend nach. Leider hatte ich die kleinen Welpen vergessen, über die ich nun in der Küche fast stolperte, da es so unendlich viele waren und sie in ihrer Kiste fast den gesamten Küchenraum einnahmen. Wie kleine Maulwürfe lagen sie da, die Äuglein noch geschlossen, und ich atmete innerlich auf, denn sie konnten mich so ja glücklicherweise nicht sehen. Dennoch konnte ich mir nicht verkneifen zu fragen, ob ich einen der kleinen Racker mal auf die Hand nehmen dürfe, was der Hausmeister bejahte. Ganz vorsichtig schob ich meine Hand unter einen der Winzlinge und schaute ihn mir aus der Nähe an. Mir fiel sein kleines, weißes Pfötchen auf, das kleiner war als mein Daumennagel, und ich machte schnell

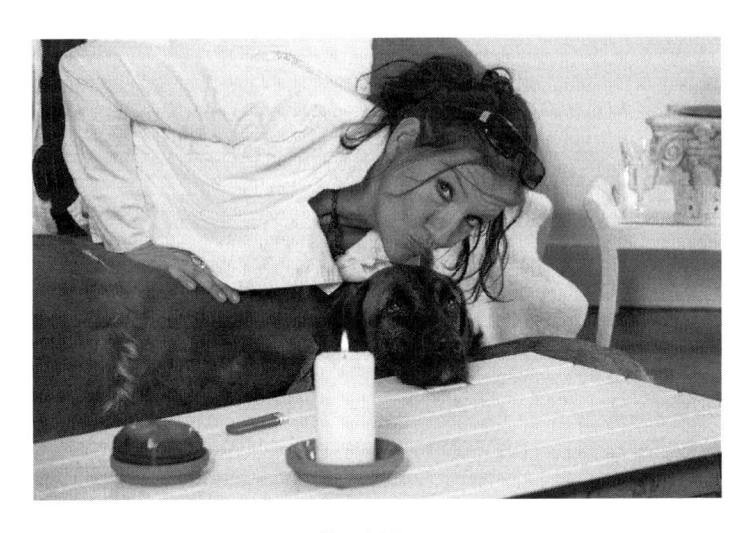

Katy & Moses

mit dem Handy ein Foto von dem „Minihund". Dann legte ich ihn zurück zu seiner Mutter und er drängte sich schnell an ihre Brust, um sich an ihrer Milch zu laben. An diesem Tag beschloss ich, den Hausmeister nicht mehr zu besuchen, bevor nicht alle Welpen verkauft oder verschenkt waren, aber es gelang mir nicht so ganz. Vielleicht suchte ich auch die Nähe zu den kleinen Rackern, wer weiß. Auf jeden Fall fiel mir einer bei meinen wenigen späteren Besuchen ganz besonders auf, als nur noch drei von ihnen übrig waren. Er war schüchtern, aber dennoch forsch und irgendwie zog er scheinbar immer den Zorn seiner Mutter auf sich, denn sie kniff und biss ihn, stupste ihn oft zurecht und ging extrem ruppig mit ihm um. Und so kam es, dass der „Mini", immer wenn ich zu Gast war, bei mir auf dem Schoß landete, mich knuffte und mein Herz im Sturm eroberte. Aber ich blieb standhaft. Dennoch versuchte ich nach kurzer Zeit, den Hausmeister dazu zu überreden, diesen Hund nicht abzugeben, und bot ihm an, falls er sich dazu durchringen würde, die Patenschaft für den Kleinen zu übernehmen. So bekam ich nach einigen Wochen, ich war grade in Köln, eine SMS mit folgendem Wortlaut: „Ich habe beschlossen, den Kleinen zu behalten. Schlagen Sie doch mal einen Namen vor!" Dazu schickte er mir ein Bild von dem „Mini" vor einer kahlen Häuserwand. Moses, dachte ich. Moses.

Moses war ein gelehriges Kerlchen und wann immer ich Zeit hatte, holte ich ihn zu mir oder erkundete mit ihm die Stadt. Ich lehrte ihn, an der Straße zu warten und bei Fuß zu gehen, was anfänglich gar nicht so einfach war, denn der kleine Moses suchte bei unseren Spaziergängen oft meinen Schutz und so lief er wochenlang einfach nur zwischen meinen Beinen und ich damit mit ihm im Schneckentempo durch die Welt. Es war herrlich und ich genoss unser Beisammensein zusehends. Er brachte mich zum Lachen, er machte mich und mein Herz fröhlich und ich fühlte mich einfach nur unendlich glücklich, wenn wir zusammen waren. Aber ich konnte mich einfach für keinen Hund entscheiden, denn ich musste viel drehen, hatte kaum Zeit und fand es einfach nur egoistisch, ein Tier zu wollen, wenn man sich darum nicht kümmern konnte.

So gut ich das als „Patentante" konnte, lehrte ich ihn in meiner Freizeit, was ich für einen Hund, der in der Stadt lebte, für notwendig hielt. Vor allem aber lehrte ich ihn, sich ohne Leine vertraut zu bewegen und auf mich und mein Wort zu vertrauen, wenn ich es denn erhob. So verging die Zeit, bis Moses etwa fünf Monate alt war, schon ziemlich pubertär wurde und ich bemerkte, dass der Hausmeister mit beiden Hunden doch sehr überfordert war. Der kleine Mann brauchte spätestens jetzt ein Herrchen, dem er sich anschließen, dem er folgen und dem er vertrauen konnte, das wurde mir mit einem Mal schlagartig klar. Ich konnte es nicht sein und der Hausmeister war es auch nicht. Ich bat also darum, den kleinen Moses mit ans Meer nehmen zu dürfen, um dort, in der Nähe meiner Familie, ein geeignetes Plätzchen und ein geeignetes Herrchen für ihn suchen zu dürfen. Ein Plätzchen direkt am Meer vielleicht, wo er im Sommer wie im Winter mit anderen Vierbeinern im Sand spielen und toben konnte, wo Hunde noch ein einigermaßen freies Leben haben und was ich mir für den kleinen Moses vor allem und definitiv wünschte: ein Zuhause!

Eine aufregende Woche begann. Angefangen mit „großem Hundekotzen" im Cabriolet direkt bei der Abfahrt aus Berlin bis hin zu den herrlichsten Spaziergängen, die man sich vorstellen konnte, wir hatten wirklich eine bunte Zeit. Natürlich machte ich mich auch auf die Suche nach jemandem, der vielleicht grade nach einem Hund Ausschau hielt, und tatsächlich gab es eine Frau aus dem Bekanntenkreis meiner Schwester, die dafür infrage kam. Aber hatte ich mich auf der Hinfahrt noch damit getröstet, dass ich für Moses nur das Beste wollte und ihn somit abgeben musste, erschien es mir nach ein paar Tagen, dass ich selbst eigentlich das Beste war, was diesem Hund passieren konnte. Ich liebte ihn, ich war seine Freundin, er hörte auf mich, ich würde auf ihn aufpassen wie auf meinen Augapfel, es würde ihm nie an irgendetwas fehlen und er würde alles lernen, was es zu lernen gäbe, dazu würden wir eine Menge Spaß haben und glücklich sein. Mehr ging nicht.

Nachdem mein Entschluss also endgültig gefallen war und wir wieder zurück in Berlin waren, suchte ich Nannys für den „Mini", also immer für die Zeit, in der ich drehen musste. Manchmal brachte ich ihn morgens vor Drehbeginn hin und holte ihn abends nach Drehschluss zum Abendspaziergang ab, manchmal musste er auch bei seinen Nannys übernachten. Aber Karo und Isy, die „Nannys", liebten ihn wie ihr eigenes Tier, behandelten ihn auch genauso und Moses selbst wusste, dass ich immer wieder kam, um ihn abzuholen. Zumindest gab er mir das Gefühl, dass er sich nicht sorgte, und so sorgte ich mich auch nicht.
Doch je älter er wurde, umso größer, vor allem aber anstrengender wurde er. Gar nicht so sehr für mich als für sich selbst. Bei langen Spaziergängen hatte ich manchmal das Gefühl, er habe absolut jeden Stein, jeden Baum, absolut jeden Grashalm angepinkelt, und manchmal sah ich, so schien es mir, stundenlang sein Köpfchen gar nicht, weil er es nicht mehr vom Boden, an dem er schnupperte, wegbewegte. Dazu hatte er mit einem Mal die merkwürdige Anwandlung, kleineren Hunden, die ihm scheinbar nicht gefielen, mitten ins Gesicht zu pinkeln, was mich vermehrt in viele unangenehme Diskussionen mit selbigen Hundebesitzern trieb. Ich hatte ja immer Hunde gehabt, hatte aber von dieser Marotte bisher weder gehört noch gelesen noch hatte ich selbst je bei einem meiner

Hunde ein solches Gebaren erlebt. Dazu wirkte mein Hund abgekämpft nach eher kurzen Gassigängen, hechelte unregelmäßig und manchmal dachte ich, er sei einem Herzinfarkt nahe.

Ich ließ mir von meiner Tierärztin eine Tiertrainerin empfehlen, um diese diesbezüglich um Rat zu fragen und eventuell eine Kastration in Erwägung zu ziehen. Ich! Ausgerechnet ich! Ich, die Kastrationsfeindin schlechthin! Ich bin eben nicht für „Eier ab", wenn mal was nicht geht!

Doch am Ende des Gespräches mit der Tiertrainerin und auch Tiertherapeutin hatte ich irgendwie das Gefühl, ich würde Moses etwas Gutes tun, wenn ich diese Entscheidung träfe. Dennoch dauerte es noch Wochen, in denen ich mich im Internet mit dem Für und Wider der Kastration beschäftigte, andere Hundebesitzer auf ihre Erfahrungen hin ansprach und viele weitere Gespräche mit der Tiertrainerin zum Verhalten von Moses führte, bis ich einen Termin bei der Tierärztin machte, mit dem schlechtesten Gewissen der Welt, aber dennoch fest entschlossen, meinem Hund sein Leben zu erleichtern. Der Eingriff dauerte nicht allzu lange und Moses erholte sich erstaunlich rasch von der Narkose. Alles in allem ging es ihm sehr gut, wie mir schien. Das bewog mich dazu, ihn so zu behandeln, wie ich es immer tat, und ihn also genau wie immer auch ohne Leine mitzunehmen. Ein fataler Fehler, der meinem kleinen Freund fast das Leben gekostet hätte, denn während ich versuchte, mein Auto, das ich auf einem Parkplatz abgestellt hatte und bei dem das Fahrerschloss klemmte, abzuschließen, was einige Sekunden meiner Aufmerksamkeit in Anspruch nahm, hatte Moses den Geruch der etwa 25 Meter entfernten, auf der anderen Straßenseite laufenden läufigen Hündin aufgenommen und sich sprungartig in deren Richtung aufgemacht. Hätte ich auch nur im Entferntesten geahnt, dass bei einem frisch kastrierten Hund der Hormonspiegel steigt, hätte ich ihn sicher an die Leine genommen. So aber sah ich ihn nur noch davonjagen, schrie seinen Namen, als er zum Sprung auf die Straße ansetzte, und war wie vom Blitz getroffen, als mein geliebter Moses von einem weißen Fahrzeug erfasst wurde, im hohen Bogen durch die Luft geschleudert wurde und irgendwo hinflog, hingeschleudert wurde, während ich schreiend und komplett unter Schock versuchte, ihn zwischen den parkenden Autos zu finden. Sekunden später schleppte sich mein schwer verletztes, blutverschmiertes Tier zwischen den Autos hindurch und kroch mir entgegen. Ich rannte auf ihn zu, nahm ihn auf dem Boden kniend in die Arme, tastete ihn vorsichtig ab, während ich versuchte, meiner Stimme einen beruhigenden Klang zu verleihen und meine Sinne beisammenzuhalten.

Eine Gruppe Jugendlicher stand direkt neben mir, einige lachten, einige schauten, einer telefonierte, keiner half oder bot Hilfe an. Moses und ich zitterten um die Wette, während ich versuchte, den mittlerweile 32 Kilo schweren Hund halb stützend auf meine Arme zu heben, immer voller Angst, er könnte innere Verletzungen haben und ich würde ihm jetzt vielleicht unendliche Schmerzen bereiten. Das linke Hinterpfötchen war keines mehr, so viel konnte ich erkennen, aber ansonsten hatte ich keine Ahnung, wie schlimm es um meinen Freund stand. Ich hievte ihn ins Auto, rief schnell die Tierärzte an, dass ich sofort kommen müsse, da Moses angefahren worden sei, und sprach so ruhig und sanft es mir möglich war auf meinen „Mini" ein, der mich aus panischen Augen ansah, wie Espenlaub zitterte, sonst aber keinen Ton von sich gab. Als er endlich auf dem rettenden OP-Tisch lag, nachdem wir beim Röntgen gesehen hatten, dass es wohl keine inneren Verletzungen gab, und die Narkose ihm die Äuglein schwer werden ließ, brach ich heulend zusammen.

Ich war schuld! Ich ganz allein. Ich hatte ihn kastrieren lassen und hatte nicht auf ihn aufgepasst. Eine Sekunde lang hatte ich nicht aufgepasst! Nicht aufgepasst auf diesen, meinen Freund, der mir vertraute. Natürlich blieb dem armen Tier absolut nichts erspart. Nicht nur, dass die frische Narbe wieder aufgeplatzt war, nein, nicht nur das, er konnte auch nicht am Pfötchen operiert werden, da er einen schweren Trümmerbruch hatte und die Tierärztinnen diese komplizierte Operation nicht durchführen konnten. Verzweifelt versuchte ich, einen Operateur für Moses zu finden, aber in ganz Berlin sowie im Umkreis von 100 Kilometern weigerte sich absolut jede Klinik und jeder Facharzt, ihn noch am selben Abend zu operieren. Andauernd musste ich mir so eine Scheiße wie: „Tut

mir leid, wir haben leider kein steriles Besteck mehr" anhören. Ich flehte, ich bettelte, ich versprach, das sterile Besteck woanders aufzutreiben, aber nichts half. Als Moses endlich nach einer Ewigkeit erwachte, die wir beide gemeinsam, Körper an Körper auf dem Boden liegend, verbracht hatten, musste ich mein geschundenes Würmchen mit nach Hause nehmen und konnte ihn erst am nächsten Tag zu einem erfahrenen Operateur bringen. Was für eine Qual, was für eine elendig grausame Nacht. Der Operateur machte einen sehr guten Job und stellte uns in Aussicht, dass das Pfötchen wieder fast ganz hergestellt werden würde, was mich natürlich in all meiner Pein unendlich freute. Nichtsdestotrotz musste die Wunde meines Hundes täglich versorgt werden, täglicher Verbandswechsel stand an und Weihnachten vor der Tür und in dieser Zeit hat ja auch nicht jede Tierarztpraxis Bereitschaft. Aber meine beiden Tierärztinnen ließen sich nicht lumpen und Moses und ich haben den beiden sehr sehr viel zu verdanken. Für die beiden war es überhaupt keine Frage, ob Weihnachten oder Silvester vor der Tür stand. Wir brauchten Hilfe, sie waren da!
Die Nächte wachte ich fortan durch, denn ich weigerte mich, meinem Hund zu all den Schmerzen, die er eh hatte, auch noch eine Halskrause anzulegen. Die ersten Nächte verbrachte er also schlafend in meinem Arm, bis die Wunden nicht mehr allzu stark eiterten. Gassigehen war eine Qual, denn draußen waren die Gehwege voller Schneematsch und ohne Plastiksocke konnte ich mit meinem Hund nicht vor die Tür. Aber wir schafften es, jeden Tag aufs Neue. Einzig sein Verhalten änderte sich stark. War er vorher der sensible Vierbeiner gewesen, der Menschen mochte, fröhlich auf Kinder zulief und ansonsten eher besonnen war, so war er nun ein höchst aggressiver Zeitgenosse, der Kinder bösartig abfletschte, auf Kinderwagen losging, telefonierende Menschen „stellte" und trotz seiner Pfötchen-Verletzung teilweise kaum noch zu halten war, wenn irgendwo ein unbekanntes Geräusch auftauchte. Zu mir war er nach wie vor sanft und anhänglich, aber außer mir, meiner besten Freundin, die er kannte, und dem Hausmeister konnte ab sofort auch niemand mehr meine Wohnung betreten noch durfte jemand überhaupt wagen, in meine Nähe kommen. Eine

Vollkatastrophe! Wieder bemühte ich die Tiertrainerin, die nun mit einer Assistentin zu mir nach Hause kam und mir nach diesem Besuch dringend nahelegte, mit Moses ein bestimmtes Training zu absolvieren. Ich hielt mich an ihre Anweisungen, auch wenn es mir manchmal fast das Herz brach, so unnachgiebig streng mit meinem Hund sein zu müssen, und wir machten auch gute Fortschritte. Dennoch spürte Moses meine Unsicherheiten ganz genau und es kam zu dem Moment, wo er nach mir schnappte. Alle meine Alarmanlagen gingen an, denn ich hatte vor Jahren schon eine ähnliche Situation erlebt, von der ich später berichten werde. Die Tiertrainerin forderte mich auf, meinen Hund zu Hause mit Maulkorb zu trainieren, aber ich muss gestehen, ich fühlte mich dazu nicht mehr in der Lage. Nach fast acht Wochen Krankenschwesterdasein, schlaflosen Nächten, täglichen schmerzhaften Verbandswechseln, denn ich litt dabei ja fast mehr als Moses, und seiner aggressiven Verwandlung war ich einfach nur noch am Ende. Dazu musste ich doch arbeiten und jetzt auch noch im Ausland. Wie sollte das gehen? Glücklicherweise bot mir die Tiertrainerin an, Moses in Pflege zu nehmen und ihn während meiner Abwesenheit weiterzutrainieren. Was für ein Glück!

Sie selbst hatte einen vierjährigen Rüden und so schlug sie vor, die beiden Hunde erst einmal miteinander bekannt zu machen. Sollte sich dann herausstellen, dass die beiden sich vertrügen, würde sie Moses also aufnehmen. Und ja, die beiden vertrugen sich! Besser noch, als wir es je zu hoffen gewagt hätten. Ihr Rüde nahm sich seines neuen, kleinen Schützlings wie ein großer Bruder an. Tropfte von Moses Mäulchen nach dem Trinken noch das Bärtchen nach, so säuberte Vitus, ihr Rüde, sein Schnäutzchen. Hatte Moses vor irgendetwas Angst und drückte sich zitternd an seinen neuen Freund Vitus, so ließ dieser es geschehen und leckte Moses sanft das Fell. Im Wald liefen die beiden fortan wie ein Pferdegespann, Seite an Seite. Unfassbar. Nach meiner Rückkehr aus Südafrika sah ich also nun diese Videos der beiden Hundefreunde und war mindestens ebenso beeindruckt wie die Tiertrainerin. So kam sie auf die Idee, mir den Vorschlag zu machen, Moses zu adoptieren, und nach langer, gewissenhafter Überlegung stimmte ich diesem

Vorschlag zu. Für einen Freund will man doch nur das Beste. Und Moses ist und war mein Freund und wir hatten eine gute Zeit zusammen, auch wenn sie leider nur von kurzer Dauer war. Aber ich wusste, er kann nur wieder ein glücklicher und gelassener Hund werden, wenn er den Unfall und all das, was damit verbunden war und ist, vergisst. Und das bedeutete, auch mich! Ich unterzeichnete einen Übernahmevertrag und stellte ihr alle Fotos, die ich von Moses je gemacht hatte, zur Verfügung. Bei meiner Zusammenstellung dieser Fotos stellte ich fest, dass der kleine, sieben Tage alte „Mini", den ich in der Hand gehalten hatte, tatsächlich Moses gewesen war. Frühe Prägung also, die uns zusammenbrachte? Hatten wir einander doch gefunden und gewählt?

Heute weiß ich, ich habe genau das Richtige getan, denn Moses ist jetzt wieder ein wirklich glücklicher Hund, er hat eine Familie, auf die er sich verlassen kann, er hat ein geregeltes Leben und er hat einen besten Freund, ja, einen großen Bruder, der auf ihn aufpasst. Er hat all das bekommen, was ich mir für ihn gewünscht habe, auch wenn ich jetzt nicht mehr zu seinem Leben dazugehöre. Manchmal braucht es unser „Loslassen", damit wir dem Glück des anderen nicht im Wege stehen.

Sie meinen, ich rede hier „nur" über einen Hund??? Abgesehen davon, dass Moses für mich nicht „nur" ein Hund war und ist, rede ich natürlich vom Leben allgemein. Capisci???

Kurz danach kam die Anfrage für das Promi Dinner und ich sagte zu.

Promis dinnern

Eine ganze Nation tut es. Mit wachsender Begeisterung. Mit Elan, mit Hingabe und mit richtig viel Erfolg. Jede Hausfrau tut es, oder besser gesagt, jede „gute" Hausfrau tut es, und gute Hausfrauen tun es sowieso.
Millionen und Abermillionen Menschen tun und taten es vor ihnen und nach ihnen, taten es und werden es tun, jede oder fast jede Mutter kann es und mittlerweile muss sich manche gute Ehefrau und Mutter von ihrem Ehemann und dem Vater ihrer Kinder, oder vielleicht will er es noch werden, muss aber nicht, weil er es nicht nur für Kinder tut, sondern für sie, auch mal am Tage nicht nur am Abend, und er tut es gern, auch ohne sie, also ich will sagen, viele tun es oder man hat schon das Gefühl, alle tun oder täten es, und wenn man es selbst nicht tut oder nicht kann oder eben nicht besonders gut oder eher schlecht, und wenn man sich dann auch nicht von Leuten, die man nicht kennt, in dieser Disziplin geschlagen geben lassen will, die man eigentlich nicht kennt, also eher weniger, also wenn man keine Chance hat, keine wirkliche, und es trotzdem versucht, also, wenn man dumm genug ist, sich der Herausforderung zu stellen, die eigentlich keine ist, weil man nur wirklich herausgefordert werden kann in einer Disziplin, in der man sich selbst auskennt oder zumindest ein bisschen oder ein bisschen mehr als andere, wenn überhaupt, also wenn man sich darauf einlässt, in einer Sache anzutreten, gegen Menschen, die man nicht kennt, dann sollte man es entweder gut können oder einen kennen, der es gut kann, oder eine Mutter sein oder eine gute Hausfrau oder zumindest eine Ehefrau, und dann besser noch eine gute, oder man sollte einfach ein Mann sein, der es seiner Frau beweist, auch ohne Kinder, weil er es auch sonst gerne macht, also auch am Tage und nicht nur am Abend, weil es ihm Spaß

macht und weil er es gern tut, weil er dabei immer etwas Neues lernen kann, was schon seine Mutter vor ihm kannte und konnte oder eben nicht, aber vielleicht seine Großmutter, aber ganz sicher nicht sein Großvater, denn da hatten Männer noch gar nicht so viel Spaß daran, etwas zu können, was ihre Mutter und ihre Großmutter eigentlich besser konnten, aber nun vielleicht nicht mehr können, weil sie selbst es jetzt besser können könnten als ihre eigene Mutter, und das wäre doch toll, es mindestens genauso gut oder besser oder sogar viel besser zu können als die eigene Mutter oder vielleicht sogar die Großmutter, aber noch toller ist, wenn man es besser kann als jede Hausfrau und auch jede gute Hausfrau und jede Ehefrau, sogar die eigene, und weil man damit sogar richtig angeben kann und gelobt wird, ohne dass man wirklich mehr können muss als die Mutter, ist das noch viel toller, weil die Mutter das doch meist nur ihrer Tochter und nicht ihrem Sohn beigebracht hat, und nun kann er zeigen, dass er genauso viel kann wie die Tochter, ohne dass die Mutter oder die Großmutter ihm das gezeigt hätten, was in ihm steckt und was er nun herausfindet, weil er es kann und sogar lieber tut als fast jede Hausfrau oder jede gute Hausfrau und Mutter oder Ehefrau, weil die das ja meistens muss, und er muss ja gar nicht, er wählt und macht das ja nur, weil es ihm Spaß macht oder weil er zeigen will, dass er etwas kann, was seine Mutter auch konnte und vielleicht seine Großmutter, aber scheinbar machte beiden das nicht so viel Spaß, und auch seiner Ehefrau und guten Mutter seiner Kinder macht das wirklich keinen Spaß, denn warum beklagt sie sich sonst immer darüber, dass er nicht verstehe, dass er das doch nur gerne mache, weil er das dann machen könne, wann er wolle, also am Tage oder am Abend, aber eben wann er will, während sie das immer machen muss, wenn andere das wollen, also er oder die Kinder oder die Mutter oder die Großmutter, und dass es eigentlich gar keinen Spaß macht, wenn es keinen Spaß macht, sondern man es tun muss, und dass das wirklich ein Unterschied ist, den er nicht sehen kann, weil er eben nur ein Mann ist und keine Hausfrau, Ehefrau oder gute Mutter sein muss und daran gar nicht gemessen wird, also überhaupt keiner ist, der in dieser Disziplin antreten dürfte, weil das eben Spaß macht, denn warum sonst sind alle, die das im Fernsehen sehr erfolgreich tun, Männer, und das, obwohl das eigentlich gar nicht so sehr Männersache war, sondern eher die von Hausfrauen und auch grade guten Hausfrauen und Müttern und Ehefrauen und so!!?

Das Promi Dinner verlor ich jedenfalls haushoch und nach Punkten. Nicht, weil ich so unterdurchschnittlich schlecht gekocht hatte, sondern weil einer der Kollegen „Surf and Turf", also die Zusammensetzung des „Steak und Garnelen-Menüs", nicht kannte und ich ihn noch dazu gleich am ersten Tag seines Kochens schwer verärgert hatte, als ich seine Gurkensuppe verschmähte.

Die Rechnung folgte auf dem Fuße: drei Tage später, als ich zu mir nach Hause lud, wie das beim Promi Dinner und allen anderen ja üblich ist.
Da ich nicht über genügend Platz in meiner doch recht bescheidenen Bleibe verfügte, warf ich kurzerhand mein Bett aus meinem Schlaf-Wohnzimmer, um überhaupt einen Tisch für vier Personen aufstellen zu können. Die Wartezeiten zwischen den Gängen, so plante ich, würde ich mit „Spielen", die ich bereitstellte, mit Zeitungen, die ich für jeden Einzelnen explizit wählte, und mit kleinen Einwürfen verkürzen.
Nur hatte ich in meiner Vorbereitung ganz vergessen, dass mein Tisch nun um ein Wesentliches kleiner war, als ich es gewohnt war. Schon bei der Dekorationsarbeit, die ja mitgedreht wurde, überlud ich den Tisch so dermaßen, dass mir nur noch der Gedanke „Kindergeburtstag" oder „Einweihungsparty" dazu in den Sinn kam. Und genau unter diesem Motto ging ich den Tag an. Von selbst gebastelten Schmetterlingen auf der Vorspeise bis hin zu Wunderkerzen, alles liebevoll gewählt, von für jeden Gast als Geschenk „abgefülltem Met, also Honigwein" bis hin zu Muscheln, die sich im Wasserglas öffneten und eine farbige Blume preisgaben … ich ließ mich nicht lumpen. Aber genau das, worüber ich mich von Herzen gefreut hatte, gab meinen Wider-Köchen die Chance, mir Punkte abzuziehen. So durfte ich den Satz hören: „Na ja, meine

Kinder hätten sich sicher über die Geschenke und all den Firlefanz gefreut. Ich gebe drei Punkte!" Niemand hatte zuvor beim Promi Dinner je drei Punkte bekommen. Aber ich schon!

Ich fühlte mich wie eine komplette Versagerin und auch die tröstenden Worte meiner Freunde und Menü-Berater aus der Nachbarschaft konnten mich nicht besänftigen. Hier stand eines fest: Die Nation würde bald wissen, Frau Karrenbauer kann nicht mal kochen!
Na super!

Das große Promi-Pilgern

Aber jetzt stand ja eh erst mal Pilgern auf dem Programm.
Ich hatte nämlich eine Anfrage bekommen, ob ich mir vorstellen könnte, den Jakobsweg, also den Camino de Santiago, von Kameras begleitet, zu erwandern.

Ich hatte komischerweise grade erst mit meiner besten Freundin genau über dieses Thema gesprochen, da ich einige Monate zuvor Hape Kerkelings Buch, vor allem aber das von Paulo Coelho, gelesen hatte und mich grade in diesem Buch der Weg der Schwerter faszinierte. Tempelritter, Lilien, der Glaube, die Fragezeichen auf meiner Haut.

Katy & Tabaluga am „Ende der Welt"

Ich kann nicht genau sagen, wie es mein Kopf formulierte, aber irgendetwas rief mich hier ganz stark ins Leben zurück, vor allem aber auf diesen, „meinen Weg".

Mein Management und ich machten einen zeitnahen Termin und mir war direkt nach diesem Treffen klar, dass, wenn Pro 7 mich wirklich wollte, ich auch wirklich gehen würde. Ich würde mich natürlich extrem gut vorbereiten, da ich noch nie zuvor gewandert war und damit so gut wie überhaupt nichts am Hut hatte, dazu kam ein kaputter Fuß, den ich mir als Kind durch einen Fahrradunfall zugezogen hatte und den man sicher hätte „reparieren" können, wenn ich nicht als Jugendliche viel zu eitel gewesen wäre, Einlagen zu tragen. Außerdem machten meine Knie nicht immer jeden Kraftakt in diesem Leben mit und auch das Schleppen von Rucksäcken war nicht so ganz meine Sache. Dennoch, ich würde mich dieser Herausforderung stellen, denn meinem Leben lag eh die kluge Weisheit von Lao Tse zugrunde, die da heißt: „Der Weg ist das Ziel."

Relativ schnell war klar, dass ich bei diesem Projekt dabei sein würde, und ich machte mich an die Arbeit.
Ich googelte mich durch die Welt des Jakobsweges, ich begann Grammzahlen von Hosen und T-Shirts zu vergleichen, ich erprobte und testete Rucksäcke in unterschiedlich gefüllten Kilo-Varianten auf den unterschiedlichen Stein- und Geröll-Übungsparcours bei Globetrotter, ich kaufte Wanderschuhe, die ich im Schlosspark unter allen möglichen Wetterbedingungen einlief, ich ließ das Auto ab sofort stehen und schwang mich bei jeder Gelegenheit aufs Fahrrad, um meine Beinmuskeln zu trainieren, will sagen, ich bereitete mich akribisch auf meine Herausforderung vor, so gut mir das in Berlin möglich war. Denn meine Freunde starben trotzdem unaufhaltsam und auch hier hielt ich mein Versprechen, da zu sein, wann immer sie mich brauchten.

Parallel dazu drehte ich für die ARD, was dazu führte, dass ich an zwei Beerdigungen meiner Freunde nicht teilnehmen konnte.

Aber vielleicht schützte mich Gott oder das Universum bei beiden vor diesem schweren Gang. Wer weiß?

Für Gerti, Renates Mutter, die schon vor langer Zeit an Hautkrebs erkrankt war und die ich grade noch im Krankenhaus besucht hatte, da sie im Sterben lag, stellte ich noch Kerzen auf, wohlgemerkt an Karfreitag, wo in keiner einzigen Kirche Kerzen aufgestellt werden, da „Gott an diesem Tag nicht zu Hause ist", wie mir eine Nonne in einer Hamburger Kirche erklärte. Ich hatte die Nonnen beim Ostergesang und in den Ostervorbereitungen gestört und bat um eine Kerze, denn ich hatte Gerti versprochen, am Samstag eine aufzustellen, wollte es aber nun doch schon am Freitag machen. Nachdem die Nonne mir „Ungläubiger" lang und breit erklärt hatte, dass es an Karfreitag keine Kerzen in Kirchen gebe, ich ihr wiederum lang und breit erklärt hatte, dass Gerti sehr gläubig sei und ich ihr mein Versprechen gegeben hätte, diese Kerze am heutigen Tage aufzustellen, was so ja gar nicht stimmte,

Hier gehts los! Über die Pyrenäen …

kramte sie eine Kerze hervor und ich stellte diese, zusammen mit einem Gebet, für Gerti in dieser kleinen Kirche in Hamburg auf. Danach rief ich sie am Sterbebett an und wir lachten beide herzlich über meinen Fauxpas, als sie mir erklärte, dass ich doch gesagt hätte, ich würde die Kerze am Samstag aufstellen und dass sie mir natürlich hätte sagen können, dass an Karfreitag keine Kerzen in katholischen Kerzen brennen.

Gerti starb kurz darauf und ich bin froh, dass ich sie noch lachen hörte und dass ich mein Versprechen gehalten hatte. Zur gleichen Zeit etwa starb auch mein Freund Laurens in einem Berliner Hospiz. Er wiederum war behütet von Freunden und Familie gestorben und ich hatte ihn zum letzten Male gesehen, als sein Leben sich schon sehr dem Ende zuneigte. Ich wusste, dass er wusste, dass ich in Gedanken bei ihm bin, und ich hatte es auch hier nicht versäumt, ihm noch zu sagen, dass ich ihn sehr lieb habe.

33 Kilometer über die Pyrenäen. Geschafft!

Umso wichtiger wurde nun der Weg, den ich antreten würde. Die Vorbereitungen für die Produktion liefen auf Hochtouren und ich reiste nach Kiel, an Renates Krankenbett. Wie immer, wenn ich nach Kiel fuhr, fuhr ich auch an diesem Tage zuerst ans Meer, um die Weite in mir aufzunehmen und eine kräftige „Brise" einzuatmen. Dann suchte ich eine Muschel für Renate aus und fuhr ins Hospiz. Sie hatte sich in der Zwischenzeit entschieden, in ein Hospiz zu gehen, denn ihre Mutter, die sich liebevoll um ihre Tochter gekümmert hatte, war ja nun gegangen und Renate war klar, dass sie das Leben nicht mehr alleine meistern konnte.

So erzählte ich ihr von dem Weg und meinem Vorhaben und sie lauschte mir und meiner Geschichte mit leuchtenden Augen. Auch brachte ich ihr das Buch von Paulo Coelho mit, von dem ich wusste, dass ihre Freunde es ihr, während ich auf dem Weg war, vorlesen würden, und einen Zimmerspringbrunnen, den ich aus Berlin mitgebracht hatte, damit sie das Plätschern des Meeres „hören" konnte. Gegen Abend verließ ich sie, weil sie müde war, und machte mich auf den Weg zu meiner Mutter. Am folgenden Tag kam mir eine Idee. Vielleicht würde sie sich freuen, wenn ich etwas für sie auf diesem Weg mitnehmen würde? Einen Sorgenstein oder etwas, das ihr wichtig war? Und so schlug ich ihr am nächsten Tag vor, diesen Weg auch für sie zu gehen. Ich sehe noch heute, wie sich ihre Augen voller Glück mit Tränen füllten. Der Krebs hatte in der Zwischenzeit einen Querschnitt verursacht, das heißt, Renate konnte sich nicht mehr eigenständig bewegen. Noch dicker geworden durch all die Chemotherapien, glatzköpfig, aber immer mit einem sanften Lächeln auf den Lippen war sie dazu verdammt, nur noch den Blick aus dem Fenster zu „haben", vor dem ihr Bett stand. Sie bat mich um Zeit, darüber nachzudenken, was sie mir mitgeben würde.
„Vielleicht schreibe ich einen Brief, den du für mich mitnimmst?"
„Alles, was du möchtest!"
„Darf ich darüber bis morgen nachdenken?"
„Ja, natürlich."

Grüsse auf dem Jakobsweg

Erinnerungen

Wir rauchten heimlich gemeinsam eine Zigarette, dieweil ich den Springbrunnen aufbaute, und während das Wasser leise flüsternd über die Steine rollte, schloss sie die Augen und hörte nur dem Rieseln zu.
„Schön! …", sagte sie dabei immer wieder: „Ach Katy, wie schön!"

Ich blieb einen weiteren Tag, obgleich ich in Berlin noch einiges vorzubereiten hatte. Aber es war zu wichtig, ihren Wunsch zu erfüllen. So fuhr ich wieder ans Meer, um mich zu verabschieden, und dann gleich wieder ins Hospiz. Renate wartete schon auf mich mit einem Zettel in der Hand und einem grünen Plastiksäckchen sowie einem Stein, den sie aus den Steinen des Springbrunnens gewählt hatte.
„Ich habe einen Brief an Gott geschrieben", sagte sie. „Würdest du den bitte für mich mitnehmen?" Mir stürzten Bäche von Tränen in die Augen, aber ich hatte versprochen, niemals an ihrem Bett zu weinen, und so schluckte ich diese krampfhaft runter.

Sonnenblumen

„Ja, gerne, mein Schatz!", erwiderte ich mit bröckelnder Stimme.

„Und für Susi, kannst du für sie das grüne Nylonsäckchen mitnehmen? Ich habe nichts anderes von ihr, aber es geht ihr nicht gut und wir machen ihr sicher eine große Freude, wenn sie weiß, dass etwas von ihr mit auf den Jakobsweg geht."

„Ja! Ich hol mir schnell einen Kaffee, ja?"

Mit diesen Worten verließ ich eilig das Zimmer, denn „nichts ging mehr". Draußen vor ihrer Tür schluchzte ich leise und ließ den Tränen freien Lauf. Dann holte ich mir mit zitternden Händen einen Kaffee, huschte schnell noch mal auf die Besuchertoilette, um mir das Gesicht zu waschen, atmete tief durch und lächelte. Danach erst betrat ich wieder das Zimmer.

Wir klebten den Zettel zusammen und ich achtete peinlich genau darauf, dass nur sie ihn berührte, bevor die Klebestreifen ihn umgaben. Dann packte ich den Brief an Gott, dessen Inhalt ich nie erfahren habe, weil es nur sie etwas anging, und den Bergkristall

„Wandmalerei" an einer kleinen Kirche in Burgos

in das grüne Susi-Täschchen und versprach, alles an einen schönen Ort zu bringen.

Dieser Abschied war ein sehr sehr langer und wir hielten uns wärmend aneinander fest, wieder nicht wissend, ob wir uns wiedersehen würden. Weinend machte ich mich auf den Weg nach Berlin. Ich habe selten so viel Liebe empfunden wie in diesem Moment. Ich hatte das unendliche Glück, einem Menschen, den ich sehr lieb hatte, eine außergewöhnliche Freude zu machen. Vor allem aber hatte sie in ihrem eigenen Leid nicht das der Freundin vergessen und die Bitte, das Säckchen für Susi mitzunehmen, war sicher eine der größten Gesten, die ich je erlebt habe.
Nun ging eigentlich alles ganz schnell. Pressekonferenzen, Vorbereitungen, Drehs, die dies dokumentierten, parallel dazu SMS-Austausch mit Renate, die vielleicht noch aufgeregter war als ich selbst, das Leben drehte sich wie ein Kreisel, mindestens so geschwind, und schon saß ich im Flieger nach Saint Jean Pied de Port in Frankreich, wo mich das Drehteam erwartete und schon am Flughafen in Empfang nahm.
Ich hatte keine Ahnung, ob ich überhaupt die erste Etappe überstehen würde, den Weg über die Pyrenäen, 33,5 Kilometer, aber eines wusste ich ganz sicher. Ich würde es versuchen, ich würde nicht nachlassen, ich würde bei mir bleiben und mir treu sein, in jeglicher Situation, auch wenn mich Kameras dabei begleiteten. Ich würde Schritt für Schritt gehen, so weit mich meine Füße tragen würden, und ich würde mich jeden Tag aufs Neue damit motivieren, dass ich den Weg zwar für mich, aber dennoch nicht allein ging. Ich würde ihn für mich, meine Familie, Renate, für lebende und verstorbene Freunde, in ihrem Angedenken und in Bescheidenheit gehen, vertrauend auf Gott, an den ich ja eigentlich nicht glaubte, ich würde ihn aufmerksam und offen gehen und ich würde nicht nachlassen, mir klarzumachen, was für ein Segen es sei, diesen Weg gehen zu dürfen, der meine eigene Lebensmisere auch ein wenig entspannte, da ich ja nicht nur diesen Weg ging, sondern auf und mit dem Weg auch noch das Geld verdiente, was mir die Kritiker zum Vorwurf machten.

Dennoch stimmte für mich die Zusammenkunft der Parallelen, die dieser Weg für mich mitbrachte, und ich freute mich auf jeden einzelnen Tag, von dem ich nicht wusste, was er wohl für mich bereithielt.

Hape Kerkeling hat ja viel über den Weg berichtet, darum gehe ich hier nicht im Einzelnen auf Erfahrungen ein, die ich selbst gemacht habe.

Was ich aber für unendlich wichtig halte, grade für Frauen, wie ich selbst ja eine bin, ist zu wissen, dass ich mich immer und überall sicher gefühlt habe auf diesem Pilgerweg. Wenn ich allein unterwegs war, und das war ich oft und über viele Stunden, durch Berge und Wälder und anfangs auch ohne Handy und sich in mir Furcht breitmachen wollte, dann fühlte ich, dies ist ein „guter Weg!" Ich wusste und spürte insgeheim, dass mir nur „Gutes" widerfahren würde, und genau so habe ich diesen Weg erlebt. Ich war zuvor noch nie allein fast acht Stunden in Deutschland oder sonst wo auf der Welt durch Waldgebiete gegangen, ohne die Angst vorm „schwarzen Mann" zu haben oder davor, wilden Tieren zu begegnen, überfallen zu werden, vergewaltigt und in den Schmutz getreten meinem Ende entgegenzusehen, und es würde mir auch nicht im Traum einfallen, durch deutsche Wälder zu streunen und mich darauf zu verlassen, dass mir nichts passiert. Im Gegenteil. Ich meide Wälder, weil ich nicht weit genug sehen kann, und ich fürchte mich auch manchmal im Dunkeln.
Auf dem Weg aber begleitete mich etwas anderes. Ein unendliches Vertrauen! Eines, das ich vorher nicht gekannt hatte und das mich dennoch seit jeher begleitet. Natürlich wird jeder, der diesen Weg geht, andere Erfahrungen machen. Meine vielleicht wichtigste Entdeckung war, dass es mir leichtfiel, diesen Weg zu gehen. Das hätte ich niemals erwartet, denn der Weg ist nicht leicht! Es geht auf und ab, die Füße brennen und der Rücken schmerzt, aber dennoch ist all dieser Schmerz nie so, wie ich Schmerz vorher benannt hätte. Manchmal brach ich vor Freude in Tränen aus, weil ich mein persönliches Ziel erreicht hatte, manchmal stand ich nur

einfach staunend da, weil das, was ich mir gewünscht hatte, eingetreten war.
So zum Beispiel, als ich Hunger und Durst hatte und wie aus dem Nichts in einem Waldstück nach Stunden meiner Wanderschaft ein einfacher Sonnenschirm auftauchte, unter dem man ein Schälchen Himbeeren für einen Euro mitnehmen durfte und Wasser umsonst, obwohl wirklich, ich schwöre, niemand in der Nähe war, dies zu kontrollieren, dort nur eine Art Pappbüchse stand, in die man das Geld für die Himbeeren werfen konnte, und ich bin sicher, dass dort niemand wagte, ein Schälchen von der süßen Frucht „einfach mitzunehmen", ohne es zu bezahlen. Als ich weiterging, dachte ich: „Vertrau auf Gott, dann wird es dir an nichts mangeln", und dieser Gedanke begleitete mich fortan.
Ich hatte Zeit geschenkt bekommen, die ich mich nicht traute, mir zu gönnen, seit ich ans Theater gegangen war. Aber jetzt erlaubte ich sie mir, jetzt hatte ich die Möglichkeit, frei zu denken. Zu denken und zu fühlen. In mich herein und um mich herum,

Mitten im Wald …

Ein Umweg, den man machen sollte

und mit jedem Schritt, den ich tat, wurde mein Herz weiter und offener.

Jeden Tag legte ich in „guten Gedanken" Steine, die ich fand, an den Wegesrand und ich betete! Ich! Stellte Kerzen in kleinen Dorfkirchen auf und ich fühlte mich nie allein, selbst dann nicht, wenn ich allein war, weil ich eben tatsächlich nie allein war. Da war eine Kraft, die ich nicht benennen kann, aber sie war da. Ganz sicher!

Und so trug ich den Stein von Renate bis ans eiserne Kreuz, das Cruz de Ferro, und brachte den Brief, das grüne Säckchen von Susi, den kleinen Tabaluga von Peter Maffay, den ich für die Kinder der Welt dabei hatte (und ich war ziemlich sicher, dass noch kein Tabaluga je auf dem Camino langgetragen wurde), und das Seepferdchen einer Kinderstiftung aus Berlin bis ans Ende der Welt, ans Cap de Finisterre!

Das grüne Säckchen klemmte ich zwischen die Felsen an einen Ort, der jeden Morgen von den Sonnenstrahlen berührt werden würde, damit Gott jeden Morgen den Brief von Renate lesen konnte, um ihre Wünsche zu erfüllen, wenn er denn wollte und wenn er sie erhörte.

Cruz de ferro – hier werden die Sorgen abgelegt

Mit der Harley durch Kalifornien

Noch während ich mich auf dem Camino de Santiago befand, erreichte mich eine SMS meiner Presse- und Promotionagentur. „Bitte, bitte, sag, dass du den Motorradführerschein hast. Dann habe ich die tollste Anfrage der Welt für dich!"

Ich hatte bei „der große Führerscheintest" einige Jahre zuvor meinen Motorradführerschein in aller Öffentlichkeit gemacht und bestanden und wunderte mich ein klein wenig, dass mein Pressemann dies nicht mehr in Kopf hatte. Aber nach einem langen Tag in den Bergen Spaniens schrieb ich zurück: „Erinnere dich, habe ihn doch in der Sendung von Sonja Zietlow gemacht. Der große Führerscheintest! Ja, hiermit bestätige ich, ich bin im Besitz des Motorradführerscheins."

Es ging um die Sendung des NDR mit dem Titel „Länder, Menschen, Abenteuer", und man fragte mich an, ob ich mir vorstellen könnte, als Protagonistin nach Kalifornien zu reisen, um vier Wochen lang dort mit der Harley durchs Land zu fahren, zu drehen, ausgefallene Menschen zu treffen und zu interviewen, das Ganze für zwei Teile dieser Sendereihe.
Und ob ich wollte!!! Hey, das war mein Traum!

Ich kann mich daran erinnern, dass ich mich unendlich reich beschenkt fühlte, und von nun an dankte ich täglich Gott oder dem Universum, dass ich all das tun durfte. Da legte doch irgendjemand schützend die Hand über mich, anders konnte es nicht sein.

Ende August kam ich aus Spanien zurück und drehte noch schnell Anfang September einen Western für Pro 7. Ein riesiger Spaß, wie sich gleich zu Beginn der Dreharbeiten herausstellte. Tolle Kollegen, ein super Regisseur, supernettes Team. Ich war einfach nur glücklich, auch wenn mich auf der anderen Seite die Firmeninsolvenz und ständig neue Hiobsbotschaften erreichten. Ich fragte mich, wann ich jemals zuvor solch eine große Diskrepanz zwischen „Höhenflug und tiefem Fall" erlebt hatte. Mir fielen auch ein paar Beispiele ein, aber absolut nichts toppte diese Spanne zwischen Freude und Chaos.

So stand ich bis zum 5. Oktober 2007 für den Western vor der Kamera und flog direkt am nächsten Tag nach Los Angeles, um meine Reise zu beginnen.

Das Team vom NDR sowie der Regisseur und Redakteur, mit dem ich den ersten Teil der Reise drehen sollte, waren schon vor Ort. Alles schien mir wie ein großer Traum und manchmal zwischendurch erwartete ich, gleich würde mich irgendjemand

Mit dem Bottletreeman

in den Arm kneifen und ich müsste erwachen. Aber es kniff mich niemand!

Von nun an ging es 14 Tage lang durch eine der schönsten und spannendsten Landschaften, die ich selbst je gesehen hatte.

Jeden Morgen freute ich mich neu auf den Tag, auf die Menschen, denen ich begegnete, und über das Team, das mir sicher zur Seite stand und unendlich viel Liebe und Arbeit in diesen Dreh investierte.

Ja, wir waren natürlich privilegiert, aber dennoch musste die Arbeit ja getan werden. Manchmal, wenn die „blaue Stunde" hereinbrach, das ist die Zeit vor Sonnenuntergang, wenn sich der Himmel blauviolett färbt und Landschaft, Bäume, Seen und Berge in ein unwirkliches Licht taucht, war ich fast ein bisschen traurig, dass ich nicht genügend Zeit hatte, einfach nur zu bleiben und all das auf mich wirken zu lassen.

Es war ja inzwischen so unendlich viel in meinem Leben passiert und ich war noch gar nicht richtig zum „Sortieren und Sackenlassen" gekommen.

Aber ich war zuversichtlich, dass alles sich nun zum Guten wenden würde. Und zwar in jeglicher Hinsicht.

Und so landeten wir nach einer herrlichen Landschaftsreise 14 Tage später in San Francisco.

Freunde hatten mir berichtet, dies sei eine der schönsten Städte der Welt, aber als wir einfuhren in diese Stadt, hatte ich ein mulmiges Gefühl.

Wir checkten im Hotel ein und es war klar, hier würde es einen Regiewechsel geben. Zwei bis drei Tage würden wir hier in San Francisco verweilen, bevor wir den legendären Highway No 1 zurück nach L.A. fahren würden. Ich schlief in dieser Nacht sehr unruhig und beschloss, mich am nächsten Tag ein wenig umzusehen.

Natürlich wusste ich, dass es viele „homeless people", also Obdachlose, in Frisco, ach, in ganz Amerika, aber vor allem durch das Klima bedingt an der Westküste gab, aber was mir morgens begegnete, damit hatte ich überhaupt nicht gerechnet. Während ich die

Nähe Highway No 1

Main Street, also die Hauptstraße, hinunterlief, sah ich Menschen in ihrem eigenen Kot liegen, in ihrem Erbrochenen. Teilweise stiegen Businessleute, adrett gekleidet und mit Aktentasche bewaffnet, einfach über diese Menschen hinweg, als sei es das Normalste auf der Welt, und schließlich musste man ja zur Arbeit. Ich meine, ich habe von den ärmsten Ländern der Welt gehört und war selbst zum Beispiel einige Male auf Sri Lanka gewesen, wo man auch nicht grade von Massenreichtum ausgehen konnte, aber wir waren hier in Amerika! In San Francisco!!!

Ich war wie erschlagen und wollte einfach nur heulen. Nein, schlimmer. Ich wollte einfach nur noch weg! Ich habe in meinem Leben und auch durch mein Leben gelernt, hinzusehen. Doch nun stand ich hier, weit weg von zu Hause, sah wild gestikulierende, verwahrloste Menschen an Straßenecken stehen, die auf sich und die ganze Welt zu schimpfen schienen, dazu, wie mir schien, Hunderte von

Vietnam-Veteranen in Rollstühlen, viele bettelnd, und alles wirkte so unwürdig im Gegensatz zu den schillernden Einkaufspassagen und Boutiquen, in denen Menschen herumwuselten und ihren Geschäften oder was auch immer nachgingen. Ronald Reagan hat ja in seiner Amtszeit alle Heilanstalten schließen lassen, und so waren diejenigen, die ich brüllend an den Straßenecken traf, eigentlich Menschen, die dringend psychologische Hilfe benötigt hätten.
Shoppen? Hier? Ich? Keine Chance!
Ich machte mich auf den Weg zurück zum Hotel und schloss mich in meinem Zimmer ein, überlegte, ob ich irgendetwas tun könnte. Aber wie lindert man denn bloß dieses Leid? Mir wurde relativ schnell klar, dass ich kaum etwas tun konnte, und beschloss, die kommenden Tage mehr oder minder auf meinem Zimmer zu verbringen, bis auf die Drehzeit, die ich vor mir hatte. Ansonsten konnte ich mich nur entziehen.
Sie können sich sicher vorstellen, wie unendlich dankbar ich war, als ich endlich auf den Chromesel steigen durfte, um die legendäre Küstenstraße entlangzufahren, was wir ein paar Tage später ja dann auch taten.
Mir fiel ein, dass ich zwei Abende vor meiner Abreise mein Testament geändert hatte. Warum mir das jetzt grade in den Sinn kam, weiß ich nicht mehr so genau. Dennoch, und bei all den Reisen, die ich in meinem Leben tätigte, fand ich es richtig, ein Testament zu haben.
Das hatte ich schon früh und vor ein paar Jahren beschlossen, auch wenn es irgendwie komisch war, mit vierzig sein Testament zu schreiben und vor allem darüber nachzudenken, wer was nach meinem Ableben bekommen sollte. Ich hatte ja eigentlich nichts mehr von Wert, außer sehr persönlichen Sachen, an denen mein Herz hing. Und natürlich meine Tagebücher, die ich schon im Alter von dreizehn Jahren angefangen hatte, zu schreiben.
Ich dachte an Renate, die alles vorab geregelt hatte, Patientenverfügung, wie sie sich wünschte, beerdigt zu werden, wo und was mit ihrem Hab und Gut geschehen sollte.
Ich hatte sogar meinen Vater und meine ältere Schwester an dem Abend vor meiner Abreise angerufen, denn irgendwie hatte ich

Katy mit ihrer Harritage Softtail Classic

das Gefühl bekommen, ich würde von dieser Reise nicht zurückkehren. Vorahnung?
Ich weiß nicht. Ich hatte jedenfalls ein ungutes Gefühl, das sich trotz meiner Freude breitgemacht hatte, und ich wollte beide wissen lassen, dass ich sie liebe und eben auch, wo sie mein Testament finden würden, sollte ich nicht heimkehren. Meine Mutter wollte ich nicht beunruhigen, darum hatte ich bei unserem Abschied nicht davon gesprochen.
Vielleicht war der Gedanke, in einem fernen Land auf einem Motorrad unterwegs zu sein, der Auslöser. Wer weiß?
Die Reise auf der legendären Küstenstraße Highway No 1 war auf jeden Fall ein wunderschönes Erlebnis, auch wenn ich diese nach dem Sturz mit der Harley in einem roten Mustang fortsetzen musste. Gott sei Dank brauchte niemand mein Testament zu bemühen und dennoch gab mir der Sturz und auch meine Vorab-Intuition sehr zu denken.

Die Indianerin Kathy & Katy

Der Wohnwagen von Kathy im Reservat

Ich hatte einfach das Glück, auf einem wenig befahrenen Parkplatz gestürzt zu sein und nicht auf dem Highway selbst, sonst hätte die Sache noch ganz anders ausgehen können. Außer ein paar aufgeschlagenen Knien und Schmerzen in der Schulter und im Ellbogenbereich war tatsächlich zunächst nichts Konkretes zu sehen und auch meine täglichen Arzt- und Klinikbesuche in Amerika gaben nicht den nötigen Aufschluss, warum ich mich kaum noch bewegen konnte, nachts nur im Sitzen schlafen und vor Schmerzen hätte die Wände hochgehen können. Aber ich wollte den Dreh auch nicht abbrechen und so biss ich die Zähne zusammen, bis ich endlich am 7. November den Flieger in die Heimat nahm und dort bei meinem direkten Arztbesuch ebenso direkt ins MRT geschickt wurde.

Ich hatte einen schweren Bandscheibenvorfall davongetragen, der mir noch sehr lange zu schaffen machen sollte und der den „Workaholic" in mir komplett ausgebremst hatte, was mir natürlich überhaupt nicht gefiel. Ich wurde also mehr oder weniger zwangsweise lahmgelegt und sollte mich, so dachte ich, vielleicht auf mich selbst besinnen, anstatt nur dem Geld hinterherzujagen, das meine Gläubiger von mir forderten, für die ich mittlerweile alleinig arbeitete. Ich versuchte mir klarzumachen, was genau ich im Leben eigentlich wollte und wie ich gedachte fortan weiterzumachen, was nicht so ganz einfach war. Vor allem war klar, dass ich zurzeit keine Drehs annehmen konnte, denn ich konnte weder lange gehen noch lange stehen. Da bekam ich eine Anfrage für eine kleine Recherchearbeit über Kalifornien. Wenig Geld, aber Gelegenheit, mich zu besinnen und mal alles, was in diesem Jahr passiert war, sacken zu lassen. Dies war ja eh „mein Jahr der Reisen" gewesen. Warum sollte ich es nicht auch so beenden?

Amerika die Zweite!

Riesenideeeee!!!
Ich reise also wirklich kurz nach meinem Sturz von der Harley während meines Drehs zu „Länder, Menschen, Abenteuer" noch einmal ins Land. Ich will und werde die Zeit für die Arbeit nutzen, um die ich gebeten wurde, und ich will endlich mein Buch zu Ende schreiben. Die Stimmung sowie der Spirit hatten es mir, also knapp sieben Wochen zuvor in Los Angeles, wirklich angetan. Ich konnte fühlen, dass dies der absolut geeignete Ort sein würde, um mich selbst, meine Gedanken und überhaupt alles zu sortieren. Also war es sozusagen ziemlich klar, dass ich in dieses Land zurück musste, um mir hier meine Kreativität zurückzuerobern oder mich wenigstens von irgendeiner fetten Muse küssen zu lassen.

Etwa fünf Wochen lang hatte ich in der Los Angeles Craiglist nach einer geeigneten Behausung gesucht. In diese Liste kann man sich eintragen, wenn man eine Wohnung, ein Appartement, einen Mitbewohner oder etwas zum Mitbewohnen sucht. Eine etwas erweiterte Mitwohnzentrale, denn dort werden auch Jobs inseriert, aber darum ging es mir ja nicht.
Ich suchte eine günstige Bleibe, am liebsten ohne Mitbewohner und noch lieber ohne die Klamotten von irgendwelchen Leuten, die man nicht kennt, bei denen man aber einzieht und dann für jeden alten Wichsfleck auf dem Teppich verantwortlich ist, obwohl man eigentlich noch nicht mal das Haus betreten hat, und am besten gleich wieder geht, obwohl man die Miete und ein hohes „Deposit" bezahlt hat und es eigentlich nur darum ging, dass der Vermieter einen neuen Teppich brauchte und einem nun die Kaution nicht zurückgeben muss, weil man ja schon vor der Tür stand. Natürlich hatte ich auch das eine oder andere nette Appartement

gefunden, das mir gefiel. Ich zeigte also einer lieben Freundin die Bilder eines Appartements direkt am Meer, aber leider kam dieses überhaupt nicht infrage. „No smokers, no pets." Wer keine Tiere mag, den mag ich meist grundsätzlich auch nicht. Wer keine Raucher mag, ist entweder selbst mal Hardcore-Raucher gewesen und hat es sich mühsam mit „Rauchfrei in 14 Tagen", „Nicotin away and you can stay" abgewöhnt, und wer Tiere und Raucher nicht mag, der kann mich nicht mögen, und da will ich auch keinesfalls sein. So dachte ich jedenfalls.

Wie immer machte ich es mir nicht nur schwer, sondern besonders schwer. Als ginge es um den Härtegradtest, den ich, allerdings scheinbar immer nur ich, zu bestehen habe. Na ja, jeder auf seine Weise, jeder, wie er kann.
Ich war kaum im Hotel angekommen, das ich, weil mir niemand auf meine Anfragen in der Los Angeles Craiglist geantwortet hatte (lag es vielleicht an meiner immerwährenden Frage, ob ich wenigstens draußen auf dem Balkon, der Terrasse, im Garten, auf der Straße oder sonst wo rauchen könnte?), kurzfristig, um nicht wahrheitsgemäß zu sagen einen Tag vor Abflug, gebucht hatte, und schon konnte ich dieses Hotel ganz und gar nicht leiden. Nicht, dass es schlecht gewesen wäre, immerhin hatte es vier Sterne und man konnte tatsächlich durch die Straßenschlucht hindurch das Meer bei der Ankunft sehen, nur erfuhr ich sofort, dass man sich ganz besonders freue, eines der wenigen „wirklich rauchfreien" Hotels in Santa Monica, ach was, in Los Angeles, oder vielleicht doch ganz Kalifornien, zu sein!? Supaaaa!!! Glückwunsch! Meine fast scheinheilige Frage, ob man wohl auf dem Balkon rauchen dürfe, wurde mit einer mir weniger diskret in die Hand gedrückten Karte schnell und zügig abgeschmettert. Als hätte die Dame an der Rezeption noch dazu: „Seht her, die eklige Raucherin hier will in unserem absolut rauchfreien Hotel, auf das wir so sehr stolz sind, ihre dreckigen Zigaretten auf ihrem Balkon rauchen!" geschrien, hatte ich mit einem Male das Gefühl, die ganze Lobby, oder soll ich besser sagen „halb Korea", ach quatsch, ganz Korea, guckte mich missmutig an. Nichts gegen Koreaner, ich habe viele

koreanische Bekannte, die ich wirklich gerne mag, aber sie reisen nun mal meist in größeren Gruppen, ähnlich wie die Japaner eben. Außerdem waren es nun mal Koreaner, daran bestand kein Zweifel. Und alle guckten mich an. Alle. Super. Hätte ich bloß nicht gefragt. Ich hätte ja einfach auf meinem Balkon rauchen können, bis jemand mich dezent darauf hingewiesen hätte, dass man sich darüber freue, mir mitteilen zu können, dass auch ich in diesem Hotel wohl nach spätestens einer Woche zum Nichtraucher mutiert sein würde. Ich hätte doch einfach abwarten können, ob mich jemand, wie in San Francisco geschehen, der Servicecrew „ausliefert" und mir androht, die Polizei zu holen, wenn ich nicht sofort aufhöre zu rauchen.

Obwohl, in San Francisco war das ja doch noch ein wenig anders gewesen. Dort hatte ich vergessen, die Balkontür zu schließen, und auf dem Balkon war Rauchen ja erlaubt. Also rauchte ich, was das Zeug hielt, so, als gäbe es weder ein Morgen noch ein Übermorgen. Frei nach dem Motto „all you can smoke". Mein Zimmernachbar hatte scheinbar „Nonsmoker" gebucht, und was noch erschwerend hinzukam, war die Tatsache, dass wir, er und ich, jeder ein Zimmer bewohnten, das mit einer zwar verschlossenen, aber immerhin einer „Durchgangstür" verbunden war.

Durch Selbige, oder besser gesagt unter dem Spalt darunter, muss mein hauseigener Rauch gekrochen sein, durch den er sich genötigt fühlte, mich, oder besser „mein Vergehen", unten beim Concierge zu verraten, was mir dessen Besuch einbrachte. Dummerweise hatte ich meinen I-Pod auf den Ohren und hörte grade doch relativ laut Musik, als ich ein seltsames Hämmern, das gegen den mir in den Ohren hämmernden Takt hämmerte, vernahm. Irgendwann wurde dann auch ich gewahr, dass es nicht in meinem Kopf, sondern an meiner Zimmertür klopfte. Als ich mich durchrang, die Tür zu öffnen, sah ich dort niemanden. Nur ein rotes Lämpchen brannte tückisch und verräterisch neben meiner Tür.

Sofort dachte ich: „Oh Gott! Feueralarm!!! Wie blöd bist du denn? Da hörst du laut Musik, irgendjemand versucht verzweifelt, dich vor der Feuersbrunst zu warnen und dir zu helfen, aber du Trottel verbrennst dummerweise trotzdem und schmorst in der Hölle,

weil du den verdammten Feueralarm nicht gehört hast, weil Alicia Keys dir ‚Superwoman' ins Ohr gebrüllt hat. So bescheuert muss man erst mal sein!"
Ich griff also flugs zum Telefonhörer, um mich unten beim Check-In zu erkundigen, was denn los sei und warum man an meine Tür gepoltert habe. Und ebenso flugs drang eine doch recht unfreundliche Stimme an mein Ohr, oder besser gesagt in dem Moment, als ich meine Zimmernummer nannte. Quäkend erklärte mir der sonst wahrscheinlich sehr freundliche Mitarbeiter, dass ich gefälligst das Rauchen auf dem Zimmer sein lassen solle, sonst hole er die Polizei! Peng! Säuselnd erklärte ich ihm, dass ich lediglich, so wie mir doch bei meiner Ankunft erlaubt, auf dem Balkon geraucht habe, aber ich wohl versehentlich die Balkontür nicht geschlossen hätte und dass es mir wirklich leidtäte.
Er pfefferte mir ein barsches „I'll come up" entgegen und ich raste schnell, nachdem ich den Hörer aufgelegt hatte, ins Badezimmer, um mein „ich lass an meine Haut nur Wasser und CD" zu greifen und den ganzen Raum damit zu besprühen. Tock tock, der Mann musste geflogen sein, rumpste es schon an meiner Tür und ich öffnete ihm, entschuldigte mich nochmals und noch vielmals für mein Missgeschick, wie auch er sich nochmals und noch vielmals für die nächtliche Störung entschuldigte, aber ich müsse schließlich verstehen … und ich tat so, als ob ich verstünde, und wir wünschten einander eine gute Nacht!
Kaum hatte er jedoch mein Zimmer verlassen, natürlich nicht ohne mir vorher noch mal zu zeigen, wie man die Balkontür von außen schließe, wenn man dann schon unbedingt auf dem Balkon rauchen müsse, überkam mich eine tierische Wut. Hatte mich dieser Idiot neben mir (eigentlich wusste ich noch nicht mal, ob es ein Typ ist) doch tatsächlich denunziert!!! Stocksauer trabte ich zum Fernseher und drehte das Ding auf volle Lautstärke. Auf sozusagen alles, was das Teil bereit war, herzugeben! Sollten dem alten Fettwanst neben mir, ich hatte beschlossen, dass es ein fetter einsamer Typ sein musste, doch die Ohren abfallen. Genüsslich guckte ich mir also mitten in der Nacht, es muss so um Mitternacht gewesen sein, in einer Lautstärke, bei der mir selbst fast schlecht wurde,

eine nette Serie auf „USA", oder wo auch sonst, an. Es dauerte nicht lange, bis ich, kaum hörbar, da der Fernseher so einen irren Krach machte, ein weiteres Tocken an der Tür vernahm. Ich lief zu Selbiger und mit leicht grauem Teint flutschte derselbe Herr von vorhin unwirsch an mir vorbei in mein Zimmer. Zu meiner Freude stellte ich fest, dass draußen diesmal keine verräterische, rote Signallampe darauf hinwies, dass hier ein Monster sein rauchendes Unwesen trieb. Er griff nach der Fernbedienung, und nachdem er den Fernseher auf Zimmerlautstärke runter getuned hatte, baute er sich vor mir auf, um mir zu erklären, dass das ja wohl die absolute Höhe sei! Erst im Zimmer zu rauchen und dann auch noch so frech zu sein und andere Hotelgäste zu stören. Warum stören??? Der Dicke neben mir wartete doch eh nur darauf, dass ich irgendetwas anstellte, damit er sich protzend und produzierend unten an der Rezeption melden konnte. Der Typ war doch einfach nur einsam und gönnte anderen den Atem in den Lungen nicht! Das sagte ich natürlich nicht. Ich erklärte dem „netten Herrn", dass ich einen Gehörschaden hätte und ich gar nicht gemerkt hätte, dass mein Fernseher zu laut sei. Und dass ich mich wundern würde, dass, wenn das Hotel dies als „zu laut" empfinden würde, man nicht einfach einen Regler einbaue, wie andere Hotels dies doch auch täten, damit man nur in Zimmerlautstärke fernsehen könne. Mit hochrotem Kopf und erhobenem, drohendem Zeigefinger warnte er mich nochmals eindringlich und drohte mir, er hole die Polizei, wenn ich es noch ein einziges Mal wagen würde, den Fernseher lauter zu machen, als er jetzt sei! Ich musste lachen. „Sie holen die Polizei, wenn ich den Fernseher lauter mache? Sie lassen mich einsperren, weil ich schlecht höre?" Aber er hatte sich schon auf den Weg zur Tür gemacht und ich konnte ihm all das nur in den Rücken werfen … sozusagen. Hmmm!

Ich holte den Überwurf des Bettes, den ich im Schrank verstaut hatte, heraus und stopfte damit die Ritze unter der Tür zu dem fetten Glatzkopf zu. Nicht, ohne dabei lauthals „asshole, sad fat motherfucker" und sonstige Beschimpfungen von mir zu geben, aber in dieser Nacht blieb es danach ruhig. Am nächsten Morgen erfuhr ich von der Drehcrew (die spät vom Essen nach Hause gekommen war), dass ein dicker Mann mit Glatze im Morgenmantel des Nachts am Schalter einen riesigen Aufriss gemacht haben muss. Wusste ich's doch!!!

Aber zurück zu dem, was ich eigentlich erzählen wollte. Ich hatte mich nun also in diesem Hotel in Santa Monica als „Balkonrauchjunkie" geoutet und es gab kein Zurück. Zurückgeraucht würde keinesfalls vor Mitternacht, das war mal so klar wie Kloßbrühe.

Ich brachte meine Sachen brav aufs Zimmer und schlich direkt wieder nach unten und aus dem Hotel, um in der fast schon untergehenden Sonne eine Zigarette zu genießen. Während ich so vor mich hintrottete und die Straßen irgendwie immer leerer wurden, fiel mir auf, dass ich überhaupt niemandem mit einer Zigarette in der Hand begegnet war. Außerdem fand ich, auch bei genauer Betrachtung, keinerlei Kippenspuren, Reste oder gar Filter auf der Straße.

„Da war doch was?", dachte ich so bei mir, aber ich konnte mich beim besten Willen nicht entsinnen, ob es nun wirklich verboten war, auf der Straße zu rauchen, also immer und überall, ob es eventuell Ausnahmen gab oder wie das Ganze hier gehandhabt wurde. Eines allerdings war ziemlich klar. Irgendwie war ich vom Weg abgekommen und schlich nun in Höhe siebte Straße umher. Ja, das mag erst mal nicht ungewöhnlich klingen. Wenn man allerdings bedenkt, dass man, wenn man ein Hotel in Santa Monica sucht, von der ersten bis zur vierten Straße über geeignete Orte lesen kann, es aber ab der fünften Straße mit der Unterbringung doch schon eher dürftig ist und wenn man dazu bedenkt, dass Amerika ein großes Land ist und wenn es heißt, ein Block weiter, das eben nicht heißt „ein paar Meterchen", dann war die „siebte Straße", auf der ich mich nun befand, schon irgendwie unheimlich. Und, wäre nur die Straße unheimlich gewesen, hätte ich das ja noch in Ordnung gefunden. Das Problem war eher, dass ich auf ziemlich unheimliche Leute traf, die in kleinen Gruppen ziemlich laute Töne spuckten, und nicht nur das. Nachdem ich mich an einigen Gruppierungen vorbeilamentiert hatte, mal auf den Boden guckend, mal mit direktem Augenkontakt, für den ich ein paar derbe Sprüche erntete, traf ich endlich auf meinen Retter in der Not, einen sehr netten, älteren Herrn im Rollstuhl, Russe, wie er berichtete, der den nächsten Passanten freundlicherweise für mich nach dem Weg fragte, nachdem er selbst auch nicht so genau wusste, wo er sich befand, und so hatte ich schnell zumindest die grobe Richtung inne, in die ich meinen Weg fortsetzen würde, und der freundliche Herr begleitete mich fahrenderweise ein kleines Stück, sodass ich sicher zur nächsten Kreuzung kam. Von da aus waren es noch gute 20 Minuten bis zum Eingang des Hotels und ich war hocherfreut, wie hübsch, nett und einladend es mit einem Male wirkte, als es mich sicher in seinem Schoß aufnahm. Flugs schlüpfte ich geradeaus in die Bar, aus der mir ein netter Barmann entgegenlächelte. Vor allem aber schlüpfte ich dorthin, um mich nach einer Rauchmöglichkeit zu erkundigen. Irgendwo musste es doch eine Lücke im System geben! Trickreich, wie ich bin, bestellte ich mir zuerst ein Wasser und ein Glas Weißwein in der doch recht „unterfüllten" Bar. Der Bartender brachte mir meine Getränke fast auf der Stelle und ich verwickelte ihn klug in ein Gespräch. Immerhin hatte ich mich erst vor ein paar Minuten schwer verlaufen und so fragte ich ihn, ob denn die Umgebung hier sicher sei, also „safe".

Er erwiderte, dass wir hier, also Höhe vierte Straße, noch „ganz o. k." und „relativ sicher" seien, wohingegen man sich nicht viel weiter nördlich bewegen sollte. Dort gebe es doch einige Banden und da sei es dann eben nun mal nicht mehr so sicher. „Und West Hollywood?", wollte ich wissen, da ich immer noch nicht genau wusste, ob ich weiterreisen, hierbleiben, nach Hause fahren, ob ich nach Venice ziehen oder ich in West Hollywood eine Bleibe suchen sollte. West Hollywood sei super safe, sagte er mir. Da wohne er auch und das sei „ganz sicher". Aha, wie schön für ihn.

Ich wechselte schlagartig das Thema.

„Und wenn ich hier durch diese Exit-Tür gehe und eine rauchen möchte, finde ich dann einen Platz, wo ich rauchen kann?" Dabei deutete ich mit der Hand auf das Ausgang-Zeichen über der Tür und eigentlich Richtung Swimmingpool. „Yes yes, sure!" War die mega-prompte Antwort, mit der ich nun wirklich im Leben nicht gerechnet hatte. Natürlich dachte ich sofort, wir hätten hier ein „Längwitsch-Problem", und setzte also nochmals mit meiner Frage an: „Sorry Mister. I was asking, if there's a place somewhere out here, where smoking is allowed?" „Yes yes, sure!", und diesmal zeigte er zum Ausgang, der Richtung Swimmingpool führte. Das ließ ich mir jetzt kein drittes Mal mehr sagen. Sofort griff ich meine Schachtel und das Feuerzeug, ließ die Drinks stehen und mein Buch liegen und kaum war ich draußen, sah ich schon eine kleine Menschentraube in einer netten Loungeecke sitzen, die keine Fragen mehr offenließ. Dies würde mein Ort, ja, mein Örtchen für die nächsten Tage werden. Ich setzte mich zu der Minigruppe und lernte Ellen und Daniel aus Jersey kennen, die mit einem tierischen Jersey-Akzent sprachen, den ich kaum verstand, aber das machte kaum etwas an diesem Abend. Wir lachten und erzählten, tranken und smokten, als wenn wir uns schon hundert Jahre kennen würden, verstanden uns prima, auch zwischen den Zeilen, und wieder wurde mir klar: „Rauchen verbindet doch mehr als Blut."

Natürlich rauchte ich in der Nacht heimlich auf meinem Balkon.

Ich hatte in der Bar gedanklich so eine Art System entwickelt, mit dem ich möglicherweise nicht so schnell auffliegen würde und bei dem man mich gleichzeitig nicht so schnell beim Rauchen „orten" konnte. Zunächst öffnete ich ein Kaffeetütchen, das es meistens in den guten Hotels passend zu einer kleinen Kaffeemaschine gibt, entnahm dem Tütchen den darin enthaltenen Kaffeefilter, den ich schon in die Maschine stopfte für den nächsten Morgen, und riss das Tütchen ein wenig weiter auf als an der vorperforierten Tütcheneinreißstelle dafür vorgesehen. Dann nahm ich fünf Einzel-Lagen-Klopapier und tränkte diese in der Mitte mit Wasser, wonach ich das Klopapier im halb nassen Zustand in das Kaffeetütchen drückte. So bewaffnet schlich ich Richtung Balkon und observierte die Lage um mich herum. Über und rechts neben mir in den Räumen brannte Licht, was mir mein Vorhaben etwas erschwerte. Ich rückte meinen Balkonstuhl und mein kleines Tischchen so hin, dass man mich von dem Balkon über mir keinesfalls sehen konnte, es sei denn, man wolle sich in die Gefahr begeben, vom eigenen Balkon zu stürzen. Ich verschloss die Tür zum Zimmer ganz fest, natürlich nicht ohne mich vorher zu vergewissern, dass ich diese von außen auch wieder auf bekommen würde. Dann schnappte ich mir eine Zigarette, hockte mich auf meinen Plastikstuhl und zündete die Zigarette an. Nach dem ersten Zug hauchte ich den Rauch nicht direkt aus, sondern wedelte leicht mit meiner Zigarette hin und her, während ich den Rauch langsam und fast unmerklich in die Richtung blies, in der es zwar weitere Zimmer gab, aber keine, die erleuchtet waren. Ich fand das eigentlich ziemlich klasse, bis mir nach etwa vier besonders tiefen Lungenzügen so schlecht war, dass ich meine Zigarette nur noch schnell in die Kaffeefolie mit getränktem Klopapier stippen konnte, schnell den Restrauch aus meinen Lungen hauchte, das Tütchen unter den Plastikstuhl quetschte, damit es nicht davonflog, die Balkontür aufriss und schnellstens hinter mir verschloss (als hätte sich eine einzelne Rauchwolke hinter mir bilden können und durch den spärlichen Ritz, durch den ich selbst schlüpfte, nach innen flutschen können, um mich schändlich zu verraten und mein großes Geheimnis preiszugeben, ja ja, so weit war der Verfolgungswahn bereits fortgeschritten), warf mich aufs Bett und beschloss, den lieben Gott einen guten Mann sein zu lassen und mich für heute auszuklinken, was ich dann auch tat.

In der Nacht windete es mächtig und morgens um sechs rettete ich mein Kaffeeplastikklopapiertütchen noch grade so eben kurz vorm Absturz auf den unter mir liegenden Balkon, als ich, mit einer Tasse frisch gebrühtem Kaffee, zum „Sonnenaufgang" angetreten war, sicher, dass sich niemand frierend, so wie ich, morgens um sechs auf den Balkon setzen würde, und noch sicherer, dass ich jetzt eine Zigarette rauchen würde, komme, was und wer da wolle. Diesmal stand ich zunächst zitternd in der Kälte und lief dann auf dem Balkon auf und ab, denn zum Sitzen war es wirklich zu kalt und außerdem verteilte sich so der Rauch gleichmäßiger. Dabei wurde

mir klar, dass, wenn ich zurück in Deutschland sein würde, mich dasselbe Schicksal ereilen würde. Rauchverbot!
Nun gut, ich könnte noch bei mir zu Hause rauchen, aber eben nicht mehr in meinen Lieblingskneipen, oder dort nur noch im Sommer und auch nur draußen.

Schrecklich!

Malibu

Bestimmung, Schicksal oder was auch immer

Vom Balkon des Hotels aus wäre es sicher ein Vergnügen, den Eintritt ins neue Jahr zu begrüßen. Aus dem sechsten Stock mit Meerblick, dafür aber ein paar Blocks entfernt vom Strand, hatte man eine super Sicht und ich stellte mir vor, wie das Feuerwerk über der Stadt bis hin nach Hollywood von hieraus wohl aussehen würde.

Ich hatte allerdings das Hotel nur „übergangsweise" gebucht, da ich eigentlich weiterreisen wollte. Vielleicht wäre es cool, so dachte ich, Silvester in Pioneertown zu verbringen, ca. 250 Meilen von Los Angeles entfernt. Ich war dort ja durch den Dreh für den NDR ein paar Tage mit der Crew in diesem süßen Motel abgestiegen und die Stimmung dort hatte mir gut gefallen. Außerdem hatte mir Ted bei „YouTube" vor einigen Wochen eine Nachricht hinterlassen mit folgendem Inhalt: „Katy, it was a pleasure to be with you on stage. We all miss you: Come back soon and let's sing and have fun together." Tatsächlich hatte ich in Pioneertown, oder besser gesagt im „Puppies and Harriets", einer alten Rock 'n' Roller-Kneipe, ein paar Songs zum Besten gegeben, mit den Gitarren der „all stars", die dort wöchentlich beim „open Mic" auftraten. Von „Wish you were here" bis hin zu „House of the rising sun" in meiner Max und Moritz-Filmversion, aber leider hatte kaum jemand den Trashfilm gesehen, der donnerstags in Deutschland in die Kinos kam und den man Sonntagabend schon in keiner Programmvorschau mehr finden konnte. Jedenfalls hatten die „all stars" und ich eine Menge Fun, als die Filmcrew schon im Bett lag und sich auf den nächsten Drehtag vorbereitete, an dem ich nicht zum Einsatz kommen sollte. Ted war eigentlich für den Sound zuständig und stand auch an diesem Abend am Mischpult, aber, nachdem ich zwei Songs geschmettert hatte, kam er auf mich zu und fragte mich, ob wir was

„gemeinsam" machen wollten. Ich hatte mittlerweile vor Freude über den Abend die Lämpchen ein klein wenig an, aber ich hätte auch sonst zugestimmt. Immerhin liebe ich es, Musik zu machen und auf der Bühne zu rocken.

Das hatte ich ja nun wirklich mehr als einmal bewiesen. Grade in den letzten Jahren begleitete ich die Ostband Silly als Gast auf Tour, was mir großen Spaß bereitet hatte. Und so „rockten" Ted, der mega hammergeil Gitarre spielt und eine irre Stimme hat, und ich die Bühne an diesem Abend. Also dachte ich, warum nicht dort hinfahren und den guten, alten Ted wiedersehen (falls der mich überhaupt noch erkennt)? Andererseits lebte ja auch Mandy, mein lieber Freund, hier in Los Angeles und mit dem würde ich auch allzu gern ins neue Jahr rutschen. Das wäre doch klasse. Und so spekulierte ich irgendwie auch ein bisschen darauf, dass er vielleicht doch inzwischen über den Tod seines geliebten Hundes, den er kurze Zeit vorher zu Grabe getragen hat, hinweggekommen sei. „Gabriel", so der Name seines geliebten Roman Wardogs, einem, wie der Name schon sagt, Kampfhund mit riesigem Kopf und bulligem Körper. Gabriel also war Mandys Ein und Alles und er hatte ihn auch selbst großgezogen. Über das Schicksal, das sein Hund ertragen musste, denn er hatte innere Blutungen und das über viele Wochen, litt auch mein Freund fürchterlich. Er pflegte ihn wie seinen Sohn, ließ ihn selten allein und kümmerte sich rührend um seinen „Freund". Ich hatte kurz vor meinem Abflug aus Berlin gebetet, dass Gabriel es schaffen und dass er wieder gesund würde, denn ich wusste ja, wie sehr Mandy an ihm hing und wie sehr er mit diesem Tier verbunden war. Und so hatten Mandy und ich eigentlich geplant, Weihnachten zusammen zu verbringen. Aber am 28. November erhielt ich die schreckliche Nachricht: „Gabriel died!" Nachdem ich die Nachricht gelesen hatte, konnte auch ich nicht mehr aufhören zu weinen, obwohl ich den Hund gar nicht kannte, nur von Fotos her und aus Mandys Erzählungen. Aber ich hatte selbst vor ein paar Jahren einen Schäferhund-Schnauzer-Mix gehabt, den ich, weil er Angstbeißer war und nachdem weder das Training bei Deutschlands Tiertrainer Nummer 1, Joe Bodemann, den ich sehr schätze, half noch meine Liebe und Fürsorge, mit der ich meinen Hund erzog und ihn wichtige Nicht-Beiß-Regeln lehrte, anschlug, irgendwann dann doch einschläfern lassen musste, nachdem er fast dreißig Leute gebissen hatte, unter anderem einen Kameramann von „Hinter Gittern", wodurch ich meinen Hund auch nicht mehr ans Set von „Hinter Gittern" mitbringen durfte, was mein enormes Arbeitspensum und auch mein Singledasein mit Hund reichlich erschwerte. Ich hätte Lino (er hieß eigentlich Rambo, aber das hielt ich bei einem Angstbeißer dann doch eher für unpassend und so änderte ich seinen Namen, nachdem ich ihn aus dem Tierheim geholt hatte, zunächst in Rambolino, später dann in Lino) niemandem anvertrauen können, denn stets musste ich befürchten, dass er nach irgendeiner Hand schnappte, die versehentlich in der Nähe seiner Nase schwang. Oder was wäre gewesen, wenn er ein Kind in die Hand oder gar ins Gesicht …? Nicht auszudenken. Ich würde meines Lebens nie mehr froh werden, das war gewiss. Ich konnte den Gedanken schon damals nicht zu Ende denken und kann es immer noch nicht, weil er mich einfach fürchterlich erschreckte. Jedenfalls gab es irgendwann nur noch die Entscheidung, Lino zurück ins Tierheim zu bringen, wovon mein Herz und auch Joe Bodemann mir dringend abrieten, oder ihn sanft entschlummern zu lassen. Lino war damals etwa neun Jahre alt und mein allerbester Freund. Darum konnte ich die Entscheidung auch lange nicht treffen, ihn einzuschläfern. Ich wusste doch, ich würde mich wie eine Mörderin fühlen. Aber das alles können nur Menschen verstehen, die Hunde wirklich als Freunde empfinden, für diejenigen, die nie eng mit einem Tier gelebt haben, bleibt ein Hund ein Hund und am Ende dann eben „nur ein Hund".

Ich denke jedenfalls heute noch immer intensiv an Lino, wenn auch nicht mehr jeden Tag, denn ich hatte tatsächlich, Wochen nach dem Vorschlag, ihn einschläfern zu lassen, zugestimmt. Natürlich nicht, bevor ich nicht ganz sicher war, dass weder ich mit all meiner Liebe noch irgendjemand anderes ihn von dieser Beiß-Macke befreien konnte. Ich hatte absolut alle Varianten durchgespielt, die mir möglich erschienen. Ich hätte Lino auch bei Joe gelassen und einfach seine Pension dort gezahlt, aber dies war leider nicht möglich. Dann hatten wir ein junges Paar ausfindig gemacht, das ihn auf einem Bauernhof aufnehmen wollte. Aber als die junge Familie ihn abholen wollte, schnappte er wohl nach der Frau und das Thema war durch. Ich überlegte, selbst aufs Land zu ziehen, aber das war schwierig, denn ich arbeitete nun mal in der Stadt. Ich überlegte, einen Wohnwagen zu kaufen und hundegerecht auszubauen, aber all das löste mein Problem nicht wirklich und sah auch nicht nach einem schönen Leben für meinen Hundefreund aus. Andererseits konnte auch ich mit einem Hund, der „nicht sicher" war, einfach nicht leben. Ich war eh schon total vereinsamt, da sich niemand mehr in meine Wohnung traute, um mich zu besuchen. Nicht mal meine Mutter, die selbst ja immer Hunde hatte und sich gut auskannte. Lino „stellte" sie wie auch jeden anderen Menschen in meiner oder ihrer eigenen Wohnung und jegliche Art von Bewegung war fortan unmöglich. Aber was das eigentliche Problem war, er stellte eine Gefahr dar. Für jedermann.

Und dennoch, eigentlich alles Quatsch, denn es wäre schon irgendwie gegangen. Es gibt gar keine Entschuldigung. Selbst wenn ich komplett überfordert war, was ich wirklich war, hätte ich diese Entscheidung niemals treffen dürfen! Niemals!

Ich jedenfalls verstand Mandys tiefe Trauer nur zu gut und aus vollstem Herzen, vor allem, weil ich Trauerarbeit so wichtig finde. Leider war damit allerdings auch das gemeinsame Weihnachtsfest gestorben, ebenso wie ein Treffen überhaupt. Manchmal schrieb er mir per SMS, dass er einfach nicht aufhören könne zu weinen, und ich konnte auch das gut nachempfinden. Ich schlug vor, ein paar Tage zu verreisen, vielleicht mal was anderes zu sehen, mit mir zusammen nach Pioneertown zu fahren, Menschen lachen und singen zu hören. Aber er willigte nicht ein und mein Respekt vor seiner Entscheidung, diese Trauer zu leben, gebot mir, ihn in Ruhe zu lassen und ihn nicht weiter mit meinen „Aus-der-Trauer-reiß-und-Ablenkungsmanövern" zu nerven.

Ich kenne das ja auch von mir selbst sehr gut. Wenn ich traurig bin, dann will auch ich mich tage- und wochenlang verkriechen, obwohl ich das eigentlich, wenn ich so genau darüber nachdenke, nie konnte, weil ich immer arbeiten musste und eigentlich nie Zeit für ein wirkliches „Entziehen" hatte.

Wo war ich??? Ach ja! Ich hatte also eigentlich, nachdem ich das Hotel am 29. verlassen musste, geplant, weiterzureisen. Mit und/oder ohne Mandy. Und nachdem sich immer noch niemand auf die Los Angeles Craiglist gemeldet hatte, wollte ich nun einfach ein Auto mieten und dann mal sehen, wohin mich der Wind wehen würde. Pioneertown oder vielleicht doch Big Sur? Who cares? Ich guckte noch ein letztes Mal meine Mails durch, als genau in diesem Moment folgende bei mir eintraf:

„hi katy. thanks for your interest. my name is jenny. my beautiful apartment with oceanview is available from the 15th of january. write back, if you are interested in or call me to make an appointment. my number is…"
Ich überlege. Passt eigentlich hervorragend.
Ich werde jetzt zwei Wochen herumreisen und dann für zwei Wochen in Jennys hübsches Appartement einziehen. Mit Meerblick. Das ist es doch!!!
Ich schicke Jenny eine Mail zurück, dass ich mich am frühen Nachmittag telefonisch melden werde und so gegen vier Uhr Zeit habe, mir das Appartement anzusehen. Eigentlich habe ich natürlich auch sofort Zeit, was habe ich denn schon Großartiges vor, aber ich will nicht zu eilig und zu dringlich erscheinen. Prompt kommt ihre Antwort zurück, „'round five" wäre nice, und so schreibe ich schnell zurück, dass mir das sehr gut passt. Den Tag verbringe ich lesend und rauchend am Pool und gucke den Kindern beim Plantschen zu. Gegen vier dusche ich und schaue von meinem Balkon in die Richtung, in der das Appartement von Jenny liegt. Sie hat mir den Weg beschrieben und es ist nicht weit vom Hotel entfernt. Eigentlich kann ich es sogar von hieraus sehen, wie ich später feststelle.
Kurz vor fünf stehe ich also vor der Haustür und lustigerweise genau vor dem Haus, an dem ich schon einige Male vorbeigegan-

gen bin, während ich denke: „Hier würde ich gern wohnen. Das wär's!" Schicksal? „Wir werden sehen", denke ich und lächle in mich hinein. Ich soll bei „Tran" klingeln, finde aber auf den Klingelschildern weder „Jenny" noch „Tran". Lediglich ein TT, aber ist es das wohl? Und dann wäre das Kürzel doch JT und nicht TT, oder? Mir kommen ein paar Hausbewohner entgegen und fragen mich interessiert, was oder wen ich denn suche. „Jenny", „Jenny Tran", sage ich und bekomme die direkte Antwort „202"! „202?", frage ich noch mal. „Yes, 202, Jenny, Tran." Sie lassen mich ins Haus, ich nehme den Fahrstuhl und fahre in den zweiten Stock. Bei Appartement „Two o two" ist die Tür geöffnet und ein paar Menschen kommen heraus. Zuerst denke ich, dass das wohl weitere Interessenten sind, aber es ist Jennys Familie, die sich laut verabschiedet. Lächelnd begrüßen sie mich und lassen mich hinein.

Schon auf den Bildern, die Jenny mir zuvor zugeschickt hatte, gefiel mir die Wohnung sehr gut. Aber im Original gefällt sie mir jetzt fast noch besser. Das Wohnzimmer ist mit hellem Holzboden und mittelbrauner Ledergarnitur bestückt, besitzt einen großen Flat Screen an der Wand neben einem noch größeren Bild eines Zebrakopfes (ich kenne dieses Bild, traue mich aber nicht zu fragen, ob es möglich wäre, dass ich es schon mal in Deutschland bei Ikea gesehen hatte), einen kleinen weißen Tisch als Esstisch und eine offene Pantry-Küche mit Durchreiche. Dazu gibt es ein Bad mit Wanne und ein Ankleidezimmer, welches das Badezimmer und Schlafzimmer verbindet. Perfekt!

Es ist ziemlich schnell klar, dass ich das Appartement bekommen werde, obwohl es mir fast ein bisschen zu schnell geht mit der Zusage. Aber Jenny sitzt sozusagen schon auf „gepackten Koffern" und wird am nächsten Tag nach New York fliegen, lässt sie mich wissen.

Ich frage mich, was sie wohl macht, also beruflich, wenn sie so viel reist, wie sie erzählt, und dazu noch ein Haus in Beverly Hills besitzt. Aber ich frage sie nicht. Es ist auch nicht klar ersichtlich, ob sie eine Vietnamesin oder Koreanerin ist, was aber nichts zur Sache tut. Sie ist überaus freundlich, aufgeschlossen und herzlich und wir beschließen, dass ich am nächsten Tag um fünf mit dem

Geld für die Miete und einer kleinen Kaution kommen werde und wir einen Vertrag machen werden. Ich sage noch, dass es eigentlich schade sei, dass das Appartement erst ab Mitte des Monats zu mieten sei. „No no", ist ihre Antwort, ich könne es bis Mitte Januar mieten, und wie lange ich denn eigentlich bleiben wolle?

Hm, das verändert natürlich alles. Also jetzt mieten und später reisen? Ich erkläre ihr, dass mein Flieger nach Deutschland am 31. 1. gehen wird, so zumindest habe ich geplant. Sie denkt kurz nach und bietet mir dann an, sie könne die nächsten Mieter bitten, erst zum ersten Februar einzuziehen. Das wäre kein Problem. Ob ich das wolle?

Spontan „schlage" ich zu, also willige ich ein. Der Ort ist klasse, rauchen darf ich auch, wenn auch nur auf dem Balkon, aber immerhin, ich habe Ocean-Blick und direkt um die Ecke den Liquor- und Zigarettenshop, eine Tankstelle und samstags ist hier in der Straße sogar Markt. Was will ich mehr???

Am Abend bedauere ich ein klein wenig, dass ich das Silvesterfeuerwerk nicht vom sechsten Stock meines Hotelzimmers sehen werde, aber ich bin zuversichtlich, dass alles so richtig ist, es so sein soll und eben damit irgendwie „Bestimmung" oder „Schicksal" ist und ich die absolut richtige Entscheidung getroffen habe. Außerdem kann ich mich hier selbst versorgen, kochen, wenn und wann ich will, und ich muss nicht mehr heimlich rauchen. Vorteile über Vorteile.

Am nächsten Tag übergebe ich das Geld und bekomme eine Schnelleinweisung in die „To do"-Liste, oder besser gesagt in die „To need"-Liste. So erfahre ich im Schnelldurchlauf, wo ich waschen und meine Wäsche trocknen könne, wo ich den Müll entsorgen und wem im Haus ich zu erzählen habe, also falls ich gefragt werde, wer ich sei, und dass ich nur eine gute Freundin aus Deutschland sei. Den Schlüssel fürs Parkhaus lege sie morgen auf den Tisch, ebenso den Öffner fürs Garagentor, und frische Bettwäsche lege sie mir bei ihrer Abreise ebenfalls aufs Bett. Dann gibt sie mir den Schlüssel und noch die Nummer von „Jeremy", der mir helfen werde, wenn ich Probleme hätte, und den ich wirklich jederzeit anrufen und alles fragen dürfe.

„Did you cook fish today?", frage ich vorsichtig, nachdem wir uns bereits verabschiedet und umarmt haben und ich schon fast zur Tür raus bin.
Ihre Mutter habe Fisch gekocht. Es tue ihr sehr leid, dass es noch terrible nach Fisch rieche, aber sie habe ihre Mutter nicht davon abbringen können. Der Geruch sei sicher morgen verschwunden, versichert sie, und schon lange weg, wenn ich einziehe. Und so laufe ich zurück zum Hotel, mache mir im Geiste eine Liste, was ich einkaufen muss über die zu erwartenden Feiertage, freue mich riesig, dass ich eine so gute Entscheidung so spontan und schnell getroffen habe, und schlafe an diesem Abend selig ein. In der Nacht träume ich, dass mich meine liebste Freundin Karen ganz spontan im Hotel, zusammen mit ein paar Freunden, besucht. Es gibt ein riesiges Hallo und alle, es sind so vier oder fünf Leute, stürmen an mir vorbei, direkt auf meinen Balkon zu, und alle fangen unmittelbar an, ihre Zigaretten rauszuholen und zu rauchen. Ich bitte sie, das nicht zu tun, weil das verboten sei, und ernte ein schallendes Gelächter. Wovor ich denn Angst habe? Dass man mich einsperre und ich ins Gefängnis komme wegen ein paar Zigaretten? Außerdem würden das doch alle machen. Alle sind extrem laut, lachen und rauchen auf meinem Balkon, während ich drinnen sitze, nicht rauche und mich wie der totale Spießer fühle.
Gegen sieben wache ich schweißgebadet auf.

Jenny ist morgens schon um sechs zum Flughafen gefahren. Ich koche mir also noch einen Kaffee im Hotel und gegen acht beschließe ich, auszuchecken, bestelle ein Taxi und fahre in mein neues Zuhause.
Schon in der Tür schlägt mir ein beißender, unerträglicher Fischgeruch entgegen und ich reiße als Erstes die Balkontür auf, um überhaupt atmen zu können. Hat ihre Mutter etwa gestern schon wieder Fisch gekocht??? Ich halte mir die Nase zu und inspiziere erst mal die Küche. Kein Fisch in Sicht, aber dafür eine „Oust" Dose neben dem Herd, also so eine, die frischen Zitrusduft versprüht, um unangenehme Gerüche zu „killen", wie eigens auf der Dose steht. Ich sprühe und sprühe, nicht nur in der Küche, son-

dern das gesamte Bad gleich mit und wage es, meine Nase loszulassen. Igitt!!! Puh, kaum auszuhalten.

Ich suche unter der Spüle nach Putzzeug und mache mich sofort an die Arbeit. Vorher aber schieße ich noch Fotos von all dem Dreck, den ich hier vorfinde, Haare überall, Kochreste am Herd, von dem ich erst mal die Platten abmontiere, um diese dann in Palmolive „Herbal-Therapie" einzuweichen. Überhaupt sind alle Putzutensilien, die ich anfasse, irgendwie „herbal" oder zumindest steht es so in großen Lettern auf jeder Flasche. Ich hoffe nur, dass, herbal oder nicht herbal, das Zeug seinen Sinn und Zweck erfüllt, und zwar schleunigst. Ich kratze und putze, scheuere und wienere die Böden, mal von Ekel geschüttelt, vor allem im Badezimmer, als ich den Deckel der Toilette hebe und Blut ... ach, ich erspare mir und Ihnen jeden weiteren Gedanken daran und bin nur froh, dass ich Gummihandschuhe anhabe, die mir fast bis über die Ellbogen reichen, und manchmal bewege ich mich kurz vor einem Nervenzusammenbruch, denn immer wieder, grade in Küchennähe, weht mir „Flippers Geruch" von irgendwo entgegen, aber ich finde das Fischchen einfach nicht!

Nach etwa dreieinhalb Stunden gönne ich mir eine kleine Pause, gehe aufs Örtchen, das nun wirklich blitze blank ist, und weil ich mich erst jetzt traue, mich auf die Brille zu setzen, habe sozusagen grade meine Hose runtergelassen, da kommt doch tatsächlich jemand zur Tür herein.

„Hälloooowwww???", rufe ich verspannt, denn natürlich ist die Tür zur Toilette nicht geschlossen. Warum denn auch? Ich erwarte schließlich niemanden!

„Oh sorry, so sorry", erwidert Herr „Jeremy", der peinlich berührt versucht, in die andere Richtung zu gucken, sich dennoch aber nicht davon abhalten lässt, in die Wohnung zu kommen.

„I thought ..." Mir doch scheiß egal, was er denkt, warum kommt er einfach rein und stört mich beim Pinkeln? Unverrichteter Dinge ziehe ich also die Hosen hoch und laufe ihm entgegen. Schuldbewusst und irgendwie mit gesenktem Kopf steht er vor mir. Er hat gedacht, also, er hat ja nicht gewusst, dass ich schon so früh, also, weil Jenny ihn gebeten hat, die Wohnung sauber zu machen,

den Schlüssel für die Garage zu bringen, aber auf dem Parkplatz, der für mich sei, stehe nun im Moment der Wagen von Jennys Schwester, aber wenn ich den brauchen würde, also er habe so lange gebraucht, um einen passenden Bettbezug und eigentlich im Stau gestanden und jetzt ... STOOOOOOPPPPP!
„Hi Jeremy!"
„Hi!"
Danke!
Er schnappt nach Luft und ich sage ihm schnell, dass doch alles in Ordnung sei, dass ich inzwischen den größten Teil schon selbst geputzt habe, dass ich einzig ein wirkliches Problem mit „Fischgeruch" habe und dass leider auch das Wasser in dem einen Spülbecken nicht ablaufe.
Ob das Waschbecken vielleicht verstopft sein könne?
„Show me", bittet er mich und ich lasse das Wasser ins Spülbecken laufen und er guckt mich fragend an. Irgendwie wartet er auf etwas.
Aber auf was?
Dann lächelt er, zeigt auf einen Schalter an der Wand, den ich umlegen soll, und „Schlurk!", mit einem unglaublichen Lärm wird das Wasser in den Abfluss gesogen und das Becken ist leer. Ahhh, verstehe.
Finde sich hier mal einer zurecht!
Jede einzige Kloschüssel, die ich bisher überhaupt in Amerika „besucht" habe, hat scheinbar ein eigenes Patent, zumindest ein anderes System, von den Dusch- und Wannenkombinationen ganz zu schweigen. Hier gibt es auch meist keine Stöpsel wie bei uns, sondern man legt nur einen Schalter um und das Rohr verschließt sich von innen, sieht aber nach außen noch offen aus. Wie oft bin ich schon daran verzweifelt, und sicherlich nicht nur ich allein. Jeremy legt mir also brav die Schlüssel auf den Tisch und öffnet die neue Wäsche, um mein Bett frisch zu beziehen. Wie??? Die muss man doch erst waschen! „No ... äh ... thank you, but I really want to clean it, before ...", erkläre ich ihm auf seinen fragenden Blick hin. Auch egal.

Er muss ja nicht drin schlafen und ich will einfach nicht in Wäsche schlafen, die grade eben noch und vielleicht schon seit Monaten in Plastik eingeschweißt ist.

Dann frage ich ihn, was eigentlich mit dem Wireless Lan sei, von dem Jenny sagte, das funktioniere hier im Appartement, und er erwidert schnell, dass es eingerichtet sei. Ich schalte den Computer an und wir versuchen, kabellos online zu gehen, aber es gelingt uns einfach nicht. Im Schlafzimmer finden wir dann ein Kabel und dort gibt es auch einen Anschluss. Super wireless! Also immer, wenn ich etwas recherchieren will, laufe ich jetzt ins Schlafzimmer in die hinterste Ecke und stöpsel mich ein, oder was? Ja, genau so wird es sein, denn der nächstmögliche Termin, hier das kabellose Netz anzuschließen, ist der 9. Januar, und das ist noch zwei Wochen hin.

Auch kein Problem!

„Und sag mal, Jeremy", beginne ich vorsichtig, „diese Kabel, die hier verlaufen, ich meine … sorry, aber man kann weder die Balkontür zum Schlafzimmer noch die Balkontür zum Wohnzimmer schließen."

„Yes", stellt er fest, derjenige, der die Kabel gelegt habe, sei tatsächlich ein Idiot gewesen. Er schaue mal, ob er das die Tage irgendwie anders mit dem Kabel …!

Oh je! Aber, wenn man sich diese Kabelmontage ansieht, dann kann man wirklich nur sagen, der Kabelleger muss ein Vollidiot gewesen sein.

Wer, bitte schön, verlegt ein Kabel durch zwei dadurch nicht mehr schließbare Balkontüren??? Er werde mir helfen, alle Probleme zu lösen, verspricht mir Jeremy. Schon morgen wird alles gelöst sein!

„Auch das mit dem Flat Screen, auf dem man nur Videos sehen kann und keinen TV-Empfang bekommt?"

„Auch das!"

„Auch das Problem, dass man keine der beiden Balkontüren abschließen kann, weil dort ja die Kabel dazwischen liegen, und hier eigentlich jeder einbrechen kann, weil der Kabelleger ein Idiot war?"

„Auch das!"

„Und das mit dem Geruch?"
„Auch das."
Nun gut, sein Wort in Gottes Gehörgängen.

Am nächsten Tag hat Jeremy keine Zeit, am 31. habe er leider auch keine, ihm passe besser der 1. 1., schreibt er in seiner Mail.
Da kommt er aber nicht, und am 2. Januar schiebt er mir eine Notiz unter der Tür hindurch, er habe mich leider nicht angetroffen. Das wäre auch alles nicht so schlimm, wenn es nur nicht so tierisch stinken würde!!! Morgen also werde ich ihn beim Wort nehmen und ihn nicht eher aus der Wohnung lassen, bis er den Abfluss mit Domestos oder irgendeinem Herbal-whatever desinfiziert hat. Denn ich glaube, da liegt der Hase, oder besser gesagt der Fisch, im Pfeffer!

Kalifornien

Ich glaube, nur der Kalifornier selbst kann den Kalifornier an sich verstehen.
Ich meine, es ist grade mal acht Uhr. Ich habe mich nach meiner ersten Nacht in Jennys Appartement aus dem Bett geschält und gehe mit Sandmännchen-Rest-Augen auf meinen kleinen Balkon, und was erblicke ich? Die ersten Surfer liegen schon im Wasser und warten auf „die Welle". Das erkennt man immer daran, dass, aus der Ferne betrachtet, eigentlich Haialarm sein müsste (kleine Dreiecke ragen aus dem Wasser und sehen aus wie haiische Rückenflossen, die grade zum Angriff starten), man aber nirgends eine rote Flagge sieht, die auf Haiaufkommen hinweist, einem dennoch die vielen Helikopter, die schon über den Strand kreisen, das Gefühl geben, hier sei „irgendetwas nicht in Ordnung".

Aber es ist eben nur Sonntagmorgen in Santa Monica. Die Promenade füllt sich bereits mit Joggern und Radlern, alles wuselt schon herum und ist irgendwie in Bewegung.

Gleich neben mir werden die Räder eines Kinderwagens aufgepumpt, denn der Kalifornier schiebt ja nicht einfach so einen Kinderwagen vor sich her. Nein, da werden zunächst die Räder auf Highspeed gepumpt, dann die Rollerblades untergeschnallt und dann wird zum familiären Sonntagsausflug auf acht Rädern angesetzt. Mal ganz ehrlich, wann haben Sie das letzte Mal jemanden gesehen, der die Räder eines Kinderwagens aufgepumpt hat? Dazu muss man ja vor allem nicht nur den Kinderwagen, das Kind, den jeweiligen Partner mit an den Strand schleppen, sondern auch noch die High-Quality-Tret-Pumpe. Aber passt schon, die Leute sind aus einem Van gestiegen, da geht viel rein. Wundert mich nur, dass die nicht noch mindestens zwei Hunde dabei haben, die „ausgerollt" werden müssen, während Klein-Jimmy im Kinderwagen sich 'ne Erkältung holt, weil Mami und Papi verschwiegen haben, dass sie eigentlich für Olympia trainieren, und so richtig Gas geben auf der noch fast „freien" Promenade, was sich aber sicher in den kommenden Minuten ändern wird. Während man in Deutschland maximal einen bis zwei Jogger um diese Uhrzeit antrifft, ist hier der Sonntag-Freizeit-Trimmspaß angesagt. Natürlich werden auch die Hundchen ausgeführt. Man sieht hier hauptsächlich Kampfhundearten oder Mixe, die weder Maulkorb noch irgendwelche anderen Schnappbehinderungen tragen. In Deutschland? Unmöglich! Und obwohl das Doggy-Aufkommen hier sehr hoch ist, habe ich bisher weder einen Hund bellen gehört noch in irgendeiner Form aggressiv werden sehen. Alles war irgendwie „cute" und „nice", neben- und miteinander. Die „smokers forbidden"-Patrouille zieht auch schon auf dem noch morgendlich frischen Sand ihre Kreise und auch die „Baywatch"-Abteilung ist

Santa Monica

bereits zur Arbeit angetreten. Der Kalifornier an sich, so kann man sagen, ist eine freundliche Spezies, die sich gerne schnell fortbewegt und es eher selten langsam angehen lässt. Wichtig ist hier natürlich auch die Wahl des richtigen Outfits, denn dieses muss sich airodynamisch oder ergo-was-auch-immer-mäßig den Wünschen des Trägers perfekt anpassen. Hierbei ist nicht darauf zu achten, ob man jung oder alt ist, nur Materialen zählen, die den Träger in einen höchstmöglichen Geschwindigkeitsrausch bringen und dabei so wenig wie nötig behindern. Während sich also nun die Radler zu den Rollerbladern gesellen und die Spur „noch" frei genug ist, dass einige Jogger sich ebenfalls auf den für sie eigentlich „forbidden" Asphalt wagen, denn Jogger haben hier entweder den Fußweg zu benutzen oder einen eigens dafür angelegten Joggerpfad, füllt sich die Promenade. Man darf ja zum Beispiel auch nicht überall diesen Blade-, Radel- und „Ich-roll-ja-schon-mit-irgendwas"-Weg überqueren. Nein!

Gehweg Santa Monica

Dafür gibt es eigens angelegte kleine Überquerungsmöglichkeiten. Der Ich-bin-so-schnell-und-fahre-irgendwas-Weg ist zweispurig angelegt, eine Bahn für den Hin-, eine für den Rückweg. Damit es zu keinen Kollisionen kommt. Sehr schlau. Dieser Weg ist gesäumt von ca. 20 cm hohen Betonwürsten, die etwa alle zwanzig Meter mit einer kleinen Lücke unterbrochen sind. Falls man sein Rad mal auf den Gehweg schieben muss, was aber eigentlich ebenfalls „forbidden" ist.
Es ist grade halb neun und die ersten Surfer „kommen rein". Das fühlt sich ein bisschen so an wie bei den Fischern früher in Husum oder Büsum, auf die man beim Nordseetrip gewartet hat, damit man leckere frische Krabben zum Pulen kaufen konnte, oder eben Fisch. Flipper?
Yeah! Mit zugehaltener Nase habe ich es tatsächlich grade geschafft, mir mit Jennys Starbuckskaffeemaschine einen Kaffee zu kochen, schmeckt zwar nicht wie bei Starbucks, ist aber warm, dunkelbraun und riecht auch nach Kaffee, da höre ich vom Balkon her ein immer wiederkehrendes Stöhnen. Ich eile mit meiner San Francisco-Tasse aus Jennys Haushalt zurück zum Balkon. Unter mir, ich wohne im zweiten Stock, quält sich grade ein Wellenreiter unter lautem Geächze aus seinem Gummi- oder Neoprenanzug. Er fährt einen Volvo und sein Wagen ist übervoll mit Handtüchern in allen Größen und Farben. Wird so Mitte vierzig sein, hat eine tierisch behaarte Brust und sieht auch in Jeans ziemlich schmackhaft aus, denke ich. Er rotzt noch ein bisschen Naseninneres auf die Straße und spuckt dabei gleichzeitig den Pazifik auf Selbige, kämmt sich mit einem „Ich-bin-ein-Klappspiegel-mit-einer-Bürste-Ding", wie ich es auch im Flieger nach L.A. erhalten habe, mit Blick in die Autoscheibe sein schläfen-grau-meliertes Haar und streift sich dann … iiihhh … ein grasgrünes Hempi mit Kapuze über und dazu ein blau-gestreiftes Stirnband!!! Vorbei der Traum vom Traummann, der Typ sieht jetzt nur noch aus wie ein zu alter Mann in einem Kinderoutfit. Puh!
Dabei fällt mir ein, dass auch ich mir für heute vorgenommen habe, mal so richtig sportiv zu werden. Allerdings, das ist klar, ohne die richtigen „Air-wasauchimmers" oder „Hier-rollt-der-Fuß-garan-

tiert-beim-Laufen-nicht-nach-innen"-Trainingsschuhe läuft gar nichts in Kalifornien.

Rein gar nichts! Ich habe meine Laufschuhe wohl wissend in Berlin gelassen, da ich mir ziemlich sicher gewesen bin, dass der Sportdrang der Kalifornier mich keineswegs dazu bringen würde, mich ebenfalls zu den „Ich-jogge-ja-so-Gerns" zu gesellen. Aber, wo ich schon mal hier bin, kann ich ja auch was für meine Fitness tun. Ich springe also in Jeans und T-Shirt, werde jetzt irgendwo einen anständigen Kaffee trinken, mich nach Schuhwerk umsehen, und schon bin ich auf dem sonnigen Gehweg gelandet und laufe Richtung Zentrum. Am Tag zuvor, wie an so vielen Tagen, na ja, um ehrlich zu sein, bin ich grade erst sechs Tage hier, jedenfalls bin ich auf der verzweifelten Suche nach einem Starbucks Coffeeshop gewesen. Bei meinem letzten Amerikabesuch ist das sozusagen das morgendliche Ritual gewesen. Erst ein Kaffee bei Starbucks, Grande Latte und dazu ein Appelfritter machen mich morgens zu einem „ganzen Menschen", der Lust hat, in den Tag zu starten. Aber irgendwie scheint mir Santa Monica wie eine Starbucks freie Zone, habe ich doch auf all meinen Spaziergängen nicht einen einzigen Starbucks finden können. Irgendwie richtig unheimlich. Diesmal will ich also laufen, so weit die Füße mich tragen werden, um an einen Latte Grande oder Grande Latte zu kommen. Ich laufe an „Macy's" vorbei, einer der großen Einkaufsketten in Amerika, also auch hier in Kalifornien vertreten, und folge einfach der Menschenmasse, die sich halb johlend, aber irgendwie auch mehr schiebend in ein und dieselbe Richtung bewegt, vorbei an „Happy Coffee", aber ich will keinesfalls einen glücklichen Kaffee, nein, ich will den von Starbucks. Nur der wird mich glücklich machen, jetzt und hier. Na ja, sollte ich keinen finden, werde ich mich natürlich auch mit einem „Happy Latte" zufriedengeben, aber man soll ja die Hoffnung niemals aufgeben.

Ich schiebe mich also im Pulk weiter und höre mit einem Male Whitney Houston singen, mitten auf der Straße. Mitten in Santa Monica. Ob sie wohl jetzt hier ihr Revival starten wird, nach dem Drogenentzug und der Scheidung von Bobby??? Man hat mich in

die Third Street at the Pier gewalzt, einem Einkaufsparadies für Touristen. Und hier, mitten auf der Straße, steht eine etwa fünfjährige kleine schwarze Maus und trällert „I will always love you", angeheizt von ihrem ganzen Familienclan und einigen Passanten, die, mit übervollen Tüten und Taschen, stehen geblieben sind, um der kleinen „Whitney" zu huldigen. In der Menge entdecke ich, selbst angetan von der überaus großartigen Stimme der kleinen Sängerin in ihrer bunten Ringelhose, eine Frau mit einem Starbucksbecher in der Hand. Ha!!!
Wusste ich's doch. Auch Santa Monica kommt nicht an Starbucks vorbei. Zu meiner Überraschung sehe ich dann direkt zwei Starbucks auf einmal und beide sind nur unweit voneinander entfernt. Allerdings stehen die Menschen bis auf die Straße Schlange, um einen der begehrten Coffees zu ergattern. Ich lasse mich ein klein wenig weitertreiben, bis ich bei Puma, dem Sportgeschäft, einen kurzen Blick hineinwerfen kann. Hm. Meine mir angenehmsten Sportschuhe zu Hause sind entweder von Nike oder Adidas. Also schlurfe ich weiter und stehe, wie sollte es auch anders sein, vor einem Adidas-Laden. „Ich kann ja mal reingehen, einfach nur so", denke ich noch und werde auch schon von dem riesigen Laden aufgesogen, in dem alle Verkäufer im absolut gleichen Trainingsanzug rumlaufen und dazu noch den „mega-hippen-high-tech-Turnschuh-zum-Laufen-Trainieren-Springen-Tanzen-und-sonstwas" tragen. All in black. Waaahhhnsinn.
Ich schleppe mich in die Damenabteilung, das heißt, ich halte mich einfach nur rechts und folge dem Frauen- und Mädchentross, vorbei an Klamotten, wie ich sie sonst nur aus der „In-Touch" kenne, und da trägt sie dann meist Madonna auf irgendwelchen Fotos. Nix für mich. Aber schon bin ich an der „Running-, Training-, Walking-Wall" angekommen. Sportschuhe in allen Farben und Formen und für jede Gelegenheit. Die Preise sind irre günstig und, „wenn ich hier in Kalifornien nicht laufe, dann nehme ich sie erst gar nicht mit nach Deutschland, sondern werfe sie gleich hier in den Mülleimer", denke ich und warte auf den netten Verkäufer namens Jason, der mir, während er mindestens achtzehn weitere Sportschuh-Woller bedient, die Vorteile der jeweiligen Trainingsschuhe erklärt,

mich fragt, wofür ich denn genau und überhaupt ein Paar Sportschuhe wolle, und der es tatsächlich schafft, mich einem „wie-laufe-ich-denn-eigentlich-und-wann-genau-setzt-mein-Fußballen-bei-welchem-Fuß-und wie-und-wo-auf"-Test zu überreden.
Ob ich Socken trage, fragt er mich, aber es gehe auch ohne Socken, und ich erwidere grade noch, dass ich sehr wohl Socken trage, als er mir auch schon meine Cowboyboots von den Füßen zerrt und mich nun auf Strümpfen zu einem „Tappsfeld" bringt, auf das ich zunächst mit dem rechten Fuß springen, also laufen, soll und das mit Anlauf durch den halben Laden und von der Herrenseite her. Ich überlege, wie ich es schaffen soll, mit dem rechten Fuß aus der Entfernung auf dem Gummilappen zu landen, der da, vernetzt mit einem in sicherer Entfernung stehenden Computer, auf dem Boden liegt und das Wärmefeld meines Aufsprungfußes gleich scheinbar aufzeichnen werde, doch schon ruft Jason mir ein lautes „Go" zu. Ich laufe also los und kurz vor dem Ziel merke ich, dass ich keinesfalls mit rechts aufkommen werde, mache einen Doppelhüpfer und lande dann doch noch irgendwie mit dem rechten Fuß auf dem rosa Gummiding. Jason jubelt mir zu, als hätte ich grade den New York-Marathon gewonnen, und bittet mich, dasselbe nun mit links zu wiederholen. „Mache ich doch mit links", denke ich und starte nun mit dem linken Fuß zunächst auf der Gummimatte, um von dort erst mal in die Herrenabteilung zu joggen, was gar nicht so einfach ist, weil der Laden inzwischen brechend voll ist. Von der alten Ausgangsposition aus laufe ich also auf das „Jason-Go" los und schaffe es tatsächlich, mit links das rosa Gummi zu treffen. Jason strahlt bis über beide Ohren und bittet mich nun an den Computer. Dort erzählt er mir lang und breit, wie und wo mein Fuß beim Laufen aufsetzt, und ich habe so meine Zweifel, also grade wegen des Doppelhüpfers rechts und dem damit doch leicht irritierten Laufmodus, aber Jason überzeugt mich, dass es nur einen einzigen Schuh für mich gebe … und der ist … gelb! Jason fragt mich nach meiner Größe, während ich den gelben running shoe mustere. „Europäische 40", „Juropeän 40", antworte ich, ein wenig zögerlich. Ein Blick des gut geschulten Jason in den Schuh verrät, er hat keine Ahnung, was eine europäische 40 sein

könnte. Nun starren wir beide in den Schuh und auf dessen „Zunge" und entdecken FR. Wird ja wohl für Frankreich stehen, denke ich, und er denkt wohl dasselbe. „France?", fragt er mich und ich denke, klar, liegt in Europa, aber haben die auch dieselbe Schuhgrößenangabe wie wir in Deutschland? Nachdem ich an der Stelle, wo FR steht, aber eine 39,5 entnehme, gehe ich davon aus, dass es so sein werde, und schon ist Jason freundlich lächelnd im Keller verschwunden, um mir meine gelben „Running Shoes" zu organisieren. Nachdem er mit mehreren Kartons gleichzeitig aus dem Keller gekommen ist und diese gerecht unter seinen Kunden aufgeteilt hat, kommt er mit meinem Karton zu mir. Ich schlüpfe in den Schuh, der stolperfreundlich, weil innen härter als außen ist, gut gepolstert und abgefedert im Außenbereich … aber es bleibt, wie es ist, der Schuh ist gelb!

Ich stöhne und er fragt mich, ob ich ein Problem mit dem Tragekomfort habe? Kleinlaut gestehe ich, dass ich mit der Farbe so eher meine Probleme hätte. Jason scheint dieses Problem zu kennen und guckt an der Ausstellungswand nach, ob noch ein anderes Modell für mich infrage käme. Er findet noch eines in Quietschgrün, bei dem ich aber ebenfalls abwinke. Ich selbst gehe nun auf einen silbernen Schuh zu, mit türkisfarbenen Streifen und einer bunten Wechselsohle. Hochmodern! Mit offenen Gummiwürsten als Sohle.

Ich habe solche Schuhe schon mal gesehen und denke, darauf müsse es sich laufen wie auf Wolken. Ich bitte Jason also, mir ein paar von diesen zum Anprobieren zu besorgen, und mein eifriger Verkäufer eilt wie ein Wiesel davon, mir meinen Wunsch zu erfüllen. Inzwischen habe ich meine orthopädischen Einlagen aus meinen Cowboystiefeln herausgeschält und schon kommt Jason angesprintet und überreicht mir stolz die silberne High-Tech-Waffe. Direkt nach meinen Einlagen schlüpfe ich in die „Silvers" und siehe da, sitzt, passt und hat Luft: Genial! Aber – die Farbe! Ist es wirklich so, dass ich hier nur zwischen Quittegelb und Silber entscheiden kann? Und wie peinlich ist das, in Silber-Sneakers herumzulaufen, wenn man eigentlich Joggen hasst? Schwarze wären da doch wesentlich dezenter und ich entdecke genau bei diesem Gedanken ein paar schwarze an der Wand. „Could I get them in black in my size?", frage ich vorsichtig und Jason, immer noch bemüht, den ersten Preis des „Ich-bin-ein-super-netter-Verkäufer-und-nichts-wird-mich-aus-der-Ruhe-bringen-Wettbewerbs" zu gewinnen, zwinkert mir zu und ist eigentlich auch schon wieder im Keller gelandet. Diesmal dauert es eine Ewigkeit. „Wahrscheinlich hat er keine mehr in meiner Größe in Schwarz", denke ich so bei mir und versuche, mich mit den silbernen anzufreunden, klappe mal die Hosenbeine hoch, dann wieder runter und befinde, egal wie ich es drehe und wende, an meinen Füßen sehen die Dinger einfach nur Scheiße aus. Doch da kommt auch schon der edle Retter, entschuldigt sich vielmals, dass es so lange gedauert habe, und präsentiert mir nun die schwarzen Sneakers – mit pinkfarbenen Streifen!

Ich versuche, mir meine Enttäuschung nicht anmerken zu lassen, während ich meine orthopädische Einlage des linken Silver-Slippers in die des schwarzen rutschen lasse und meine Füße zum Vergleich nun in beiden Modellen habe. Hm. Ich muss feststellen, dass der silberne nun im direkten Vergleich eine „bessere Figur" macht. Das Bein mit dem schwarzen Sneaker wirkt irgendwie verkürzt und das mit dem silbernen, als wolle ich gleich in die Disko gehen und 'ne flotte Sohle aufs Parkett legen. Ich lächle verkrampft und mein Freund Jason scheint meine Unsicherheit zu spüren. Klar, ein guter Verkäufer spürt sofort, wenn sein Kunde unzufrieden ist. „You don't like it? Shall I bring another size?", fragt er mich euphorisch, um über meine Enttäuschung hinwegzutrampeln, und vielleicht ist er ja prozentual am Verkauf beteiligt und ich bin grade auf dem besten Weg, ihm den Tagesumsatz kaputt zu machen?

„No no!", erwidere ich schnell: „The size is perfect. I just have to decide, which colour I prefer!", lüge ich, denn eigentlich steht meine Entscheidung schon fest. Beide sehen total zum Kotzen aus und ich sollte vielleicht doch noch mal über die gelben nachdenken, da schaue ich in Jasons Gesicht und fühle, hier geht nichts mehr. Jason würde den Glauben an die Menschheit verlieren, wenn ich jetzt wieder den gelben in my size aus dem Keller geholt bekommen möchte. Außerdem sind die beiden, die ich jetzt anhabe, wirklich bequem und mich kennt ja niemand in Kalifornien. Ich werde sie einfach in Amerika lassen, wenn ich abreise, und ich werde hier mit ihnen laufen, wenn ich laufen will, und niemand wird je von dieser Geschichte erfahren. „Take the black ones", sage ich und bereue schon meine Entscheidung, aber eifrig packt Jason meine neue Errungenschaft in den Karton und die silbernen in einen anderen, begleitet mich vorne zur Tür und damit zur Kasse, fragt mich, woher ich komme und ob ich „for holidays" hier sei, was ich verneine, bleibt an meiner Seite, bis ich die schwarzen endgültig bezahlt habe, und wünscht mir eine gute Lauf-Zeit und viel Spaß mit meinen neuen Schuhen, während ich die Kassiererin bitte, mir statt des Kartons einfach eine Tüte zu geben, und winkt mir immer noch freundlich zu, während ich den Laden verlasse. Gerettet. Ich habe die Ehre dieses Mannes gerettet und heute Abend wird er sicher seiner Freundin oder seinem Freund davon berichten, wie er einer unschlüssigen, dummen Deutschen ein paar Sneakers aufgeschwatzt hat, die sie eigentlich gar nicht wollte.

„Tschulligung?", reißt es mich aus meinen Gedanken. „Tschulligung???" Ich stehe vor einem groß gewachsenen Herrn ohne Haare, der mit einem fiesen Grinsen und einer fetten Kamera in der Hand ausgestattet ist. „Tschulligung!", er reißt seine Kamera in Augenhöhe, aber ich gebe Gas, springe in die Menge und tauche in ihr unter. Von wegen Tschulligung! Ich tschullige nicht! Nur schade, dass ich meine „Black Runners" nicht gleich anbehalten habe, denn dann wäre ich sicher gleich losgejoggt und hätte das Laufgefühl direkt richtig spüren können. Ich haste vorbei an weiteren „Whitneys" mit tollen Stimmen, diesmal fünf- und siebenjährig, vorbei an Sheryl Crow für Arme und lande wieder vor dem Starbucks Coffeeshop. Immer noch stehen die Leute Schlange, auf der anderen Seite sieht es auch nicht besser aus. Ich beschließe, gemahlenen Kaffee und fat-reduced Milch zu kaufen und mir zu Hause selbst einen aufzubrühen. Aber zu Hause angekommen geht die Sonne schon unter, es ist ein herrlicher

Sundown und eigentlich bereits Zeit für ein Weinschörlchen. So öffne ich mir eine Billigpulle Pino Grigio aus dem Liquor-Shop, stelle den Kaffee für den Morgen beiseite, springe in meine Jogginghose und meine neuen Sneakers, nehme mir eine Fluppe und da ich die Schuhe ja erst mal einlaufen oder „einleben" muss, haue ich mich auf meinen Balkon und lege die Füße hoch. Herrlich …

Am anderen Morgen um neun bekomme ich die ersten Geburtstagsglückwünsche per SMS rein, dabei haben wir erst den 30., hier jedenfalls und auch in Deutschland!
Warum können sich Leute meinen Geburtstag einfach nicht merken???
Ist doch ganz einfach! Wenn alle mit Silvesterböllern das neue Jahr begrüßen und der Himmel übersät ist von Feuerwerkskörpern, dann, aber erst dann, ist mein Geburtstag vorbei. Ganz einfach!!!
Wer ist der oder die „Blödmann"? Interessiert öffne ich die SMS, von der zunächst nur der erste Teil angekommen ist. Meine langjährige Freundin Ella, na dann.
Super Freunde habe ich!!! Darüber muss ich dringend nachdenken. Oder ich schicke ihr, sie hat Anfang Februar Geburtstag, einfach Ende Januar ein paar Grüße zu Selbigem, vielleicht begreift sie dann, wie man sich fühlt, wenn gute Freunde einfach so vergessen, wann der Tag der Tage ist, und wie es sich anfühlt, wenn man schon vor dem eigentlichen Tag Gratulationen erhält! Schließlich habe auch ich nur einmal im Jahr Geburtstag und da kann man doch zumindest von seinen Freunden erwarten, dass sie sich diesen einen Tag merken können.

Ich schreibe also: „Liebe Ella. Vielen Dank für deine nett gemeinte SMS. Allerdings habe immer noch, wie jedes Jahr, am 31. 12. Geburtstag und ich hoffe inständig, dass mir deine SMS nun kein Unglück bringt, weil ich einfach kein weiteres Unglück brauchen kann. Dir einen guten Rutsch ins neue Jahr. Katy." Und wenn es auch kein Unglück bringt, so ärgert man sich trotzdem! Jawohl!

Ich sitze also wieder auf meinem Balkon, schaue auf die Weite des Meeres, unterbrochen von halb nackten Surfboys, die hier auf dem Parkplatz unter mir ihre Kleidung wechseln, weil am Strand ja „forbidden dressing or undressing" ist (wie schön für mich), und überlege, ob ich jetzt schon, oder besser endlich wieder, in die Sneakers springen soll, um vielleicht ein paar kleine Aufwärmübungen an der Strand-Park-Bank zu machen? Der Kalifornier an sich nutzt ja jegliche Art von befestigtem Gegenstand, um seine Trainingseinheiten zu verrichten. So werden zum Beispiel die Füße der Parkbank nicht, wie in Deutschland, dazu verwendet, den Hund Gassi zu führen, um ihn daran sein geliebtes Beinchen heben und sein Geschäft verrichten zu lassen. Nein.
Weit gefehlt! Hier dient die Untergrundbefestigung der Parkbank zum ausgiebigen Stretching, also der Vorphase des eigentlichen Laufens. Die Rückseite oder Lehne dient dem Rückendehnen und der unteren Beinmuskulatur, die Beine der Parkbank dem Wadendehnen und auch die Sitzfläche eignet sich bestens für ein paar gezielte Sit-ups, natürlich mit Oberkörper nach unten hängend. Sitzen habe ich bisher eigentlich noch niemanden auf einer Parkbank gesehen. Nur abends, wenn die Sonne schon längst untergegangen ist, dienen sie den „homeless people", also den Obdachlosen, als Schlafstätte oder als Ablage für ihr „Gepäck". So ist in Kalifornien also auch das geregelt.

Irgendwie ist mir die Lust auf Joggen grade vergangen. Aber, „nichtsdestoweniger trotz", wie mein lieber Freund Marcel immer zu sagen pflegt, und ich hasse das wie die Pest, denn es heißt „nichtsdestotrotz", und was macht eigentlich dieses blöde „weniger" in dem Satz, werde ich jetzt einen Spaziergang am Strand machen, in der Hoffnung, der Sand verirrt sich nicht in den offenen Gummisohlenwürsten meiner neuen Laufschuhe, oder vielleicht grade? (Dann wäre das sozusagen „Spaziertraining mit Gewichten", also Sand anstatt lästige Bein-Manschetten. Warum sich das noch kein Kalifornier patentieren lassen hat, ist mir schleierhaft.)
Nun denn ...
Ich geh dann mal.

Opppsss! Grade noch rechtzeitig sehe ich einen Vater mit seinem vielleicht eineinhalbjährigen Sohn, den er weinend auf ein Rollerskatebrett stellt. Darum können die das alle so gut hier! Die Frage geistert mir nämlich seit meiner Ankunft im Kopf herum. Wer heulend, schon als Kind, aufs Brett genagelt wird, wird irgendwann ein Meister sein und es seinen Eltern danken. Ist ja fast wie bei uns. Nur da geht es leider meist um die Frage: Geige oder Klavier?

Knöchelretter

Zwei Stunden später ...

... Ich hab's getan!!! Yes, yes, yes! Ich hab es tatsächlich getan. Ich bin jetzt eine von ihnen. Eine Halb-Kalifornierin. Ja, ja, ja!
So läuft das nämlich hier. Man muss nur laufen!
Schon in dem Moment, als ich unten die Promenade erreiche, grüßt mich ein zauberhafter Ebenfalls-Jogger und lächelt mir zu. Und wenige Minuten später habe ich eine ähnliche Begegnung mit zwei Mädels. Herrlich. Ich habe zwar niemanden und damit meine ich absolut niemanden mit schwarzen Joggingschuhen gesehen (und ich hoffe, die drei haben mich nicht aus diesem Grunde angelächelt), aber meine Ultra-Gummi-Würste sind absolut jeden Penny wert. Ich schwebe wie auf Wolke sieben mal eben Richtung Marina del Rey durch Venice Beach hindurch. Das ist zwar nicht wirklich weit, aber für den Anfang gar nicht so schlecht. Dummerweise, oder soll ich sagen, wie sollte es auch anders sein, hat natürlich auf diesem, meinem ersten Joggingpfad mein I-Pod komplett seinen Geist aufgegeben und sich aufgehängt. Ich kann ihn nicht mal mehr ausmachen. Damit ist also zumindest ein Teil meiner Freude kurz gedämpft, denn mit Alicia Keys' neuem Album kann man nur jedem das Promenadenjoggen wärmstens empfehlen. Dennoch, ich habe mir auf dem Hinweg schon ein Plätzchen in einer Bar in Venice ausgesucht, einen Zweiertisch direkt am Eingang, an dem ich einen Aschenbecher habe stehen sehen. Sollte also, so beschließe ich, dieser Platz bei meiner Rückkehr noch frei sein, werde ich mir dort Wasser, eine Zigarette und einen Latte genehmigen und mir die vorübergehenden Passanten angucken, die teilweise an Originalität kaum zu toppen sind. Den Hardcore-Jogger erkennt man zum Beispiel sofort am weißen Streifen auf seinem Oberarm. Dort wird entweder das Handy oder der Pulszähler befestigt. Manchmal auch beides, was ein komisches Muster auf

den Oberarmen hinterlässt, grade dann, wenn es, wie bei einigen scheinbar passiert, hin- und herwackelt. Ansonsten ist man umgeben von Frisch- oder Dauertätowierten und ich muss gestehen, dass ich weiterhin mit einer Tätowierung liebäugle. Ich weiß nur einfach nicht, was genau ich mir tätowieren lassen soll, sonst hätte ich sicher schon längst eine. Die passende Stelle dafür habe ich auch schon seit Langem gefunden und immer wieder, wenn ich verreise und mich eine Zeit im Ausland befinde, probiere ich es hie und da mal mit einem Henna-Tattoo. Das verliert nach ein paar Wochen die Farbe und man kann, je nach Belieben, einfach wieder ein neues an derselben Stelle oder einer anderen machen lassen. Aber, wie gesagt, das Motiv macht mir zu schaffen. Am liebsten hätte ich ein Tribal, das sich um meinen linken Oberarm schlingt. Und genau das habe ich mir auch vor ein paar Tagen direkt in Venice Beach machen lassen. Leider ist es der Japanerin nicht besonders gut gelungen und ich kann eigentlich nur froh sein, dass das Henna sich bald verflüchtigen wird. Wenn ich mir nämlich vorstelle, ich lasse ein Tattoo machen und finde es danach völlig blöd und versuche dauernd, es mit Make-up zu übermalen oder gar mit Halb-Langarm-T-Shirts zu verstecken und zu kaschieren, wird mir ganz anders.

Allerdings muss ich auch gestehen, dass ich ja nicht mehr die Jüngste bin, und mal ganz ehrlich, brauche ich wirklich mit morgen 45 Jahren jetzt noch ein Tattoo auf meinen schlabbrigen Oberarmen? Kommt es vielleicht einfach nur auf die Reihenfolge an?! Vielleicht sollte ich erst mal zusehen, dass die Oberarmhaut nicht mehr wabbelt, und dann, kurz vor meiner Abreise, ein Tattoo stechen lassen? Schon bei dem Wort „Stechen" wird mir übel. Immerhin habe ich in jungen Jahren selbst „gestochen", und da tat man es noch mit drei zusammengebundenen Nadeln in unterschiedlicher Höhe. Eigentlich stach man auch nicht, sondern man riss dem Gepeinigten die Haut nach Strich und Faden förmlich auf und nicht selten entzündete sich der ganze Mist, nachdem man natürlich vorher zwar die Nadeln heiß gemacht hat, bevor man sie in die Tinte getunkt hat, aber Haut ist nun mal zu recht gnadenlos empfindlich und findet den Eingriff in die Aura eben manchmal nicht so großartig wie man selbst, wenn man sich tätowieren lassen will.

Ich habe es in all den Jahren stets vermieden, mir eine Tätowierung andrehen zu lassen. Vielleicht war ich noch zu geschockt von meinem allerersten Freund und meiner allerersten großen Liebe. Er hieß Roland und war zweieinhalb Jahre älter als ich. Eigentlich war ich ja noch mit Spezi zusammen, also Spezi war ein Supertyp, den ich echt lieb hatte und der am gleichen Tag Geburtstag hatte wie ich, also auch am 31.12. Das Problem war nur, Spezi war genau fünf Jahre älter als ich, also achtzehn, während ich grade mal dreizehn war, und er wollte partout nicht mit mir schlafen, aus Angst, er würde dafür in den Knast wandern. Ich hielt ihn für einen Feigling und weigerte mich fortan, auf seinem Motorroller mitzufahren, weil ich seinen Fahrkünsten angeblich nicht traute und ihn eigentlich nur bestrafen wollte, weil er eben nicht mit mir schlief. Wobei Spezi nie einen Unfall gehabt hatte, soweit ich mich erinnern konnte, und immer sehr vorsichtig fuhr. Um ihm aber eins auszuwischen und weil ich Roland auf einer Party wirklich nett fand, machte ich Spezi am Ende der Party klar, dass ich mich von Roland nach Hause bringen lassen würde. Der fuhr ein Krad, also eine hoch frisierte Zündapp, und, wie sollte es auch anders sein, ausgerechnet an diesem Abend, in einem Waldstück, durch das er natürlich unbedingt fahren musste, weil das ja soooo verdammt cool war, fuhren wir über eine Baumwurzel und landeten beide auf dem Arsch. Klasse. Hose kaputt, Hand verstaucht. Aber, so was verbindet auch! Dies ist eigentlich keine Empfehlung dafür, sich mit seinem Liebsten oder angehenden Liebsten erst mal gehörig aufs „Maul" zu legen, bevor man feststellt, dass man sich verknallt hat, aber bei mir war das wohl so. Ich machte also direkt am nächsten Tag mit Spezi „Schluss", um fortan mit dem „Leader of the Gang" zusammen zu sein. Natürlich lernte ich, wie man Motorräder frisiert, bekam Einweisung in „Kopfnussverteilen und Nahkampf", stand auch schon mal „versehentlich" Schmiere bei einem Einbruch, sehr zur Freude meiner Mutter, die mich morgens um sechs Uhr zu Hause, gebracht von zwei netten Polizisten, noch im Morgenrock und mit Schlaf in den Augen in Empfang nehmen durfte, und nicht selten ging ich bei Prügeleien dazwischen, wenn zwei Streithähne kurz eine Lücke zwischen sich freigaben, um die Sache zu schlichten mit den Worten „Hey, wenn du dem da in die Fresse hauen willst, dann musst du erst mich beiseiteräumen!" und meistens ging das gut bis auf ein einziges Mal, als die Faust nach meinem Spruch dennoch an meinem Ohr haarscharf vorbeisauste und ich leider besagte Faust für den hinter mir Stehenden verdeckt hatte, sodass diese ihn mitten auf die Nase traf und damit zum Bruch führte, was mir echt und ehrlich irre leidtat.

Später war ich dann oft etwas zögerlicher mit meinem „Dazwischengehen". Dennoch war immer der Hauptgedanke: „Eine Frau schlägt man nicht", was mir ein Jahr später zum Verhängnis wurde, wodurch ich dann sechs Tage im Krankenhaus landete, weil so ein Irrer mich einfach in der Nacht zum Heiligen Abend nach einem Diskobesuch zusammensemmelte (semmeln bedeutet hier: zusammenschlagen), ich glaube, einfach so aus Spaß. Na ja, ich hatte ihm beim Tanzen auf den Fuß getreten, natürlich versehentlich, und ich hatte mich auch entschuldigt. Aber als Roland, mit dem ich dort war, von der Toilette zurückkam, hatte er so einen fiesen, schwarzen Fleck unterm Auge. In guter alter „wir Frauen-sind-alle-Mamas-Manier" leckte ich also einen Finger an und wollte ihm den Dreck unterm Auge wegwischen.

Unter Schmerzen brüllte er mich an, ich solle das gefälligst sein lassen! Schmerzen???

Na ja, also der Typ, dem ich auf den Fuß getreten war, war Roland mit ein paar Kumpels auf die Toilette gefolgt und dort hatten sie ihn sich „geschnappt". Zwei hatten ihn festgehalten und der „Dicke" hatte ihm eine Zigarette unter dem Auge ausgedrückt. Prima, gell?

Ich konnte es nicht fassen und unter Wutgeschrei suchte ich den Dicken, den ich kurze Zeit darauf mit zwei Mädels im Arm am Eingang der Disko antraf und „stellte".

„Was bildest du dir eigentlich ein, du Arsch? Was glaubst du eigentlich, wer du bist?", schoss es laut aus mir heraus. „Wie kommst du dazu, meinem Freund 'ne Kippe unterm Auge auszudrücken? Tickst du noch ganz sauber?" Der Dicke blieb ganz cool und lächelte.

Jetzt erst bemerkte ich, dass er mindestens zwei Kopf größer war als ich und mindestens doppelt so breit. Ein klein wenig Vorsicht wäre also hier sicher angebracht gewesen, aber ich war komplett entrüstet und stinksauer und das sollte er gefälligst wissen. Er ließ eines der Mädels los und küsste seine eigenen Finger, also Mittel- und Zeigefinger der rechten Hand, um sie mir dann mit einer Art „Stubs" auf die Nase zu drücken mit den Worten: „Ich bin Biber, ich darf das!" Ich muss gestehen, ich war ziemlich perplex. Vor allem hatte ich jetzt erst die wulstige Narbe gesehen, die sich wie ein langer, roter Faden durch seine rechte Gesichtshälfte zog. „Pah!", rief ich nur, machte auf dem Absatz kehrt und ging die Treppe runter Richtung Diskoeingang, um Roland zu suchen. Der war natürlich nicht besonders erfreut, als ich ihm erzählte, dass ich dem Typen meine Meinung gesagt hatte. Inzwischen hatte sich herumgesprochen, dass irgendwer aus der Truppe des Dicken ein Messer dabeihatte, und das war sozusagen das Zeichen zum Aufbruch. Roland und ich gingen die Treppe hoch und waren kaum ein paar Meter vom oberen Eingang entfernt, als wir hastige Schritte hinter uns vernahmen. Es waren der Dicke plus ein paar Kumpels, ich denke, es waren so sieben Typen. Roland erhöhte sein Schritttempo und schnalzte mir zu „Nina, lauf!" (Ich nannte mich zu dieser Zeit Nina, da ich eigentlich als Katy Nina getauft worden war und den Namen Katy bescheuert fand.) Laufen??? Ja gerne, aber wohin? Außerdem wurde mir schlagartig bewusst, dass die Jungs hinter uns viel schneller rennen konnten als ich, selbst wenn ich wollte. Laufen und Abhauen war also keine so gute Idee, wie mir schien. Vor uns lag eine Straße und dort befanden sich wenigstens Leute, da hier ja drei Diskotheken gleichzeitig geöffnet hatten. Aber die Straße hinablaufen hätte bedeutet, ich hätte es allenfalls vielleicht bis zum Park und dem „Kleinen Kiel", so heißt der Minisee in der Innenstadt Kiels nahe der Oper, geschafft und da ist mitten in der Nacht einfach niemand. „Einer Frau tut man nichts", schoss es mir mit einem Mal durch den Kopf. Frauen sind in „Gangs" heilig. Dachte ich jedenfalls. Und so verlangsamte ich auf der Stelle meinen bisher zügigen Gang. Roland war schon auf der Straße angekommen, als ich mich sozusagen schützend zwischen ihn und die nun doch schon sehr nah herangekommene Meute stellte. Mit einem Satz war der Dicke bei mir und packte mich, im wahrsten Sinne des Wortes, am Kragen. Ich verlor den Boden unter den Füßen, während er mir ein: „Du Schwein hast die Bullen gerufen" fast ins Gesicht spuckte. Ich hätte ihm ganz locker in die Eier treten können, aber ich war immer noch der festen und unbeirrbaren Überzeugung, dass er mir als Frau nichts tun würde, also warum sollte ich sein bestes Teil verletzen? Immerhin hatte er mir bisher auch nicht wirklich was getan. Was sich aber im selben Moment ändern sollte. Er packte meinen Kopf und schlug ihn, ich weiß nicht, wie viele Male, gegen die Kante eines Betonpfeilers, der sich am Eingang der Tankstelle befand und zu der er mich in die Straße gezogen hatte. Um mich herum hatte ich sowieso nichts mehr mitbekommen, da ich so auf ihn und sein Gesicht, auf seine Narbe und sein Geschrei fixiert war. Und dann setzte einfach alles aus. Absolut alles. Ich erwachte, keine Ahnung, wie lange ich so gelegen hatte, vielleicht ein paar Minuten, umgeben von einer Menschentraube, die mich anglotzte, und unschönerweise fand ich mich in meiner eigenen Kotze liegend wieder. Wie durch dichten Nebel sah ich in die Gesichter und mir fiel nur eines ein: Roland. „Roland?", flüsterte ich leise. „Roland?", diesmal lauter! Durch die Füße der um mich herum Stehenden sah ich jemanden mitten auf der Straße liegen und stöhnen. Ich sammelte all meine Kraft zusammen, mein Kopf brummte höllisch, und ich schleppte mich auf allen vieren zum Kopfsteinpflaster. „Roland? Roland!" Ich rüttelte an seinem Körper, der wie tot dalag, mit dem Gesicht nach unten auf dem harten Stein, und weinte und schrie, alles durcheinander. „Roooland!!!" „Lasst mich. Ich bin fertig. Lasst mich!", kam es röchelnd aus ihm heraus. „Roland, ich bin es. Nina!", flüsterte ich in sein Ohr. Und nachdem er meine vertraute Stimme wahrgenommen hatte, bewegte er sich langsam. Als ich sein Gesicht sah oder besser das, was davon übrig geblieben war, schossen nur noch Tränen aus mir heraus. Tränen und Wut. Das Gesicht meines Freundes, der sich als „Leader of the Gang" ja schon einige Male geprügelt hatte und auch schon mal was abbekommen hatte, obwohl er meist als Sieger aus seinen Schlägereien hervorging, und dessen Vater ihm auch hie und da ein blaues Auge verpasste, wenn er mit seinem Erziehungslatein am Ende war, war ein einziger Brei aus Blut, Schwellungen, gebrochener Nase und blauen Flecken. Sein Oberarm war von einem Messer zerstochen, das durch T-Shirt, Jeansjacke und Lederjacke hindurchgegangen war.

„Lalü Lalü", kündigte die Sirene den Streifenwagen an, den irgendjemand gerufen haben musste. Vier „Bullen in Zivil" sprangen heraus und Roland zischte mir zu: „Du sagst nichts! Du hast nichts gesehen! Du weißt nichts! Keine Anzeige, Nina, keine Anzeige."

„Was ist passiert?", fragte mich eine freundliche Stimme. Ich guckte zur Stimme hoch. Ein noch sehr junger Polizist in Zivil schaute mir eindringlich in die Augen: „Wir …", ich stockte. „Wir sind überfallen worden", und dann schoss die Geschichte in etwas verkürzter Form aus mir heraus: „Fuß getreten, Zigarette unterm Auge, Messer irgendwo, viele hinter uns, …", so in etwa muss sie geklungen haben. „Wollen Sie eine Anzeige machen?" „Ja, aber der Typ ist sicher wieder in der Disko. Biber, sein Name. Jetzt. Wer geht mit? Finden?" Mein Sprachzentrum war noch nicht ganz dahin zurückgekehrt, wo es sich eigentlich hätte befinden müssen. Nichtsdestotrotz, und nicht „weniger", kletterte ich auf meine Füße zurück, ein wenig schwankend, aber immerhin, und deutete zweien der Polizisten an, mir zu folgen. Zu dritt betraten wir die Disko und ich fragte am Tresen nach meinem „Freund": „Biber! Ich suche meinen Freund Biber! Hast du den gesehen?", aber der Barkeeper winkte ab, sagte, dass er den, wie heißt der noch gleich, „Biber!", nicht kenne und auch nicht wüsste, wo der sein könnte. Eines war klar. Der Typ kannte diesen Biber sehr genau und hätte er ihn verraten, hätte er seinen Job an den Nagel hängen können und am besten wäre er direkt untergetaucht und hätte sich nie wieder in Kiel oder auch nur in der Nähe blicken lassen.

Ich musste aufgeben!

So gingen wir langsam die Treppen hoch, die Polizisten und ich.

„Soll ich jetzt Ihre Anzeige aufnehmen?"

„Nein. Was für eine Anzeige? Ich mache keine Anzeige!"

Mit meiner Zivilcourage war es dahin, und zwar komplett.

Roland, der inzwischen auch wieder auf seinen Füßen stand, nickte mir anerkennend zu. „Sollen wir Sie in ein Krankenhaus fahren? Sie sehen übel aus!" „Nein danke! Geht schon. Frohe Weihnachten noch!"

Fast wortlos schlenderten Roland und ich zur Bushaltestelle und warteten dort auf den letzten Bus. Schweigend stiegen wir ein, schweigend verabschiedeten wir uns, als er zuerst ausstieg und ich noch die letzten Stationen allein mit dem Bus nach Hause fuhr.

Mit Megabrummschädel huschte ich in mein Bett und wollte nur noch heulen und schlafen. Am nächsten Morgen war meine Schwester schon da und weckte mich mit einem schädelzerschmetternden „Frohe Weihnachten!!!" Als ich sie etwas verwirrt unter der Decke hervorlugend ansah, wusste sie sofort, dass etwas passiert war. Direkt benachrichtigte sie meine Mutter und beide beschlossen, dass Mama mich sofort ins Krankenhaus bringen müsse. Hinter meinem linken Ohr war eine fette Wunde, alles tierisch geschwollen, blau und rot gefärbt, und nachdem ich auch noch zugegeben hatte, dass ich „gespuckt" hatte, rückte das Krankenhaus in spürbare Nähe. Da saßen wir also nun zwischen abgesägten Fingern und gebrochenen Füßen, während meine kleine Schwester zu Hause auf die weihnachtliche Bescherung und den Weihnachtsmann wartete und der Tannenbaum noch nicht mal zu Ende geschmückt war.

Die Ärzte waren nett, prognostizierten ein schweres Schädeltrauma, Gott sei Dank keinen Bruch, aber man empfahl, mich zur Beobachtung besser ein paar Tage in der Klinik zu lassen. Mir kullerten die Tränen in Strömen über die Wangen, als meine Mutter das Krankenhaus verließ, mit dem Versprechen, mir später am Abend meine Weihnachtsgeschenke zu bringen.

Merry Christmas!

Wie kam ich drauf???

Ach ja, Roland! Immer wieder trennten wir uns in den dreieinhalb Jahren, in denen wir „zusammen waren" oder „miteinander gingen", und immer dann, wenn wir uns getrennt hatten, kam in seinen Tattoos eine neue Farbe hinzu. Auf dem einen Arm hatte er „Herz, Kreuz und Anker", wie es sich für einen Seemann (der er gar nicht war) natürlich gehörte, auf der anderen wand sich eine Schlange um ein Schwert. Bis zu unserer letzten Trennung hat die Schlange immer noch nicht ihre komplette Farbe erhalten, da wir einfach nicht lange genug „auseinander" waren, um die Farben zu vollenden. Aber sicher hat die Schlange heute, das ist ja nun schon über dreißig Jahre her – puh, dreißig Jahre! – also, sicher ist die Schlange heute mit allen Farben gesegnet und vielleicht sogar modern „gestochen", so, wie er sie immer haben wollte.

Eine Schlange kommt mir jedenfalls nicht auf den Arm! Nicht, weil ich sie nicht irgendwie toll fände, sondern weil meine Freundin Karen mich dann nicht mehr mit dem „Arsch" angucken würde. Sie hasst Schlangen und ekelt sich davor, aber das ... ist definitiv eine andere Geschichte!

I love C. A.

Happy New Year

Es ist wieder kurz nach acht, aber nun endlich auf für mich „2008". Ich sitze auf dem Balkon, meiner großen Freiheit zwischen Ocean Ave und Bay Ave, diesem Stückchen Sicht auf Wellen, Palmen, Teilpromenade und Parkplatz, meine Tasse Kaffee vor der Nase und die Morgenzigarette schon im Mund, den Computer auf dem Schoß und die Haare zum Knoten geknuddelt, als ein cremefarbener alter Pick-up meine Neugier erweckt. Darin sitzt ein super aussehender Typ mit Sonnenbrille und langen Haaren und … er lächelt mir zu und grüßt mit seinem Pappkaffeebecher. Fasziniert gucke ich ihm hinterher und löse dabei meinen Haarknoten. Rapunzel lässt grüßen. Er fährt ein Stück die Straße runter, bleibt dann stehen und guckt aufs Meer. Wo ist meine Sonnenbrille, verdammt? Aber schon wendet der Wagen, ich rufe ihm ein „Happy new year" zu, als er mir sozusagen entgegenkommt, und er erwidert es mit einem überaus charmanten Lächeln. Direkt vor meinem Balkon hält er an. „Happy new year!" Ich lächle verschmitzt und schüttle mein Haar. „Where are the waves?", lacht er mir zu. „They're gone. Hopefully just for today!", rufe ich zurück, als ob mich das wirklich interessieren würde. Aber jetzt, in diesem Fall, ist das natürlich auch mein Thema, wie das eines jeden Surfers, der was auf sich hält. Er prostet mir wieder zu, fährt bis zum Stoppschild, biegt dann ab Richtung Venice Beach und weg ist er. Ich sinniere ihm noch lange hinterher. Natürlich spiele ich schon seit meiner Ankunft mit dem Gedanken, mir ein Surfbrett zu leihen. Aber so, wie mir die Knochen von meinen zwei Tagen Jogging wehtun, kann ich das für heute eh knicken. Außerdem, wie wir ja bereits grade feststellten, sind da „no waves!" Und ohne „waves" geht das auch gar nicht mit dem Surfen, so weit habe ich das auch schon begriffen. Aber selbst mit waves hätte ich keine Chance, würde ich absolut keine Sonne auf dem Brett sehen. Apropos Sonne. Die ist für die kommenden Tage absagt. Stattdessen ist Regen angekündigt worden. Regen! Was soll ich denn jetzt auch noch mit Regen in meiner tristen paar Meter-Ausblick-Welt? Ich tapse in die Küche, um meinen San Francisco-Becher erneut mit Kaffee zu füllen, da fällt mein Blick in den Spiegel. Hm. Obwohl ich seit Tagen nichts gegessen und meine Trainingsphase eingeläutet habe, habe ich garantiert kein Gramm abgenommen. Der Speck quillt nach wie vor aus der Hose und ich erinnere mich an das Rapper-Crunch-Programm von irgendeinem Ami, das ich letzte Nacht noch kurz vor dem Einschlafen wahrgenommen habe. Einfach die Bauchmuskeln anspannen und dabei den Hintern zusammen mit dem Oberkörper nach vorne crunchen. Der Slogan dazu war: „Wer will schon stumpfsinnig auf dem Boden liegen und crunchen, um feste Bauchmuskeln zu bekommen? Dieses Programm hier macht Spaß, gute Laune und alle, ob Jung oder Alt, wirklich alle, können es machen." Wie alles in Amerika. Natürlich kann auch jeder Tae-Bo machen, Yoga sowieso, jeder kann joggen, bladen, radeln ... hier kann das jeder, klar! Das Beste aber ist, hier macht das auch tatsächlich jeder! Unvorstellbar der Gedanke, bei meiner Mutter in Kiel am Meer zu sitzen, und die gesamte Nachbarschaft kommt joggend oder radelnd am Fenster vorbei, die Neffen bladen mal eben zur Oma, um dort ‚ne Coca light zu trinken, und der Arzt schaut in der Mittagspause mal eben auf dem Funboard vorbei. Gruselig.

Ganz in der Nähe hier gäbe es allerdings einen Laden, wo ich ein Surfbrett leihen könnte. Dazu bräuchte ich allerdings auch einen Neoprenanzug, und ob ich den, passend in meiner Größe bekäme, ist sehr fraglich. Die Surfer, die ich gesehen habe, sind fast alle ziemlich schlank, und die, die öfter surfen, leihen sich ja keinen Anzug, sondern besitzen selbst einen. Und wenn ich nicht reinpasse und der Anzug beim Hochziehen schon in meinen Kniekehlen klaffen bleibt? Wie peinlich. Aber selbst wenn ich ihn dann anhätte und unten am Wasser wäre, in dem man einfach erfriert, wenn man sich nicht bewegt, und außerdem gucken Hände und Gesicht aus dem Ding heraus, was dann??? Wie springt man denn auf so ein Brett, ohne sich vom Untergrund abzustoßen? Ich war schon beim Pferd-Springen in der Schule eine absolute Niete. Das, was ich konnte, war, mit ganz viel Anlauf über den Bock zu springen. Wobei ich dabei manchmal meine viel zu klein geratene Sportlehrerin mit zu Boden riss, die mir eifrig „Hilfestellung" geben wollte und die ich manchmal mit meinem rasanten Sprung auf die Matte legte und damit unter mir begrub. Aber, wie gesagt, Bockspringen ist das eine, Pferd das andere. Beim Pferd oder auch Kasten landen ja die Beine unter einem, man springt also mit angezogenen Knien. Das konnte ich nie. Auch beim Kastenspringen landeten meine Füße immer vor dem obersten Aufsatz und meistens landete ich dann mit den Knien oben auf dem Leder und musste dann relativ umständlich runterkriechen. Und selbst wenn ich nur einen Teil der Bockspringtechnik anwenden würde (ich konnte ja schlecht über das Surfbrett „bocken", wenn die Welle kommt) und dann versuchen würde, die Knie so weit anzuziehen, dass sie unter meinem Hintern landeten, dann müsste ich ja erst mal versuchen, irgendwie „richtig" auf dem Brett zu landen. Aber wo genau ist „richtig"? Bei meinem momentanen Muskelkater sehe ich eh nicht die geringste Aussicht, weder bockspringenderweise noch sonst wie auf dem Brett zu landen. Ich kann ja nicht mal richtig gehen. Schade, ich würde den Typen gern wiedersehen, aber dazu müsste ich Surferin, in good shape und irgendwie auch 'nen Tacken jünger sein. Immerhin bin ich seit heute 45 und der Typ vielleicht Anfang dreißig. Jaja ... so sitze ich in meiner kleinen Welt. Vielleicht soll ich mich zum Power-Yoga anmelden? Gleich hier um die Ecke neben dem Liquor-Shop habe ich ein Schild gesehen. Beim Power-Yoga soll man ja relativ schnell Erfolge erzielen und das ist es, was ich brauche. Irgendwie einen schnellen, körperlichen Erfolg. Zu Hause könnte ich ja dann mit dem Video von Kollegin Ursula weitermachen, oder macht die Pilates? Aber was nutzt mir zu Hause, wenn ich doch hier Kondition bekommen und meine Form verbessern will? Außerdem bleibe ich garantiert noch vier Wochen und diese fast 30 Tage wollen ja auch irgendwie gefüllt werden mit ein bisschen Anspruchsvollem. Ich stelle die Tasse ab und versuche die Fernseh-Crunch-Übung ein-, zweimal, stoße dabei versehentlich gegen die blöde Schublade, die in Jennys Küche viel zu weit herausragt und die man einfach nicht komplett in den Schrank schieben kann, beschließe, das vor ihrer Rückkehr noch zu reparieren, aber vor allem, die Sache mit dem Crunch-Training langsamer anzugehen.

Auf dem Balkon angekommen lächelt mich der Kinder-Hula-Hoop-Reifen von Jenny frech an. Aber das kann ich wahrlich keinesfalls bei Tageslicht probieren. No way. Da muss ich schon auf Dunkelheit warten, bevor ich mich traue, den um die Hüften zu werfen.

Früher war ich ziemlich gut in Hula-Hoop und konnte den Reifen stundenlang in den Kniekehlen kreisen lassen, mit wachsender Begeisterung. Auch im Hüftbereich und um die Taille gelang mir das hervorragend. Und jetzt? Allein der Gedanke, heute Abend im Dunkeln im Park der homeless people zu stehen und den lila-pink-grün-gelb-geringelten Plastikreifen zu schwingen, macht mir irgendwie Angst.

Die Japanerin, die ich am Vortag schon beobachtet habe, tippelt wieder um die Verkehrsinsel. Das macht sie mit wachsender Begeisterung und ich kann einfach nicht verstehen, wie es Spaß machen kann, um eine Verkehrsinsel herumzujoggen. Aber sie hört meine Gedanken ja nicht und tippelt weiter in ihrer kurzen braunen Hose, mit Kniestrümpfen, die sie sich über die Knie gezogen hat, wohl um die Gelenke warm zu halten, ihrer blauen Trainingsjacke und ihrem grünen Käppi auf dem Kopf. Eigentlich sieht sie aus wie eine Animateurin in einem japanischen Robinsonklub, so eine, wo man garantiert nicht am Training teilhaben, geschweige denn, mitmachen will, weil einen schon das Outfit so sehr nerven würde, dass man das Gefühl hätte, man erblinde augenblicklich, wenn man sie weiter anguckt. Und wieder … tipp … tipp … tipp. Zu ihrer Verteidigung muss ich gestehen, dass sie auf der einen Seite der Insel bergauf, auf der anderen bergab joggt. Na wenn schon, Verteidigung hin oder her, es sieht jedenfalls total bescheuert aus. Ob es wenigstens hilft?

Die Sonne ist inzwischen nun doch herausgekommen und irgendwie warte ich heimlich auf den Traumtypen von vorhin, der aber

sicher jetzt in Malibu oder sonst wo sein Brett und seinen dazu passenden Waschbrettbauch in die Wellen tunkt. Ich gucke auf mein Handydisplay und sehe einen Anruf in Abwesenheit.
Im Menü „Anrufe" kann ich sehen, wer der Blödmann war, der, obwohl meine Mailboxansage doch klar und deutlich mit folgendem Text bestückt ist: „Hallo, Sie sind verbunden mit der Mailbox von Katy Karrenbauer. Ich bin bis zum 31.1. nicht zu erreichen und höre die Mailbox auch nicht ab. Bitte hinterlassen Sie keine Nachricht auf diesem Band", trotzdem eine Nachricht hinterlassen hat. Mein Vater! Der hat aber auch scheinbar mit gar nichts was am Hut, denke ich so bei mir. Ich höre nicht ab, heißt wohl für ihn, na, die hört doch garantiert ihre Mailbox ab. Was ich jetzt natürlich auch tun muss, da ich ja sonst meine Geburtstagsgrüße von ihm nicht erhalte, und das obwohl ich mir fest vorgenommen habe, sie nicht abzuhören. Wie ignorant! Oder klug? Immerhin ist er der Einzige, der sich das traut. Süß eigentlich! Alle anderen Anrufer haben schön brav eine SMS oder eine Mail geschickt. Das ist von hier weitaus günstiger und das ist ja auch der Plan, Kosten sparen. Ich lasse ihn noch ein klein wenig zappeln, oder besser gesagt, mich selbst, denn ich werde die Nachricht jetzt nicht abhören. So! Das hat er nun davon. Neues Lebensjahr. Toll. Vor allem, weil einige meiner guten „Bekannten" mir heute gratulieren. Aber mein Heute ist jetzt bei ihnen schon das Morgen. Also der 1.1. Das Datum „Silvester" ist doch wirklich nicht schwer zu merken. Aber vielleicht feiern die Silvester ja am Neujahrsmorgen, wer weiß? Einzig peinlich bin ich selbst. Da schickt mir mein Anwalt, der mit Vornamen Sylvester heißt, also Geburtstagsgrüße. Und was mache ich Trottel? Grüße nicht zurück! Mitten in der Nacht fällt mir ein, da war doch was? Ich schicke schnell ein paar „Nachträgliche" hinterher, aber peinlich ist das wirklich. Und dabei hat ja sogar auf meinem Display „Sylvester" gestanden!
Eigentlich bin ich ja auch nur dankbar, dass ich es gestern überhaupt geschafft habe, das neue Jahr persönlich zu begrüßen, vor lauter Langeweile. Schließlich war in Deutschland schon „happy new year", da war es bei mir grade mal 15.00 Uhr.

Dann trudelt ein Neujahrsgruß nach dem anderen per SMS rein, aber ich habe, wie gesagt, noch ganze neun Stunden vor mir bis zum Neujahr. Neun lange Stunden. In meinen Joggingschuhen, meiner Trainingshose, einem dicken Pullover und einem Mantel, nicht zu vergessen den I-Pod auf den Ohren, laufe ich immer wieder zum Strand hinunter, um das geeignete Plätzchen für das später stattfindende Spektakel zu suchen, und finde es auch. Von dort kann man bis nach Malibu und Ventura auf der einen Seite, bis nach Venice Beach und Marina Del Rey auf der anderen Seite gucken. Aber nicht nur das! Dort befinden sich nämlich auch zwei der teuersten Hotels direkt am Strand, unter anderem das „Shuttlers on the Beach", wo gegen acht am Abend schon fette Stretch-Limousinen vorfahren. Eine ist so lang, dass sicher 25 Leute drin Platz haben, oder kommt einfach nur Puff Daddy oder Diddy? Damen in langen Abendkleidern stöckeln auf überhohen Schuhen zum Haupteingang an der Promenadenseite, die Männer allesamt mindestens im Smoking und mit gegelten Haaren. Die Stimmung scheint riesig, was ich allerdings nicht höre, sondern nur von ihren Gesichtern ablese, denn Grönemeyer und Faith Hill wechseln einander in meinen Gehörgängen ab, aber natürlich weiß ich sofort, diese Superreichen werden sich nicht lumpen lassen. Hier wird nachher ein Feuerwerk vom Allerfeinsten stattfinden, so viel ist mal klar. Also ist mein gewählter und auserkorener Standort mit Sicherheit einer der besten, den ich hier, so nah am Strand, ergattern kann. Das hält mich die nächsten Stunden über wach, während ich meine frisch gewaschene Wäsche in den Trockner auf dem Flur werfe, wobei ich versehentlich ein Zehn-Penny-Stück in den einen der beiden zur Verfügung stehenden Trockner werfe, statt sieben Quarter, und ich schon denke, ich habe zumindest diesen Trockner noch im alten Jahr „geschasst". Später „tümmelt" er aber eifrig die Wäsche eines anderen Hausmitbewohners und ich bin dankbar, dass ich keinen größeren Schaden angerichtet habe.
In all den Stunden, die ich irgendwie totzuschlagen versuche, mal am Computer, mal mit Zigarette auf dem Balkon, mal mit einem kleinen Vormitternachtsspaziergang, dann wieder mit dem Lesen und Schreiben einiger SMS, freue ich mich nur noch auf eines,

will nur noch eins: endlich ins neue Jahr zu kommen und dann ab ins Bett!
Um fünf vor zwölf ist es so weit! Ich schlüpfe in meinen Mantel, greife Schlüssel, Weinschorle in der Wasserflasche, denn Alkohol auf der Straße zu trinken ist in den Staaten ja nicht erlaubt und so habe ich diese eigens für den großen Augenblick präpariert, damit ich wenigstens mit mir selbst anstoßen kann, meine Mütze … und schon fliege ich dem Feuerwerk entgegen. Denke ich jedenfalls.
Einige Menschen haben sich wohl dasselbe gedacht und trotten langsam auf die Promenade zu, andere haben sich schon neben meinem auserkorenen Sichtplatz niedergelassen. Ich geselle mich dazu und harre der Dinge, die da kommen sollen. Ein Security-Mann läuft ganz wichtig vor dem Shuttlers on the Beach hin und her, aber sonst sieht man dort komischerweise niemanden. Absolut niemanden! Weder ein langes Abendkleid noch einen Smoking. Rein gar nichts.
Ich gucke in die andere Richtung, höre durch „Ich dreh mich um dich" von Grönemeyer hindurch ein „Happy New Year", das jemand direkt neben mir brüllt, sehe die Promenade entlang und da, endlich, die ersten Raketen fliegen in die Luft, das neue Jahr zu begrüßen. Die ersten … aber auch die letzten! Hä? Ich glaube, ich zähle sieben Raketen, vier weiße, zwei rote und dann weiß ich auch nicht mehr so genau. Eine grüne vielleicht? Ich gucke in die Berge von Malibu. Nichts! Ich gucke aufs Meer hinaus. Nichts! Nur übertrieben viele Helikopter am Himmel. Hä? Ich gucke wieder Richtung Venice, wo die anderen Raketen hochgegangen sind. Nichts! Neben mir lässt die Frau mit der hellbeigen Pudelmütze den Kopf gleichzeitig mit ihrer Wasserflasche sinken. Ob die auch gefüllt ist mit Wein, kann ich nicht erkennen. Vom Strand her trotten zwei, drei Gestalten Richtung Promenade. Wie, das war's???
Ich kann es einfach nicht glauben. Ich leere meine kleine Flasche fast in einem Schluck, versichere mich nochmals nach rechts und links, ob noch was kommen wird, aber nicht ein einziger Feuerwerkskörper soll mehr den Himmel erhellen. Ich gucke auf mein Display, das 0.10 Uhr anzeigt. Also neun Uhr zehn deutscher Zeit. Ich schreibe meiner lieben Freundin Karen eine „guten Morgen"-

SMS, meinem amerikanischen Freund Mandy ein Happy New Year und mache mich auf den Weg nach Hause, zurück zu meinem Balkon. Dabei übersehe ich fast, als ich die Straße überquere, die achtzehn Meter Limousine, die mich beinahe überfährt und mit lautem Quietschen vor mir bremst. Lächelnd überquere ich vor „Puff Daddy" die Straße und sehe noch, dass die Limousine es kaum schafft, an der Kreuzung um die Ecke zu biegen. Das zaubert mir das erste Lächeln aufs Gesicht. Grönemeyer ist grade und zum wiederholten Male bei der Zeile „und wenn du auch im Dunklen fischst" angekommen. Genau so fühle ich mich. Ich habe im Dunklen gefischt. Im ziemlich düsteren Dunklen. Aber zumindest bin ich jetzt auch drin, und so schicke ich meiner Freundin einen letzten Gruß für diesen Abend von meinem Handy: „Ich bin jetzt auch drin. Happy New Year."

Alle zwei Jahre ...

… Wer hätte gedacht, dass mitten in Kalifornien grade dein Bild so präsent wird? Als säßest du neben mir … und vielleicht sind einfach nur schon wieder zwei Jahre vergangen?
Unsere Geschichte, das immer wiederkehrende „Nach-zwei-Jahren-Treffen", egal, wo wir in diesem Leben grade standen. Schon komisch und auch toll, diese Erinnerung an unsere Begegnungen. Wir haben uns vor fast 16 Jahren im 42, also einer Diskothek in Köln, getroffen. Ja, so lange ist das schon her. Es war bereits tiefe Nacht und ich hatte an diesem Abend im Limit auf dem Lindenthalgürtel gearbeitet. Gott sei Dank hatte ich diesen Job ein paar Wochen zuvor von meiner Mitbewohnerin übernehmen können, die mit dem Chef dort überhaupt nicht klarkam. Meine damals große Liebe hatte sich grade von mir getrennt, nach mehr als dreieinhalb Jahren und der grade gemeinsam beendeten Tournee, wie er sagte: „Um mein eigenes Leben zu leben."
Ich hielt ihn nicht auf!
Ich hatte, nachdem ich den Wohnwagen verlassen hatte, in dem ich während der fast halbjährigen Tournee gelebt hatte, erst mit Freund, dann allein, endlich ein kleines Zimmer gefunden in Detlefs WG. Detlef war damals der Techniker des Urania Theaters gewesen und mittlerweile ein Freund geworden. Hier saß ich also nun. Sieben Quadratmeter, ein Bett, ein Schrank, ein Sack voller Tränen im Gepäck und wieder mal ohne jegliche Ahnung, wohin die Reise des Lebens mich führen würde. Aber das sollte sich schnell ändern, denn eines Abends kam Detlef in mein Zimmer und fragte mich, ob ich mir vorstellen könnte, im Stollwerk „Aktmodell" zu stehen, da er selbst keine Zeit habe.
Ich hatte keine Arbeit und musste dringend Geld verdienen. So stellte er mir 45 Mark für drei Stunden in Aussicht, das war nun

mal der Kurs, und schweren Herzens sagte ich zu. Und am selben Abend, nur kurze Zeit später, stand ich hüllenlos, also splitterfasernackt, in der Kälte der „Aktionshalle Stollwerk", verdrehte und verknotete meinen unbekleideten „Rubenskörper" vor den Blicken der Aktstudenten und -studentinnen, während mir die Tränen wie Wasserfälle aus den Augen schossen, weil ich mich endlos verlassen fühlte. Niemand interessierte sich dafür.

Ab und zu nur hörte ich, wie durch einen feuchten Nebel (das Heulwasser kam mir inzwischen schon aus den Ohren raus), ein: „Kannste dich mal so drehen?", „Meinste, du könntest den Arm noch höher heben?" Ein wirkliches Scheißgefühl und keinesfalls nach einer „Trennung" zu empfehlen. Jedenfalls kam ich spät abends nach meiner „Nackteinlage" nach Hause zurück und unsere „Mitbewohnerin", oder besser gesagt die eigentliche Mieterin der Wohnung, saß total genervt in der Gemeinschaftsküche. Wir kamen kurz ins Gespräch, eigentlich konnten wir uns nicht sonderlich gut leiden und sprachen daher eher selten miteinander. Auf jeden Fall erzählte sie von ihrem neuen Job und dass sie diesen wohl nicht lange machen würde, da sie mit dem Chef nicht klarkomme. Und schon am nächsten Tag, kurz vor vier nachmittags, fragte sie mich, ob ich nicht heute für sie zur Arbeit gehen wolle. Sie habe keinen Bock auf den Typen und auf den Job schon gar nicht.

Ich fragte, wie sie sich das vorstelle. „Ich kann ja schlecht einfach da einrauschen und sagen: ‚Hey, die andere kommt nicht mehr, dafür bin ich jetzt da!'" Andererseits, wenn sie mit dem Typen nicht klarkam und den total daneben fand und ich sie ja eigentlich auch total daneben fand, dann war die Chance, diesen Rolli, wie er wohl hieß, mit ziemlicher Sicherheit sehr cool zu finden und wahrscheinlich bestens mit ihm auszukommen, eigentlich groß.

„Ruf doch einfach an und sag, dass ich krank bin und dass du für mich kommst. Die haben eh niemanden für die Schicht heute", war ihre Antwort. Ich ließ mir also die Nummer geben und rief im „Limit" an. Der Typ am Telefon war ganz nett und sagte, ich solle um fünf da sein.

Da es in diesem „Veedel" der Stadt eigentlich nur Eckkneipen gibt, dachte ich also auch, ich muss um fünf in einer „äscht kölschen Pinte" antreten. Was also anziehen?
Eigentlich sah ich ja eher aus wie ein Punk, hatte mittellanges Haar, das mir mit Zuckerwasser und gaaanz viel Haarspray zu Berge stand, die Shirts waren immer sehr tief ausgeschnitten und eigens noch mit der Schere „dekolletiert" und die Jeans meist mit einem breiten Gürtel oben so eng zusammengezurrt, dass ich kaum Luft bekam. Hohe Schuhe dazu waren ein absolutes Muss. Und jetzt???
Ich fischte meinen alten Konfirmationsrock, Satin mit schwarzen Applikationen (ich hatte ihn tatsächlich noch, und wer am Theater arbeitet, der schmeißt so schnell keine Klamotten weg, die vielleicht noch zu Proben dienlich sein könnten), dazu wählte ich einen Rollkragenpullover, ebenfalls in Schwarz, flache Schuhe, denn ich wollte ja arbeiten, strich mir das Haar aus dem Gesicht und versah das Ganze mit einem strengen Knoten im Nacken. So aufgetakelt rauschte ich also um fünf Uhr Richtung Kneipe und bekam fast einen Schlag, als ich vor dem Laden stand.
Eine hochmoderne Studentenkneipe in Hellblau-Weiß mit viel hellem Holz und wirklich ein netter Ort. Oh je. Ich guckte an mir runter, atmete tief durch und betrat den Laden. Blieb mir ja auch nichts anderes übrig. Erstens brauchte ich das Geld und damit den Job, zweitens hatte ich gesagt, ich komme. Und wenn ich sage, ich komme, dann komme ich auch! In den Augen des Barmannes Ewald und dem anderen, der sich jetzt als „Rolli" und Besitzer des Ladens vorstellte, sah ich blankes Entsetzen durch das verkrampfte Lächeln blitzen. Aber auch für sie gab es in diesem Moment kein Zurück. Tage später erfuhr ich, dass sich die beiden, als ich versuchte, mich in der Kneipe zu orientieren, also mir einzuprägen, wo was stand, kurz in die Küche zurückgezogen und abgemacht hatten, dass sie mich einen Abend arbeiten lassen und dann sofort rausschmeißen würden. Aus purer Not, also, arbeiten lassen aus purer Not!
Das Problem war nur, ich machte einen tierischen Umsatz, total viel Trinkgeld, ich verstand meinen Job, sauste wie ein Wiesel durch den Schuppen, verkaufte wie der Teufel, hatte dabei immer

ein flottes Sprüchlein auf den Lippen, und als Rolli abends die Abrechnung machte, staunte er nicht schlecht. So beschlossen Ewald und er, mich noch einen weiteren Abend arbeiten zu lassen. Natürlich schlug ich am nächsten Abend als „ich selbst" auf und so kam es, dass ich dort fast fünf Jahre arbeitete, und das immer gern. Mit Rolli verstand ich mich super, ich hatte eine prima Zeit mit tollen Kollegen und wir hatten sehr sehr viel Spaß. Vor allem liebten mich meine Kollegen, weil ich immer die verhassten Schichten übernahm. Karneval, Weihnachten und Silvester, zumindest, wenn ich an diesen Tagen nicht grade auf der Bühne stand, denn Theater spielte ich natürlich auch die ganze Zeit über weiter.

Wer mal in der Gastronomie gearbeitet hat, weiß, dass der Abend nach der Schicht noch lange nicht zu Ende ist und auch gar nicht sein kann. Man selbst ist zwar fertig, aber nicht müde und irgendwie will man auch was vom Leben haben, teilhaben, leben eben. Also findet das Leben eines Mitarbeiters der Gastronomie, der Abendschichten „fährt", meist nach der Arbeit und somit in der Nacht statt. Und eben in so einer Nacht begegnete ich dem großen, schönen Jungen mit der Löwenmähne und in seiner blauen Latzhose. Ich tanzte und er stand etwas erhöht an der Seite, an so eine Art Balustrade gelehnt, und blickte auf die Tanzfläche. Er hatte mich nicht wahrgenommen, aber ich ihn und irgendwie gefiel mir dieser „Naturbursche" und so gesellte ich mich zu ihm. Seine „Schwingung" machte mich an, ebenso wie sein Geruch. Ein männlicher, aber eben schöner Schweißgeruch, den er sich selbst vorher ertanzt hatte. Kein „Ich-stinke-unter-dem-Arm-nach-Arbeit-und-werde-mich-nie-mehr-waschen-Ekelgeruch"! Nein, ein süßlich herber Lustgeruch, der mir tatsächlich Lust machte, zumindest, ihn kennenzulernen.

Ich nahm der Kellnerin, die sich durch die Massen zwängte, zwei Bierchen vom Tablett und reichte ihm eines. Mit dem breitesten „Blend-a-Med-Lächeln" der Welt, das mich fast aus den Schuhen haute, lächelte dieser bezaubernde Mensch mich an. Ich war total verunsichert. Guckte auf die Tanzfläche, und wenn ich dachte, er merkte es nicht, guckte ich ihn wieder verstohlen von der Seite an, musterte seine Gesichtszüge, malte sie in Gedanken, skizzierte sie mir als Gemälde für die Tage, die „ohne ihn" kommen würden. Wir prosteten einander zu, redeten belangloses Zeug und dann … ging er tanzen. Himmel, ich starb fast beim Zugucken.

Ich fühlte mich wie ein Voyeur in einer Peep-Show. Aber weggucken konnte ich auch nicht. Er tanzte mit dem ganzen Körper, eben nicht nur mit den Füßen. Er sog die Musik in sich auf und sie klang durch ihn hindurch. Und während ich jede seiner Bewegungen verfolgte, fiel mir auf, dass er sich einer dunkelhaarigen Schönheit zugewandt hatte. Die beiden flirteten sich bei jeder Begegnung ihrer Körper und ihrer Gesichter an und meine Seifenblase zerplatzte innerhalb von Bruchteilen einer Sekunde. Ich stellte mein Glas ab und wühlte mich durch die Menschenmenge Richtung Ausgang. Ich musste ziemlich lange auf meine Jacke, die ich an der Garderobe abgegeben hatte, warten, und als ich sie endlich hatte, lief ich mit gesenktem Kopf zur Tür und … direkt in eine verschwitzte „Männerbrust". „Tschul …", aber weiter kam ich nicht, denn ich war eben ihm vor die Brust gelaufen und guckte nun in seine tiefen, blauen Augen. Sein Lächeln raubte mir die Sprache und irgendwie sogar mein komplettes Sprachzentrum. „Na? Wir ziehen jetzt noch weiter. Kommste mit?", waberte seine schöne Stimme durch den Diskolärm an mein Ohr. Ich stammelte etwas von „Bett, müde, kann nicht", versuchte meine Sinne zusammenzuhalten und stampfte mit einem „Tschau" aus dem Laden. Fluchtartig raste ich zu meinem Passat Kombi, den man nicht abschließen konnte, weil es dafür keine Schlüssel gab, und sprang hinein. Dann erst traute ich mich wieder zu atmen. Ich stellte den Kassettenrekorder auf volle Pulle und ließ langsam den Motor an, beschloss aber dennoch, einen kleinen Umweg zu nehmen und noch mal am 42 vorbeizufahren. Vielleicht konnte ich diesen schönen Mann noch ein einziges Mal sehen … nur einen Blick drauf werfen, einen kleinen Blick? Immerhin hatte ich ihn noch nie gesehen und ich ging wirklich oft tanzen, vor allem oft ins 42. Er musste von woanders sein, aus einer anderen Stadt, von einem anderen Planeten vielleicht???

Langsam bog ich um die Ecke, da winkte er mir von der anderen Straßenseite zu und sprang zu mir rüber. Und ich? Was tat ich?

Ich hielt einfach mitten auf der Straße spontan an, fuhr dabei fast gegen den Bordstein, ignorierte das Hupen hinter mir und lächelte. Total bescheuert. Ich habe dann auch nicht wirklich genau gehört, was er sagte. Ich glaube, es war so was wie: „Hey, komm doch mit. Wir fahren zu mir, wird bestimmt nett!", aber ich konnte einfach nicht.

Als ich endlich in meinem Bett angekommen war, fand ich mich nur noch total beknackt! Der tollste Typ der Welt fragt mich, ob ich mitkommen will, und ich??? Was mache ich??? Ich sage Nein???!!! Als würde mir das jeden Abend hundert Mal passieren. Karrenbauer??? Mal in den Spiegel gesehen??? Ich schlief echt schlecht, hörte eigentlich die ganze Nacht Musik und hätte mich in den Hintern beißen mögen. Und nach dieser Nacht sauste ich nach jeder Abendschicht ins 42, denn er ging mir einfach nicht mehr aus dem Kopf, aber ich traf ihn nicht mehr.

Dann, eines Tages, standen wir doch voreinander. Und als er diesmal fragte, ob ich mitkomme, sagte ich nicht Nein. Ich fuhr mit zu ihm aufs Land, denn dort lebte er. Er mopste aus einem Bäckereifenster einen Zupfkuchen, wir lachten die halbe Nacht, wir fielen ineinander, wir küssten und liebten uns, als gäbe es das Morgen nicht und den Morgen danach sowieso nicht. Miles Davis begleitete unser Stöhnen, den Rotwein trank ich aus seinem Mund und mein Körper wollte, dass das niemals endete. Sollte es aber. Würde es. Und zwar ziemlich abrupt, mit nur einem Satz, der sicher nett gemeint war, aber so unpassend, unsensibel und grausam, dass ich lange nicht darüber hinwegkam. Er sagte nämlich, während mein Kopf nach wirklich unglaublichem Sex am Fußteil des Bettes herabhing, mein Haar den Boden „wienerte" und mein Körper noch dem letzten Orgasmus nachbebte: „Wenn du zehn Kilo weniger hättest, wärst du meine Traumfrau!" Peng! Ich fiel fast aus dem Bett, und zwar kopfüber, Miles kam mir vor wie ein plärrender Trompetenmöchtegern, der seine Fans ja eh nur immer verarsche, indem er mit dem Rücken zum Publikum spielte und nie eine Zugabe gab, das Bett schien mir viel zu klein für zwei, und dieser Planet ebenso, die Wohnung wirkte augenblicklich total hässlich und was um alles in der Welt machte ich eigentlich hier? Auf dem Lande? Und wie um Gottes willen kam ich jetzt schnell, und zwar ganz ganz schnell, nach Hause?

Ich hatte viel zu viel getrunken aus seinem Mund und so blieb mir keine andere Wahl, als zu bleiben. Das Ende dieser Nacht war schnell beschlossen, ich war todmüde, zutiefst verletzt, auch wenn ich damals tatsächlich 85 Kilo auf die Waage brachte, also fast 20 Kilo mehr als heute, und, na wenn schon? Auf jeden Fall war das der aber auch allerunpassendste Moment, mich darauf hinzuweisen. Ich wollte nur noch fliehen, und wenn die einzige Fluchtmöglichkeit „Schlaf" bedeutete, dann wollte ich jetzt sofort und auf der Stelle schlafen!

Er war zwar etwas irritiert, aber er machte das Licht, Miles Davis und überhaupt alles aus und wir lagen so, dumpf, nebeneinander. Ich glaube, er schlief zuerst ein, was aber auch eigentlich völlig egal ist. Am Morgen danach („the day after" ist ja schließlich auch ein Katastrophenfilm), also am Morgen nahm das nächste Desaster seinen Lauf. Das Telefon klingelte und während er das Bettzeug abzog, um es zu „waschen" – hallooo??? – stand auf meiner Stirn: „Ich bin scheiße und fett, bitte hau mich???" – deutete er mir an, leise zu sein, und nahm den Hörer ab. Seine Freundin! Na super! Und ausgerechnet an so einen Typen geriet ich??? Ich mochte gar nicht hinhören, lief ins Bad und fand natürlich alle Anzeichen einer „Doppelbelegung". Tampons, zweite Zahnbürste.

Oh Mann, bin ich blöd! Augen auf bei der Typenwahl!!!

Da saß ich nun total bedröppelt, schwieg vor mich hin, rauchte meine „fast letzte Zigarette" und hätte kotzen können. Doch stattdessen zog ich mich an, während er säuselnd telefonierte, dabei am Bett herumnestelte und es während eines „sicher Schatz, mach ich" eigentlich auch schon wieder frisch bezog, und als er das Gespräch beendet hatte, sagte ich, ich müsse nun los. Ich nahm ihn mit bis zu seiner Billardkneipe, dann ließ ich ihn aus dem Auto und fuhr auf dem Lande umher, gedankenlos, richtungslos. Wo war ich?

Ich schrieb ihm zu Hause einen langen Brief, denn ich wusste nicht, ob ich ihn jemals wiedersehen würde. Ich wollte ihn aber wenigstens wissen lassen, irgendwie, dass das alles totaler Mist gewesen war und er mich zutiefst verletzt hatte. Da rief er auch schon an. Tatsächlich. Er rief an. Sprach mir aufs Band. Wollte mich wiedersehen. Immer wieder seine Stimme. Und ich ... gab nach, traf mich mit ihm, gab ihm den Brief und beschloss, ihn nie mehr wiederzusehen.

Zwei Jahre später.

Ich war zu einem Platten-Release geladen und dort spielten die Höhner. Soviel weiß ich noch. Ich war dort mit meinen Freundinnen Elke und Hilde, die grade selbst ihre eigene Plattenfirma gegründet hatten. Der Abend war zwar ganz nett, aber ich war müde und eigentlich auch nicht so wirklich gut drauf, darum wollte ich mich grade davonmachen, als ich über der gesamten Menschenmenge einen Schopf sah, den ich kannte. Ich sah ihn, zwar nur von hinten, aber an dem Grad meines Atems, und wie Selbiger in Sekundenschnelle plötzlich stehen blieb, und der sich dazu parallel erhöhenden Geschwindigkeit meines Pulses konnte ich genau ablesen, dass etwas in mir sich „erinnerte". Ich fühlte mich wie vom Blitz getroffen, ging rückwärts Richtung Tür und wollte mich davonschleichen, ohne mich zu verabschieden, doch bevor ich die Tür geöffnet hatte, drehte er schon den Kopf in meine Richtung, als hätte er mich gerochen, und lächelte mir zu. Die Nacht beendeten wir bei ihm, er spielte für mich an seinem Flügel (er hatte mittlerweile das Klavierspielen erlernt) die halbe Nacht klassische Musik, seine Lippen fütterten mich wieder mit Rotwein, wir lachten und erzählten, wir liebten uns ... zwei Tage lang, dann verlor sich seine Spur.

Zwei Jahre später.
Zwei Jahre später.
Zwei Jahre später.

Ich war mit einem Freund in der Kölner Innenstadt unterwegs und dachte eigentlich an nichts Böses, da stand er mit einem Mal vor mir. Wieder bebte mein Herz, wir dockten irgendwie an, er lud mich am Abend zu einer Vernissage im Parkhaus ein und ich lehnte, vielleicht ein bisschen zu schnell, ab, denn kurz danach fragte mich mein guter Freund, wer das denn gewesen sei und was denn mit „dem und mir" wäre? Ich spielte die Sache runter und vergaß die Begegnung eigentlich auch schon fast wieder. Na ja. Ein paar Tage später begann ich mit Helmut Dietl zu drehen, eine bescheidene Rolle (und damit meine ich weder eine kleine noch eine beschissene, sondern einfach eine bescheidene!) an der Seite von Harald Schmidt und Thomas Gottschalk, aber ich freute mich riesig darauf und war super aufgeregt. Wir drehten in einer Agentur in der Engelbertstraße und an diesem Abend, ich hatte eigentlich schon Drehschluss, stand ich am Eingang mit einer Tasse Kaffee und überlegte grade, was ich so mitten in der Nacht noch mit Selbiger, angebrochener, machen könnte, da stand er neben mir. Klar!
Wir wussten beide, die zwei Jahre waren rum und unsere Zeit war gekommen. Wir redeten nicht mehr viel, er wohnte gleich um die Ecke. Mittlerweile hatte er eine Schauspielausbildung gemacht und spielte noch besser Klavier, wir schafften es grade noch in die Küche, und die lag direkt am Wohnungseingang. Ich liebte diese Momente, denn sie hatten etwas völlig Unwirkliches. Es gibt nichts zu erklären und nichts zu sagen. Wir schlürften einander und saugten einander auf. Wir fielen ineinander und übereinander her, wir schalteten das Leben, die Realität drum herum einfach aus wie einen Fernseher, klick, einfach so. Am zweiten Morgen danach verlor sich unser Weg.

Ich muss grade an ein ganz bestimmtes Buch denken und ich glaube, diese Geschichte wurde sogar mal verfilmt. Ein Mann und eine Frau, ja, ein Liebespaar, treffen sich immer an derselben Stelle, in einer Stadt auf einer Parkbank. Sie reden nicht, sie fragen nichts, sie blicken einander nur an. Sie gehen immer in dasselbe Hotel, immer in dasselbe Zimmer. Sie schlafen miteinander, sie reden

nicht, sie fragen nichts. Gemeinsam verlassen sie das Zimmer, sie gehen die Treppe hinunter und verlassen das Hotel, wo sich ihre Wege trennen werden. Sie wissen nichts voneinander und blicken einander nicht nach, und das genau ist die Krux, der unausgesprochene Schwur, das Band, das sie verbindet. Eines Tages kann einer der beiden, ich glaube, er ist es, und wenn das nicht so ist, so finde ich das aber grade hübscher, also, er kann es nicht mehr aushalten, nichts über sie zu wissen. Er folgt ihr nach einer solchen Begegnung und sieht, wo sie wohnt und wie, sieht sie und ihre Familie …
Am Ende wird er nur noch einen Zettel an der Parkbank finden, aber sie wird nicht mehr kommen. Nie mehr! (Wahrscheinlicher ist wohl, die Geschichte ist andersrum, also sie folgt ihm … hm … Mist!) Sollte es diesen Film doch noch nicht geben, erhebe ich jetzt schon den Anspruch und die Rechte darauf, ihn irgendwann selbst zu drehen, denn diese Geschichte ist einfach zu schön!

Zwei Jahre später kochte der wilde Junge mir morgens Tee nach einer wunderbaren und lustigen Nacht. Ich hasse Tee, aber seinen liebte ich irgendwie. Und hier machte ich den fatalen Fehler.

Ich hatte grade eine neue Wohnung in der Kölner Südstadt bezogen, aber eigentlich wollte ich dort nicht alleine wohnen. Eine WG wäre mir lieb, und als ich ihn zufällig traf (wer glaubt schon an Zufälle?), als er mich fragte, wie ich es fände, wenn er dort bei mir einziehen würde, stimmte ich sofort und freudig zu. Wir brachen Wände durch, mitten in der Nacht, seilten die Steine im Eimer ab, wir läuteten unsere WG mit einem riesigen Bild ein, das lange am Wohnungseingang hängen würde, und hatten eigentlich eine gute Zeit. Eigentlich! Ich machte alle Fehler, die man nur machen kann, und obwohl ich immer schon mit Menschen zusammengewohnt hatte und ziemlich erprobt war im WG-Leben, schaffte ich es einfach nicht, mit ihm dort normal zusammenzuleben. Nicht mal, obwohl ich nur am Wochenende da war, wenn überhaupt. Nicht mit ihm.

Ich konnte nicht mal mit ihm darüber reden, geschweige denn beschreiben, was genau mich störte, wobei mich nichts wirklich störte. Er schon gar nicht. Wir hingen beide in einer Beziehung und verpassten aus Treue zu unseren Partnern unseren Zwei-Jahres-Rhythmus. Ich schaffte es einfach nicht, zu reden. Er besprach mir Kassetten mit seinem Problem, mit seinen Fragen, aber ich war nicht mal in der Lage, sie mir anzuhören. Ich machte einfach zu. Augen, Ohren, Herz und Hirn. Zu!
Ich zog mich zurück und bat ihn irgendwann, auszuziehen.
Er zog aus … und ich vermisste ihn.

Mittlerweile ist er Regisseur, und zwar ein sehr guter. Ich habe neulich eine wirklich sehr spannende Inszenierung am Theater von ihm gesehen und mich total für ihn gefreut. Auch über ihn! Danach haben wir uns kurz gesehen. Ich wäre gern noch mit ihm irgendwo was trinken gegangen, aber er hat abgelehnt. Das war gut so.

Und heute schreibt er mir einen Geburtstagsgruß, denn er vergisst meinen Geburtstag nie. Ich seinen immer. Zwei Jahre muss es jetzt ungefähr her sein, seit er ausgezogen ist, und inzwischen wohne ich ja auch nicht mehr dort. Manchmal denke ich, wir waren eigentlich eine gute Verbindung. Und ich glaube, er hat das auch schon mal gedacht oder sogar gesagt? Er ist eine Liebe, die nie eine war, keine gelebte, immer nur eine gestohlene, aber die lustvollste, die mir begegnet ist und die fast 16 Jahre andauerte.

Ende offen …

und in Los Angeles setze ich mir die Kopfhörer auf und wie immer rettet mich Herbert Grönemeyer mit „Ich dreh mich um dich", das ich jetzt schon wieder seit Stunden höre. Und dafür liebe ich den Mann aus Bochum ganz besonders! Der ist jedenfalls immer da, wenn man ihn braucht!!!

Ich hab's getan

Yes yes yes!!! Ich habe es wirklich getan. Ich habe mich tätowieren lassen! Yeap!
Wobei mir jetzt grade einfällt, wie mein vorletzter Regisseur Ralf sich noch hocherfreut darüber zeigte, dass ich zwar Harley fahren würde und dennoch keine Tätowierung hätte, und er das „gaaaanz klasse" fände, weil das so selten sei. Tja, lieber Ralf, selten, aber … vorbei.
Ich hab's getan!
Scheiß auf „alte Arme" und den ganzen Quatsch.
Nachdem ich am Morgen so bei meinem Kaffee sitze und Mr-Sun-Fun-Board mit seinem Auto in die Straße einbiegt, mit einem Käppi auf den Haaren und völlig ohne Blick in meine Richtung, geschweige denn mit einem kleinen Morgengruß, was mich ziemlich ärgert, und: „Who the fuck is eigentlich he?", dass er mir den Tag versaut und das schon am frühen Morgen, und was bildet der sich überhaupt ein, dieser langweilige, oberflächliche Sunnyboy, einfach so an mir vorbeizurauschen, hä? Soll er sich doch gefälligst 'ne andere Straße für sein morgendliches:
„Where are the waves"-Gequatsche suchen. „Hier geht's für dich nicht mehr lang, du Arsch! Aus mit Winke-Winke!!!", denke ich und springe in meine Joggingschuhe.
„Mit 45 Jahren, da fängt das Leben an, mit 45 Jahren, da hat man Spaß daran, mit 45 Jahren …", trällere ich in guter Udo Jürgens-Manier vor mich hin und mein Entschluss steht fest: „Ich will ein Tattoo."
Jetzt, hier und auf der Stelle!
Alles Unsinn, dieses „Zu-fett-und-Schwabbel"-Gesülze.
Ich bin 45 Jahre alt, mit ein bisschen Glück ist das mal grade die Hälfte meines Lebens, die ich herumgebracht habe, und in An-

betracht der Tatsache, also der Geschichten, die mir so einfallen und die mir den Rückblick auf mein Leben in den „Sinn zwingen", ist das schon ein ganzes Stück, das ich da hinter mich gebracht habe. Wenn also noch eine ähnlich lange Strecke vor mir liegen soll, dann lohnt sich ein Tattoo auf jeden Fall und überhaupt auf alle Fälle.

Und wenn ich nicht so alt werden sollte, dann hätte ich wenigstens diese Erfahrung auch gemacht und könnte sagen, ich habe fast nichts in meinem Leben ausgelassen. Die Betonung hier liegt natürlich auf „fast", denn eigentlich habe ich bisher 'ne ganze Menge ausgelassen. Ich hüpfe gut gelaunt vor die Tür und werde an diesem Tag nicht unten am Pier langgehen, sondern oben auf der Straße. Das geht schneller und ich muss mich irgendwie beeilen, damit ich mir die Sache nicht doch noch überlege und 'nen Rückzieher mache.

Den Tattoo-Laden, in dem ich mich tätowieren lassen will, habe ich schon seit Tagen im Visier und manchmal habe ich auch schon einen winzigen Blick hineingeworfen. Sauber sieht er aus, groß, und ich habe schon ein paar Leute dort sitzen sehen, die sich tätowieren lassen und den Laden danach lebendig verlassen haben. Also!

Ich habe zwar immer noch nicht die leiseste Idee, was für ein Motiv ich wählen werde, aber eines steht bereits fest, und zwar ganz fest. Ich will kein schwarzes Tattoo, das sich nach einiger Zeit in ein mehr oder minder dunkelgrünes verwandelt, ich will ein Henna-Tattoo, eines in Braun-Rot, so wie ich es mir hier in Venice Beach, aber auch in Dubai in der Wüste schon mal auf den Arm habe malen lassen. „Du wirst keinesfalls mit einem schwarzen auf dem Arm den Laden verlassen", bete ich mir selbst laut ins Gewissen! Ich kenne mich doch!

In Deutschland habe ich schon ein paar Mal einen Tätowierladen betreten und mich mal vorsorglich, also nur so aus reinem Interesse, nach einem hennafarbenen Tattoo erkundigt. Aber niemand wollte „so was" stechen. Die Farbe halte nicht, es habe keine Kontur, meist würde es aussehen, als sei es schlecht gemacht, und das wäre ja dann auch keine gute Werbung für den Laden, war die einhellige Meinung. Konnte ich verstehen, irgendwie. Bedeutet aber auch, ich würde wohl nie und nimmer ein Tattoo bekommen. Wieder und wieder präge ich mir folgenden Satz ein: „Du wirst kein schwarzes machen lassen! Entweder Henna oder gar keins, Karrenbauer! Henna oder gar keins, Henna oder …"

An dem Café, an dem ich beim Joggen meistens halte, ist mein Tisch frei und ich bestelle wie üblich einen Latte und Wasser. „Kein schwarzes!", dringt es von innen an mein Ohr und ich schlürfe meinen milchüberschäumten Caffè Latte. Jetzt oder nie! Mir ist klar, dass „noch länger Warten" meinen Entschluss vereiteln wird. Ich zahle eilig, springe hastig Richtung Tattoo-Laden oder besser gesagt in die Richtung, in der ich ihn vermute. Unzählige Male bin ich doch schon an ihm vorbeigelaufen, aber jetzt kann ich ihn irgendwie nicht finden. Ist der wirklich sooo weit von dem Café entfernt??? Ich will schon an ein „Zeichen" glauben, an eine Art Schicksal, dass es eben nicht sein soll, da stehe ich genau vor dem Laden. Ich gehe einmal dran vorbei … dann noch einmal, dann atme ich tief, ganz tief, durch und betrete den Laden. Ich meine, noch wäre ja nichts passiert und ich könne ja jederzeit wieder gehen, ohne dass etwas passiert oder passieren werde. Wahrscheinlich werden die eh keine Henna-T … „Hi", kommt es aus der Ecke. „Hi!", erwidere ich. Ob man mir helfen könne? Na ja, vielleicht, also … Ich erkläre sehr umständlich, dass ich gern ein Henna-Tattoo hätte, das Motiv aber noch nicht wisse, man das in Deutschland nicht mache und man das ja sicher hier auch nicht machen werde. (Hallo??? Will ich nun eines oder nicht? Während ich mir selbst beim Sprechen zuhöre, frage ich mich, warum um alles in der Welt ich so tue, als hätte ich gern eines, um dann denjenigen, der mir grade dazu verhelfen könnte, es zu bekommen, mit allen Tricks davon zu überzeugen, dass er mir ja auch keines machen werde?)

Das gehe schon, könnte aber eventuell nicht so lange halten wie ein schwarzes, ist die Antwort.

Prima, denke ich, ist ja noch besser!!!

Er selber hat zwar keine Zeit, aber sein Kollege gesellt sich zu mir, um mich zu beraten und mir zu erklären, dass er das hinbekomme und dass er eine Idee habe, wie das auch wirklich gut aussehen werde. Das ist doch mein Mann! Überzeugt von sich, seiner Arbeit und dem Wunsche des Kunden gegenüber aufgeschlossen und bereit, diesem zu entsprechen und sein Bestes dafür zu geben.

Ich blättere also im Tattoo-Katalog herum. Habe ich in Dubai stets so was wie das japanische Zeichen für Liebe, mal 'ne Sonne oder auch Hoffnung gewählt, ist mir jetzt klar, dass das keinesfalls auf meinen Arm kommt. Liebe??? Wozu auf dem Arm??? Hey, seht her, ich will Liebe? Oder, hey ... ich liebe mich? So'n Quatsch. Und Hoffnung? Hey, seht her, ich habe Hoffnung, ich brauche Hoffnung, ich bin die Hoffnung???

Nein. Keinesfalls.

Außerdem erinnert es mich zu sehr an H, der mir oft mit seinem „love, peace & harmony" am Ende seiner SMS auf den Wecker fällt. Ich habe nichts gegen Liebe, Frieden und Harmonie, nur sollte ein Streitgespräch nicht immer mit diesen Zeilen enden, was auf Dauer irgendwie nervt.

Das kommt also nicht infrage. Und ich will ja auch ein Tribal, also so eine Art Ring, der sich um den Oberarm schlingen soll. Und wie sehen denn bitte schön viele kleine japanische, aneinandergereihte „love, peace and harmonies" oder gar „love and hopes" aus? Ich stelle mir das bildlich vor, muss laut lachen und befinde das als „total bescheuert"!

Ich wähle eine Art Liane, an der grade die Blätter anfangen zu sprießen.

Genau so fühle ich mich. Ich erwache ja irgendwie eben „zu neuem Leben", und genau so wirkt das „Band" auf mich.

Julio, so der Name meines Peinigers, findet die Idee auch gut und macht sich an die Arbeit. Zuerst wird die Länge gemessen, dann das Ganze auf Blaupause kopiert, wie damals in der Schule, dann werden die Nadeln im Gerät erneuert, die Farbe gemischt, mein Platz mit Zewa Wisch & Weg beklebt, wegen der Blutspritzer, so glaube ich jedenfalls, danach bezahle ich für die „Arbeit" im Voraus, unterschreibe eine Erklärung, dass ich niemanden verklagen werde, auch, und selbst wenn, mir hier und jetzt der Arm abfiele, und werde von Julio an seinen Arbeitsplatz gebeten. Ich frage noch nach Aids, ob hier wirklich alles sauber sei, ich keine Angst zu haben brauche, und er bestätigt, dass das Besteck neu und sauber sei. Ich sinniere kurz. „Alles in Ordnung?", fragt er mich und ich erwidere schnell ein: „Yes, yes, I am fine", als er die Maschine anwirft und mich das „Rattern" derselben wie der Schrei einer Kreissäge durchzuckt und ich die Assoziation mit dem Bohrer beim Zahnarzt nicht mehr aus dem Kopf verbannen kann, sofort Placebo ... ach nee, Phantomschmerzen oder wie die Dinger heißen, bekomme, mir der Angstschweiß von der Stirn rinnt und meine Faust sich zu einer tödlichen Waffe ballt.

Und das alles, während der zauberhafte Julio noch gar nicht begonnen hat!!!

Innerhalb von Bruchteilen einer Sekunde sehe ich mich innerlich aufspringen, mit einem lauten: „No, stop it!" von dem Rollstuhl springen, auf dem ich jetzt sitze, höre mich, ihm einen schönen Tag wünschen und ihm noch zurufen, er könne das Geld behalten und solle heute Abend kräftig einen auf meine Gesundheit trinken, um dann mehr als zügig das Weite zu suchen. Dann sehe ich, wie er in der Mitte beginnt, aber die Farbe und überhaupt alles Scheiße aussieht, ich bitte ihn, damit aufzuhören, was er auch tut ... und mit einem kleinen Stück tätowierten Armes werde ich nun mein ganzes Leben verbringen müssen, immer mit dem Gedanken, ich sollte da wirklich was „drübertätowieren" lassen, aber bis ans Ende meiner Tage werde ich kein Motiv finden, das mir gefällt, und werde immer so aussehen, als hätte ich mir selbst in den Arm geritzt, um mir an der völlig falschen Stelle das Leben zu nehmen und ...

„Everything o. k.? Shall we start now?", fragt er freundlich, ich erwache aus meinem Tagtraum, lächle und zum ersten Mal in meinem Leben berührt mich eine Tätowierungsnadel auf meiner eigenen Haut.

Er beginnt tatsächlich in der Mitte, um sich von dort sorgfältig zu meinem Innenarm auf der Vorderseite durchzuarbeiten. Wohl wissend habe ich mich entschieden, den kompletten inneren Bereich des Armes auszusparen, auch wenn das später blöd aussehen sollte. Ich habe nämlich gehört, diese Stelle sei extrem schmerzhaft, und das muss ja nicht sein. Ich gucke den Leuten draußen auf der Promenade zu. Habe ich schon auf dem Hinweg auf alle Oberarme, die mir entgegengekommen sind, geschielt und mir ausgemalt, wie ich es fände, wenn da jetzt ein Tattoo drauf wäre, so laufen jetzt nur noch Leutchen an dem Laden vorbei, die an den unglaublichsten und aberwitzigsten Stellen ihres Körpers tätowiert sind. Zum Beispiel ein indianisch aussehender Typ, der hinter den Ohren bis ins Gesicht, vor allem aber über den gesamten Kehlkopf und den Adamsapfel tätowiert ist. Autsch …!

Und so kann ich wieder nur auf das: „Everything o. k.?" meines Julio ein „Yes, yes!" erwidern. Keinesfalls werde ich mir anmerken lassen, dass das einfach doch wehtut und ich insgeheim schon die Sekunden zähle, bis er ein „Ready" brüllen wird und ich endlich erlöst bin. Auf die Frage, ob es mir hinten oder vorne mehr wehtue, habe ich keine Antwort. Ich weiß irgendwie nicht mal mehr, wo genau hinten oder vorne ist. Es fühlt sich überall gleich wund an und die Vorstellung, dass man danach „süchtig werden könne", wie einige Bekannte mir berichtet haben, will mir einfach nicht ins Hirn. Nach einer langen Weile fühle ich, wie sich Julios Körper langsam zurücklehnt und auch ich mich entspanne, da ich das Brummen und Quietschen des Gerätes nicht mehr vernehme. Soll ich jetzt schon einen Blick riskieren? Er desinfiziert meine Wunden und betrachtet sein Werk. Und ich jetzt auch.

Die Umrisse sind superfein skizziert. Aber … eben nur die Umrisse!!!

Oh Schreck! Ich habe doch geglaubt, ich wäre „durch", dabei ist das jetzt erst der Anfang?! Ich schlucke und frage Julio scheinheilig: „Du, sollen wir das nicht vielleicht besser sooooo lassen? Ist doch ganz hübsch. Oder? Was meinst du???" Aber er schmettert meine Frage unmittelbar ab und erklärt mir, dass das keinesfalls so bleiben könne und dass wir das „schon noch ausfüllen müssen".

Klar! Tätowiererehre! Hätte ich mir ja eigentlich auch denken können.

Er tauscht die kleine Nadel gegen eine dickere, mit der man flächendeckender stechen kann, und ich sehe einer Möwe vor dem Fenster zu. Ich habe in meinem ganzen Leben noch nie so lange auf eine Möwe geguckt, vor allem noch nie so intensiv. Auch den gelben Punkt unter dem Schnabel habe ich noch nie wahrgenommen. Haben unsere heimischen Möwenarten den überhaupt? Und sind unsere eigentlich auch so groß und … „aua" … haben die auch so viele Federn und sind die auch so grau meliert mit … „aua" …!?
Eine Stimme dringt an mein Ohr! Ein junger Typ ist reingekommen und stellt sich vor Julios „Tresen". Ob er eine Frage stellen darf. „Yes", ist die Antwort. Er sei auf der Suche nach jemandem, der ihm ein Henna-Tattoo stechen würde. Halloooo??? Ich drehe meinen Kopf nach hinten. Ein wirklich nett aussehender Typ steht da mit einem Zeitungsausschnitt in der Hand, auf dem ein indisches Zeichen abgebildet ist.
Ein Che … wie das für Che Guevara, nur in sich geschlungen und wirklich extrem schön. Hätte ich das eher gesehen, wäre das vielleicht sogar auch auf meinem Arm gelandet. Ich bin also doch nicht die Einzige, die sich nach Henna-Farben sehnt, wenn auch nicht in den Haaren. Er beäugt mein Tattoo, das ihm „ein klein wenig zu rot erscheint", aber doch wohl nur, weil sich die Farbe noch mit meinem Blut mischt, wie ich ihm, als neueste Expertin für Henna-Tattoos, erkläre, oder vielleicht nur um mir selbst Mut zu machen, dass wirklich ein hennafarbenes Lianenbändchen meinen Arm zieren wird, wenn wir hier fertig seien, und kein blödes, rotes. In kurzer Zeit habe ich ihn von der exakt und genau richtigen Farbe überzeugt und Julio sagt ihm, dass er so in etwa 20 Minuten Zeit für ihn hat.

Zwanzig Minuten? Oh Gott. Noch zwaaaannnnzig Minuten soll das hier dauern? Ich gucke auf Julios Innenarm, der mit einer Indianerin in den schönsten Farben verziert ist. Und zwar mit einer kompletten Indianerin, mit Haaren, Federn, einem ganzen Körper dran und … bei mir ist es ja nicht mal der Innenarm.

Ich kann mir keinesfalls jetzt die Blöße geben und schlappmachen!
Und das mache ich auch nicht. Ich beäuge weiterhin die Möwe, die vor dem Fenster sitzt und nur ab und zu zur Seite hüpft, wenn jemand knapp um die Ecke biegt und somit dicht am Fenster vorbeiläuft. Ich sehe Tattoos überall, an jedem Arm, Bein, in jedem Nacken oder an absolut jedem Fuß. Alle haben sie das ausgehalten, was ich jetzt ertrage. Alle. So what!? Einfach lächerlich!

Ich liebe es vom allerersten Blick in den Spiegel, ich bin stolz wie Lumpi und ich liebe es immer noch!!! (Na ja, ich habe es grade mal einen Tag!) Aber immerhin. Ich liebe es noch!
Mein Arm brennt höllisch und wie Schipperscheiße, alles ist geschwollen und irgendwie scheint sich die Farbe aus meiner Haut pressen zu wollen. Zumindest lässt die Wölbung der Haut an den Einstichstellen darauf schließen. Und … ob das alles genau so sein muss oder soll, weiß ich wirklich nicht. In Deutschland kleben da immer ziemlich lange irgendwelche Pflaster drüber, hier habe ich nur eine Creme, von der ich nicht weiß, was sie beinhaltet, und die ich zwei Tage lang dreimal am Tag auf die Stellen verteilen soll, aber nicht zu dick. Danach werde ich 14 Tage lang auf die Fünfmal-am-Tag-Lotion wechseln.
Glaube ich jedenfalls.
Das T-Shirt schubbert, aber wenn ich es nicht trage, bleiben meine Haare in den Wunden kleben. Auch blöd. Da muss ich jetzt wohl durch und … da werde ich auch durchgehen. Wer hätte das gedacht? Ich und ein Tattoo???
Aber da ist es, Henna-braun-rot, es klafft an meinem Arm und um ehrlich zu sein, habe ich Henna ja auch nur gewählt, weil das für einen Maskenbildner leichter zu überschminken ist, sollte ich jemals wieder eine Rolle im deutschen Fernsehen bekleiden. Aber, ich spiele ja eh meistens bekleidet, insofern sollte das kein Hinderungsgrund sein, mich zu besetzen. Und wenn doch … dann will man mich halt nicht.
So einfach ist das.

Nachdem ...

… ich, beseelt von meinem Tattoo, wieder in meinem Lieblingscafé eingekehrt bin, sehe ich die Welt mit anderen Augen. Mit tätowierten, sozusagen. Aus meinem I-Pod dröhnen „Cowboys on dope", eine Kölner Band, die ich sehr klasse finde und zum ersten Mal gesehen habe, als ich meinen lieben Freund Rolf Stahlhofen auf einem seiner Konzerte mit Band in Köln bei einem Auftritt besuchte und danach, irgendwie als Rausschmeißer des Abends, noch die „Cowboys" spielten. Ich lächle in den Wind, denn ich habe beschlossen, mir heute auf meinen Mut hin und irgendwie zur Feier des Tages das eine oder andere Weinschörlchen hier in Venice zu genehmigen. Neben mir gucken mich verliebt zwei Hundeaugen einer mir unbekannten Rasse an, aber wie so oft handelt es sich wohl auch hier um eine „Mixture". Vor mir ein übervoller Tisch mit netten Leuten, die sich angeregt unterhalten. Durch die Cowboys hindurch höre ich ein „she loves you" und blicke in das Gesicht eines freundlich lächelnden, mehr als braun gebrannten Herrn älteren Alters, schwer zu schätzen, er könnte ebenso Ende fünfzig wie Ende sechzig sein. Ich lächle zurück, finde diese Aussage zwar völlig blöd und unpassend, da mich der kleine Hund weder liebt noch ich ihn und mich auch nur anguckt, da er lediglich in meiner Nähe angebunden ist und sowieso nicht viele Möglichkeiten hat, jemand anderen anzugucken, außer eben mich und sein Herrchen oder Frauchen, das da irgendwo mit am Tisch sitzen muss. Aber ich nehme dennoch einen Stöpsel aus dem Ohr, als mir die Kellnerin Weißwein und Wasser auf den Tisch stellt, und bedanke mich höflich, als der Herr vor mir mit seinem Stuhl in meine Richtung rutscht und mit einem „Isch habe gehört, dass ßie eine bekannte, deutsche Schauspielärin ßind?" ein Gespräch mit mir beginnt. Ich erwidere freundlich, dass das stimme, und er nickt in die Runde der erwartungsvollen Augen, die auf ihn und mich gerichtet sind, und mit einem Mal spricht die komplette Gruppe deutsch. So lerne ich Erwin, Jessica, ihre Eltern, Peter und eine wirklich nette Truppe kennen.

Erwin ist vor 29 Jahren von Tirol aus nach Los Angeles gekommen, eigentlich nur für einen Tag, blieb aber dann, wie gesagt, nun schon 29 Jahre. Er hat in Tirol als Skilehrer gearbeitet und wo er das sagt, fällt mir tatsächlich eine gewisse Ähnlichkeit mit Toni Sailer auf, den ich als Kind total verehrt habe. Er habe seine Familie damals in Tirol gelassen, Kinder und Frau. Ich stutze: „Einfach so dagelassen, also ich meine, einfach so verlassen?" Mit seiner Frau sei es eh nicht mehr gut gelaufen und er sei nun mal viel unterwegs gewesen. Durch seinen Job, also den des Skilehrers, sei er damals viel in Colorado gewesen und dann in L. A. gelandet. Er habe hier die glücklichste Zeit seines Lebens verlebt, tue es noch und liebe es einfach, hier zu sein. Ich frage ihn, ob er es nie bereut habe, hierher gekommen zu sein, was er stolz verneint. Ich glaube ihm das sofort. Ob er noch als Skilehrer gearbeitet habe, als er nach L. A. gekommen war, will ich wissen, aber er verneint wieder und ich traue mich nicht weiterzufragen, wovon man denn hier wohl lebe, wenn man gar nicht arbeite. Geht mich ja auch nichts an. Inzwischen hat sich Jessi einen Stuhl weiter in meine Richtung gesetzt und wir finden uns in einem sehr angenehmen Gespräch wieder. Sie ist seit sechs Jahren hier und weg aus Luxemburg. Dort habe sie als Bereiterin gearbeitet, also mit Pferden und so. Ich habe zwar noch immer nicht den Durchblick, was sie eigentlich genau hier arbeitstechnisch macht, aber sie arbeitet wohl in einem Büro als „Account Manager", was auch immer man als solcher tut, aber auch sie wirkt sehr glücklich.

Sie erzählt weiter, dass sie sich grade ihr erstes „Condo" gekauft habe, also so eine Art Appartement, dass sie darauf sehr stolz sei, dass sie sich überhaupt nicht vorstellen könne, wieder nach Europa zu gehen, dass der kleine Hundemix ihr gehöre, dass sie ihn grade erst aus dem Tierheim geholt habe, und sie beteuert wieder und wieder, wie glücklich sie sei, hier zu sein. Irgendwie fliegen meine Gedanken, während sie erzählt, umher. Ich frage mich, wie es wohl wäre, einfach hier in L. A. zu bleiben, und was ich hier tun könnte. Natürlich völliger Blödsinn zu denken, ich könnte hier als Schauspielerin arbeiten. Totaler Humbug, das weiß ich selbst und das ist auch nicht der Grund, warum ich hier bin. Ich bin nun wirklich nicht so blöd zu glauben, dass ich hier auch nur die allerkleinste Chance hätte, irgendwie in meinem Beruf zu arbeiten, und ich muss gestehen, ich würde mich wahrscheinlich nicht mal trauen, zu einem „Casting" zu gehen, selbst wenn ich eine persönliche Einladung bekommen würde.

Die einzige Frau, in deren optische Richtung ich passen würde, wäre Angelica Houston und abgesehen davon, dass ich sie klasse finde, spielt sie diese Rollen schon und außerdem hatte sie dazu noch einen sehr bekannten Vater. Und der „typisch deutsche Soldat" bin ich auch eher nicht, blond und „arisch". Dabei fällt mir ein, wie ich erst vor Kurzem in Berlin zu einem Vorsprechen geladen worden war, ja „durfte", muss man sagen. Ich war total stolz, dass man mich überhaupt in Erwägung gezogen, also eingeladen, hatte, und da das ein gutes Training ist, zumal das Vorsprechen in englischer Sprache stattfinden sollte, war ich noch erfreuter, aber auch ziemlich aufgeregt. Ich machte mir keine großen Hoffnungen, eine Rolle zu bekommen, aber ich freute mich, Mr. Daldry, den Regisseur, den ich großartig finde, er hat bei „The Hours" mit Nicole Kidman und Meryl Streep Regie geführt und ich finde den Film einfach sagenhaft gut ... also ich freute mich, diesen Mann persönlich kennenlernen zu dürfen. Es ging um die Verfilmung von „Der Vorleser", einem wirklich herausragenden Buch über die Kriegsjahre in Deutschland. Mein Casting lief ganz gut, er und ich waren allein im Raum und ich denke, er wusste schon in dem Moment, als ich den Raum betrat, dass ich „es definitiv nicht sein würde". Aber er nahm sich dennoch viel Zeit, las mit mir den Text, spielte ihn mit mir als Gegenpart und das rechnete ich ihm, auch im Nachhinein, wirklich hoch an. Nicht eine Sekunde gab er mir ein schlechtes Gefühl, wir redeten über dies und das und nach einer halben Stunde verließ ich den Raum, aber nicht geknickt und entzaubert wie nach vielen anderen Castings in der Vergangenheit … Immer noch machte ich mir keine Hoffnung auf eine Rolle, aber ich hatte ihn getroffen, ihn, der für mich ein „großer Meister seines Faches" ist, und ich war dankbar, dass man mich eingeladen hatte zu diesem höchst erfreulichen Termin.

Etwa eine Woche später erhielt ich zwar die Absage, mit der ich schon gerechnet hatte, hatte ich doch inzwischen der Tagespresse entnommen, wer die Hauptrolle spielen würde. Keine Geringere als Nicole Kidman selbst. Wie hätte das denn ausgesehen? Ich sprach ja für eine Rolle im Gerichtssaal vor, in der ich sie, also Nicole Kidman und die Hauptangeklagte, bezichtigen würde, den Befehl gegeben zu haben, Häftlinge in einer Kirche verbrennen zu lassen, die dort eingesperrt waren. Hunderte von Frauen und Kindern, die bei lebendigem Leib verbrannten, weil die Aufseherinnen Angst um ihr eigenes Leben hatten, würden sie diese Frauen und Kinder in die Freiheit entlassen.
Hätte ich im Gerichtssaal neben Mrs Kidman gestanden, hätte das doch ausgesehen wie ein Abklatsch von „King Kong und die weiße Frau", oder so. Keinesfalls hätte ich diese Rolle auch nur im Ansatz bekommen können, niemals. Dafür wurden dann immer mehr Namen junger, talentierter Schauspielerinnen bekannt, die jetzt dort an der Seite von Frau Kidman spielen dürfen und für deren Karriere so eine Rolle und so ein Film sicherlich förderlich seien. Wäre für mich natürlich auch förderlich gewesen, aber was sollte ich machen? Später wurde dann die Rolle mit Kate Winslet besetzt. Aber auch bei dieser Besetzung wäre ich leer ausgegangen. Es ist ja eh schon blöd genug, wie man sich oft verstellen muss bei Vorsprechen, und …
Jessi holt mich aus meinen Gedanken und erzählt weiter, dass sie hier als Model und Schauspielerin gearbeitet hat, anfangs, als sie nach L. A. gekommen ist. Dann habe sie für eine große Hauptrolle in einer Serie vorgesprochen und die Rolle eigentlich schon so gut wie in der Tasche gehabt. Es habe nur ein ganz klitzekleines Problem gegeben. Und während ich mich frage, was das für ein klitzekleines Problem habe sein können, in ihr hübsches Gesicht gucke und denke, dass sie vielleicht sprachlich nicht so gut ist, vielleicht

ein Akzent zu hören ist oder was auch immer, packt sie unvermittelt das kleine Problemchen sozusagen auf den Tisch.

Der Regisseur habe ihr nach dem letzten Vorsprechen mit den Worten:

„du möchtest doch die Rolle haben, oder?" seine Hotel- und Zimmernummer gegeben und sich dort mit ihr verabredet.

Sie habe zunächst gedacht, sie habe sich verhört, aber er hat wohl noch mal bestätigt, wann und wo genau er sie gern sehen würde. Nämlich in seinem Hotelzimmer. Danach ist Jessi nie mehr zu einem Casting gegangen und hat auch nicht mehr als Schauspielerin arbeiten wollen. Sie suchte sich einen „anständigen" Job, in dem sie nun seit etwa fünf Jahren arbeitet, und ist glücklich damit, was man wirklich sehen und fühlen kann. Ich kenne diese Geschichten natürlich auch, die mit der Besetzungscouch, und wenn man über den Werdegang der einen oder anderen Kollegin nachdenkt, dann kann man ja auch sehen, dass der Weg zumindest so ähnlich verlaufen sein könnte. Klar, wahrscheinlich war im Endeffekt dann immer Liebe im Spiel, da ging es doch nicht etwa um Karriere!!! Und dass mit der Liebe auch die Karriere dazukam, das war reiner Zufall!!! An den ich ja übrigens nicht glaube, aber das tut hier nichts zur Sache. Jedenfalls habe ich auch schon von der einen oder anderen jungen Kollegin gehört, dass sie – meistens scheinbar allerdings von Produzenten, die sie „ganz groß rausbringen wollten!" – „aufs Zimmer" gebeten wurden. Aber diese Kolleginnen haben auch ohne die Besetzungscouch ihren Weg gemacht und das freut mich umso mehr. Außerdem kann ich mir nicht vorstellen, dass das nach wie vor so läuft. Oder vielleicht will ich es mir einfach nicht vorstellen.

Die Sonne ist inzwischen fast untergegangen und es wird Zeit für mich, den Heimweg anzutreten. Jessi gibt mir ihre Karte und lädt mich zum baldigen, gemeinsamen Abendessen ein, worüber ich mich sehr freue. Ich denke, wir werden uns bald wiedersehen, und so verabschiede ich mich von dem netten Nachbartisch, von Erwin und den anderen, und gehe zügig, aber dennoch gemütlich, vor allem aber in Gedanken auf der Promenade Richtung Santa Monica. Zu Hause angekommen wasche ich sofort mein Tattoo wie

von Julio be- und empfohlen, mein Tattoo, das in der Zwischenzeit richtig geschwollen ist, und damit meine ich wirklich richtig geschwollen, als es an der Tür klopft.
Jeremy kommt mit einem Rohrreiniger und fragt mich als Erstes: „Hast du hier drin geraucht?" Nein, natürlich habe ich das nicht, aber Raucher riechen nun mal nach Rauch, vor allem, wenn man neben ihnen steht, erkläre ich ihm. Er gießt einige Becher abflussfrei in den Abfluss und ich bete, dass der Gestank bald aufhören werde, obwohl ich lustigerweise auf dem Rückweg aus Venice ja noch eben in meinem Liquor-Shop vorbeigegangen bin, und, was habe ich dort gekauft? Sardinen in Senfsauce! Lachend zeige ich Jeremy die Dosen, als mein Telefon vibriert. Eine SMS von Q. Q. ist der Storemanager von Ed Hardy und wir haben uns bei meinem letzten Besuch hier in L. A. kennengelernt. Ein wirklich zauberhafter, junger Mensch, der eigentlich aus Köln kommt und seit acht Jahren hier lebt. „Bist du noch in L. A.?", fragt er und ich schreibe zurück, dass ich noch da sei. Daraufhin klingelt mein Handy und ich sage ihm, dass ich gleich zurückrufe, da ich keine Lust habe zu reden, während Jeremy sich allein um mein Küchenrohr kümmert. Hier können wir beide grade nichts mehr tun, aber ich frage ihn nochmals wegen der Kabel in den Schiebetüren. Das werden wir bald hinbekommen, verspricht er und verschwindet. Ich rufe Q zurück und verabrede mich noch für diesen Abend mit ihm. Er werde mich in etwa einer halben Stunde aufpicken, lässt er mich wissen, als wir das kurze Gespräch beenden. Ich freue mich riesig, springe in die Jeans, mache mich hübsch und werfe meinen schwarzen Mantel über, bevor ich auf der Straße auf ihn warte. Natürlich habe ich vergessen, dass „ich bin in zehn Minuten da" in Kalifornien heißt, ich komme mindestens 30 Minuten zu spät. Und so stehe ich mir vor der Haustür ein klein wenig die Beine in den Bauch, freue mich dafür aber dann umso mehr, als er mir endlich aus der Seitenstraße her entgegenläuft. Es ist ein wirklich herzliches Hallo und sofort quatschen wir, als wären wir sehr alte Freunde, und laufen dabei Richtung Santa Monica Pier und Third Street, da noch ein paar gute Freunde seinerseits dazustoßen werden. Ich freue mich, weil dies irgendwie schon ein guter Tag

gewesen ist und jetzt ganz auch sicher noch ein schöner Abend werden wird. Nach einigen Hin und Her haben wir die beiden anderen Jungs gefunden und lustigerweise kommt einer der beiden ebenfalls aus Köln, erzählt vom Rudolfplatz und dass wir uns dort schon ein paar Mal begegnet seien. Er trägt eine Mütze und ich sagt: „Sorry, dass ich dich nicht erkenne. Hm, vielleicht ja, wenn ich dich mit Haaren sehe?", und er nimmt daraufhin die Mütze ab und ... hat keine Haare! Ich werde ein klein wenig rot und dann lachen wir beide uns kringelig. Zu blöd aber auch!

Wir landen erst in einem italienischen Restaurant und danach im English Pub zwischen zig Manchester United Fans, was aber ganz lustig ist. Und während die Jungs ihr Guinness trinken und ich meinen Chardonnay schlürfe, erzählt mir der Mann aus Köln, dass man in Amerika ganz legal an Marihuana komme. Man müsse nur dem Arzt sagen, dass man Schmerzen habe, dann verschreibe er einem um die 150 Gramm. Hä? Kann das sein?

Ich beschließe, Jessi bei unserem nächsten Treffen danach zu fragen, ob sie das schon mal gehört habe. Dennoch frage ich mich ja auch andauernd, wie Britney Spears und Co. ständig und scheinbar irgendwie legal an das Zeug rankommen. Klar, mit Geld kann man fast alles kaufen, aber es scheint doch ganz anders zu sein.

Nicht, dass ich es haben will, aber es ist doch schon komisch, was man hier so ziemlich alles von den Doctors on Duty verschrieben bekommt. So habe ich zum Beispiel ja nach meinem Sturz mit der Harley Vicodin vom Arzt bekommen. Ich habe es aber nicht genommen, weil ein anderer Arzt mir später in der Nähe von Big Sur Ibuprofen verschrieb, und das kenne ich auch aus Deutschland. Und da ich ungern etwas nehme, was ich nicht kenne, und mit dem Schmerzmittel Ibu meine eigenen ja ganz gut in den Griff bekam, war das ja auch unnötig.

Viel später hat mir ein Bekannter erzählt, dass Vicodin mit Morphium versetzt ist und dass es Leute gibt, die sich dafür gegenseitig umbringen, nur um das Zeug zu kommen. Uaaahhh. Außerdem darf man es gar nicht ins Ausland mitnehmen, scheinbar, oder damit ein- und ausreisen. Ist ja super!

In Deutschland werfe ich es nach einem Gespräch mit meinem Arzt weg, höre aber nach wie vor immer wieder von dem Missbrauch einiger junger Schauspieler und Schauspielerinnen und auch Musiker in den Staaten, die voll auf „Vicodin" zu sein scheinen. Wenn man das alles aber auch hier so leicht bekommt, denke ich, ist das ja auch kein Wunder.

Wir beenden den Abend, weil die Jungs müde sind und am nächsten Tag arbeiten müssen, und Q und ich schlendern zurück zur Ocean Ave. Peng, da passiert es. Ich knicke an einer dieser vollkommen blöden Stellen, wo auf dem Fußgängerweg die Palmen einbetoniert sind, um, gebe einen lauten Schrei von mir und eines ist sofort klar: Ich kann keinen Schritt mehr gehen! Keinen einzigen. Q ist rührend, aber auch das nutzt nichts … keinen Schritt! Q winkt ein Taxi heran, das mich bis vor die Haustür fährt, ich ärgere mich tierisch über mich selbst, bin natürlich dankbar, dass Q mich nach Hause gebracht hat, aber ich könnte heulen vor Wut.

Mit einem Küsschen und „bis bald" verabschieden wir uns und ich hopse unter Schmerzen ins Haus. Oben angekommen reiße ich mir die Cowboystiefel von den Füßen und gucke mir das Desaster an. So ein verdammter Mist aber auch. Der Knöchel ist sicher nicht gebrochen, aber richtig fett angeschwollen, tut höllisch weh und während ich zum Eisschrank humple, um mir einen Kühlpack klarzumachen, stolpere ich fast über meine Laufschuhe. Vorbei! Alles aus und vorbei!!! Joggen, bladen … jetzt kann ich mir absolut alles abschminken.

„Mit ein bisschen Glück schaffe ich es, mich in den nächsten 14 Tagen selbst zu versorgen, ohne Jeremy täglich mit einer Einkaufsliste loszuschicken", quälen sich die Gedanken in meinem Kopf.

Nutzt alles nichts, Karrenbauer. Ist jetzt so und nicht zu ändern! Ich beschließe, schnell ins Bett zu springen und mir die Decke über den Kopf zu stülpen und so zu tun, als sei gar nichts passiert. Und wenn ich morgen früh aufwache, dann ist der Fuß wieder o. k.

Nein, noch besser, ich werde feststellen, ich habe das alles nur geträumt …

Der Morgen danach ...

... lässt alles zur schrecklichen Gewissheit werden. Mein Fuß ist dick, also mein Knöchel, ich habe höllische Schmerzen und zu meinem großen Entsetzen kommt hinzu, dass es draußen in Strömen regnet. Ausgerechnet jetzt!

Obwohl ich eigentlich ja nie mehr essen wollte, beschleicht mich ein fürchterlicher Kohldampf, schon allein bei dem Gedanken, hier 14 Tage in der Bude hängen zu müssen und einfach zu verhungern, weil ich ja nichts mehr einkaufen kann.

„Bis auf zwei Size unter Zero war ‚die Karrenbauer', allen bekannt als die Kampflesbe aus ‚Hinter Gittern' abgemagert, als man sie mit einer ihrer scheinbar letzten Zigaretten auf ihrem Balkon mit Ocean-View fand. Nur ein entzündetes Tattoo auf ihrem linken Arm, da sie scheinbar nicht mehr in der Lage war, fünfmal am Tag mit Lubiderm-Lotion einzureiben, deutete darauf hin, dass der Hungertod schon vor einigen Tagen eingetreten sein musste. Diesen letzten Kampf hatte die Kampflesbe allein gekämpft – und verloren!", so oder so ähnlich sehe ich in Gedanken die Schlagzeile, die die Bildzeitung mir als Nachruf widmen wird.

Ich schicke zunächst meiner Mutter eine SMS mit der Info, dass ich gefallen sei und mich daran erinnere, dass es früher bei Umknickverletzungen doch immer nach Essig gerochen habe, und ob ich versuchen solle, irgendwo Essig aufzutreiben.

Meine Mutter ist wirklich eine gute Beraterin, was die alte Hausmittelchen-Abteilung angeht, und sie schreibt auch inzwischen super schnell SMS, aber irgendwie dauert mir alles zu lange, ich habe Kohldampf, und wenn es nun so sein wird, dass ich vielleicht in den nächsten Wochen nur noch ein einziges Mal das Haus verlassen kann, dann will ich präpariert sein und dann darf nichts, aber auch gar nichts auf meiner Einkaufsliste fehlen. Also rufe ich sie an. Sie hat grade erst meine SMS bekommen und diese bis „Essig" gelesen und sich gefragt, ob diese SMS überhaupt für sie sei, als ich ihr in Windeseile erzähle, was passiert ist. Sie schlägt Quark zum Kühlen vor, aber ich glaube, Quark bekomme man hier gar nicht, also sicher nicht in meinem Liquor-Laden um die Ecke, und nur bis dahin glaube ich mich, wenn überhaupt und dann auch nur ein einziges Mal, schleppen zu können. Quark, so beschließen wir beide, kühlt zwar, aber macht auch 'nen Heiden Dreck, fällt also irgendwie aus. Während des Gespräches erinnere ich mich daran, dass ja Peter, einer der Freunde von Jessi, Arzt ist, und vielleicht kann er mir sagen, was ich für den Notfall besorgen könne. Ich lasse meine Mutter also wissen, dass ich gleich eine Mail an Jessi schreiben werde, die ja einen Arzt kenne, und dann rutscht mir heraus, dass ich ja nun auch tätowiert sei und dass es mir eigentlich ganz gut gehe. „Oh nein!", entweicht es meiner Mutter. „Man kann dich aber auch nicht allein lassen. Dann hast du immer nur Unsinn im Kopf." Ist ihr eigentlich in dem Moment klar, dass ich schon mit 17 Jahren von zu Hause ausgezogen bin, was mittlerweile 28 Jahre her ist, und dass ich schon ziemlich viel Zeit meines Lebens allein verbracht habe???

Sie lässt das nicht gelten und auch mein „Ich freu mich darüber" beendet sie mit einem „Oh nein, immer machst du solche Sachen!" Solche Sachen?

Was habe ich denn für „solche Sachen" gemacht??? Ich hatte bisher kein Tattoo, ich bin nicht gepierct, ich färbe meine Haare nicht hellblond, ich quäle keine Tiere und eigentlich lebe ich ein ziemlich normales Leben. Oder will sie mir wieder die Frage stellen, warum ich Schauspielerin geworden bin? Solche Sachen!!! Mama, ich bin schon grooooß, will ich eigentlich in den Hörer rufen, aber mir scheint die Diskussion darüber zu lang und somit auch zu teuer zu werden, und bis ich ihr erklärt habe, warum und überhaupt, bedanke ich mich lieber noch mal herzlich für den Quark-Tipp und lege auf. „Solche Sachen", klingt es weiterhin in meinem Ohr und ich schlüpfe in die Trainingshose und die Cowboyboots, die tatsächlich ein wenig Schmerzlinderung verschaffen.

Wohl, weil der Knöchel darin wie in einer Gummienkelsocke, oder wie die Dinger damals hießen, festsitzt.

Es dauert einen Moment, bis ich die erste Straße erreicht habe. Aber irgendwie geht es, wenn auch schleppend. Ich überquere den ersten Zebrastreifen ohne nennenswerte Vorkommnisse, will sagen, ich begegne keinem Auto. In Amerika darf man ja nicht einfach so „irgendwo" die Straße überqueren. Das kostet, und nicht zu knapp!

Entweder man geht über einen Zebrastreifen, wobei jeder Autofahrer, wie in Deutschland auch, einen Sicherheitsabstand halten muss und sobald man einen Fuß auf den Zebrasteifen gesetzt hat, muss der sich nähernde Autofahrer warten. Ansonsten darf man hier eine Straße nur an den dafür vorgesehenen Ampeln überqueren. Die Ampeln wiederum haben ein weißes Männchen, das immer dann erscheint, wenn man gehen darf. Wenn sich allerdings eine rote Hand blinkend bewegt, darf man noch zu Ende gehen, aber den Überquerungsvorgang auch nicht mehr einläuten, und wenn die Hand rot-stehend vor einem leuchtet, sollte man von der Straße verschwunden sein! Pronto!

Schon an der ersten Ampel, von der ich weiß, dass sie ziemlich schnell auf Rot blinkend springt, überlege ich, wie ich am besten „rüberkomme", ohne bei rot-stehend noch mitten auf der Straße zu stehen. Ich setze also beide Füße schon auf die Straße und runter vom Gehweg, was natürlich eigentlich verboten ist und was auch Sinn macht, ich meine, dass es verboten ist, da mir fast schon in der nächsten Sekunde ein Z3, also ein Bmw, mit einer Fahrerin, die rauchend, telefonierend (das ist übrigens nicht verboten) und Starbuckscoffee trinkenderweise, vor allem aber mit vollem Tempo, beinahe beide Füße abfährt, was mich wiederum zurück auf den Gehweg zwingt. Dann kommt mein Zeichen, endlich, das Männchen in Weiß. Ich humple los und bin kaum einen Meter gehüpft, als ich die rot blinkende Hand sehe. Unter Schmerzen hüpfe ich, was das Zeug hält, weiter und schaffe es grade so eben auf die andere Seite, bevor die rot-stehende Hand erscheint. Geschafft!

Bis zur nächsten Ampel kann ich mein eigenes Tempo einlegen, aber dann kommt die schwierigere Aufgabe und Hürde. Die nächste Straße ist breiter, aber der Ampelturnus genau so kurz wie der bei der vorherigen Ampel. Ich versichere mich nach links und rechts, ob auch kein Auto in Sicht ist, hopse dann einfach frech schon Richtung andere Seite, was natürlich mehr als verboten ist, aber das ist mir jetzt egal, der weiße Mann erscheint und ich schafft den Übergang noch während der Rote-Hand-Blinkphase.

Von da an ist alles ganz einfach! Zebrastreifen, ohne Ampel. Ha!

Ich setze meinen Fuß darauf und alles hält um mich herum mit quietschenden Reifen. Es tut mir ja auch selbst leid, dass ich so lange brauche, aber was soll ich denn machen? Und so beende ich meinen kleinen „Spießruten-Hüpf", indem ich mit den Achseln zucke, als sich der eine oder andere erboste Autofahrer hupend entfernt.

Was denken solche Leute eigentlich??? Dass man sich so zum Spaß mal eben den Knöchel verstaucht, um dann genüsslich den Zebrastreifen auszunutzen, um sein Selbstbewusstsein und sein Selbstwertgefühl wiederzuerlangen? Frei nach dem Motto: „Hier bin ich wer???

Hier habe ich alle Rechte der Welt und du Arsch musst warten, auch wenn du einen noch so dringenden Termin hast, denn ich bin der Herr oder auch die Herrin des Zebrastreifens und meine Rache wird furchtbar sein?" Oder was?

Ich habe mittlerweile so einen Hunger, dass ich den ganzen Laden leer kaufen könnte, aber ich beschränke mich, schon, weil ich das ja alles schleppen muss, auf das Wesentliche. Wasser, Zigaretten, eine In-Touch, die ich auch in Deutschland immer wieder gerne lese, einen Apfel, eine Apfelsine für die Abwehrkräfte, die mein Körper jetzt dringend mobilisieren muss, zwei Flaschen Saft, eine Pfeffersalami aus Frankreich, deren Verfallsdatum ich auf der Verpackung auch nach längerer Suche nicht finden kann, aber die noch gut aussieht, und ein paar Kräcker. Der Besitzer des Ladens kennt mich inzwischen und so erzähle ich ihm auf seine Frage hin, was mit meinem Fuß sei, meine kleine Geschichte und frage ihn, ob er eine Sportsalbe oder so was habe. Dieser Laden heißt zwar Liquor-Shop, aber man bekommt irgendwie alles, was man zum

Leben braucht. So wie damals in den Tante Emma Läden, die ich immer wieder vermisse, weil die „Emmas" darin so zauberhaft waren, die Läden nicht überdimensional groß und weil man immer mit ein paar freundlichen Worten für den Tag begrüßt oder verabschiedet wurde. Natürlich hat er auch was für dieses, mein Problem und zaubert hinter der Ladentheke „Bengay" hervor, ein Mittel, das weder was mit Ben noch mit Gay zu tun hat, sondern kühlt, den Schmerz lindert und in den Darreichungsformen „Gel" oder „Creme" zu haben ist.

Wir entscheiden uns beide für die Creme, er bietet mir an, mich nach Hause zu fahren, aber das kann ich keinesfalls annehmen und lehne es somit dankend ab, hüpfe mit meinen vollen Tüten auf den Zebrastreifen und dann weiter, streife zu Hause angekommen die Cowboystiefel von den Füßen, erquicke meinen mittlerweile mehr als dicken und eigentlich schon angeblauten Knöchel mit Bengay, schneide mir die halbe Salami in Scheiben, öffne dazu eine Kräckerdose (jede Verpackung enthält drei Lagen) und haue mich mit der In-Touch, dem Essen und der Fernbedienung aufs Bett. Gott sei Dank regnet es mittlerweile draußen in Strömen, ich checke noch vom Bett aus meine Mails, unter anderem die von Loraine, die an den ersten Folgen für „Hinter Gittern" mitgearbeitet, die ich dadurch kennengelernt habe und die mir jetzt schreibt:

„Willkommen in Los Angeles. Wir haben 360 Tage Sonnenschein im Jahr, an fünf Tagen bebt die Erde und an zweien regnet es hier. Und diese zwei Tage sind jetzt! Happy New Year! Wir würden uns freuen, wenn du uns bald in Beverly Hills besuchen kommen würdest." Ich schreibe zurück, dass ich sie sehr gerne besuchen würde, wenn ich in Cowboystiefeln kommen dürfe, da ich leider in kein anderes Schuhwerk mehr passen würde und dass mir das Wetter nichts ausmache, da ich eh nicht laufen könne. Die Antwort darauf warte ich nicht ab, denn andere Mails und die Salami warten bereits auf mich. Zum Glück kann ich hier stundenlang auf dem USA-Kanal alle Serien sehen, die ich mag und die ich ab und zu auch in Deutschland sehe. Vor allem schon die neuen Folgen von Dr. House, die bei uns noch gar nicht laufen. Wobei ich zugeben muss, dass ich schon in deutscher Sprache Schwierigkeiten habe, den medizinischen Ausführungen von „House" zu folgen, es hier in Amerika aber total aussichtslos ist. Aber man sieht ja irgendwann, was die Leute für Krankheiten haben, und so freue ich mich einfach nur darüber, gucke also erst drei Folgen CSI Miami, dann drei Folgen Monk und dann House, während ich zwischendurch in der In-Touch über Diäten lese und wer wo und wann in Beverly Hills welche Tasche eingekauft hat, wie viel Kilo abgespeckt und wer mit wem grade ein Verhältnis hat.

Zwischendurch zappe ich rüber zum Sender „Foxx" und sehe grade, wie Britney Spears ins Krankenhaus gebracht wird, wohl, weil sie Vicodin zusammen mit Alkohol genommen hat, die Arme.

Das Mädchen tut mir inzwischen wirklich leid, wie all diejenigen mir leidtun, die hier so bekannt sind, dass ihnen immer gleich Unmengen von Paparazzi hinterherlaufen.

Ich glaube, das kann sich wirklich überhaupt keiner in Deutschland vorstellen, wie das ist. Auch nicht Jenny aus ihren wildesten Zeiten. Ich glaube, so was gibt es nur hier. Unfassbar. Da liegt das Mädchen auf einer Trage und drum herum stehen mindestens 60 Fotografen knipsenderweise und selbst aus dem Krankenwagen heraus versucht sie noch in die Kameras zu lächeln, macht irgendeine Pose, als wäre sie grade auf 'nem roten Teppich, und wird dann unter „Lalü-Lalü" weggefahren, aber man kann den Krankenwagen vor lauter Blitzlichtgewitter kaum noch erkennen. Dann werden die „Spears-Spezialisten" bei Foxx befragt, bei einer sogenannten Dreifach-Konferenz-Schaltung (man sieht also drei verschiedene Gesichter von Leuten, die sich an drei verschiedenen Orten befinden, aber alle sind eben gleichzeitig zu sehen und „konferieren" miteinander und darunter läuft dann noch das „eigentliche Bild"). Diese Spezialisten sind scheinbar und offensichtlich nur mit dem jeweiligen Leben eines Stars und dessen Biografie beschäftigt. Ein einziger Albtraum, was diese Spezis da über das arme Mädchen loslassen. Unterirdisch, ach … einfach unter aller Sau. Da ist es auch egal, ob man Britney und ihre Musik, ihren Lebenswandel oder was auch immer leiden kann, mag oder nicht. Hier sieht man das klassische Beispiel, wie man das Leben eines Menschen zerstören kann, von außen mit verursacht. Natürlich gibt es hier auch andere

Beispiele für Erfolg und den Umgang damit. Madonna, Sarah Jessica Parker oder Gwen Stefani sind solche Beispiele. Aber die sind auch schon einer gewissen Generation entsprungen, altersmäßig sozusagen. Und wenn man sich die Amy Winehouse, Lindsay Lohan, Brit- und Hilton-Generation ansieht, dann möchte man doch eigentlich nur noch weinen. Was muss das für ein beschissenes Leben sein, wenn du überhaupt keines mehr hast, und jeder Furz, den du lässt, fotografiert und sichtbar gemacht wird?

Dennoch, und das muss man scheinbar über Amerika wissen, du bist hier nur wer, wenn du Leute kennst, die dich kennen, also wichtige Leute!

Und wenn immer wieder über dich berichtet wird. Am besten täglich. Nur und nur dann bist du hier jemand. Echt hart!

Draußen tobt ein richtiger Sturm, die Palmen biegen sich bis zum Äußersten und andauernd drücken die Böen quietschend meine Schiebetüren auf. So ein Mist. Außerdem regnet es rein!

Ich zerre die Stühle ins Trockene und stopfe die Schlitze mit Handtüchern zu. Dann hüpfe ich zum Bett zurück. Dabei sehe ich im Spiegel, wie sich scheinbar die Farbe meines Tattoos aus meinem Tattoo auflöst. Oder ist das Eiter? Tut auf jeden Fall weh. Brav creme ich noch ein letztes Mal die „Was-weiß-ich-was-das-ist-Creme-von-Julio" drauf und weiß ganz genau, dass ich mich exakt an seine Vorgaben gehalten habe!

Dennoch scheint sich meine Haut abzulösen. Oh je! Ich würde gerne baden, aber ich habe keinen Stöpsel für die Wanne, was aber die einzige Möglichkeit wäre, die Haut unter dem Tattoo nicht unnötig aufzuweichen. Aber es kann ja auch nicht sein, dass man nur wegen eines Tattoos zwei Wochen nicht duschen kann, oder etwa doch? Blödsinn. Aber baden wäre trotzdem besser, denn auf dem Fuß kann ich einfach nicht so lange stehen.

Alles Quatsch! Ich lege mich wieder aufs Bett und den Fuß hoch, „House" bekommt grade einen wirklich dicken Patienten, ich stülpe noch schnell mein T-Shirt über den Arm, um das Leid auf Selbigem nicht sehen zu müssen, lausche einem Moment lang dem Wind und dem Klackern auf dem Balkon und … schlafe ein.

Ich muss duschen!

Mit diesem Gedanken wache ich auf, obwohl ich nichts dergleichen geträumt habe. Aber der mir von mir selbst entgegenströmende Geruch lässt einfach keinen Zweifel daran. Ich muss duschen. Zur Sicherheit gucke ich auf meinen Knöchel und bin beruhigt. Ich habe keinen mehr! Also brauche ich mich auch nicht mehr darum zu kümmern!
Basta.
Ich koche mir einen Kaffee in Jennys Starbuckskaffeemaschine und … wie jeden Morgen … ist er lauwarm! Wie schafft es eigentlich eine Maschine, wenn sie laut brodelnde Geräusche von sich gibt und so tut, als bräuchte sie Stunden, um das Wasser, das man ja erhitzt erwarten darf, schon und vor allem wegen der Geräusche, zu erhitzen, und dennoch einfach immer wieder nur lauwarmes Wasser zu produzieren und diesen dann als „heißen Kaffee" zu verkaufen? Wie geht das? Und wenn man dann noch kalte Milch hineinschüttet, ist es einfach, um es mal laut zu sagen, ein unerträgliches Gesöff! Aber ich werde mir diesen trüben Tag, zumindest ist das Wetter trüb, nicht verderben lassen durch einen „no go" Kaffee.
Ich stelle also die vorm Sturm und Regen geretteten Samtstühle wieder raus und überlege auf dem Balkon, wie ich mich duschen könne.
Klingt vielleicht eigentlich ganz einfach, ist es aber nicht mit einem vereiterten Tattoo, aus dem sich die Farbe grade stellenweise verabschiedet und das keinesfalls auch nur den kleinsten Spritzer Wasser abbekommen darf. Nicht den geringsten!!!
Warum nimmt die nicht einfach die Dusche und spart die Stelle aus, an der das blöde Tattoo ist, höre ich ja schon die Obergeistreichen sagen. Aber genau darin liegt ja das Problem. Hier ist nix

mit Duschkopf an langer Leine und so. Der Duschkopf ist an der Wand befestigt, und selbst wenn ich den linken Arm irgendwie vom Wasserstrahl entfernt halte, habe ich trotzdem ziemlich lange Haare, die alle unter den Wasserstrahl müssen.

Das wäre natürlich auch kein soooo großes Problem, wenn nicht ausgerechnet an der rechten Seite meines Fußes kein Knöchel mehr vorhanden wäre, auf den ich mein Gewicht verlagern könnte. Jaaa, so ist das nämlich. Ich bin ja nicht blöd! Somit will diese Sache gut überlegt sein und ich werde mir genug Zeit lassen, mich dieses Problems genauestens anzunehmen, um jegliches Fehlverhalten schon im Vorhinein auszumerzen. Na klar, denkt man, ich könnte mich ja einfach mit 'nem Waschlappen reinigen und dann eben die Haare separat im Waschbecken waschen. Das Dumme ist nur, ich bekomme meinen Kopf keinesfalls unter die dort angebrachte Armatur. Bedeutet, ich kann meine Haare wirklich nur in der Dusche waschen.

Aber wie gesagt, stellt dieses doppelte „Nur" wegen des unbeweglichen Duschkopfes ein wirklich großes Problem dar. Nachdem ich den kalten Kaffee in den Ausguss gegossen habe, bei dem ich jetzt wirklich nicht mehr herauszufinden vermag, ob es hier noch nach Fisch riecht oder nicht (man gewöhnt sich ja ziemlich schnell an so ziemlich alles!), hüpfe ich wieder einfüßig ins Bad. Jetzt nur keinen Fehler machen! Ich lege, stelle und nestele mir alles so zurecht, dass es funktionieren müsste, und mache es natürlich genau so, wie jeder es machen würde. Ich stelle mich in die Wanne, lasse zunächst nur den Hahn laufen, um mit dem Wasser schon mal die komplette Bein-, Unterarm- und So-Rasur zu vollenden, dann spüle ich all das schon mit der Hand ab, stelle mich dann weit genug entfernt von dem Duschkopf, aber so, dass ich mit einer Hand und mit langem Arm den Knopf für die Duschaktivierung noch erreiche, drehe den Knopf (hier dreht man, zumindest bei dieser Variante der Dusche, den Mittelknopf, um die Dusche zu aktivieren) nur ein klein wenig, sodass Wasser aus dem Hahn, aber eben auch aus dem Duschkopf rinnt. Ich bin so sehr damit beschäftigt, meine Haare nun unter dem Rinnsal zu waschen und zu spülen, dass mir gar nicht aufgefallen ist, dass die Wanne fast überläuft.

Wie um alles in der Welt habe ich das denn jetzt wieder geschafft? Verstopfung des Ausgusses durch zu hohes Haaraufkommen, oder was? Ich werfe mein Haupt in ein Handtuch und eines um mich herum, steige vorsichtig mit nur einem Knöchel aus der rutschigen Wanne und habe jetzt ein ganz anderes Problem. Ich habe nämlich überhaupt keine Ahnung, wie ich nun das Wasser wieder aus der Wanne bekomme! „Kann doch alles gar nicht sein", denke ich und drehe mich wutschnaubend um!
Das Meer ist wild und unbändig heute. „There are the waves, du Surfmimose", möchte ich in den Wind rufen, aber für wen?
Draußen auf dem Ozean wimmelt es von Segelbooten, Hunderte müssen es sein. Ich habe bisher kein einziges Segelboot seit meinem Aufenthalt hier gesehen, aber scheinbar gehen die nur bei Scheißwetter raus und natürlich bei entsprechender Windstärke. Schon klar!
Wirkt auf mich wie ein Tag an der Ostsee, so, wie ich die Ostsee, an der ich ja aufgewachsen bin, gut in Erinnerung habe. Immer ein bisschen verwegen, selbst bei schönstem Sonnenschein. Ich habe wirklich großen Respekt vor Wasser. Ich liebe es, in die Weite zu gucken und darauf zu segeln, wie ich es als Kind oft mit meiner Mutter und dem Vater meiner kleinen Schwester gemacht habe, ich liebe das Plätschern an der Bordwand und den Moment, wenn ab und zu ein „Brecher" über den Bug kommt und man die Spritzer des Wassers im Gesicht und auf der Haut fühlt. Ich liebe es, stundenlang vorn an eben selbem Bug die Beine herunterbaumeln zu lassen und kein Land mehr zu sehen. Um dann irgendwann „Laa-and in Sicht" rufen zu können, also, wenn Land in Sicht ist. Sonst natürlich nicht! Aber der bloße Gedanke, ich würde ins Wasser fallen, macht mir höllische Angst. Früher habe ich erst an Quallen oder große Fische gedacht, aber eigentlich geht es mehr unter den „Boden unter den Füßen". Ich glaube, das schreckt mich am meisten. Und nachdem ich nun auch noch vor ein paar Wochen einen Film gesehen habe, wo das Pärchen am Ende wirklich den Haien zum Opfer fällt, und das nur, weil die zu blöd sind, bevor sie schwimmen gehen, die Strickleiter rauszuhängen, und dann ersaufen müssen oder gefressen werden, einfach weil sie nicht mehr in

ihr Boot kommen, bekommt mich heute sowieso niemand mehr freiwillig in irgendein offenes Gewässer oder dorthin, wo kein Strand in unmittelbarer Nähe ist, und wenn, dann ganz sicher auch nur dort, wo es ebenso sicher garantiert keine Haie gibt.

War ich doch damals mit einer guten Freundin auf Mauritius, während unserer Weihnachtsdrehpause. Kurz entschlossen hatten wir den Tripp auf die Insel gebucht, weil wir beide viel gearbeitet hatten und keinesfalls den ganzen Winter über in Berlin sein wollten.

So fliegen wir einen Tag vor Heilig Abend also „rüber".
Unser Ressort liegt direkt am Strand und ist wirklich sehr hübsch. Die Hütten stehen auf Stelzen, allerdings nicht im Wasser, sondern auf dem Lande. Dazu haben wir ein sehr großes Zimmer, das man gut, wenn man befreundet ist, zu zweit teilen und bewohnen kann, und so stören wir einander auch nicht, wenn die eine noch liest, während die andere schon schläft. Und das über zehn Tage lang. Eigentlich schön.
Wie jedes Jahr rasen wir mit großen Schritten auf den Jahreswechsel zu, der ja, wie schon mehrfach erwähnt, immer auch meinen Geburtstag mit sich bringt. Zu diesem Anlass habe ich mir diesmal als Geschenk Folgendes überlegt. Zum einen will ich unbedingt mal wieder Wasserski laufen, was ich seit Kindertagen nicht mehr gemacht habe, zum anderen will ich Tauchen lernen, was man angeblich auf Mauritius, den Malediven und in solchen Ländern super lernen kann.
Meine zu diesem Zeitpunkt beste Freundin findet die Idee super und so miete ich für den 31. ein Motorboot mit zwei feschen Jungs, die uns begleiten werden. An der Seite des Motorbootes ist so eine Art Metallstab befestigt, an den man sich, mit den Armen dran hängend, auf den Skiern über das Wasser gleiten lassen kann, also wenn das Boot anfährt, um das Gefühl für das „Gefühl" zu bekommen, das sich einstellen wird, wenn man dann mal irgendwann auf den Brettern steht, so ganz allein und hinter dem Boot, wie es ja eigentlich geplant ist und am Ende dann auch sein sollte.

Eigentlich finde ich das „am Stöckchen hängen" vollkommen blöd, aber bevor ich mich hier vor dem ganzen Strand zur Idiotin mache, probiere ich es erst mal so, hänge also stupide an der Seite des Bootes rum, während sich drinnen im Boot alle königlich amüsieren. „Vom Feeling her habe ich ein gutes Gefühl", und so wage ich also alsbald und schon nach kurzer Zeit den Sprung auf die Bretter.

Aber schon, als das Motorboot an Geschwindigkeit zunimmt, was ja nicht ausbleibt, wenn man aus dem Wasser gezogen werden will, knallen meine Ski gegeneinander, der eine fällt mir vom Fuß und landet genau an meinem Kopf, was mich, Ding-Dong, mal eben schachmatt setzt, und Beule-prüfenderweise sammeln mich die anderen ein und ich klettere ins Boot zurück und überlasse meiner Freundin erst mal die Strippe und die Ski. „Soll ich?", höre ich noch säuselnd in meinen Ohren. „Habe ich aber sehr lange nicht mehr gemacht!", bestätigt sie nochmals und ich ermuntere sie, denn bescheuerter als ich kann sie sich sowieso nicht anstellen. Aber, wie es der Teufel nun mal so will: Sie hatte die Bretter unter sich, das Seil in der Hand und wir fahren an, da schießt sie auch schon wie eine Venus aus dem Wasser, wedelte hier- und dorthin, steht wie eine Eins auf den Dingern, überfährt lachend die Außenbordmotorwelle, als habe sie in ihrem Leben nie etwas anderes gemacht. Ich könnte kotzen. Nicht, dass ich es ihr nicht gönne. Aber warum hat sie vorher dann so blöd herum kokettiert mit einem „Soll ich???", wo sie doch genau wusste, dass sie fahren kann. Dazu muss man wissen, dass sie jahrelang als Tauchlehrerin gearbeitet hat und sich im Wassersport gut auskennt. Zurück an Bord spielt sie die Sache runter, „so gut wäre sie ja eigentlich auch nicht gewesen", und ich denke mir meinen Teil. Ich habe jetzt eigentlich überhaupt keine Lust mehr, es noch mal zu probieren, gleite aber dennoch wieder ins Wasser, sozusagen aus Eigenprotest, also der, den man gegen sich selbst richtet, und der nette Maurician Boy springt ebenfalls mit ins kühle Nass, erklärt mir noch mal ein paar Tricks, hilft mir, hält mich, und wenigstens das ist irgendwie nett, denn ich habe das Gefühl, so könnte ich es wenigstens lernen, wenn ich wollte. Und tatsächlich, nach ein paar Anläufen bleibe ich auf den Brettern stehen und es machte auch ein klein wenig Spaß, rede ich mir wenigstens ein. Die eineinhalb Stunden sind vorbei und wir brausen zurück zu unserem Hotel. Den Rest des Tages gucke ich den Kitesurfern zu und denke grade, dass ich das super gerne mal probieren würde, da landet einer der Profis, ein Italiener, aus mindestens acht Metern Höhe so blöd auf einem Felsen, der nur minimal, kaum sichtbar aus dem Wasser ragt und damit kaum zu sehen ist, dass er einfach leblos im Wasser liegen bleibt. Sein Schirm flattert davon, landet im ebenfalls im Wasser und treibt von dannen. Ich springe sofort auf, und als ich fast neben ihm bin, sehe, dass er lebt und frage, ob er o. k. sei, und er mir, zwar etwas benommen, aber immerhin nun schon wieder stehend ein leises: „Si si!", entgegenhaucht, nehme ich die Verfolgung des Kiteschirmes auf. Als ich ihn endlich eingefangen habe, schleppe ich diesen unter irrem Kraftaufwand bis zu ihm hin. Ein paar Freunde von ihm kümmern sich bereits um den Verletzten und ein Krankenwagen war ebenfalls gekommen, wohl um zu checken, ob er sich bei seinem Sturz etwas gebrochen hat, denn er ist wirklich mit dem Kopf auf den Felsen geschlagen und das hätte ja auch bös ins Auge gehen können. Irgendwer nimmt mir den Schirm ab, aber ich höre weder ein „Grazie" noch ein Dankeschön, als sie ihn wegbringen. Na ja, die sind jetzt ja auch mit was anderem beschäftigt, denke ich so bei mir. Aber als mir am Abend die Truppe illuster und saufend gegenübersitzt, bin ich von diesen Italienern echt enttäuscht. Nicht ein einziges Wort, kein Danke, kein Drink, gar nichts! So ein Blödmann oder so ein „Italiener", denke ich. Danke kann man ja wenigstens mal sagen. Aber nichts! Dabei mag ich Italiener wirklich gern, nur nicht im Ausland. Da sind sie mir meist zu laut, zu Macho, einfach zu viel. Nun denn, Undank ist ja bekanntlich der Welten Lohn, und so hake ich die Geschichte ab, denn ich bin ja nicht zum „mich Ärgern" in Urlaub gefahren und genieße den ausklingenden Abend.

Am nächsten Tag steht für mich „Tauchen" auf meinem ganz persönlichen Stundenplan. Ich gehe also sehr früh, unter den Worten meiner Freundin, dass das ganz einfach sei, zur Tauchschule, die einem Düsseldorfer Sunnyboy gehört. Wir machen einen Vertrag, suchen einen passenden Neoprenanzug, Gewichte, Mundstück, Flasche, Brille und Flossen aus und all das schleppe ich zum Swimming Pool und warte dort auf meinen Tauchlehrer, während ich mich in den Anzug zwänge. Nach etwa zehn Minuten kommt endlich der Mann, der mir nun das Tauchen beibringen wird. Er ist Franzose, spricht kein Wort Englisch oder gar Deutsch, und mein Französisch ist leider auch nicht mehr so besonders, vor allem nicht, wenn es ums Tauchen geht. Aber ich entnehme seinen Worten, dass er schon Zigtausende Tauchgänge, oder waren es Hunderte (?), na jedenfalls waren es viele, gemacht habe und dass auch ich das jetzt lernen werde. Zuversichtlich lege ich all meine „Zutaten" an, die ich als zukünftige Taucherin brauchen werde und gleite in den Swimmingpool. Ich lerne das Handzeichen für o. k., das eben genau so ist, wie man das aus der Schule noch kennt. Dann das für „ich bekomme keine Luft mehr", also mit der flachen Hand in Halshöhe und unterm Kinn waagerecht nach links und rechts zu zeigen (das Zeichen für „ich kill dich" oder „du bist der Todes" bei uns im Fernsehknast), Daumen hoch mit der Bewegung nach oben heißt „ich tauche auf", Daumen runter dementsprechend „wir tauchen ab". Danach lerne ich, wie ich die Maske unter Wasser ausblase, also falls sie mir vom Kopf gestoßen wird oder ich sie sonst wie verliere, was ich ebenfalls schnell erlerne, und dann tauschen wir noch das Mundstück unter Wasser, damit ich im Falle des „unwahrscheinlichen Auftretens eines Druckverlustes" (ach nee, das war ja im Flieger), also nur im Falle des Verlustes meines Mundstückes, also wenn mir vor Schreck beim Sichten eines Haies absolut alles auf dem Gesicht fallen und die Kinnladen den Meeresboden berühren sollte, oder aber, wenn einfach meine Berechnungen nicht stimmt und ich kein Sauerstoffgemisch mehr in meiner Sauerstoffflasche habe, also jedenfalls, damit ich von meinem Buddy Luft zum Atmen bekommen könne, falls mal was ist oder ich diesem, meinem Buddy, helfen muss. Im Notfall!!! Dann planschte ich ein wenig unter Wasser herum und eigentlich hat das wenig mit Tauchen zu tun und alles in allem hat mein Lehrgang hier jetzt auch nicht länger als zehn Minuten gedauert, aber mein Tauchlehrer ist sehr zufrieden mit mir und befindet, dass ich schon am Mittag mit der Gruppe rausfahren kann. Ich frage, ob dies eine Anfängergruppe sei, was er mit einem „Ah Oui!" beantwortet.

Freudig erzähle ich dies meiner besten Freundin, die gekommen ist, um nach mir zu sehen. Und so buchen wir gemeinsam den Tauchgang für mittags an einem Tauchgrund, der etwa acht Meter tief sein wird. Sie ist mein Buddy, das ist klar! Und der Buddy ist der allerwichtigste Mensch unter Wasser. Das ist auch klar! Das ist nämlich deine Lebensversicherung unter Wasser, und du bist seine. Buddy Buddy!!! Ich präge mir das ein. Immer wieder! Der wichtigste Mensch auf diesem Planeten an diesem Mittag ist mein Buddy, meine beste Freundin!

Bis zur Abfahrt schnorchle ich noch ein bisschen und freue mich schon auf mein erstes Taucherlebnis. Ich habe mir das schon seit Jahren gewünscht und der Lehrer hat mir zudem versichert, dass wir erst mal keine allzu großen Fische sehen werden, was mir ganz lieb ist. Mittags gehen wir dann alle zum Steg, wir sind acht Buddies, der Tauchlehrer von vorhin und der Bootsführer, und schon rauschen wir über das türkisgrüne Wasser und die Wellen dahin zu unserem Tauchgrund. Als wir jedoch dort ankommen, ist dieser sozusagen schon „überbucht". Überall dümpeln Leutchen mit Sauerstoffflaschen auf dem Rücken rum. Wie auf einer überfüllten Party, wo alle am Buffet herumhängen. Unser Tauchlehrer bespricht sich kurz mit dem Bootsführer, dann sausen wir von dannen. Vom Feeling her habe ich jetzt grade kein allzu gutes Gefühl mehr, muss ich leider gestehen, denn das Wasser unter uns wird immer dunkler und ich kann den Boden inzwischen nicht mehr sehen. Irgendwie ist das Wasser auch nicht mehr grün, sondern eher schwarz, denke ich noch, da geht der Motor aus, und wir scheinen angekommen zu sein. Ich sehe den anderen zu und beobachte, was sie machen, setze ebenfalls meine Brille auf, gucke neben mich, um meine beste Freundin noch etwas zu fragen, aber die fällt grade rücklings ins Wasser, und als ich wieder aufschaue, sind alle anderen auch schon platschend „von Bord gegangen". Ich habe das natürlich schon hundert Mal in Filmen gesehen.

Aber worauf genau muss ich denn jetzt genau achten? Dass ich die Brille nicht verliere oder mein Mundstück? Und wie hält man eigentlich beides mit einer Hand fest? Leider ist aber grade niemand mehr da, den ich fragen kann, und mein Buddy scheint sich unter Wasser schon mal für uns umzusehen. Jedenfalls sehe ich nur ihre Haare, mein Rufen scheint sie nicht zu hören und mit der Zeichensprache komme ich so jetzt auch nicht weiter. Der Bootsführer erkennt meine Verzweiflung und bietet mir an, mir den „Abgang" zu erklären, vor allem, worauf ich achten muss. Ich höre dankbar zu, fasse mir dann ein Herz und lalle mich mutig fallen, aber beim Aufschlag auf das Wasser tue ich mir dennoch weh und ich glaube, es ist sogar genau dieselbe Stelle wie die am Vortag, wo mich der blöde Ski getroffen hat. Aber ich will ja jetzt auch keine Mimose sein, ich frage mich bloß, wo um alles in der Welt all die anderen geblieben sind, die eben noch da waren. Da taucht mein Lehrer am Ankerseil auf und winkt mir zu, ich solle ihm folgen. Ich drücke meinen Kopf unter Wasser, greife nach dem Ankerseil und ziehe mich nach unten. „Gott, geht das schwer, das hätte ich aber nun wirklich nicht gedacht", denke ich, während ich mich mühsam nach unten zerre. Unter mir, ein paar Meter entfernt, winkt mir der Tauchlehrer zu, ich solle ihm folgen. Ich ziehe weiter und bringe fast alle Kraft dafür auf, aber mit einem Mal stelle ich fest, dass mir die Luft ausgeht. Habe ich etwas falsch gemacht? Die Flasche nicht weit genug aufgedreht? Keine Ahnung. Ich bekomme jedenfalls keine Luuuuffft mehr. Ich wedele vor meinem Hals unterm Kinn waagerecht hin und her, immer schneller, werfe ein „Daumen auf"-Zeichen hinterher, weiß nicht, wo mein Buddy steckt, meine Lebensversicherung unter Wasser, aber das ist mir grade auch egal, und strecke einen Arm nach oben, um die, ich denke, mindestens fünf Meter, die ich mich am Seil, so kommt es mir jedenfalls vor, bereits am Ankerseil heruntergezogen habe, schnell zu überbrücken, aber zu meiner großen Verwunderung habe ich sofort den Arm halb aus dem Wasser und den Kopf auch. Hä? Ich nehme das Mundstück aus Selbigem und atme tief ein. Meine Brille ist beschlagen, ich habe vergessen, sie vorher mit Spucke zu befeuchten, aber das kann ich ja gleich noch machen. Ich checke die Sauerstoffzufuhr, alles scheint richtig zu sein. Hm. Ich suche nach irgendeinem Fehler am Gerät, während mein etwas nervöser Tauchlehrer auftaucht und mir auf Französisch zu verstehen gibt, dass ich wohl mehr Gewichte am Bauch, also „Blei", brauche, um mich „austarieren" zu können. So läßt er sich also Gewichte aus dem Boot zuwerfen, beschwert mich in Windeseile damit und ruck zuck ist er auch schon wieder am Ankerseil verschwunden. Tatsächlich ziehen mich die Gewichte ein bisschen mehr unter Wasser und ich habe etwas Not, in meine Brille zu spucken, ohne dabei zu ertrinken, schaffe es aber dann doch, stopfe mir das Mundstück wieder zwischen die Zähne und greife nach dem Ankerseil. Ich schwöre!!! Ich ziehe, ich zerre, ich drücke mich nach unten, immer mit dem Kopf voran, ich bin wirklich fast am Ende meiner Kräfte. Aber das Allerschlimmste, verdammt, ich bekomme keine Luft!!! Durch die Brille des Tauchlehrers hindurch meine ich, ihn schnauben zu sehen, aber so genau kann ich das auch nicht sagen. Ich wedele mit der Handfläche, ich zeige an, ich gehe „hoch", und wieder, wie peinlich, ist mein Kopf sofort aus dem Wasser und ich japse nach Luft! Mein Tauchlehrer hat inzwischen restlos die Geduld verloren, ich zeige ihm an, dass er sich um seine Gruppe kümmern soll und dass ich auch nicht weiß, woran es liegt, aber dass ich eben keine Luft bekomme. Von meinem Buddy keine Spur! Dieser, mein Leben-, meine Rettung-, mein Versicherungs-beste-Freundin-Buddy bleibt bis zum Ende des Tauchganges verschollen und ward bis dahin nicht mehr gesehen. Der Bootsführer hat mir inzwischen die Sauerstoffflasche abgenommen, ins Boot geworfen und mir angeboten, mir beim Schnorcheln ein paar Fische zu zeigen. Wieder mal dankbar nehme ich an und tatsächlich sehen wir ein paar sehr bunte, sehr sehr schöne Exemplare. Nach etwa einer Stunde kommen alle vom Tauchgang zurück. Ah ja! Und da erscheint ja auch gut gelaunt mein „Buddy" und erzählt, während sie ins Boot klettert, aufgeregt von einem Rochen, einem Hai und einer Muräne, die sie gesehen haben. Dabei lächeln sich alle hocherfreut zu und lachen, während ich mich echt zusammennehmen muss, um nicht laut loszubrüllen. „Und warum hast du nicht auf mich gewartet?", frage ich mit leicht gepresster Stimme. „Hab ich doch! Ich dachte, du kommst gleich. Ich war unten auf 15 Meter." „Du weißt, dass ich noch nie getaucht bin, und du bist mein Buddy, oder habe ich da was falsch verstanden?", zische ich. „Ja, aber wenn du nicht kommst …!", ist ihre schnelle Antwort und natürlich weiß sie ganz genau, dass das Scheiße war und dass das das Allerletzte ist, was ein Buddy seinem anderen Buddy antun kann. Wäre sie da gewesen und hätte ich sie fragen können, dann hätten wir das Problem nämlich sicher ganz schnell gelöst. Ich Trottel hatte nämlich einfach nur den totalen Anfängerfehler gemacht, ich hatte „die Luft angehalten" und somit war ich ein Ballon unter Wasser, der, wenn er nicht aus irgendeinem Grunde platzte, niemals untergehen würde. Und darum hatte ich auch keine Luft bekommen. Ich hatte ja auch gar nicht geatmet. Hätte doch jedem Idioten auffallen müssen, na ja, doch zumindest meinem Tauchlehrer, dass sich um mich herum gar keine Bläschen bildeten. Aber nein. Und mein Buddy? Mein Buddy wollte einfach nur toll sein. Jetzt erst fiel mir nämlich auf, dass alle anderen um uns herum „Kerle" waren und dass das auch nicht deren erster Tauchgang war. Überhaupt niemand hier an Bord war Anfänger, außer mir natürlich, und mein Buddy hatte nichts Besseres zu tun, als 'nem Haufen Tauchtypen imponieren zu wollen, was sie wohl auch geschafft hatte. Und dafür hatte sie ihren Buddy drangegeben, verraten, dem Schicksal überlassen. So sah die Wirklichkeit aus. Schweigend fuhren wir zurück und haben auch nie mehr darüber gesprochen. Aber ich bin ja nicht nachtragend. Nachdem wir wieder in Köln waren, habe ich mich sofort bei einer Tauchschule angemeldet und dann kurze Zeit später meinen „Open water-Schein" gemacht. Zumindest die Theorie. Dabei lernte ich dann sehr schnell, dass ich auf Mauritius absolut alles falsch gemacht hatte, was man falsch machen konnte. Allerdings war ich auch froh, damals nicht mitgetaucht zu sein. Denn wäre ich einem Hai oder einem Rochen begegnet, also auf 15 Metern und vielleicht noch mit Strömung, ich hätte garantiert die Luft angehalten und wäre mit vielen geplatzten Lungenbläschen an Land angekommen. Wenn ich überhaupt wieder oben angekommen wäre. So war mir dieses Erlebnis wirklich eine Lehre. Auch, wenn Dinge Spaß machen und vor allem, damit sie es tun, sollte man sich ein bisschen besser vorbereiten, als ich es damals gemacht habe. Heute schnorchle ich für mein Leben gern und den praktischen Tauchschein werde ich irgendwann im Fühlinger See bei Köln oder im Wannsee machen, ohne Haie, dafür mit einem Betreuer, der meine Sprache spricht. Was soll's. Nur nicht aufgeben!

Heimweh and Rock 'n' Roll

Der Smog hat sich wie ein fetter Wattebausch über Santa Monica, Venice Beach und übers Meer gelegt, oder vielleicht ist es auch nur der komische Nebel, von dem hier alle immer sprechen. Fakt ist ... ich bin deprimiert und das Wetter entspricht komplett meiner Stimmung. Das Leben an sich findet halt nicht „mit dem Blick vom Balkon aus" statt, stelle ich fest. Mir fallen die Leute in den Städten ein, die oft tagelang am Fenster hängen und gucken, warten ... warten, aber auf was? Dass ihr Leben vorbeischleicht? Dass draußen etwas passiert, an dem sie teilhaben können? Das ihr Leben interessanter macht, spannender?
Bin ich etwa auch schon so weit, dass ich glaube, der Blick vom Balkon ersetze mein Leben? Habe ich nicht grade noch behauptet, ich finge jetzt an, die Dinge in die Hand zu nehmen und zu ändern? Mir ist irgendwie zum Heulen zumute. Dazu fällt es mir irre schwer, mich aufzuraffen, aber ich habe Hunger und natürlich wie immer nichts eingekauft. Ausgerechnet heute will ich mir den Sonnenuntergang anschauen, aus dem Hotel nebenan, in dem ich manchmal sitze. Pustekuchen. Sonnenuntergang kann ich mir abschminken. Man sieht ja kaum die Hand vor Augen. So schleppe ich mich langsam ins „Ankleidezimmer", schlüpfe in Jeans und T-Shirt und trotte rüber zum Hotel. Ich denke an Berlin und an meine Freunde und ... ich vermisse sie. Ich vermisse die Gespräche, die ich hier nicht führe, ich vermisse Gesichter, die mir bekannt sind, ich vermisse ... das „einmal Drücken", was Karen und ich manchmal machen, wenn wir beide viel um die Ohren haben und uns nur schnell auf 'ne Tasse Kaffee irgendwo in der Stadt treffen und eben auf „einmal drücken". „Ich hab so Heimweh nach dem Kurfürstendamm, ich hab so Sehnsucht nach meeeiinem Berlin", kommt es mir in den Sinn und ich summe leise vor mich hin.

Heimweh!
Gutes Wort.
Das ist es!
Ich habe tatsächlich verdammtes Heimweh! Natürlich eigentlich völliger Quatsch. Ich bin grade mal drei Wochen weg. Drei Wochen! Aber wenn ich sonst wegfuhr, drehte ich entweder, arbeitete an irgendetwas oder fuhr mal Kurztrip-mäßig irgendwo hin. Aber drei Wochen? So lange bin ich schon lange nicht mehr weg gewesen, ganz ohne, dass ich etwas tun hätte müssen (und das ohne Eltern!). Komisches Gefühl.
Ich könnte es ja auch einfach nur genießen. Wer kann das schon? Sechs Wochen mal einfach irgendwo hinfliegen, um sich eine Auszeit zu nehmen? Was für ein Luxus! Und das bisschen Recherche, das ich hier mache? Eine Arschbacke, sage ich da nur. Und schon beschleicht mich ein schlechtes Gewissen. Gott, bin ich ätzend. Beschwere mich, weil ich mich langweile. Ich habe sie ja nicht alle! Im Hotelrestaurant bestelle ich mir Calamari, eine Flasche Wasser und glotze auf den Nebel, während ich versuche, mich damit zu trösten, dass ich ja eigentlich jederzeit nach Hause fliegen könne, wenn ich wolle, denn mein Ticket ist ja für 40 Euro umbuchbar. Andererseits würde ich so schnell nicht wieder hierherkommen und meinen Freund Mandy habe ich auch noch nicht gesehen. Ich dippe meine Calamari lustlos in die Soße, als mein Handy bimmelt.
Es ist Loraine, die mich vor ein paar Tagen zu einem Screening eingeladen hat, also der Filmpremiere von „Atonement". Da der Film in Deutschland noch nicht läuft, habe ich keine Ahnung, wie er dort später heißen wird. Aber es geht um Sühne. Sühne, was für ein Wort! Habe ich auch schon lange nicht mehr benutzt. Jedenfalls ist der Film mit Keira Knightley und Vanessa Redgrave. Aber der absolute Hammer ist eigentlich die Jungdarstellerin, Miss Rodan. Loraine hat mich auf die Gästeliste setzen lassen als VIP aus Deutschland, und obwohl mich natürlich absolut niemand kennt, haben wir an diesem Abend die besten Plätze bekommen, was uns beide natürlich sehr freut. Loraine hat mehrere Novellen geschrieben, am Highlander (mit Christopher Lambert) mitgearbeitet und ist eine überaus spannende Persönlichkeit.

Und wieder einmal mehr reißt sie mich nun aus meiner Versenkung.
Ob ich Lust habe, kurzfristig mit ihr, ihrem Mann Carl, Bill Christ und seiner Frau in Beverly Hills zu dinieren? Bill Christ ist einer der Darsteller aus „Stirb Langsam 3" und, obwohl ich grade esse, sage ich natürlich zu, denn ich finde diesen Schauspieler überaus spannend, bin „Stirb Langsam-Fan" und wenn Loraine es als eine gute Idee empfindet, mich dazu zu bitten, kann und werde ich keinesfalls absagen. Außerdem tut mir etwas Ablenkung gut und in Beverly Hills bin ich auch noch nicht gewesen, seit ich hier bin. Gott sei Dank bekomme ich immer auf die Frage, wie der „Dresscode" sei, die Antwort: „Katy! Wir sind hier in Kalifornien! Leger ist prima."
Ich habe ja fast überhaupt nichts an Klamotten mitgenommen, die sich, wenn ich in Deutschland unterwegs bin, für solche Abende eignen und ein Muss sind, aber hier kann ich in Jeans und T-Shirt „aufschlagen" und das ist überhaupt kein Problem. Das liebe ich so an Kalifornien.
Ewiges Understatement.
Und so treffe ich beim Nobelitaliener also Carl, Bill, Bobby (seine zauberhafte Frau) und Loraine und obwohl ich extra fast zwei Stunden später komme, als man sich verabredet hat, haben die anderen sich auch grade eben erst getroffen. Auch das ist Kalifornien.
Hier kommen eben alle immer zu spät. Einfach immer. Als gehöre das zum guten Ton. Nun denn. Ich esse also nochmals eine Kleinigkeit mit, weil ich nicht unhöflich sein will (und das Essen am Nachbartisch auch außergewöhnlich gut riecht), und versuche den Gesprächen zu folgen, die so viele Fremdworte beinhalten, dass es zeitweise richtig anstrengend ist. Klar, Fremdworte! Die Kuh ist doch in Amerika, was redet die? Wie seit Wochen geht es auch in diesem Gespräch natürlich um den Streik der Autoren und dabei fallen eben Worte, die ich absolut noch nie gehört habe, und obwohl mein Englisch eigentlich ganz passabel ist, muss ich immer wieder nachfragen, weil ich zwischendurch nur „Bahnhof" verstehe. Vor allem, wenn man dann auch noch Kürzel fallen lässt,

die man, glaube ich, nur hier kennt. Ein Wahnsinnsthema. Es geht um Milliarden. Live Shows müssen direkt eingestellt werden, da die Gagschreiber fehlen. Dr. House und Co. liegen brach und so werden auch hier nur noch Wiederholungen gezeigt. Filme stehen mitten in den Dreharbeiten still. Und vor ein paar Tagen ist hier sogar der Golden Globe ausgefallen, die zweitwichtigste Veranstaltung nach der Oscarverleihung. Gut, denkt man, na und, dann ist der eben ausgefallen. Hätte ich wohl auch gedacht, so aus der Ferne. (Und sicher würde anstelle der Übertragung ein netter Film gesendet.) Aber hier ist das etwas ganz anders. Hier geht es um so vieles. Inzwischen gibt es 13 000 Menschen, die ihren Job in dieser Industrie verloren haben, und es werden sicher noch einige dazukommen. Und wieder trifft es natürlich den „kleinen Mann" und die „kleine Frau", die nichts auf der „hohen Kante haben", wovon sie die nun inzwischen neun Wochen Streik überbrücken können. Leute verlieren ihr Hab und Gut, müssen ihre Wohnungen kündigen.

Was da alles dranhängt, bekommt man in Deutschland, glaube ich, gar nicht mit, außer man ist bei uns in Deutschland und womöglich selbst vom Streik betroffen. Ich finde das Thema so spannend, dass ich einem deutschen Sender also vor ein paar Tagen anbot, darüber von hieraus zu berichten. Die Rückantwort folgte auf dem Fuße. Man würde gern einen Bericht über mich machen: „Karrenbauer in Amiland auf Arbeitssuche!" Die spinnen, die Römer! Glaubten die wirklich, ich mache mich zur Lachnummer? Ohne Worte.

Der Abend ist auch trotz schwerer Themen sehr unterhaltsam und gegen halb zwölf löst sich die Runde auf. Loraine und Carl bestehen darauf, mich nach Hause zu fahren, und ich bestehe darauf, dass sie mich nicht nach Hause fahren. Das ist auch etwas, dass ich erst hier kennengelernt habe. Obwohl man sich kaum kennt, wird man hier nach Hause chauffiert, selbst wenn das eigene Zuhause in der genau entgegengesetzten Richtung liegt. (Mein lieber Freund Mandy hat mich bei meinem letzten Besuch hier aus Hollywood nach Marina del Ray gebracht und dafür fast eine Stunde gebraucht, um dann im dicksten Verkehr wieder Richtung Beverly

Hills zu fahren. Alles in allem war er letzten Endes zweieinhalb Stunden unterwegs gewesen. Unglaublich.)
Nein, nein und nochmals nein. Ich will nicht gefahren werden!
Ich bringe alle nach draußen, wir verabschieden uns und ich kann endlich mal in Ruhe eine „piefen". Dann setze ich mich beim Italiener an die Bar und nehme noch einen Drink. Da Bill den Abend über Wodka getrunken hat, bestelle ich mir ebenfalls einen, und da ist es wieder, das Gefühl von vorher. Heimweh. So ein Mist. Heimweh und Leere! Doch mit einem Male klingt etwas ganz Vertrautes an mein Ohr, etwas ganz Heimisches.
Der Barmann hat begonnen, sich auf Italienisch mit seinem Kollegen zu unterhalten, und ich lehne mich zurück und genieße Wodka und das Stückchen Europa, das mir grade in die Ohren fliegt. Herrlich. Ich verwickle den Barmann schnell in ein Gespräch und wir plaudern ein bisschen über Italien, Deutschland, wo er auch schon oft gewesen ist, und meine Stimmung hellt sich augenblicklich auf. Alles ist gut!
Ich werde heute ausgehen, und zwar so richtig. Weg vom Balkon, hinein ins „wahre Leben". Ich bestelle ein Taxi und fahre ins „Rainbow", den legendären Klub, den schon AC/DC, Motörhead und so viele andere „gerockt haben". Hier ist immer was los, Rock 'n' Roll vom Feinsten. Unten kann man essen, oben wird abgehottet, was das Zeug hält.
Und die Musik? Na klar, Sweet, Slade, T-Rex … was auch immer. Irgendwie geil und ich fühle mich immer wie in die späten 60er versetzt, wobei ich selbst die Musik ja erst Mitte der 70er gehört habe, und da bin ich dreizehn gewesen.
Als ich mich an der unteren Bar vorbei durch die Menge wühle, um nach oben zu gehen, bleibt mein Blick einen Moment zu lang an einem Augenpaar hängen, das auf mich gerichtet ist. Der Typ ist mir vergangene Woche schon aufgefallen, als ich mit ein paar Freunden hier gewesen bin. Gott, was für ein Womanizer! Typ Heartbreaker!
Lecker ist irgendwie das falsche Wort. Ich habe das Gefühl, man werde blind, wenn man den zu lange anschaut. Aber ich bin ja schon an ihm vorbei, haue mich oben an die Bar und bestelle noch

einen Wodka, da ich es für klug halte, bei einer Sorte Getränk zu bleiben. Außerdem hat man nach Wodka morgens keinen dicken Kopf, ich jedenfalls nicht.
Ich drehe mich um und wer steht hinter mir? Wer grinst mich breit an? Na? Wer? Ha!
Himmel, sieht der gut aus. Sicher nicht jederfraus Geschmack, denn darüber lässt sich ja bekanntlich streiten. Aber ganz sicher „mein" Geschmack und darüber werde ich jetzt nicht streiten! Lange, mittelblonde Haare, Hammeraugen, ein Lächeln, das mich fast umkippen lässt, hätte ich nicht die Barkante im Rücken, ein Mund, der mehr verspricht als bloß Worte. Der kleine Oberlippenbart sowie das Kinndreieck lassen ihn wie einen Musketier aussehen, wobei „Muskeltier" der Sache näher käme. Auweiah. Und der macht mich an. Ausgerechnet! Na ja, warum eigentlich ausgerechnet mich nicht?
Sehe ich aus wie ein leichtes Opfer? Rieche ich anders als die anderen? Was auch immer es ist, ich habe seinen Jagdtrieb geweckt und er ist auf meiner Fährte. Und nicht betrunken, gaaanz wichtig! Ich stehe da wie das Kaninchen vor der Schlange und es würde mich auch nicht wundern, wenn jetzt Kaa aus dem Dschungelbuch mit ihrer gespaltenen Lispel-Zunge zu ihrem „Hör auf miiiich, glaube mir …" ansetzen würde.
Blind scheint er allerdings auch nicht zu sein, also, alles bestens.
Er hat Lust mit mir zu tanzen, aber ich habe mir ja vor ein paar Tagen auf diesen blöden, kaputten Fußgängerwegen den Fuß verstaucht und darum kann ich ihn leider „nur" auf die Tanzfläche begleiten. In die hinterste Ecke will er mit mir und, man höre und staune, ich folge ihm. Das Problem an der Sache: Dieser Mann ist hier bekannt wie ein bunter Hund.
Auf dem Weg in die besagte „hinterste Ecke" sprechen ihn ungefähr zwanzig Frauen an und auf meine Frage, wer die eine oder andere sei, antwortet er: „My background singers." Klaaaar!!! Sehe ich auch ganz oft bei Bands. Fünf Mann an den Instrumenten und mindestens vierzig Backgroundsängerinnen. Nee … schon klar!!!
Und jetzt erinnere ich mich auch, dass ich ihm das letzte Mal beim heißen Tanz mit einer Wild-Haar-Gefärbten Lady gesehen habe.

Der Tanz hat eher nach heißem, wildem Sex ausgesehen und ebenso tanzt er mich jetzt an. Mr X ist sein Name (was so viel heißen soll wie „Schwips" in der Umgangssprache, aber auch „Begeisterung" in der normalen Übersetzung), so viel habe ich schon aus ihm herausbekommen, denn eigentlich will er nur knutschen, aber ich fühle mich viel zu beobachtet von all den Ladys und außerdem gefällt mir das Spiel. Ich habe lange nicht mehr geflirtet und soooo heiß, glaube ich, noch überhaupt nie.

Eigentlich muss man völlig bekloppt sein, wenn man an diesem Mann nicht „nascht", aber ich tue es tatsächlich nicht. Und je mehr ich mich sträube, umso mehr legt er los. Zwischendurch kommt die eine oder andere „Backgroundsängerin" dazu, um ihr Interesse an ihm zu bekunden, aber er will irgendwie nur mich. What a feeeeeling ... lalala!

So hat sich überhaupt noch nie jemand an mich rangeworfen oder ins „Zeug" geschmissen, und auch wenn es hier eigentlich „nur" darauf hinauslaufen sollte, dass er gerne Sex mit mir hätte, ja ja, das sagt er und er zeigt das auch sehr deutlich, schafft er es dennoch nicht, mir auch nur einen einzigen Kuss abzuringen. Und ich Vollidiotin bin auch noch stolz darauf. Schon dafür allein gehöre ich eigentlich geohrfeigt. Der Mann riecht gut und hat wunderschöne Hände. Vor allem aber hat er einen Körper, dass mir fast schlecht wird vor Angst bei der Vorstellung, er würde seine Hose vor mir fallen lassen. Durchtrainiert bis in den letzten Muskel (das kann man sehr gut sehen, weil er kein Hemd trägt, sondern nur eine Weste, die allerdings offen ist, und ich sage nur: Kalifornien!), Waschbrettbauch. Dagegen ist der Surfsunnyboy vor meinem Balkon ein Mickermännchen. Mr X gibt nicht auf, nein, er gibt absolut alles, was man in der Öffentlichkeit so geben kann. Alles! Gott, ist mir heiß! Auch ohne tanzen! Zum Abkühlen gehen wir unten rauchen und mitten im Gemenge hält er mich fest im Arm, sagt Sachen, die ich sonst auch selten höre, die aber hier nicht verraten werden, und ich fange fast an zu straucheln, da kommt eine „Sängerin", ich nenne sie jetzt mal so, der Einfachheit halber, lächelt und fragt, ob er das nicht total Scheiße fände, was er mache? (Hau ab, ich finde das nicht Scheiße, denke ich, halte aber meinen Mund. Leider!) Immerhin sei er verheiratet und habe zwei Kinder. Hm.

Ich stehe irgendwie neben mir und dazu auch ein bisschen irritiert in seinem Arm, aber schon nimmt er mich bei der Hand und will wieder zurück nach oben. Im Eingang aber hält mich die Lady von eben zurück und meint, mich aufklären zu müssen. Nach etwa zehn Minuten „darf" ich das Gespräch beenden, und da ich ja nicht lüge, kann ich hier frei und offen, vor allem wahrheitsgetreu sagen, dass ich ihn weder geküsst noch sonst irgendetwas gemacht habe und dass ich auch die Finger von ihm lassen werde. Ganz bestimmt!

Doch kaum war ich oben, zieht er mich zu sich, schnuppert an meinem Nacken und versucht wieder und wieder mich zu küssen und ich flehe Gott an, dass ich standhaft bleibe, was ich auch „noch" tue. Klar, ein Gespräch wie: „Du bist verheiratet und hast zwei Kinder?" törnt natürlich so „richtig an" und so gibt er sich für einen Moment geschlagen. Ja, das stimme, lässt er mich wissen, aber seine Frau schlafe seit drei Jahren nicht mehr mit ihm. „Und warum?", wenn man fragen darf. Muss die blöd sein. „Sie hat gesagt, ich soll die Band aufgeben! Wenn ich das nicht tue, schläft sie nicht mehr mit mir. Und darum schläft sie nicht mehr mit mir!" Aha, so einfach also doch!

Wir reden über Musik, er erzählt, dass er Gitarrist sei, und langsam erwacht sein Feuer wieder und so, verdammt, bleibt es, bis endlich das Licht im Laden angeht und ich es „überstanden habe".

Himmel, ist das herrlich! Also, das kann ich ja jedem Mann oder jeder Frau nur empfehlen. Mein Selbstwertgefühl ist in diesen zweieinhalb Stunden um eintausend Prozent gestiegen. Und selbst wenn alle Komplimente, die er mir gemacht hat, erstunken und erlogen sind, so ist mir das so was von scheiß egal. „War das ein Abend", denke ich noch und folge ihm zum Ausgang, drehe mich kurz um und da viele Leute sich jetzt aus dem Laden rausdrängen, verliere ich ihn irgendwie aus den Augen, denke aber, ich sehe ihn draußen wieder. Tja, Fehlalarm. Er ist weg. Aufgelöst. Einfach aufgelöst. In Luft! Na ja, er hat mir erzählt, er wohne in Beverly Hills, aber wer kennt schon die Wahrheit? Ich gucke auf den zerknitter-

ten Zettel, den er mir kurz vorher noch in die Hand gedrückt hat, eine Einladung zum Konzert am 1. März.
„The XXXX ... Blast!"

Ich stehe in einer Traube von Menschen, die alle auf ein Taxi warten. Alle! Das kann ja heiter werden. Außerdem bin ich trotz meines immer noch andauernden „Überflieger-Gefühls" doch ein klein wenig enttäuscht, dass er sich nicht wenigstens von mir verabschiedet hat.
Ich glaube, jetzt würde ich ihn knutschen! Bestimmt sogar!
Aber ich kann ihm nicht verdenken, dass ihm das zu lange gedauert hat, und muss darüber ziemlich schmunzeln. Was für ein heißer Typ. Uaaahhh! Und während ich so vor mich hinschmunzle, fragt mich ein Typ, ob ich noch Lust hätte, mit auf eine Party zu gehen. In Kalifornien gehen die Lichter der Bars meist schon früh wieder an, will sagen, die meisten Klubs schließen gegen zwei oder drei Uhr nachts. Danach wird privat weitergefeiert. Warum also nicht? Was soll ich jetzt schon zu Hause? Also frage ich, wer noch „dabei" sei, und bekomme die Antwort: „Die ganze Band!", was auch immer das heißen mag. Eine „Stretched Limousine" fährt vor, die halbe Band sitzt schon drinnen und trinkt, ich steige mit meiner Begleitung hinzu, und während sich die Limo in Bewegung setzt, stelle ich fest, ich bin das einzige weibliche Wesen an Bord. Wodka haben sie nicht, was mir im Nachhinein wie eine glückliche Fügung erscheint, und so trinke ich nichts, während wir durch die Stadt rauschen. Meine Begleitung glaubt offensichtlich, er habe mich nun sozusagen zum Vernaschen „eingeladen", legt einen Arm um mich und dazu die Hand auf mein Bein. Ich bin doch wirklich nicht ganz bei Trost! L. A. bei Nacht, ich sitze mit 'ner Band in 'ner Limo und ausgerechnet der Drummer interessiert sich für mich. Ausgerechnet der!
Der könnte mich mit einer Hand erwürgen und hätte noch immer zwei Finger frei, um mit seinen Sticks zu wedeln. Vorsichtig nehme ich seine Hand aus meinem Nacken, als wäre sie ein rohes Ei, und als er mich küssen will, frage ich mich wirklich, ob mich gleich einer kneift und ich aufwache. Ich mache ihm klar, dass ich

ihn nicht küssen werde, womit ich nicht grade zu meiner „nicht Ermordung" beitrage, aber er ist Gott sei Dank höflich und fragt daraufhin nur, ob er mir nicht gefalle. „Doch, doch!", erwidere ich fast ein wenig zu schnell, aber er bleibt gelassen, während der Wagen langsam auf einen Parkplatz rollt. Ich schlucke! Abhauen? Mit einem Satz aus der Limo und auf und davon? Aber in welche Richtung? Verdammt, wo bin ich eigentlich? Ich bin die ganze Zeit so beschäftigt damit gewesen, den Drummer von irgendwelchen Dummheiten abzulenken, dass ich nicht mal sagen kann, ob ich noch in Los Angeles bin, was ich aber sehr wahrscheinlich finde. Mir kommt einfach keine zündende Idee. Da geht plötzlich das Fenster auf meiner Seite runter und ein Kopf schießt in meine Richtung, kommt ziemlich nah an mein Gesicht und mault und motzt. Ich schrecke zurück, aber mein Drummer hat alles im Griff. Außerdem steigen die anderen vier aus und auch das Fenster geht wieder hoch. Ich denke natürlich, die wollen den Streit schlichten, aber irgendwie kommen sie nicht zurück. Hm!??? Vorne sitzt gottlob der Fahrer und dadurch fühle ich mich ein kleines bisschen sicherer. Also, ein ganz kleines bisschen! Mein Drummer sagt jetzt so Sachen wie: „Du willst es doch auch!", und ich habe doch reichlich Not ihm klarzumachen, dass ich es nicht will. Aber so was von gar nicht. Wär ja auch noch schöner gewesen. Den Hammer-Traum-Typ lass ich zweieinhalb Stunden zappeln, um hier mit 'nem Drummer rumzumachen? Was glaubt der eigentlich, wer er ist? Dummerweise habe ich leider auch überhaupt keine Ahnung, wer er ist! Aber all das kann ich ihm jetzt grade wirklich ganz schlecht sagen und so frage ich nur vorsichtig, wo denn die anderen seien. „Im Klub", ist die prompte Antwort und eben so prompt schießt es aus mir heraus: „Da will ich auch hin." Ich schaue ihn mit riesigen Kinder-45-Jahre-Kulleraugen an, was tatsächlich zieht, denn siehe da, mein Drummer hat ein Einsehen. Aber er weiß ja auch schon, wo wir gleich hingehen werden, nur ich weiß das noch nicht! Und so lande ich in einem schmierigen Table-Dance-Klub, in dem die Frauen völlig unbekleidet tanzen und an der Stange herumrutschen, was teilweise ziemlich eklig aussieht, da ihre Scham ja ebenfalls ungeschützt an der Stange hinuntergleitet, aber die Band amüsiert sich königlich und auch mein Begleiter hat jetzt 500 Dollar in Ein-Dollar-Noten gewechselt und wirft diese mal hier und mal dort in die „Arena", da die Mädels ja keine Höschen anhaben, in die man die Scheinchen reinstopfen kann. Und als eine der Ladys zu uns rüberrobbt, sich dann mit dem Rücken zu uns dreht und sich somit brav „mit einem Blick durch ihr Hinterteil bis in die Augen" bedankt, habe ich wirklich die Nase endgültig voll.

Unter dem Vorwand, die Toilette aufzusuchen, flehe ich am Eingang den Türsteher an, mich nicht zu verraten, lasse ein Taxi kommen und verschwinde schnellstens, ohne mich zu verabschieden! Zu Hause angekommen sitze ich noch lange auf dem Balkon und denke ...

Was für ein Abend!

(Zur Nachahmung wird in diesem Falle doch nicht geraten. Oder doch?)

Gangsters

Wie immer ...

… zumindest seit ich an meinem Buch und meinen Geschichten schreibe, lasse ich einen guten Freund aus Hamburg über mein Geschreibsel lesen und freue mir immer ein weiteres Löchlein in den Bauch, wenn ich ein ermunterndes: „Habe Tränen gelacht", „weiter so" oder gar ein „du solltest mit Schreiben dein Geld verdienen" zugeschickt bekomme.
Nach einer langen Mail in dieser Nacht allerdings, als ich ein bisschen darüber sinniere, wo auf diesem Planeten mir das „Einsamsein" am wenigsten ausmache, und ich versuche, mir darüber klar zu werden, was ich alles so in meinem Leben vermisse, und das hat nichts mit dem kleinen Ausschnitt und den Zitaten zu tun, die ich auf der Kassette von „Promi pilgern" doch etwas entsetzt und vor allem zerfleddert und aus dem Zusammenhang gerissen über mich selbst erstaunt wahrnehmen habe dürfen, nimmt sich mein Freund, nachdem er meine Geschichten, vor allem aber meine Mail gelesen hat, tatsächlich viieeeel Zeit, über diese zu reflektieren. Er beginnt dabei mit dem Satz „Auch wenn du jetzt schuld bist, dass ich mich nicht disziplinieren kann, also zumindest heute, denn eigentlich habe ich keine Zeit zu schreiben, aber ich muss jetzt auf diese, deine Mail antworten und darum bist du schuld, dass ich mich nicht sofort disziplinière, und ich schreibe dir jetzt!"
Damit kann ich leben, denn ich kenne ihn ja mittlerweile etwa elf Jahre, mag seinen bisweilen herrlich schwarzen Humor und ihn genau aus diesem Grunde. Außerdem schätze ich seine Meinung sehr hoch, auch wenn sie mich manchmal fürchterlich nervt, weil er die Dinge ohne Umschweife auf den Punkt bringt, und zwar immer genau dann, wenn man viel lieber „ganz viele Umschweife" hätte, als unmittelbar der Realität ins Auge blicken zu müssen oder die Wahrheit zu hören.

Ich liebe die Wahrheit, aber meist nicht aus seinem Mund, weil er mir immer schon vorher erzählt, wie es „sein werden wird", wie ich mich „fühlen werde und was ich verpassen werde, wenn ich seinen Rat nicht befolge", vor allem wenn ich „da oder dort drehe", wie es mir ergehen wird und was ich nicht sehen werde, wenn ich „dies oder das anfange", und ich habe manchmal das Gefühl, er merke gar nicht, dass er mir schon vorher den Spaß verdirbt, weil er mir unbedingt schon das Ende in der gesamten Vorausschau erzählen muss, fast zwanghaft und für mich natürlich lehrmeisterhaft, wie es eigentlich gar nicht gemeint ist, und sich dabei dennoch schon das „Messer in meiner Hosentasche" öffnet, wie ein guter alter Bekannter oft mein Handeln zu beschreiben pflegt, wenn ich seine Meinung nicht teile und mich heftigst verbal wehre, was dann irgendwann nur noch auf einen blöden Streit hinausläuft, der mit „Inhalten" überhaupt nichts mehr zu tun hat, sondern einfach nur noch mit reiner Rechthaberei, und darin sind Steinböcke nun mal ziemlich extrem. Auch wir lassen uns nicht gern die Butter vom Brot, die Idee aus dem Hirn, die Katze aus dem Sack, den Spatz aus der Hand oder das eigene Empfinden aus dem Mund nehmen. Aber, wie jeder andere, lerne ja selbst ich dazu und bin viel ruhiger geworden in und bei Auseinandersetzungen, als ich es noch vor ein paar Jahren war.

Vor allem ist meine Devise ja eigentlich immer: „Wir sollten uns nicht auseinander-, sondern zusammensetzen!", was ich natürlich das eine oder andere Mal durch einen schnellen Abgang vom Tisch, weil ich z. B. stinksauer war, selbst ad absurdum geführt habe, weil ich mich nicht mehr setzte, weder zusammen noch auseinander, sondern aufstand und ging.

Habe ich allerdings bei ihm nie gemacht, weil es auch nie einen Grund dafür gegeben hat und wir in der Form auch noch nie aneinandergeraten sind.

Anstrengend zwischen uns beiden ist es eigentlich immer nur dann, wenn es um Themen geht, bei denen er sich gut auskennt. Blöderweise kennt er sich bei fast allen Themen ziemlich gut aus, was die Sache nicht grade erleichtert.

Vor ein paar Monaten hat er mir sogar einen Heiratsantrag gemacht. Ausgerechnet mir. Ausgerechnet er! Es war 'ne Menge Jim Beam im Spiel und hätte ich „Ja!" gesagt, hätte er sicher geantwortet, „das war doch nur so zum Spaß und um mal auszuloten, ob du Ja sagen würdest." Hatte ich aber nicht. Blöd war das trotzdem, denn ich finde, mit so was macht man keine Scherze. Nicht mit einer Frau im heiratsfähigen Alter! Und er hat ja auch nicht nur einmal, sondern gleich vier Mal gefragt. Na ja, wir sind Freunde und es war auch 'ne wirklich große Menge Jim Beam. Wahrscheinlich weiß er das schon gar nicht mehr. Genauso wenig, wie er vor ein paar Wochen doch tatsächlich während eines abendlichen Spazierganges behauptete, er könne sich gar nicht mehr daran erinnern, wie wir uns eigentlich kennengelernt haben. Als ich dann mit der Geschichte loslege, weil ich sie so gern mag, bremst er mich doch gleich aus mit „Will ich gar nicht hören". Ich habe sie dann aber trotzdem erzählt. Wie er vor meiner Wohnung stand, obwohl ich eigentlich eine Fotografin erwartet hatte. Wie ich mich von ihm fotografieren ließ, obwohl mir das irgendwie peinlich war, weil ich nicht gern fotografiert werde. Wie wir dann beim Italiener saßen und ich ein Glas Wein zu viel trank, wie er mich nach Hause brachte, um mir dann im Auto, in seinem Van, als unsere Gesichter beim Küsschen-Küsschen auf die linke und rechte Wange versehentlich auf den Mündern landeten, wir wirklich sehr heiß knutschten, spontan erklärte, dass ich, wenn ich mit ihm „f…" wolle, das eher hätte ankündigen sollen, da er nun nach Hause müsse und mich total perplex und peinlich berührt dann aus dem Wagen hüpfen ließ und abrauschte, während ich mich fragte, ob ich das wirklich „ausgeströmt hatte", und irgendwie keine rechte Antwort darauf fand. Und hatte er wirklich auch vergessen, dass er mich kurze Zeit später aus Spanien anrief, um mir kundzutun, dass er sich überlegt habe, dass er gern mein Liebhaber würde, worauf ich in schallendes Gelächter ausbrach und einige Tage später zustimmte, weil ich die Idee prima fand?

Er trank zu diesem Zeitpunkt keinen Alkohol und er wollte auch keinesfalls mit einer „Tusse" im Bett landen, die trank, nach Alkohol roch oder von Selbigem infiziert war. Harte Zeiten brachen herein, aber toller Sex! Total „nüchtern" kann ich jedem nur wärmstens empfehlen. Während ich anfänglich bei unseren Treffen in der

Heimat oder sonst wo auf diesem Planeten noch hie und da auf das alkoholische Getränk meines Nebenmannes oder -frau an der Bar, an der wir meist zusammenkamen, schielte, war das nach sehr sehr kurzer Zeit überhaupt kein Thema mehr.

Mit niemand anderem habe ich so viele „Hotelzimmer-Interieurs" verrückt, ohne sie zu zerstören, habe ich so viel Spaß beim Dauersex gehabt und ich kenne niemanden, mit dem ich morgens, so wie mit ihm, innen vor der Hotelzimmertür, als die ersten Zimmernachbarn sich zum Pool schleppten, gesessen hatte, während unser Zimmernachbar im Vorbeigehen unser nächtliches Stöhnen nachahmte und wir uns im Zimmer fast scheckig lachten und uns fragten, wie derjenige wohl aussehe und ob er, wenn wir das Zimmer verließen, uns erkenne, wir ihn aber nicht.

Und da kommt also heute eine lange Mail, in der steht: „Ich habe wieder mal herzlich gelacht, aber ich bin auch ein klein wenig eifersüchtig, weil du sogar von dem Fotofuzzi auf dem Derby schreibst, aber ... wo verdammt ist unsere Geschichte? Oder bekomme ich die erst zu lesen, wenn das Buch schon fertig ist ...???" In allen seinen Scherzen steckt immer ein Fünkchen Wahrheit, das muss man wissen. So also auch in diesem. Im Übrigen habe ich üben den „Fotofuzzi", wie er ihn nennt, dann doch nicht geschrieben. Das habe er doch gar nicht so gemeint, wäre ihm doch total egal, ob er oder wer auch immer in meinem Buch auftauche, wäre ja nur so 'ne Idee gewesen – oder irgend so'n Scheiß wird garantiert kommen. Drauf verwette ich meinen Arsch, von dem er im Übrigen meint, Mr. Sunshine wäre, wie viele Männer, die es nicht zugeben, auch auf breite Hintern scharf und da wäre vielleicht was gegangen. Da mich aber Surfboys eh seit ich die Dreißig überschritten habe, nicht mehr interessieren und man meine Ausführungen über Mr Surf-Turf auch gar nicht so ernst nehmen soll, interessiert mich auch nicht wirklich ernsthaft, ob der Mann auch den etwas dickeren Popo gemocht hätte. Dennoch merkt mein lieber Hamburger Freund an, dass ich, für seine Begriffe, viel zu viel über Fett- und Dicksein schreibe, und das würde mächtig nerven. Frauen ja vielleicht nicht so sehr, aber Männer würden so was nicht gerne lesen, weil der eine oder andere doch auch auf „strammere Mädchen" stehen würde, es allerdings wie gesagt nur nicht so gern zugebe. Aber immerhin falle dann die eigene „Plautze" nicht so auf, und da scheint aus Männersicht was Wahres dran zu sein. Abgesehen davon, dass er keine Plautze hat, weiß er dennoch über das Thema genug, nicht nur von Alters wegen, sondern weil er sich einfach viel mit Menschen beschäftigt. Ich schreibe also zurück, dass ich mich freue, dass er den Inhalt meines Buches und seinen Zweck genauestens erraten habe und dass mich das „umso mehr freue". Dies ist ein Frauenbuch!!! So wie „Hinter Gittern" eine Frauenserie war, wie man mir anfänglich ja fast bescheinigte. Dies ist kein Ratgeber, dies sind nicht meine Memoiren, sonst wäre das Buch nämlich viel dicker, als ich es zurzeit plane, falls es überhaupt einen Herausgeber finden soll, dies ist ein Buch für Frauen in meinem Alter, zwanzig Jahre drüber oder drunter, auch kein Problem, dies sind Geschichten aus meinem Leben und aus meiner Sicht und sie sollen … unterhalten! Nicht mehr, nicht weniger!

Ich frage mich schon lange, ob ich „unsere" Geschichte aufschreiben soll, denn immerhin will ich unsere Freundschaft weder belasten noch zerstören und auch unsere Umwelt nicht zum Nachdenken animieren, ob wir gemeint sind und waren, oder wer dieses „wir" denn sein könnte, also er aus Hamburg?

Wir sind beide bekannt wie bunte Hunde, und wir wollen doch niemanden irritieren!!! Außerdem ist das schon echt lange her!
Ich schreibe also zurück, dass ich definitiv unsere Geschichte schreiben werde, wobei mir direkt klar ist, dass unsere Geschichte zu lang ist für eine Kurzgeschichte und ich mich, wenn ich sie irgendwann mal schreiben werde, kurz fassen muss, um eine lange Geschichte zu erzählen. Wirklich lang ist sie aber auch nur, weil wir uns schon so viele Jahre kennen. Zwischendurch haben wir gar keinen Kontakt gehabt, mal hing er in einer Liebesgeschichte, mal hing ich fest, und immer, wenn wir mit anderen Partnern glücklich oder zumindest von ihnen „umgeben" waren, sahen wir uns nicht, sprachen nur gelegentlich mal am Telefon miteinander und freuten uns doch immer wieder, unsere Stimmen zu hören. Dann kam der

Tag, an dem ich ihn nach langer Zeit in seiner selbst gewählten Heimat besuchte.

Ich erinnere mich auf dem Weg dorthin an die Zeit, in der er mich im Pink Cadillac vom Bahnhof oder Flughafen abholte, sich wunderte, warum wir fast aufflogen, wenn man uns gemeinsam sah, da ja nun mal ein „pinkfarbener Cadillac" wirklich nichts Besonderes ist und doch von absolut jedem in Hamburg gefahren wird und sozusagen somit ein deutsches Allerweltsauto ist, gleich nach VW. Ich erinnere mich an die Zeit, in der er mir für einen Film das Fotografieren beibrachte, mit zwei Fotoapparaten gleichzeitig, und ich freue mich einfach nur riesig, ihn jetzt wiederzusehen. Wir folgen unserem alten Ritual (aber vielleicht ist das gar nicht „nur unseres", sondern das, das er mit jedem Mädel hat, wer weiß?). Wir essen irgendwo, meistens Steak, wir trinken mittlerweile das eine oder andere Glas dazu, dann gehen oder fahren wir zu ihm, wir reden noch ein bisschen, bevor wir ins Bett gehen, und als lägen keine Jahre dazwischen, haben wir dort eine wunderschöne Zeit. Wir passen auch nach all den Jahren noch immer „ineinander", ich rieche ihn immer noch so gern wie damals und es fühlt sich alles sehr vertraut an. Am Morgen wache ich wie immer allein auf, denn nachts ist er von meinem Schnarchen wach geworden und hat sich ins ehemalige Kinderzimmer verzogen, dann frühstücken wir und es wird auch schon Zeit, weiterzureisen, bevor wir spüren, dass wir uns miteinander langweilen, seine Arbeit nach ihm ruft oder wir beide am Telefon hängen, jeder in seiner eigenen großen oder kleinen Medienwelt, je nach Auftragslage. Wir sind einfach Freunde und eigentlich will er diese Geschichte ja nur lesen und/oder, dass ich sie schreibe, damit er darüber reflektieren kann, und um zu gucken, ob ich wirklich ein „cleveres Kerlchen" bin oder doch nur blond im dunklen Haarkleid. Unterstelle ich ihm jedenfalls. Auch schriftlich!

Da er meinen Geburtstag vergessen hat, oder besser gesagt, mir zu gratulieren, was ihm scheinbar grade einfällt, als er meine Geschichten liest, entschuldigt er sich mit den Worten, ich solle das nicht persönlich nehmen, er vergesse seinen eigenen schließlich auch immer.

Aha. Also ich habe seinen letzten Geburtstag nicht vergessen! Er hat sich nämlich auf meine Frage hin, was er sich von mir wünsche, tatsächlich für die Strapsabteilung entschieden und mir das auch ohne Umschweife gesagt. Mit „ohne Umschweife" meine ich, dass man davon ausgehen kann, dass dies als totaler Gag gemeint ist, und er keinesfalls damit rechnet, dass ich diesen in die Tat umzusetzen versuche. Also diesen, seinen Wunsch. Frauen wie ich tragen ja eher selten Strapse. Warum? Erstens, weil das total schwachsinnig ist unter Jeans, auch wenn man sich darin selbst sexy fühlen würde, aber eben die blöden Strapshalter an den Schenkeln und auch durch die Hose drücken würden. Zweitens dienen Strapse, zumindest meiner Auffassung nach, doch dazu, jemand anderen mit dem Anblick zu erfreuen, vielleicht sogar zu verführen, aber doch nicht zum eigenen Wohlempfinden für den nachmittäglichen Kaffeeklatsch mit der Freundin. Drittens: Ich finde, Strapse stehen mir überhaupt nicht.

Aber, wie sagte schon der Frosch zur Fee: „Bück dich Fee, Wunsch ist Wunsch!"? Und so denke ich also gewissenhaft über diesen Wunsch nach. Warum eigentlich nicht. Ein klein wenig über den eigenen Schatten zu springen hat noch nie geschadet und allein der Gedanke, wie ich das bewerkstellige, dass es spannend ist, aber nicht peinlich, und auch, was ich anziehen könnte, macht mir wirklich Spaß. Bis zu seinem Geburtstag ist es zwar noch ein wenig hin, aber ich darf sagen, er findet im Winter statt, wodurch die Vorbereitung bis ins Kleinste geplant sein will, einfach, um nicht zu erfrieren. Ich besuche meine Mutter im hohen Norden ein paar Tage vorher, nehme aber ein Hotelzimmer, denn am besagten Tag will ich mich ja irgendwie von dort als Geburtstagsüberraschung „fitten", und wie sieht das aus, wenn ich das bei Mutti vorm Spiegel mache? Geht gar nicht! Am Morgen rufe ich ihn an und gratuliere ihm zum Geburtstag. „Hey, danke. Wann kommst du denn, die Kinder sind auch da und freuen sich, dich zu sehen."

Die Kinder???

„Die Kinder? Oh wie schön. Hm, sag mal, wann fahren die Kinder denn wieder? Ich meine, wegen der Überraschung?"

„Welche Überraschung? Komm einfach rüber, wann du magst!"

„Aber das kann ich nicht bringen, ich meine, wegen … also weil … also … wegen der Üüüüüberraschung!"
Ich sitze also in einem „weniger als ein Hauch von nichts" auf dem Sofa im Hotel und denke: „Oh je, der hat das echt vergessen. Wie peinlich. Da wäre ich jetzt gefahren und hätte so vor der Tür gestanden, dazu noch im tiefsten Winter, und dann hätten mir fröhlich die Kinder geöffnet und ich wäre auf der Stelle tot umgefallen."
„Du immer", höre ich ihn sagen, „mach's doch nicht so kompliziert."
Was heißt hier, mach es nicht kompliziert? Das ist kompliziert!!!
„Ja äh", stottere ich ins Telefon, „dann geht das eben nicht. Also, dann kann ich dir deinen Wunsch nicht erfüllen!"
„Was denn für 'nen Wunsch?", er klingt langsam genervt:
„Na ja, mit dem sexy und so! Dein Wunsch eben."
„Ach so! Dann zieh doch 'ne Jeans drüber", der Groschen fällt also bei ihm.
„Nee, das geht nicht!" Genau darauf habe ich ja überhaupt keinen Bock!
„Ruf dich gleich wieder an!", und er legt den Hörer auf.
Ich beginne, die Strümpfe von den Beinen zu rollen, als es wieder klingelt: „Hallo?" „Ja?" „Die Kinder sind in 'ner Stunde weg, kannst kommen. Bis gleich. Freu mich."
Toll! Das ist so, wie wenn man 'nen Witz erklären muss. Wenn man ihn dann erklärt hat, lacht bekanntlich niemand mehr. So und absolut genau so fühle ich mich. Ich rauche erst mal eine, denke nach und bekomme ein schlechtes Gewissen. Super, jetzt habe ich auch noch die Kinder, die sich auf mich gefreut haben, verjagt. Na klasse!
Besser hätte meine Überraschung ja gar nicht laufen können. Dennoch ist eines klar. Jetzt gibt es kein Zurück mehr. Was mir dann auch gar nicht sooo schwerfällt, da ich schon oft nackt oder halbnackt auf den Bühnen dieser Welt gestanden habe und ich das Ganze eher wie einen „Auftritt" sehe. Noch im Kleid verlasse ich den ganz hohen Norden, um mich auf einer Autobahnraststätte eben des Kleides zu entledigen, was ohne Hinschauen gar nicht so einfach ist. Ich knöpfe schnell den Ledermantel über das wenige,

das mich bekleidet, ziehe die hohen Schaftstiefel an und brauste los, frierend und immer in Gedanken, ich möge jetzt bloß keinen Unfall bauen. Das wär es ja noch, denke ich so bei mir, dass man mich so, verletzt, im Straßengraben findet. Nicht auszudenken.
Aber alles geht gut, der Kuchen mit Kerze brennt, als ich auf High Heels über den nassen Rasen „klettere", und mein geöffneter Mantel-Auftritt verfehlt seine Wirkung nicht, was mich natürlich sehr freut, und ihn auch. Und das hatte er vergessen???
Natürlich brauche ich ihn nicht daran zu erinnern, schreibt er mir in seiner nächsten Mail. Na also! Das wäre ja auch noch schöner! Außerdem hat er gesagt, dass das noch niemand vorher für ihn gemacht habe, und ich habe ihm das geglaubt. Glaube ich ihm übrigens immer noch. Wobei er immer ein „Leckerchen" war und noch ist und sicher die eine oder andere Dame in seinem Umfeld diesen Wunsch ebenfalls sehr gerne erfüllt hätte. Aber das sei nur am Rande erwähnt.

Dann folgt seine „Geschichtenkritik". Da müsse 'ne Freundin her, die man ständig anruft, denn das sei doch bei Frauen das Wichtigste und die würden doch schon mit Handy in der Hand geboren. Dann vergleicht er mich mit Bukowski, wobei ich Henry Miller lese, warum auch immer, und ich erlaube mir, ihn darauf hinzuweisen, dass ich glaube, dass er Herrn Miller lange nicht mehr in der Hand gehabt, geschweige denn gelesen habe, oder vielleicht eben ein paar Seitchen, aber nicht mehr, und dass ich überhaupt nicht verstehen könne, wie ein solcher Vergleich bei ihm zustande komme, diesen weit hergeholt finde, und dass er einfach nur „hinke", also der Vergleich. Außerdem denke er scheinbar eh, ich sei defizitär in so ziemlich allem, was ich tue oder von mir gebe, denn er weise ständig, natürlich nur „der Ordnung halber", so nennt er das, auf Dinge hin, die er als Mr. Superschlau und großer Frauenversteher natürlich bestens über die Frauenwelt wisse, und leicht genervt empfehle ich ihm, doch einfach sein eigenes Buch zu schreiben, wenn er das so gut könne. Ich schreibe auch, dass ich bei der Wahrheit bleiben werde, auch wenn er das langweilig und zu wenig „ausgeschmückt" findet.

„Frauen wollen das so", ist sein Kommentar, jetzt mal hier in verkürzter Form, denn sonst könnte ich ja gleich die ganze Mail abdrucken. Ich bin da anderer Meinung, verweise auf die SMS-Generation, zu der ich selbst gehöre, und merke, wir kommen hier nicht weiter. Er wolle gar kein Männerbuch schreiben, fühle sich aber aufgerufen, mich darauf hinzuweisen, dass ich völlig „beratungsresistent" sei, wie im Übrigen die meisten Frauen, seiner Meinung nach. Und spätestens jetzt ist mir total schlecht und ich will mich übergeben, so sehr hasse ich dieses Wort!

Und das alles nur, weil ich angeblich gegen seine Beratung resistent zu sein scheine, wie er glaubt, und was eigentlich so überhaupt nicht stimmt, denn wie ich schon sagte, ist mir seine Meinung wichtig. Aber weil ich nicht sofort schreie: „Hey Baby, alles super Ideen. Vielen Dank! Darauf wird mein Buch aufbauen. Meine beste Freundin, die ich täglich für Hunderte von Euros anrufe und mit der ich alles, aber auch absolut alles bequatsche, was mir hier passiert, weil Frauen das nun mal so machen und nur so … klar Baby, so mach ich es. Echt! So wird's gemacht! Wirklich! Genau so mach ich es. Füllsel über Füllsel … das wird mein Buch. Danke!", ist er irgendwie angefressen. Und ich jetzt auch.

Ich bestätige ihm noch, dass er jetzt sein Kapitel gaaanz am Ende zu lesen bekomme, damit er mich dann verklagen könne, wir uns das Geld dann teilen und uns zwei Hütten, natürlich erst, wenn es in Deutschland keinerlei Verpflichtungen mehr gebe, in Thailand davon kaufen werden und er dann dort, als mein Buchberater, ich als seine Beziehungsberaterin, leben könne, was er übrigens mittlerweile ebenfalls hasst wie die Pest, also wenn ich ihm Ratschläge zu diesem Thema gebe, ungebeten wohlgemerkt, die, wie ich leider zu meiner Schande gestehen muss, oft auch irgendwie am Beziehungsthema vorbeischlittern und eher auf das „Mal einen wegstecken für einen Abend" hinzielen. Ich meine es ja nur gut!

Er schreibt zurück, dass, wenn er mich verklagen könne, ich das ja dann so oder so zahlen müsse und ich ihm ja darum jetzt schon das Geld geben könne. Mit allem anderen könne er so weit leben. Darauf sein Wort. Natürlich hat er wieder mal recht!

Gott, bin ich blond!

Live the life you love

Ich muss die Nacht mit dem breitesten Grinsen der Welt auf den Lippen verbracht haben, denn irgendwie habe ich fast einen Lippenkrampf, als ich aufwache, und lächle immer noch.
Ich bedanke mich beim lieben Herrgöttchen und beginne den Tag ausgelassen und beschwingt. Der einzige Wermutstropfen, der mich immer wieder zwischendurch beschleicht, ist der Gedanke, dass ich so unüberlegt und unvorsichtig in diese bescheuerte Limousine gestiegen bin. Aber, wie dä kölsche sät: „Et hätt ja nomma jood jegange", denke ich jetzt auch und trabe vergnügt ins Badezimmer und lasse mir Wasser ein. Not macht ja bekanntlich erfinderisch, und so habe ich mir inzwischen aus einer Plastiktüte mit Klopapier-Innenleben einen Pfropfen gebastelt, da ich einfach keinen Laden finde, wo man so ein blödes Ding kaufen kann. Aber geht ja auch so! Ich nehme also ein heißes Bad und träume so vor mich hin. „Die wilden Jahre sind vorbei", kommt es mir in den Sinn, und mir fällt mein erster, mehr oder weniger unfreiwilliger One-Night-Stand ein, worüber ich nun wirklich herzlich lachen kann, damals aber umso weniger. War ich doch, nachdem meine allererste Beziehung mit meinem „Rocker" dreieinhalb Jahre gehalten hatte, nun ein halbes Jahr solo und hatte das Auge auf einen Typen aus der Nachbarschaft geworfen, der in meiner Clique war, oder besser gesagt, ich kam sozusagen in seine. Weg von den Rockern, hin zu den Softies. Ein glasklarer Sprung in eine völlig andere Welt, die mir bis dato irgendwie komplett entgangen war. Also Abiturienten und so. Ich ging zwar selbst aufs Gymnasium, aber ich teilte meine Freizeit meist nicht mit den Leuten, mit denen ich zur Schule ging. Gut, dass meine Eltern mich freundlicherweise mit zwei Namen bedacht haben, also Katy Nina, denn so wusste ich immer genau, wo ich mich befand. Katy war ich am Morgen,

zu Hause, in der Schule, im Chor und bei Schulkameraden, Nina war ich am Abend, in der Rockband, bei den Rockern und als Mädchen von der Straße. Ganz einfach.

Und nun war Katy also auf der Fete bei den Nicht-Rockern geladen, die allerdings Nina Hagen hörten, und wir hüpften uns die halbe Nacht die Galle raus zu „Punk", dem ersten Album von Nina.

Als sich die Party etwas leerte, zeigte mir der Gastgeber (seine Eltern waren übers Wochenende verreist und wir hatten sturmfreie Bude) den Keller und ein darin stehendes Ehebett, von dem er vorschlug, dass wir, wenn die anderen weg seien, darin übernachten könnten. Wie gesagt, ich war siebzehn und ich hatte erst mit einem Mann geschlafen.

Ich will damit nicht sagen, dass es mehr hätten sein sollen, aber ich war mächtig aufgeregt, denn ich fand ihn ja super. Gesagt, getan. Die Party war vorbei und wir schliefen unten … in einem Bett. Auf genauere Beschreibungen verzichte ich hier, nicht, weil sie mir entfleucht sind, sondern weil ja so ziemlich jeder wissen wird, was man so macht, wenn man es macht. Dennoch war ich ziemlich früh am Morgen putzmunter, ließ den Guten schlafen und ging nach Hause, um mich frisch zu machen, denn am Nachmittag wollten wir alle bei einer Freundin kochen. Als ich dann später zu dieser besagten Freundin kam, war ich die Letzte, die eintrudelte. Wir alle begrüßten uns mit Küsschen und dann war ich bei ihm angelangt. Ich schob mich ihm entgegen, denn ich wollte ihm einen Kuss geben. Und was macht er? Er gibt mir die Hand. Der gibt mir tatsächlich die Hand?! Die Hand!!!

Hier versteht man dann wohl auch das Wort unfreiwilliger One-Night-Stand. Die Hand gibt der Arsch mir!

Ich wäre doch niemals mit ihm im Bett gelandet, wenn ich nicht geglaubt hätte, wir seien dann „zusammen". Niemals! Ich glaubte doch an eine Beziehung, an eine Reise zu zweit. Die Hand! Dieser „Softie" war so dermaßen abgebrüht, dass ich mich heute noch übergeben könnte. Man stelle sich vor, das wäre die erste Nacht in meinem Leben gewesen und dann … die Hand!!!

Schwamm drüber, lange her und wirklich Schnee von gestern.

Ich grinse lieber wieder vor mich hin. Ins Badelaken gewickelt fingere ich in der Hose nach dem Zettel. Weg! In der Tasche. Weg! So ein Mist. Ich hänge mich vor den Computer, und zu meinen Füßen liegt er, der Zerknitterte.

Sofort google ich mir die Finger wund. Aber zunächst kann ich nichts finden. Die Band muss total unbekannt sein. Aber so nach und nach folge ich seiner Spur, erinnere mich an seinen richtigen Namen, den er mir, nach vielem Bitten und Betteln dann doch irgendwann ins Ohr gehaucht hat, und siehe da, ich komme der Sache immer näher. Und auf einmal googelt mir ein Lichtlein auf. Unter seinem Namen finde ich zunächst nur einen Rechtsstreit, der öffentlich im Netz zugänglich ist, aber das kann er ja nicht sein, denn hier geht es scheinbar um Wirtschaftsprüfer, die gegeneinander prozessieren, soweit ich es den Unterlagen, die ich einsehen kann, entnehme. Dann finde ich einen Sportpräsidenten und bei weiterer Suche den Weltmeister im Arm-Wrestling, der immer noch seinen Titel hält im Mittel- und Schwergewicht. Hm. Endlich finde ich seine Page. Mit Bildern und Videos, Yiehaaaah! Tatsächlich spielt er Gitarre, die Band wird als Party-Band beschrieben, er singt auch, die Videos sind teilweise wirklich witzig oder zeugen von Tiefgang, aber er sieht in natura nicht so schlecht aus wie auf den Fotos. Nur drei Bilder kommen seinem augenblicklichen Erscheinungsbild nahe und eines davon ist ein Bild, klar, mit Surfbrett, (wie auch sonst) in Malibu, eines mit seiner roten Harley und eines, auf dem er mit seiner Gitarre steht. Und die vielen leicht bekleideten Mädchen überall? Back up- und Backgroundsängerinnen! Tatsächlich! Diese Party-Band sucht sich nämlich fast für jeden Gig, also für jeden Auftritt, andere Mädels. So also kommt man auf so viele „Sängerinnen". Ich sitze kopfschüttelnd und lachend über den Seiten und habe richtig Spaß. Der Mann „doodelt" gern, soso. Kritzelt also Freunde oder Bandmitglieder auf Zettelchen, die er irgendwo findet, und manch ein Bild sieht aus wie eines von Udo Lindenberg. Nicht ganz so toll, aber in die Richtung, leider aber gänzlich ohne Likör gemalt. (Hier sei betont, ich liiiieeeebe Udos Bilder!!! Und seine Musik eh!) Über ein Foto stolpere ich allerdings. Drunter steht „Doctor" und das Bild zeigt einen Rock 'n' Roller mit einem Hütchen auf. Ich stolpere ja auch eigentlich nicht über das Bild als viel mehr über den Doktortitel. Und nachdem ich die Seite rauf- und runtergeguckt, Musik gehört und Videos gesehen habe, lande ich auf einer japanischen Fanseite, auf der nur der Text über die Band auf Englisch geschrieben ist. Erst denke ich, ich spinne, und traue beim Lesen meinen Augen nicht. Aber warum sollen die so was schreiben, wenn es nicht der Wahrheit entspricht? Der Mann ist tatsächlich Weltmeister im Arm-Wrestling, Sportpräsident, war früher Footballer mit der Nummer 86 und ist, man halte sich fest, Wirtschaftsprüfer!

Klar, dass seine Alte will, dass er aus der Band aussteigt und seinen „anständigen Job" macht, statt Bier und Whiskey zu saufen und Spaß zu haben. Er lebt in Beverly Hills, ich sehe seine Kids, die wirklich niedlich sind, seine Corvette, seine Kawasaki, seine Harley und alles, was er so nebenbei erzählt mit totalem Understatement, all das ist wahr!

Ja, ich staune nicht schlecht. Ich gestehe, dass mich all das einfach richtig erleichtert. Jetzt darf ich ja wohl selbstredend davon ausgehen, dass alles, was er, überaus Schönes, über mich gesagt hat, die Wahrheit ist und nichts als die Wahrheit!!! Darauf eine Dujardin! (Weiß ja eh kaum noch jemand, was das ist, hihi!)

Ich ziehe mich an und laufe zu Starbucks und genehmige mir einen Grande Latte, mit dem ich mich vor die Tür setze, rauchend, versteht sich! Dann spricht mich ein wirklich netter Mann im Rollstuhl an und wir haben ein gutes Gespräch. Glaube ich jedenfalls, denn er lacht freudig, als ich weitergehe, und ich freue mich auch. Er ist zwar leider auch sprachbehindert, was zu extremen Missverständnissen führen kann, denn er spricht englisch und nuschelt, aber wir haben dennoch ganz viel Spaß, und fröhlich laufe ich Richtung Strand.

Heute wird es einen besonders schönen Sonnenuntergang geben, denke ich. Und so genieße ich das herrliche Rot und Gelb am Himmel und bin irgendwie glücklich. Auch macht sich kein bisschen Leere oder Heimweh in mir breit und ich fühle, dies ist ein guter Tag.

Ein guter Tag, um Gutes anzuziehen! Ich stelle mir die Frage, was ich eigentlich anziehen will im Leben und wer oder was mich anzieht.

Aus diesen sehr sinnvollen Gedanken heraus beschließe ich, am Abend eventuell, natürlich nur ganz eventuell, im Klub vorbeizuschauen, bis mir einfällt, dass ich eigentlich gar nichts anzuziehen habe. Wurscht. Kalifornien ist leger und mir wird schon was einfallen, bin ja immer schon sehr erfinderisch gewesen, und so ist es dann auch. Gegen elf mache ich mich also auf den Weg und bin gegen halb zwölf am Klub angelangt. Draußen ist es wieder picke packe voll, aber wie immer darf ich hinein, was nicht immer und nicht in jedem Klub üblich ist, auch nicht hier im Legere-Land, aber der Türsteher mag mich, ich bekomme immer viel mehr Verzehrbons als andere, aber vielleicht haben die auch dauerhaft Männer-Überschuss. Wer weiß das schon?

Wenn man dann auch noch in den Innenbereich des Klubs will, muss man nochmals an einem weiteren Türsteher vorbei, aber auch bei dem habe ich aus irgendeinem mir nicht bekannten Grund einen Stein im Brett und alles ist cool. Aber das Beste ist, er ist da!

Ich hole mir grade einen Drink, als er mich entdeckt, sich riesig freut, mich zu sehen, mich kurz drückt, Küsschen, Küsschen, und dann stehen wir eine Zeit lang und ich erzähle, von der Webseite, von den Videos, was mir gefallen hat, und zwischendurch knuddelt er mich, guckt aber auch extrem oft an mir vorbei. Ich bestelle mir einen weiteren Drink, als eine gut aussehende junge Frau, Mitte zwanzig vielleicht, mit einem Hammer-Dekolletee und sehr sinnlicher Figur aufschlägt. Er lässt mich stehen, um sie zu begrüßen. Dann geht er mit ihr zur hinteren Ecke der Tanzfläche, weil dort seine Jacke liegt, wie er sagt. Er tanzt kurz, dann scheinen die beiden sich einig und verlassen gemeinsam den Klub. Auch einige Zeit später sehe ich ihn weder unten in der Raucheсke noch im Saal. Der hat jetzt Sex, denke ich. Guten Sex! Beneidenswert. Nach etwa zwei Stunden etwa tauchen die beiden wieder auf, sie trägt die Haare jetzt lockerer, die beiden tanzen viel und verbringen den Abend zusammen. Mich bittet ein junger hübscher Mann namens Christopher zum Tanz, und nachdem ich ihm erklärt habe, dass ich wegen meines Knöchels nicht tanzen könne, meint er, das mache nichts, dann tanze er eben für mich. Und so stehe ich mit einem Mal auf der Tanzfläche und gucke einem jungen Mann beim Tanzen zu, während sich blöderweise der „ganze Kerl" direkt in dessen Hintergrund befindet und es so aussehen müsse, als spioniere ich ihm hinterher. Ich beschließe also, mich zu bedanken fürs „Vortanzen" und unten an die Bar zu gehen. Ich stehe da, wo wir am Vorabend gestanden haben, und finde mich selbst nur saublöd. Was habe ich denn gedacht? Dass der sich die ganze Abblitze von gestern Abend heute noch mal reinzieht, um am Ende mit einem Kuss als Belohnung nach Hause zu gehen? Hallo??? Der Mann ist erwachsen und ich auch. Wofür spare ich mich denn hier bitte schön auf im Alter von 45? Habe ich sie eigentlich noch alle? Und erfahren wird es doch auch niemand. Also niemand, der mich kennt. Nicht mal das. So blöd muss man erst mal sein!!! Gut, passiert. Ich habe dadurch jedenfalls wieder den Blick frei auf die wesentlichen Dinge des Lebens, die da wären … hm … die da wären … na ja, und bin auch dankbar, dass ich schon 45 bin. In jungen Jahren hätte der Typ mir das Herz gebrochen, so viel steht fest. Tausendprozentig! Aber da hätte ich mich wohl auch nicht so angestellt. Der Zug ist jedenfalls abgefahren. Aber, alles hat ja seine zwei Seiten und so lerne ich jetzt Barbara kennen. Barbara ist Casterin und wartet eigentlich auf jemanden, der unterwegs war, um sie abzuholen. Dadurch aber, dass das wirklich lange dauert, haben wir ein super Gespräch, tauschen Telefonnummern aus und planen, uns in der kommenden Woche zu treffen und zusammen zu essen. Ich bestelle mir noch einen Wodka, da geht das Licht an und der Laden schließt. So laufe ich in die Arme von Larry, und wenn es ein absolutes Gegenteil von „Schwips" gibt, dann ist das Larry. Larry ist einen halben Kopf kleiner als ich, sieht ein wenig aus wie ein etwas unterernährter Sumo-Ringer, ist japanischer Abstammung und einfach herzerwärmend. Wir kommen ins Gespräch, ich trinke meinen Wodka ein klein wenig zu schnell, weil wir ja den Laden verlassen müssen, wir tauschen Nummern aus, weil wir uns nett finden, und schon stehe ich wieder da, wo ich

den Abend davor vom Drummer eingesammelt worden bin. Da fragt Larry, ob ich noch mit auf eine Party wolle, und ich fühle mich wie Bill Murray in „… und täglich grüßt das Murmeltier". Er will nur schnell seinen Bekannten und das Auto holen und als ich ihn nur noch von hinten sehe, springe ich auf die Straße und klaue den anderen Wartenden einfach das Taxi vor der Nase weg. Taaaaxxxxxxxxxiiiiiii!!! Keinesfalls werde ich heute Abend irgendwo landen, ich will keine Hand auf meinem Bein, keine um meinen Hals, ich will auf keine Party und überhaupt will ich nur nach Hause. Ich will einfach nur ins Bett und dahin fahre ich auch. Auf direktem Weg!
Um halb fünf bekomme ich eine SMS mit der Frage, ob ich gut nach Hause gekommen sei, aber ich sehe sie erst um acht, als ich aufstehe.
Eine weitere Nachricht hinterlässt mir Larry direkt am Morgen auf dem Anrufbeantworter, er will sich nur erkundigen, wie es mir gehe. Irgendwie nett, denke ich und schicke eine SMS, dass es mir gut gehe. Nachmittags telefonieren wir lange und ich erfahre, dass er ein Computerspezialist für Sicherheitsfragen sei, eigentlich in der Karibik lebe, aber von großen Firmen gebucht werde, deren Sicherheitssysteme er prüfe und dadurch seit vier Jahren nicht mehr zu Hause gewesen sei auf Virgin Island, wo sein Haus stehe. Seine Frau habe ihn verlassen, weil er nie da sei, und ich denke noch, ist ja kein Wunder, wer will den Gatten denn alle vier Jahre mal wiedersehen, da stolpere ich, während ich noch mit ihm spreche, in einem kleinen Laden über einen Schlüsselanhänger mit dem Spruch: Love the life you live, live the life you love!
Wie wahr!!!
Und ich hätte Mr X doch knutschen sollen, ich Trottel.

Sex des Jahrtausends

Morgens finde ich eine Mail in meinem „Körbchen", das dem Einkaufskörbchen gleicht, welches wir alle von Ebay kennen:
„You are soo sweet ... I wanna see ya again." Ich denke aber supergenau dasselbe und antworte eigentlich schon parallel zum Lesevorgang.
Yor are soooo sweet, denke ich ... ungehobelt, wie ich nun mal bin. Und wiedersehen will ich ihn auch. Und da beginnen, wo wir aufgehört haben, in dieser Freitagnacht, als ich scheinbar meine Sinne nicht mehr beisammenhatte, diesen „Supermann" einfach laufen zu lassen. Und ich rede hier wirklich nicht von Liebe, ich rede von den Dingen, die mir in den letzten Jahren abhandengekommen sind, weil ich Vollidiotin einfach eine treue Seele bin. Die ich mir abknipste, oder verkniff, obwohl es eigentlich überhaupt keinen Grund dafür gab, jedenfalls keinen, der mir jetzt und hier einfallen will. Ich scheibe also schnell zurück, dass es mir ein Vergnügen wäre (ein Vergnügen? Ich, die Vergeuderin, schreibe „Vergnügen?"), nein, ich schreibe, dass ich mich super freue, dass er mich angeschrieben hat, und biete mich als Date an. Mach das niemals, denke ich noch, aber schwupps, ist die Mail auch schon von dannen.
Ich habe Zeit! Vieeeel Zeit, denke ich und gucke schon wieder in den Posteingang, während ich über meine „ach sooo viele Zeit nachdenke".
Ich habe sooooooo vieeeeeeeeeel Zeit.
Pling!
Ich lächle.
„Are you the chick from 336? Danke, dass du dich gemeldet hast. War heute Nacht bei dir und habe eine Einladung zum Konzert hinterlassen!"

Chick? Hier geht es ja nicht um „gut angezogen", hier geht es wohlgemerkt um ein süßes Mädchen mit 'nem süßen Hintern. Das ist eine „chick". Und 336? Nein, das bin ich definitiv nicht! Ich wohne auch nicht „somewhere around" in der „neighbourhood". Scheiße, entfährt es mir laut, ungewohnt laut! He mixed me up! Er hat mich in den Mixer gehauen und weiß nicht, wer ich bin!? So eine verf ... Scheiße!!!

Erhängen, ertränken? Oder einfach nur surfen und untergehen? Die Wahl der Qual rüttelt mich auf und ich kann seine Mail keineswegs so stehen lassen. Ein klein wenig enttäuscht, aber irgendwie auch sortiert, greife ich zu Feder und Tastatur! Kurz, aber eigentlich breit und vor allem bereit, diesen Kampf nach Hause zu tragen, schreibe ich ihm, dass ich nicht diejenige sei, für die er mich halte, und ich wünsche ihm viel Spaß mit 336. Was und wer auch immer das sein mag. Eine Appartementnummer, Telefon? Ein Haus??? Ich wünsche ihm Spaß.

Ich ihm! Oh je!

Ich will auch Spaß!

Das ist zwar nicht der Grund, warum ich hier bin, aber ich weigere mich einfach „ab sofort" weiterhin auf meine Sexualität zu verzichten! Jawohl! Ich weigere mich!

Nach einigen Mails hin und her bittet er mich um meine Telefonnummer, die ich ihm natürlich trotzdem gebe. Dummerweise habe ich das Telefon auf lautlos gestellt und so ruft er zwar an, erreicht mich allerdings nicht. Aber er ist ein cleveres Kerlchen und macht das sicher nicht zum ersten Mal. Ich schon! Ich rufe also, nachdem ich seine wirklich lustige Ansage gehört habe, in der er sich darüber beschwert, dass ich ihm zwar meine Nummer gebe, aber dann nicht erreichbar sei, zurück und wir haben ein wirklich schönes Gespräch, an dessen Ende er sich mit mir verabreden will. Mittlerweile weiß er natürlich auch wieder, wer ich bin. Also? Warum nicht???

Wir verabreden uns ... aber nicht im Klub, nein! Er holt mich von meinem Dinner mit Loraine und Carl ab, zu dem ich die beiden eingeladen habe.

Ob mir 22.00 Uhr gefällig wäre.

Huch?

Ich stimme zu, weiß ich doch, dass der Kalifornier an sich ja immer und schon aus Gewohnheit unpünktlich ist, und richte mich innerlich darauf ein. Gebongt! Das Date steht!

Den Resttag verbringe ich am Meer und mit kleinem Rückblick auf die Zeit, die ich hier verbracht habe, und auch irgendwie mit der Frage, ob ich mir vorstellen könne, den „Sunny way of life" einzuschlagen und hierzubleiben, wenn ich nur wüsste, wovon ich leben solle.

Natürlich bin ich mir all dessen bewusst, was ich in Deutschland noch so alles zu erledigen habe, und so verwerfe ich weitere Gedanken an meine Auswanderung, springe unter die Dusche und mache mich nett für den Abend mit meinem zauberhaften Autorenehepaar, das mir mittlerweile wirklich sehr ans Herz gewachsen ist. Außerdem beschleicht mich insgeheim das Gefühl, Mr X komme eh nicht, und ich merke, dass das eigentlich auch gar nicht mehr so wichtig ist. Schließlich bin ich nicht verliebt und Spaß haben lässt sich auch vertagen. Und wenn es nicht ist, dann ist es eben nicht. Ist ja nur so eine Idee.

Ich sitze also bei einem zauberhaften Abend mit Loraine und Carl, als um Punkt zehn die Tür des Restaurants aufgeht und Mr X erscheint. Breit grinsend und in einen Leopardenanzug gehüllt rauscht er herein und auf unseren Tisch zu.

Ich muss gestehen, ich habe ja so ziemlich mit allem gerechnet, aber sicher nicht damit, dass er, also wirklich auf die Minute, erscheinen würde.

Auf meine Frage, ob wir zusammen noch einen Drink nehmen wollen, erwidert er, dass sein Auto total schlecht stehe, und Loraine und Carl nicken verstehend, weil sie das Parkproblem ganz sicher zur Genüge kennen. Ich zahle die Rechnung, denn ich habe die beiden ja eingeladen, verabschiede mich mit einem kleinen Anflug von schlechtem Gewissen und Mr X entführt mich in die Nacht von Santa Monica. Er nimmt mich an der Hand, als sei dies das Normalste von der Welt, und bringt mich sicher über den holprigen Gehweg. Tatsächlich steht sein Auto sehr schlecht, eigentlich mitten auf der Straße und würde wohl tatsächlich alsbald abgeschleppt werden, aber nun steigen wir ja beide in den weißen Mustang und fahren zu mir.

Dieser Abend nimmt sein rauschendes Ende ca. zweieinhalb Stunden später, wir verabreden uns für den nächsten Tag, ich winke ihm vom Balkon und er mir von der regennassen Straße aus zu und wir werden bis zu meiner Abreise noch einige Nächte so verbringen. Musik hören, Videos gucken, seine und meine, wir werden kichern und Spaß haben und es uns gut gehen lassen. Wir reden nicht von Liebe, denn um die geht es nicht. Unsere Körper mögen einander und fahren aufeinander ab und ich kann nichts Schmutziges daran finden. Es geht mir gut, ich fühle nach Jahren wieder meinen Körper, den er fühlend gemacht hat, und eigentlich bin ich ihm unendlich dankbar dafür und will laut rufen: „Die Frau ohne Unterleib hat wieder einen." Hier weiter ins Detail zu gehen, ist wirklich unnötig. Sollten Sie also Singlefrau sein wie ich, empfehle ich nicht die Reise nach Mallorca oder Ibiza, sondern einen Ausflug in den sexy Rock 'n' Roll Los Angeles. Wenn Sie allerdings liiert sind, dann kann ich nur empfehlen: Lassen Sie Ihren Mann zu Hause. Die Ladys hier sind unfassbar schön und vielleicht sind Sie nach dieser Reise dann wirklich Single-Frau? Kann passieren! Den Männern, die diese Geschichten vielleicht doch lesen werden, möchte ich eine kleine Studie mit auf den Weg geben. Werden Sie nicht nachlässig, was Ihre jetzige Partnerin betrifft. Die Frauen hier sind zwar schön und auch cool, aber eben auch nicht anders als woanders. Es sei denn, Sie stehen auf ein Lächeln. Das bekommen Sie hier rund um die Uhr, denn geflirtet wird, was das Zeug hält. Ich behaupte ja, das macht die kalifornische Sonne.

Natürlich ist die Kalifornierin körperbewusst und das bedeutet, sollten Sie an eben einer Kalifornierin interessiert sein, stehen auch Sie irgendwann auf der Joggingmeile, um sich das berühmtberüchtigte Six-Pack anzutrainieren. Außerdem werden Sie an „Turn-Ringen", wie wir sie von den Bundesjugendwettspielen her kennen, am Strand und somit vor aller Welt turnen müssen, und das nicht zu knapp, um hier punkten zu können. Sie müssen bereit sein, sich das Brusthaar „wachsen", und damit meine ich keinesfalls

stehen, sondern entfernen zu lassen, über Haare auf dem Rücken reden wir hier bitte sowieso nicht. Sie sollten also sportlich sein, oder sexy, oder extrem, am besten aber gleich alles zugleich, und Ihre Anmache sollte ausgefeilter sein als die, die Sie in Deutschland oder auf Malle benutzen. Sie sollten surfen, aber eben auch ein Surfbrett stehend paddeln können, was scheinbar gar nicht so einfach ist, Sie sollten sich ein dickes Auto leisten können, also zumindest einen coolen Mietwagen, Sie sollten keinesfalls geizig sein, denn das wird hier nicht besonders geschätzt, aber viel besser noch, Sie sind gleich Vielverdiener. Vor allem sollten Sie Vielverdiener sein, wenn Sie nicht turnen wollen! Oder Sie machen schnell noch einen Gesangswettbewerb mit, falls Sie nicht schon Sänger sind. Das kommt hier immer gut und Sie haben alle Chancen der Welt, die Frau Ihrer Träume zumindest abzuschleppen, wenn Sie in diesem Bereich talentiert sind. Wenn Sie sich die Dame dann leisten können, bleibt sie sicher auch über die Urlaubstage oder länger. Allerdings sollten Sie dann schon signalisieren, dass Sie sie auch über die Urlaubstage hinaus ihren Wünschen entsprechend versorgen können. Ein kleiner Brilli ist ein Muss! Must! Merken Sie sich das. Unter 6000 Dollar sind Sie ein Wurm, über 15 000 ein kleiner Kavalier. Die Preise schwanken natürlich auch hier.
Oder, Sie verlieben sich einfach. Aber dann stellt sich mir die Frage: Warum lieben Sie die Frau an Ihrer Seite nicht so sehr, dass Sie sie gegen eine Kalifornierin tauschen wollen? Und der eigenen Frau kann man ja auch einen Diamanten kaufen und sie damit ehren. Frauen lieben Diamanten. Sie haben das Gefühl, nur dann gesehen und wirklich geschätzt zu werden. Ich höre sie schon, die Mädels und Frauen, die sich jetzt über mich beschweren. Aber ich rate Ihnen dennoch, horchen Sie mal in sich hinein! Ist nicht immer noch, auch in der heutigen Generation, das höchste Ziel, geheiratet zu werden? Der Mann, der um unsere Hand anhält? Der unser Brautkleid bezahlt und den wir damit am Hochzeitstag überraschen, weil wir uns so unglaublich schön gemacht haben für diesen unvergesslichen, vielleicht unvergesslichsten Tag in unserem Leben? Lesen Sie nicht jeden Tag, egal in welcher Zeitschrift, von wem wer grade einen Verlobungsring und in welcher Karathöhe

bekommen hat? Nein? Sie lesen keine In-Touch, Bunte, Gala, Frau im Spiegel?
Ich glaube Ihnen nicht.

Wenn Sie es nicht zugeben wollen oder können, dann bin ich einverstanden. Wenn Sie jetzt sagen: „… das kann ich mir nicht leisten", oder: „Das kann mein Freund, mein Mann sich nicht leisten", dann bin ich zwar einverstanden, bleibe aber skeptisch. Ich weiß ja, wie das ist, und habe auch noch nie einen Brilli bekommen. Hat es mir geschadet? Nein!
Fehlt er mir? Kranke ich daran?
Ja!
Verdammt!
Ja!
Aus Tradition?
Ja, vielleicht!
Aus Mangel an Selbstbewusstsein?
Vielleicht, ja.
Aus dem Grunde der Wertschätzung?
Ja! Ja! Ja!
Ich bin traditionell erzogen worden. Das heißt ja nicht, dass ich den Mann, der mir einen Diamanten schenkt, bis ans Ende meiner Tage mehr liebe und mehr mag als den armen Schlucker, mit dem ich mein Leben teile und den ich von Herzen liebe. Überhaupt nicht. Ich kann lieben, ohne jemals einen Diamanten mein Eigen zu nennen. Kein Problem!
Aber ein Mann, der sich Gedanken um mich macht, der mich wertschätzen möchte, mir zuhört, mich von Herzen liebt … wenn dieser Mann mir einen Diamanten als das fast Unvergänglichste im Leben schenkt, dem Mann traue ich zu, dass er mich begriffen hat.
Es geht nicht darum, dass der eine es kann und der andere eben nicht. Diamanten sind heutzutage doch wirklich bezahlbar. Und wenn es nur ein kleiner Splitter ist, wird sich dieser Splitter tiefer in unser Herz eingraben als alles, was er uns schenkte und je schenken wird. Es ist wie ein unausweichliches Ja zu uns. Ein Signal!

Mir fehlt der geschenkte Diamant ganz sicher nicht und man kann viel sinnvollere Dinge mit dem Geld tun, das ein Diamant kostet, als ihn zu kaufen. Natürlich, daran wertet und bewertet auch mein Herz nicht.
Ich bitte ja nur darum, den Gedanken einfach mal zuzulassen.
Und darum bin ich so frei und wünsche mir einen. Irgendwann. Einen Splitter, einen kleinen, einen großen, einen entworfenen, einen unnachahmlichen. Warum?
Er ist nun mal mein Stein!
Der Stein des Steinbocks.
Aber wie bei einem Sorgenstein darf man ihn nicht selbst erwerben, suchen, sammeln, kaufen. Man muss ihn bekommen.
Das ist der Mist.

Ich stand mit meinem damaligen Freund nach einem Dubaiaufenthalt auf dem Flughafen in Amsterdam und sein bester Freund bat mich, einen Diamantring für seine Freundin zu wählen und zu kaufen, den er ihr gern von der Reise mitbringen wollte. Ich fand das großartig und erklärte mich natürlich sofort bereit, ihm bei der Suche zu helfen. Dann lief ich durch die Terminals und habe, während die anderen sich ausruhten vom Flug und irgendwo einen Kaffee trinken gingen, meine Zeit bei Juwelieren verbracht, um den schönsten Stein für sie zu finden, natürlich in der Preisklasse, die er mir vorgegeben hatte.
Wir hatten etwa zwei Stunden Aufenthalt und ich suchte einen Ring für die Freundin des besten Freundes meines Freundes. Ich probierte die schönsten Ringe natürlich an meiner Hand und ich fühlte, wie geehrt sie sich fühlen müsste, wenn sie ihn bekommen würde. Nein, ich war nicht neidisch. Nein, nicht dass ich ihr diesen Diamanten nicht gönnte. Überhaupt nicht! Keineswegs.
Aber ich hatte diese funkelnden Steine an meinem Finger und ich durfte sehen, wie sie aussehen würden. Nur begehren durfte ich nicht.
Mein Freund, der zu diesem Zeitpunkt auch von meinem Geld lebte, und damals hatte ich noch reichlich davon, hätte mir sogar ohne Weiteres einen von meinem Geld kaufen können, wo

er mein Geld doch auch oft für wesentlich unwichtigere Dinge zum Fenster hinauswarf. Ich will und werde auch hier nicht näher ins Detail gehen, aber die Frage, ob es denn ein Geschenk sei, wenn es von dem eigenen Geld bezahlt würde, stellte sich in diesem Zusammenhang einfach nicht. Die einzige Tatsache, die wirklich sichtbar war, war, er hielt mich nicht für einen Diamanten und er wäre im Leben nicht auf die Idee gekommen, mir einen zu schenken, auch wenn er selbst genug Geld dafür gehabt hätte. So sah das leider aus.

Schlussendlich freute er sich dann riesig mit mir und seinem Freund, dass ich für dessen Freundin eine gute Wahl getroffen hatte.

Nein, Diamanten sind sicher nicht wirklich wichtig im Leben, aber dennoch, sie ehren eine Frau.

Zum letzten Muttertag habe ich meiner Mutter einen Diamantring geschenkt. Wir können beide kein gelbes Gold tragen und so kaufte ich ihn natürlich in Weißgold. Ich probierte ihn an meiner Hand und als ich den schönsten und mir leistbarsten an meiner Hand gefunden hatte, da hoffte ich zwei Dinge. Dass er ihr gefalle und dass sie, die nach dem Ehering, der sie mit meinem Vater verband, nur noch Ringe zu ganz besonderen Anlässen trug, den Ring ebenso schön finden würde wie ich selbst und ihn auch und vor allem im Alltag tragen würde. Das war wichtig! Ein Ring sollte nicht in einer Schatulle seine Zeit abliegen, weil man ihn angeblich schonen muss. Als ich ihr dann den Ring, leider erst lange nach Muttertag, geben konnte, weil ich an diesem Tag leider keine Zeit hatte, ihn persönlich vorbeizubringen, und schicken wollte ich ihn nicht, da hörte ich von meiner überaus bescheidenen Mutter nicht wie sonst: „Schatz, du sollst nicht immer so viel Geld für mich ausgeben!" Diesmal sagte sie: „Katy. Ist der schön. Den werde ich tragen. Der gefällt mir!" Ich, ihre Tochter, verband mich mit ihr, spürend, dass sie einen solchen Ring vielleicht niemals mehr von einem Mann bekommen würde. Meine Mutter ist ein Diamant, auch wenn wir Kinder es ihr manchmal zu selten signalisieren, so ist und war sie es doch immer. Ein Diamant. Und so hat dieser

Ring es tatsächlich geschafft, nach unendlich vielen Jahren, dass wieder ein Ring die wunderschöne Hand meiner Mutter ziert.
Idiotisch?
Nein!
Schön!!!
Seither achte ich vermehrt auf Hände, grade auch derer älterer Damen, und ich stelle fest, viele von ihnen tragen einen Diamanten oder zumindest einen kleinen Splitter. Ich habe daraufhin neulich eine bezaubernde, ältere Dame kennenlernen dürfen und sie trug ebenfalls einen Diamantring am Finger. Ich hätte schwören können, dass sie ihn ganz sicher von ihrem Mann bekommen hatte. Warum? Vielleicht weil sie ihn so würdevoll trug. Später stellte sich heraus, der älteste Sohn hatte ihn ihr geschenkt. Ebenfalls zum Muttertag. Eine wunderschöne Geste und ich freute mich doppelt, denn irgendwie ging somit auch meine Geschichte auf.
Bin ich also bescheuert, wenn ich einen solchen Mann gern in mein Leben ließe? Einen, der uns Frauen als Diamanten begreift, wie es früher einmal war? Nicht Statussymbol, sondern Ehrerbietung, Liebesbeweis und Unvergänglichkeit? Und das nicht nur für unsere Mütter?

Denken Sie bitte kurz darüber nach, bevor Sie mich vernichten!

Und während Sie nachdenken, beschäftigt mich schon ein anderes Thema.

Anziehung

Die Frage ist ja nicht, was ziehe ich an, sondern was ziehe ich an!?

Ich habe mich, wie schon erwähnt, lange mit dem Buch „The Secret" beschäftigt, was nichts mit einem Sekret, sondern mit dem „Geheimnis" zu tun hat. Wahrscheinlich war ich eh die Allererste, ja, ziemlich sicher sogar, die das Buch in Deutschland in die Hände bekommen hat.
An diesem einen Tag im Frühjahr, als ich vorm Italiener einen Salat aß und mein Astrologieröllchen, das ich mir hin und wieder gönne, um zu erkunden, wann genau und wo der nächste „Fettnapf" auf mich wartet, und grade zuvor das „Geheimnis" beim Buchhändler meines Vertrauens gekauft hatte, da stand da doch tatsächlich in meinem braunen Steinbockröllchen: „Lesen Sie mal „The Secret" und Sie werden Antworten auf all Ihre Fragen erhalten! Sie werden Ihr Leben ändern und es auch aus einer anderen Sicht betrachten. Der Erfolg wartet auf Sie!"
Man kann sich vielleicht vorstellen, dass ich wie vom Hammer getroffen war, als ich das las. Schnell überflog ich meine Glücks- und Unglücksdaten, die immer mit kleinen Sternchen markiert waren zur schnellen Übersicht, riss das eingeschweißte Buch aus der Verpackung, und schon versank ich komplett darin. Seither bekomme ich fast tagtäglich mindestens fünf SMS oder Mails von Bekannten mit folgendem Wortlaut: „Hey, Katy. Geheimtipp von mir. Musste unbedingt lesen. ‚The Secret'. Hammer, das funktioniert."
Gähn!
Mittlerweile habe ich natürlich auch schon meinen gesamten Freundeskreis damit infiziert. Selbst jetzt, hier in Kalifornien, habe ich natürlich das Buch und die DVD dabei. Die DVD hat

mir eine gute Freundin geschenkt, bei der das Geheimnis super funktioniert. Nachweislich! Anfänglich war ich natürlich extrem misstrauisch, fand ich doch die Verfilmung etwas sehr übertrieben. Vor allem, als Dr. Sowieso mir mit einem Mal entgegenwarf: „Sie haben all das angezogen, was Sie haben! Jaaaa, auch wenn Ihnen das nicht gefällt. Und wenn Sie jetzt zum Beispiel sagen: ‚Hey, meine Schulden habe ich aber doch nicht angezogen', dann sagen ich Ihnen … dooooch … das haben Sie! Sie ziehen all das an, was sie umgibt. Alles!"

Das hat mich im Rückblick auf mein Leben doch etwas irritiert, aber ich ließ den Gedanken zu, weil er mir ja auch irgendwie plausibel erschien. Das bedeutete natürlich, dass ich mir die Frage stellen musste, warum ich das alles angezogen hatte, vor allem die Dinge, die ich nicht hatte haben wollen. Aber auch dafür hatte Dr. X eine ganz natürliche Erklärung: „Das Universum versteht das Wort nicht nicht." Verstehe. Also, immer wenn ich denke: „Hoffentlich ruft der- oder diejenige nicht an", ruft der- oder diejenige an. „Hoffentlich nicht schon wieder eine Mahnung im Briefkasten", hallo Mahnung! Dummerweise funktioniert das tatsächlich.

Ich bin nach Kalifornien gekommen, eigentlich ja, um mein Buch zu Ende zu bringen, dass ich vor einigen Monaten begonnen habe. Aber irgendwie scheint es mir jetzt, als ob ich auf der Stelle trete. Oder schlimmer noch. Ich habe das Gefühl, ich würde schon wieder von Neuem beginnen. Wieder am Anfang. Durch die Mail meines guten Freundes aus Hamburg bin ich nämlich total ins Wanken geraten. Vor allem auf seine Frage hin, ob ich tatsächlich glaube, dass der Leser, den ich seiner Meinung nach nicht haben werde, oder die Leserin, von der er ausgeht, dass ich sie finden werde, an der Wahrheit interessiert sei, die ich mit meinem Buch vermitteln will, was er wiederum nicht glaubt. „Frauen werden mit Handy am Ohr geboren, also solltest du ständig mit deiner besten Freundin telefonieren, denk daran. So und nur so wirst du die Leserin erreichen", nervt er mich zum wiederholten Male. Er, der Frauenversteher. Ja ja. „Danke für den Tipp", schreibe ich zum ebenso wiederholten Male zurück und lehne nochmals dankend ab.

Ich verweise dabei auf Tausende von Mails, die ich in meiner „Hinter Gittern"-Zeit erhalten habe und in denen immer wieder die Fragen nach meinem Leben gestellt wurden, wie es dazu kam, dass ich Schauspielerin wurde, wie der Werdegang dahin war, was ich vorher gemacht habe, wie und womit ich mein Studium finanziert habe, etc., und dass mein Buch diese Fragen beantworten möchte, damit ich eben nicht weiterhin Tausende von Mails beantworten muss. Dafür reicht meine Lebenszeit einfach nicht aus, selbst wenn ich wollte. Dennoch, leicht verunsichert, schreibe ich also einer guten Freundin, die meine Geschichten inzwischen auch gelesen hat, und frage sie, ob sie der Meinung sei, dass „die Wahrheit" über mein Leben jemanden interessieren könne. Ich schreibe ja auch keine Memoiren, sondern Kurzgeschichten, die unterhaltsam sein sollen. Ihre Antwort kommt prompt und fällt eigentlich doch etwas anders aus, als ich es erwartet habe.
Sie schreibt: „Ich weiß es nicht!" Das Blöde ist, ich weiß es auch nicht!

Ich schreibe ja nicht zur Selbstaufarbeitung meines Lebens, sonst sollte ich wirklich besser zum Therapeuten gehen als zu versuchen, ein Buch zu veröffentlichen. Ich schreibe für meine Freunde und meine Fans, die gerne einen kleinen Einblick haben möchten in mein Leben. Ich schreibe keinen Roman, ich schreibe über die Dinge, die mir passiert sind, und stolpere ich wieder über den Satz: „Sie ziehen all das selbst an, was in Ihrem Leben ist!" Und so beschließe ich hier und heute: „Ich will den Leser, ich will die Leserin anziehen."

Meine liebe Freundin

Vielen Dank für den Versuch, meine Fragen zu beantworten. Du schreibst, alles fühle sich bei mir so verdammt wund an? Du würdest die Einsamkeit aus meinen Briefen fast „schmecken"?
Das sind natürlich nur meine Worte, herausgefühlt aus deinen ach so graden, zu denen ich wohl niemals fähig sein werde.
Du schreibst besonnen, eben so, wie ich wohl niemals sein werde.
Dennoch ist es komisch. Obwohl ich mich nicht einsam fühle, scheine ich doch so zu schreiben. Vielleicht liegt das an den vielen Momenten, die ich augenblicklich bewusst allein verbringe und die ich mit niemandem so wirklich teilen kann. Das mag sein. Aber in Wirklichkeit fühle ich mich gar nicht so einsam, wie ich mich scheinbar anhöre.
Mir tut die Auseinandersetzung mit dir sehr gut und ich denke viel darüber nach, was du sagtest: „Ich weiß nicht, ob die Wahrheit allein reicht." Ich weiß es eben auch nicht. Ich bin in meinem Leben ja auch nur den Spuren gefolgt, die sich zeigten, und habe versucht, bei meinem Schritt nicht vermessen die Geschwindigkeit zu erhöhen oder in einen zu langsamen Trott zu verfallen. Einen angstvollen Trott, an den ich mich noch aus früheren Tagen erinnere und in den ich nie mehr hineingeraten möchte.
Ich nahm damals an einen Workshop für Schauspieler teil zum Thema „method acting". Also, die Methode nach Lee Strasberg. Den genauen Inhalt dieser Methode jetzt hier zu erläutern, würde einfach viel zu lange dauern, aber in der Zeit war ich sehr „bewusst" und nahm alles dadurch auch viel bewusster wahr. An irgendeinem Morgen eilte ich wieder in die Schule zum Unterricht, da fiel mir auf, dass ich dauernd schlecht gelaunt und mit gesenktem Kopf durch die Straßen lief. Dieses „nach unten Schauen" aber machte

mir einfach ein komisches Gefühl. Ich hielt einen Moment inne, atmete tief durch und sah bewusst nach oben.

Ich sah in Fenster hinein und in das eine oder andere Gesicht, das „aus Fenstern" zu mir herunterblickte, ich sah Wolken über mir und die Sonne und lustigerweise war mein ganzer eilender Missmut mit einmal verschwunden. Langsam ging ich weiter, den Kopf mal nach oben oder mal geradeaus gerichtet. So, als würde ich zum ersten Mal fühlen, dass mein Kopf auf meinen Schultern sitzt. Das war eine wunderbare Erfahrung und ich beschloss, mich stets daran zu erinnern. Und immer wieder, wenn es mir heutzutage nicht allzu gut geht, stelle ich fest, ich habe die ganze Zeit auf den Boden geblickt, laufe mit gesenktem Kopf umher, als wolle ich der Welt meine Stirn bieten, und renne doch nur gegen Mauern und schlage mir den Kopf wund. Musst du unbedingt mal ausprobieren! Also den Kopf bewusst senken, den Kopf bewusst wieder aufrichten!

Wenn man in gesenkter Position stehen bleibt, fühlt es sich fast an, als müsse man dem Vater oder der Mutter Rede und Antwort stehen, weil man was verbockt hat. Wenn man so geht, hat man das Gefühl, man wolle mit dem Kopf durch die Wand.

Ja, ich weiß, „Steinbock – Stier und viele Hörnchen". Stimmt schon. Hier jedenfalls gucke ich dauernd auf den Boden, einfach nur, um nicht noch mal auf die Schnauze zu fallen, denn ich finde, dreimal ist mehr als genug. Ich habe in den letzten Tagen zwei Bücher gelesen, die mich unendlich bewegt haben. Da ich sonst kaum lese, ist das für mich ja schon eher außergewöhnlich. Das eine hieß „Der fliegende Berg". Ich habe es an nur einem einzigen Tag gelesen, ach Quatsch, ich habe es verschlungen! Als ich am Ende ankam, fing ich wieder von vorne an, so schön war es, und ich konnte einfach nicht davon lassen, konnte es nicht aus der Hand legen. Es geht in der Geschichte um zwei Brüder, die in den Tibet reisen, um einen Berg zu finden und zu besteigen, der scheinbar auf den Karten dieser Welt nicht verzeichnet ist.

Ein Siebentausender. Gott, wie hoch das ist.

Siebentausend Meter in die Höhe, stell dir vor. Das sind sieben Kilometer!!!

Der eine wird von dieser Reise nicht zurückkehren, der andere seiner großen Liebe begegnen. Vor allem aber finden die beiden Brüder in der gemeinsamen Aufgabe, in der Lust am Besteigen dieses Berges, zueinander.

Ich musste darüber viel nachdenken und auch, wenn alles, was ich schreibe, traurig klingen mag, so wird mir doch eines bewusst in dieser Phase, und das habe ich mir nie so deutlich zugestanden. Ich bin ja gar nicht allein! Ich habe Freunde!!!

Als ich neulich in Berlin mit meiner Freundin Karen am Bahnhof Zoo saß und einen Kaffee trank, kamen ein älterer Herr im Rollstuhl und eine ältere Dame herein. Beide hatten mich erkannt und so kamen sie an unseren Tisch. Sie müssen so um die siebzig gewesen sein. Der ältere Herr freute sich riesig, mich zu erkennen und mit mir zu reden. Ich lud beide auf ein Getränk ein, da brach es auf einmal aus der älteren Dame heraus. „Du hast eine Freundin! Das muss so schön sein. Du hast eine! Ich habe keine!!! Ich habe nie eine Freundin gehabt. Niemand hat mich lieb. Ich hätte so gern eine Freundin." Ich schreibe hier den O-Ton!

Karen und ich sahen uns an, denn wir wussten genau, was die ältere Dame meinte, und sie hatte recht. Sie hatte etwas gesehen, das ja auch nicht jeder dem anderen ansieht. Sie hatte unsere Freundschaft wie ein Geschenk gesehen, weil wir so vertraut miteinander saßen und uns so angeregt unterhielten. Aus ihrer Stimme klang so viel Leid und Schmerz, dass es mich zu Tränen rührte. Und mit einem Male wurde mir so klar, was ich „wirklich" habe und manch einer vielleicht nicht. Ich habe Freunde!!! Eine klitzekleine Hand voll wirklicher Freunde!

In diesem Moment fühlte ich mich so unendlich reich, das kann man sich gar nicht vorstellen. Ich glaube, dass manche Menschen einfach immer wieder vergessen, was den eigentlichen, den wirklichen, Reichtum ausmacht. Es ist doch nicht das Geld, das man auf Konten hütet, und mir fällt dazu auch jetzt wieder der Spruch meiner Großmutter ein: „Das letzte Hemd hat keine Taschen." Wohl, weil er nicht nur wahr, sondern vor allem so unendlich wichtig ist.

Wir werden auch keine Freundschaft mitnehmen, wenn wir gehen müssen, eines Tages, wenn unsere Zeit gekommen ist. Aber

vielleicht wird es für uns dann umso wichtiger sein, wer bei uns ist in dieser schweren Zeit, wenn wir vielleicht nicht loslassen wollen oder können, weil wir glauben, noch nicht reif zu sein für die Ewigkeit. Wenn wir vielleicht glauben, noch was zu erledigen zu haben. Was dann? Ich hoffe, wir sind dann beieinander, wir, die Freunde. Wir, wenn es an den Abschied geht. Meine Erfahrung mit Renate am Ende des vergangenen Jahres hat mich so mutig gemacht. Auch wenn ich keinen ihrer Freunde persönlich kannte, bevor wir dann in den letzten Tagen ihres Lebens an ihrem Bett saßen, alle doch eigentlich nur aus Erzählungen und sie nie gesehen hatte, so war es doch eine wahnsinnige Zusammenkunft.
Wir, vier Mädels und eine vergangene Liebe, die sie hüteten, behüteten und schützten, die ihr Sterben begleiteten, jeden Atemzug lang, wir, die wir ihr den Abschied versuchten, so leicht wie möglich zu machen, wir, die wir nicht wussten, wie das geht, wie man das macht. Wir, die wir darauf vertrauten, dass unsere Freundschaft zu ihr, ja, die Freundschaft eines jeden Einzelnen von uns helfen würde, die richtige Entscheidung zu treffen. Rein aus dem Bauch heraus. Man hat doch sonst nichts!
Es gibt keinen richtigen oder falschen Weg, es gibt nur den einzigen. Das Vertrauen! Das Vertrauen auf das eigene Gefühl. Wäre Renate nicht im Hospiz gestorben, da, wo man als Freund einen Platz hat und alle einen jeden Tag freudig aufs Neue begrüßen, was ja bei uns nicht der Fall war, denn wir blieben ja tagelang dort an ihrer Seite, wichen ja nicht von der Sterbenden und den anderen Sterbenden, wäre es für uns alle wohl schlimmer gewesen. Wir taten so, als sei das alles ganz normal, wir sahen den anderen Angehörigen beim Trauern zu und wussten doch, dass wir bald auch so dasitzen würden.
Als Trauernde. Traurige! Traurige Freunde!
Darum frage ich jetzt nochmals, glaubst du, die Wahrheit interessiert die Menschen? Glaubst du, die Wahrheit reicht aus?
Jetzt heul ich selber, weil mir grade zum Heulen ist. Weil ich mich erinnere. Und das ist gut so. Gut, weil die, die vor uns gegangen sind, unsere Erinnerung brauchen, um weiterhin da sein zu können. Durch uns! In uns! Es sind immer wieder die Abschiede, die

diese Traurigkeit ausmachen. Aber es sind auch eben genau diese Abschiede, die den Blick nach vorne werfen lassen. Ich habe Renate immer so viele Geschichten erzählt und sie, die nicht mehr laufen konnte, weil der Querschnitt sie ans Bett fesselte, sie hat durch meine Augen geguckt wie durch ein Fernrohr. Sie kannte diese Welten nicht, von denen ich erzählte, Fernsehen, Reisen, Promis, Partys, Agenten … aber sie lachte, sie lachte laut und rief immer verzaubert und verzückt: „Was du so alles erlebst, meine kleine Katy. Komm an mein Bett, erzähl mir. Erzähl mir mehr!" Sie sog meine Stimme in sich auf und schwebte auf Schmetterlingsflügeln durch den Raum, leicht wie eine Feder, immer meinen Geschichten folgend.
Das ist die Wahrheit.
Ich habe ihr versprochen, dass ich nicht aufhöre, für sie sehend zu sehen, auch über ihren Fortgang hinaus! Als sie starb habe ich die Fenster aufgerissen, damit ihre Seele fliegen kann.
Ich verspreche ja schon lange nichts mehr, aber dieses Versprechen habe ich ihr gegeben. Das Versprechen, dass ich sie durch meine Augen sehen lasse. Was ja im übertragenen Sinn nur heißt, dass ich mein Leben weiterleben werde, dass ich mutig voranschreite, dass ich nicht aufgebe, wenn mich etwas zu Boden zu drücken versucht. Dass ich mich gegen Unrecht stemme, als wäre es ein schwerer Sturm, gegen den Uhrzeigersinn gehe, wenn das Leben es erfordert, dass, wenn dieser Sturm mich davonzuwehen versucht, ich mich festhalte, zur Not an mir selbst, und dass ich den Glauben nicht verliere, wenn alles um mich herum zu zerfallen droht.
Und hier fühle ich es jetzt.
Hier, auf meiner Reise, hier, wo ich mir die Zeit zum Denken nehme, denn noch mal:
„Zeit hat man nicht, Zeit nimmt man sich!" Hier scheint er zu greifen, dieser Gedanke.
Der Gedankengang!
Ich habe nie Zeit für irgendetwas anderes genutzt, so scheint mir, als mich darüber zu beschweren, dass ich für so vieles einfach keine Zeit finde. Oft hatte ich natürlich, durch Verträge gebunden, auch irgendwie keine Zeit. Man durfte ja manchmal in einer Pro-

duktion nicht mal die Stadt verlassen. Hätte ja jemand ausfallen können und man selbst vielleicht einspringen müssen.
Aber jetzt und hier, kommt mir Zeit so besonders kostbar vor. Hier in der Auszeit, die ich mir genommen habe, hier spielt Zeit eigentlich keine Rolle und dennoch die allerwichtigste für mich.
Ich wollte, als ich Schauspielerin und Musikerin wurde, nur das eine: Menschen zum Lachen und zum Weinen bringen, ihnen Geschichten erzählen, zum Nachdenken, zum Schmunzeln, zum Glücklichsein anregen. Vielleicht auch, damit sie, die Menschen, den Weg auch noch mal mutig ändern, wenn er nicht stimmt, die Richtung wechseln, wie ich es gemacht habe, manchmal auch einfach nur musste, weil ich mich so gefangen fühlte, so unwohl in meiner eigenen Haut. Hier aber scheint meine Haut anders, manchmal durchlässiger vielleicht.
Während ich mich nach dem großen Erfolg, den ich in Deutschland ja wirklich unbestritten hatte, irgendwie verkapselte, fast nicht mehr aus dem Haus wollte, mich manchmal als „Geschmähte" empfand und mich fast schämte, auf Veranstaltungen zu gehen, weil man ja nach Erfolg und Misserfolg beurteilt wird, und mein sehr erfolgreicher Weg endete ja mit einem Misserfolg, fühle ich mich hier unendlich frei, ja ungezwungen.

Bin ich ein Versager, nur weil andere mich so behandeln? Habe ich versagt, weil ich treu war, und wie ist meine Treue zu bewerten? Kann man Treue in der heutigen Zeit überhaupt bewerten? Und wer ist eigentlich so bescheuert und bleibt einem Produkt treu??? Doch nur, solange man von dem Produkt überzeugt ist! Und was ist, wenn man Pickel davon bekommt? Dann setzt man es doch ab und aus ist es mit der Treue!?
Oder?
Bin ich redlich?
War ich redlich?
Wie bleibt man redlich?
Ich habe in den letzten Monaten bei „Hinter Gittern" Pickel bekommen und dadurch beschlossen, meinen Vertrag nicht zu verlängern. Leider war mir aber das „Aussteigen" nicht mehr ver-

gönnt, weil wir ja allesamt untergingen, irgendwie in Schimpf und Schande.

Keiner hat sich mehr so wirklich daran erinnern wollen, wie supererfolgreich wir gewesen waren, wie viele Millionen wir dennoch eingespielt haben, wie treu unsere Fans zu uns gehalten haben. Niemand! Hat einer von uns im Anschluss wirklich Arbeit bekommen?

Für all die Jahre das Dankeschön? Was ist denn die Wahrheit?

Da muss man sich anhören, dass man Existenzängste habe, weil beim „Promi-Pilgern" das Wesentliche des Satzes leider dem Schnitt zum Opfer gefallen ist. Und schon ist man die frustrierte Schauspielerin, die jetzt arbeitslos auf der Straße sitzt und deren Gesicht unweigerlich mit einem Sender verbunden ist, erst zum Vorteil, dann zum Nachteil? Ich bin nicht frustriert.

Die Wahrheit ist, ich habe den Beruf mit 18 Jahren für mich gewählt, und ich bin heute nicht weniger Schauspielerin, als ich es zu „Hinter Gittern"-Zeiten war. Und natürlich bemühe ich mich, zu arbeiten und Arbeit zu finden, denn ich arbeite gern, vor allem in meinem Beruf.

Würde jemand anderes das anders machen?

Der einzige Unterschied ist doch, dass, wenn sich ein Verkäufer bei Saturn um Arbeit bemüht, der sicher nicht zu hören bekommt: „Tut uns leid! Sie sind ein Karstadt-Gesicht. Wir können Sie leider nicht einstellen." Stattdessen müsste man doch davon ausgehen, dass ein Verkäufer, der schon bei Karstadt gearbeitet hat und da erfolgreich verkauft hat, auch bei Saturn gut verkaufen wird, oder?

Bei allem ist mir nach wie vor eines wichtig und das wird wohl immer so bleiben. Der Blick in den Spiegel! Und den mache ich, jeden Tag, mit sehr sehr gutem Gewissen. Ich bin dankbar für die tolle Zeit, die ich mit diesem erfolgreichen Produkt verbringen durfte, und das Beste ist, alle meine engen Freunde stammen aus dieser Zeit. Alle fünf, die ich meine Freunde nenne und nennen darf. Und denen, euch, meinen Freunden, ist es ja eh wurscht, ob ich erfolgreich bin oder nicht. Ihr würdet euch das natürlich für mich wünschen, weil ihr ab und zu die eine oder andere Träne abwischen müsst, das stimmt, aber wärt ihr meine Freunde, wenn ich nicht immer wieder voll Mut vorangehen würde und euch immer wissen ließe, dass auf mich Verlass ist? Nein! Das glaube ich nicht. Ich glaube viel mehr das, was so mancher großer Denker gesagt hat:

„Zur Freundschaft gehören die Treue und das Aushalten. Wir müssen uns selbst treu sein, anstatt uns immer wieder zu verbiegen. Nur wenn einer zu sich selbst steht, wer sich selber aushält, auch wenn ihm manches schwer fällt, wird er fähig zur Freundschaft. Dann weiß der Freund, worauf er sich einlässt!"

Oder, um mit Goethe zu sprechen:

„Die Welt ist so leer,
wenn man nur Berge, Flüsse und Städte darin denkt –
aber hie und da jemand zu wissen,
der mit uns übereinstimmt,
mit dem auch wir stillschweigend fortleben,
das macht uns diesen Erdenrund
erst zu einem bewohnten Garten."

Ich schließe für heute,
herzlichst, in tiefer Freundschaft und Verbundenheit,

Deine Katy

Zurück in der Heimat ...

… muss ich mich erst mal wieder eingewöhnen und es dauert einige Zeit, bis ich nicht nur äußerlich, sondern vor allem innerlich wieder in Berlin ankomme. Es ist kalt und ungemütlich und ich habe Sehnsucht nach Sonne und Wärme, vor allem aber nach Wasser und dem Weitblick. Aber, es nutzt ja alles nichts.
Meine Recherchearbeit ist beendet und meine Therapie wegen des Bandscheibenvorfalls durch den Sturz von der Harley, was ja immer noch nicht auskuriert ist, beginnt wieder. Ich laufe also wieder von einem Arzt zum anderen, lasse mir Cortison in den Bereich der Halswirbelsäule spritzen, der betroffen ist, und bin natürlich auch wieder krankgeschrieben. Amerika war ein guter Schritt, da mir, dem Workaholic, hier nur die Decke auf den Kopf gefallen wäre und ich befürchten musste, dass mich schwerste Depressionen ereilen würden, wenn ich nicht zumindest etwas täte, das ich ohne körperlichen Einsatz tun könnte. Schreiben gehört nun mal dazu. Außerdem konnte ich hier nicht mal den Kopf anständig bewegen, was sich durch das mediterrane Klima in den Staaten wirklich verbessert hat.
Dennoch, ich bin zurück und stelle fest, dass ich wetterfühlig geworden bin. Bei feuchter Kälte kann ich durch den Schmerz im Nacken kaum schlafen, geschweige denn anständig liegen. Ich habe aber auch überhaupt keine Lust, ein Schmerztabletten-Junkie zu werden, und überlege, wie ich meinen Nacken entlasten könnte. Schwimmen kann ich immer noch nicht, denn ich kann den Kopf nicht über Wasser halten. Also melde ich mich kurzerhand im „Bauchladen" auf dem Ku'damm an, beschließe, mein Gewicht zu reduzieren und gleichzeitig meine Nackenmuskulatur aufzubauen, das Ganze mit Strom. Ja, mit Strom. So wie es Sportler nach einem Unfall machen, um ganz spezielle Muskelgruppen wieder sanft aufzubauen.

Ich buche also ein Acht-Wochen-Programm mit eigenem Trainer und zwänge mich ab sofort in den sogenannten „Vakunauten", eine Art Raumanzug für Kosmonauten, der, wie der Name schon sagt, innen ein Vakuum erzeugt, während man auf dem Stepper eine halbe Stunde lang Ausdauertraining macht. Dazu gibt es reichlich Sauerstoff aus dem Schlauch und ich denke mir, na gut, wenn's hilft, und trepp-steppe zwei Wochen lang vor mich hin, bis ich endlich an die Muskelaufbaugeräte darf. Vom ersten Tag an spüre ich, wie sich mein Körpergefühl verbessert und ich durch eine bessere Haltung, auch Entspannung im Halswirbelbereich bekomme. Dann endlich kommt der Tag der Tage. Ich werde am ganzen Körper verkabelt und darf endlich an den Body-Transformer, der mit leichten oder starken Stromstößen die entsprechenden Muskelgruppen aktiviert, allerdings nicht ganz ohne eigenes Zutun. Man schwitzt ganz schön, denn hier geht es um Anspannung und Entspannung. Aber schon nach den ersten Malen fühle ich, es passiert was, und tatsächlich kann ich nachts wieder liegen und auch schlafen. Hurra!

Nachdem ich nun monatelang kein Geld verdient habe, melde ich mich ab Anfang März gesund, auch wenn ich es noch nicht ganz bin. Aber bei einem Bandscheibenvorfall weiß man ja eh nie, wie sich das weiterentwickelt, und wenn ich nicht grade einen Dreh reinbekomme, bei dem ich reiten muss, von Dächern oder Schiffen springen soll oder Motorrad fahren, wird es schon gehen. Ich muss einfach was tun, sonst werde ich irre. Dazu frage ich mich, ob ich nicht einfach beim Universum ein bisschen Arbeit bestellen sollte, was ich tue. Kann ja nicht schaden. Und so bekomme ich Ende März ein Casting rein für eine neue Serie im deutschen Fernsehen. Zweimal trete ich dort an und, ich kann es selbst nicht so ganz fassen, aber es ist wahr, ich bekomme die Rolle!!! Kurze Zeit später flattert eine Anfrage für einen TV-Movie ins Haus und auch diese Rolle werde ich annehmen. Aber damit nicht genug. Ich begegne einem wirklich tollen Mann, von dem ich hier natürlich nicht berichten werde. Nur so viel, ich bin im Moment einfach glücklich und dankbar, dass mir positive Dinge und Menschen begegnen. Was genau ist passiert?

Habe ich mich verändert, habe ich endlich, nach knapp eineinhalb Jahren, die richtigen Signale gesetzt? Funktioniert vielleicht das Geheimnis der Anziehung tatsächlich?

Versetzt der Glaube Berge? Genau in dieser Zeit ruft nämlich auch noch mein ehemaliger Musikproduzent an und bittet um ein Treffen. Natürlich lassen wir uns dafür nicht ewig Zeit, sondern machen einen schnellen, zeitnahen Termin und beschließen, dass wir uns noch mal zusammentun. Und, Sie werden es nicht glauben, eine Woche später sind wir schon im Studio und nehmen unseren ersten, neuen Song auf. Die Zusammenarbeit klappt hervorragend und mittlerweile haben wir das Projekt auch schon der Plattenfirma unseres Herzen vorgeschlagen, die sich sehr interessiert zeigt. Wir werden sehen.

Sollte sich tatsächlich alles zum Guten wenden?

Bekomme ich die Chance, die ich mir für mein Leben wünsche, und darf ich ein zweites Mal stattfinden, auch wenn ich nur noch ein C-Promi in den Augen der anderen zu sein scheine? War mein Einsatz, den ich in meinem Leben immer so gut wie möglich zu erbringen versuchte, doch nicht umsonst? Ich traue mich fast gar nicht, so weit zu denken, aber in mir macht sich diese Stimme breit und ich kann mich dagegen nicht wehren, ich, die optimistische Zweiflerin. Selbst ich kann es nicht.

Wem danke ich dafür, dass ich glücklich bin und mir so viel Positives begegnet? Wer ist dafür verantwortlich, dass mich auf Borkum ein Spielmannszug erkennt, mir mitten in der Fußgängerzone ein Ständchen bringt und ich fast die Tränen nicht aufhalten kann, weil mich diese freundliche Musikergruppe so rührt? Wie kommen die Texte für meine Freundin Renate in mein Herz, mitten in der Nacht, sodass ich hochschrecke und endlich wieder einen Song schreibe, von dem ich glaube, dass er einer der besten Songs ist, die ich je geschrieben habe? Warum fühle ich mich mehr denn je als Piratin, die etwas zu sagen hat? Ich kann Ihnen nur einen Rat geben, falls auch Sie manchmal denken, Ihr Leben sei ein oder eben kein Fischfurz.

Lassen Sie los! Lassen Sie die Dinge los, die nicht in Ihr Leben gehören und die Sie einfach nur ausbremsen. Verändern Sie, was

Ihnen zu verändern möglich ist. Lachen Sie Ihre Nachbarn mal wieder an. Freuen Sie sich über die kleinen Dinge des Lebens. Trauen Sie sich, hinzusehen, wenn Ihnen das Leben etwas Neues zeigt! Sagen Sie, was Sie denken und fühlen. Geben Sie sich selbst eine Chance.
Nichts ist wirklich unabdingbar!
Vor allem aber: Glauben Sie!
An sich, an Gott, an Ihre Freunde, an das Leben, an die Liebe, an die Zukunft, an das Glück, an Gerechtigkeit und an alles, was Sie sich nur vorstellen können. Ich bin keine Beraterin und auch keine Esotante, wie man vielleicht denken möge. Ich bin einfach nur eine Frau, die früh lernen musste, auf eigenen Beinen zu stehen. Ich habe Höhen und auch Tiefen im Extrem erlebt und das Einzige, was mich weitermachen ließ, war der Glaube daran, dass sich etwas ändern würde, wenn ich nur mutig und mit offenen Augen durchs Leben gehen würde.
Manchmal waren die Tiefschläge so groß und so schwer zu ertragen, dass ich fast aufgegeben hätte. Aber ich habe es nicht. Ich habe einfach einen Schritt vor den anderen gesetzt, habe meinen Kopf erhoben und mich selbst den Dingen gestellt, die ich für absolut ungerecht hielt.
Ich habe das losgelassen, was nicht bei mir bleiben wollte, und habe versucht, mich nicht zu grämen, was mir oft sehr schwerfiel. Vor allem, wenn aus den Wunden einfach keine Narben werden wollten und ich immer wieder mit denselben Abläufen konfrontiert wurde.
Ich habe nicht aufgegeben. Tun Sie es auch nicht!
Verzeihen Sie sich Fehler, wenn Sie sie gemacht haben, und wenn es möglich ist, versuchen Sie, diese zu korrigieren,
Ich muss grade an die vielen Menschen denken, die mich in den letzten Jahren auf der Straße ansprachen und die mir sagten, dass sie so gern so mutig und so kraftvoll wären wie ich. Es waren jungen Menschen, ältere und auch sehr alte dabei. Der Wunsch hat also nichts mit Generationen zu tun und Veränderung hat kein Alter. Ich selbst glaube ja gar nicht, dass ich kraftvoller und mutiger bin als andere, auch nicht als Sie, die Sie dieses Buch vielleicht bis

hierhin gelesen haben. Wenn Sie aber verstehen, dass Sie niemals wirklich alleine sind, wenn Sie sich Mühe geben, grade und hilfsbereit durch dieses Leben zu gehen, dann werden auch Sie dieses Lächeln zurückgewinnen, falls Sie es verloren haben. Versuchen Sie es einfach.
Kämpfen Sie den guten Kampf, den Kampf um sich selbst.
Denn wer nicht wagt, der nicht gewinnt!
Es lohnt sich!

In diesem Sinne ...

wünsche ich Ihnen einfach nur

        Mut, Spaß & Glück!

        Herzlichst, Ihre

Katy Karrenbauer

Katy Karrenbauer wurde am 31.12.1962 in Duisburg geboren. Schon sehr früh entdeckte sie ihre Leidenschaft für Gesang und für das gesprochene und geschriebene Wort und so schrieb sie bereits als 13-Jährige Kurzgeschichten und Gedichte, begann parallel eine Solistenausbildung zur Mezzo-Sopranistin und sang in unterschiedlichen Kieler Rockbands. Mit 17 brach sie die Schule ab, um Schauspielerin und Sängerin zu werden. Sie besuchte die Schauspielschule Kiel unter der Leitung von Uta Grabowski. Nach einer 2-jährigen Ausbildung ging sie zunächst als Regieassistentin, später als Dramaturgie- und Regieassistentin mit Spielverpflichtung an das „Kinder- und Jugendtheater Kiel". 1985 gründete sie, zusammen mit Kurt Lambrigger und Claudia Howard, das erste Stadtteiltheater Kölns, das Urania Theater. Dort arbeitete sie in allen Bereichen, in der Dramaturgie, als Regieassistentin, und stand unter anderem mit ihrem Soloprogramm „24 Stunden aus dem Leben einer Frau" nach der Novelle von Stefan Zweig auf der Bühne. Es folgte eine halbjährige Deutschlandtournee für UNICEF mit dem Kindermusical „Timuria", bevor sie sich Wolfram Lenssen und seinem Theater anschloss. Als festes Ensemblemitglied spielte sie fortan in Lünen, unter anderem „Kassandra" nach Christa Wolff, „Merlin" nach Tankred Dorst, die „K" in „Kalldewey-Farce" von Botho Strauss und „Mertheuil" in Quartett von Heiner Müller und eine 20er-Jahre-Revue ebenso wie Brecht. Dadurch lernte sie den Pianisten Michael Gees kennen, mit dem sie z. B. Programme wie „Nocturne" auf die Beine stellte, eine Mischung aus klassischer Musik und moderner Sprache. Kurz darauf verpflichtete sie das MIR (Musiktheater im Revier) in Gelsenkirchen für die weibliche

Hauptrolle in der Oper „Fairy Queen" nach Shakespeares „Sommernachtstraum" als „Hippolyta", dann als „Magenta" in der „Rocky Horror Picture Show" und als Nonne „Robert Ann" in dem Musical „Nonnsens". Es folgten Engagements in Karlsruhe, Basel, Salzburg, Köln und Saarbrücken. 1994 wurde das Fernsehen auf sie aufmerksam, und so begann sie direkt mit einer Hauptrolle in der Serie „Notaufnahme" als Krankenwagenfahrerin „Karo". Zwischen 1994 und 1997 drehte sie in allen gängigen Serien wie „Balko", „Die Wache", „SK-Babies", „Flemming", „Nicola", „Verbotene Liebe" etc. und spielte mit im Film „Das erste Semester". 1995 erschien ihr erstes Soloalbum mit dem Titel „Vorhang auf". 1997 startete sie mit „Hinter Gittern" wohl ihre erfolgreichste Arbeit in der Rolle der „Christine Walter", die sie fast 10 Jahre lang spielte. Parallel drehte sie Filme wie „Crazy Race 1–4", „Late Show", „Haialarm auf Mallorca", „Todeslust", „Love Letters", „Die Pest", „7 Zwerge", „Max und Moritz reloaded", „Westend", „Putzfrau Undercover", „Spiel mir das Lied und du bist tot", um nur einige zu nennen, und drehte in Serien wie „Plötzlich Papa", „In aller Freundschaft", „Doppelter Einsatz", „Körner und Köter" etc.
2000 erschien ihr Gedichtband „Was geht, bleibt".
2001 entstand das für die Serie „Hinter Gittern" produzierte gleichnamige Musikalbum, das Goldstatus erlangte, für das sie alle Texte schrieb und auch selbst sang. 2002 wurde ihr zweites Soloalbum „Trau Dich" veröffentlicht. 2004 schrieb sie wiederum Songs für das zweite „Hinter Gittern"-Album. Der Musik blieb sie auch weiterhin treu, trat mit ihrem Soloprogramm „Vorhang auf" auf, lieh Zarah Leander ihre Stimme in einer WDR Produktion, nahm einige Hörbücher auf, wie z. B. „Buch ohne Worte" von Daniel Call, synchronisierte Spielfilme und Zeichentrickfiguren und arbeitet aktuell in Berlin an ihrem neuen Album, parallel dazu an dem Roman „Geliebte Geliebte" und an einem Kinderbuch.
Seit Jahren unterstützt sie die Aidshilfe, den Kampf gegen Mukoviszidose wie auch den gegen Krebs und ist aktuell Botschafterin des Kinderhospizes „Sonnenhof" in Berlin.

Inhalt

„Tschüss!" 11
Team S. 16
Das Erbe 26
Der Weg des Künstlers 30
Der Start 42
Stolz 47
Promi 63
Spieleshows und anderer Schwachsinn 74
Derby 85
Panik 94
So kann's gehen 105
Silvester und das neue Jahr 111
Die größte Traglufthalle der Welt 116
Wie erfülle ich einen Traum? 120
Erinnerung an Axel 131
Ein Jahr ohne 137
Ballermann im Paradies 143
Los und Lassen 160
Moses 165
Promis dinnern 174
Das große Promi-Pilgern 178
Mir der Harley durch Kalifornien 192
Amerika die Zweite! 200

Bestimmung, Schicksal oder was auch immer	210
Kalifornien	222
Zwei Stunden später	235
Happy New Year	244
Alle zwei Jahre	252
Ich hab's getan	263
Nachdem	271
Der Morgen danach	279
Ich muss duschen!	286
Heimweh and Rock 'n' Roll	297
Wie immer	308
Live the life you love	318
Sex des Jahrtausends	325
Anziehung	334
Meine liebe Freundin	337
Zurück in der Heimat	345

Die Autorin

Katy Karrenbauer, geboren 1962 in Duisburg, entdeckte schon früh ihre Leidenschaft für Gesang und das gesprochene und geschriebene Wort. Mit 17 Jahren brach sie die Schule ab, um Schauspielerin und Sängerin zu werden. Nach einer Ausbildung an der Schauspielschule Kiel und einigen Theater- und Musicalauftritten wurde das Fernsehen auf sie aufmerksam und sie wirkte mit in diversen Fernsehserien. 1997 startete sie mit „Hinter Gittern" ihre erfolgreichste Arbeit in der Rolle der „Christine Walter", die sie fast 10 Jahre lang spielte. 2001 entstand das für diese Serie produzierte Musikalbum, das Goldstatus erlangte. Seit Jahren unterstützt sie die Aidshilfe, den Kampf gegen Mukoviszidose wie auch den gegen Krebs und ist Botschafterin des Kinderhospizes „Sonnenhof" in Berlin.

Der Verlag

Der im österreichischen Neckenmarkt beheimatete, einzigartige und mehrfach prämierte Verlag konzentriert sich speziell auf die Gruppe der Erstautoren.
Die Bücher bilden ein breites Spektrum der aktuellen Literaturszene ab und werden in den Ländern Deutschland, Österreich, Schweiz und Ungarn publiziert.
Das Verlagsprogramm steht für aktuelle Entwicklungen am Buchmarkt und spricht breite Leserschichten an.
Jedes Buch und jeder Autor werden herzlich von den Verlagsmitarbeitern betreut und entwickelt.
Mit der Reihe „Schüler gestalten selbst ihr Buch" betreibt der Verlag eine erfolgreiche Lese- und Schreibförderung.

Manuskripte herzlich willkommen!

novum publishing gmbh
Rathausgasse 73 · A-7311 Neckenmarkt
Tel: +43 (0)2610 43111 · Fax: +43 (0)2610 43111 28
Internet: office@novumpro.com · www.novumpro.com

AUSTRIA · GERMANY · SWITZERLAND · HUNGARY

novum EIN HERZ FÜR AUTOREN

Bewerten
Sie dieses **Buch**
auf unserer
Homepage!

www.novumpro.com